租税回避研究の展開と課題

岡村忠生
[編著]

ミネルヴァ書房

はしがき

　本書は，租税回避をテーマとした11の論文からなる学術書である。租税回避に関する学術研究の進展と現状を多様な角度から捉え，今後の研究動向を展望することを目的としている。

　租税回避は，今日，新聞紙上にも登場する一般用語となっている。わが国では，最近のヤフー事件やIBM事件，以前には，武富士事件やパチンコ平和事件といった大型の租税回避事件が広く報道されている。国外に目を向けると，アップル，アマゾン，グーグル，スターバックスといった著名な多国籍企業のアグレッシヴな租税回避が明らかにされ，関係各国の強い批判の中，OECDなどによる対処が行われている。ほとんどの先進国は租税回避の包括的否認規定を整備するに至っており，わが国でも検討が進められるであろう。今日ほど，租税回避が注目されている時代はない。

　しかし，租税回避とは何かを，学問的厳密さをもって定義することは困難である。また，租税回避と判断することにいかなる意味があるのか，租税回避を否認するとはどうすることなのかについて，共通理解は得られていない。租税回避は，いわば姿の見えない敵であり，法律学における困難なテーマの一つである。

　本書は，清永敬次先生（京都大学博士・京都大学名誉教授）が著された『租税回避の研究』（ミネルヴァ書房，1995年）の出版20周年を記念して，先生の教えを受けた研究者により企画された。『租税回避の研究』は，清永先生が京都大学において取り組まれた租税回避の研究を集大成した書物であり，わが国で初めて，実定法（同族会社の行為計算否認規定）の文言に基づいた租税回避の定義「課税要件の充足を免れることによる租税負担の不当な排除又は軽減」を与えた論文（1982年公表）を所収している。同書はまた，ドイツの包括的否認規定や経済的観察法の規定の適用事例を広く紹介し，租税回避を否認することの

i

意味，実質主義の作用を解明しようとした。同書は，租税回避に関するモノグラフとして世界的にも比類のない業績であり，20世紀における租税回避研究の到達点である。同書により，清永先生は，京都大学から博士の学位を授与された。

　今世紀に入り，経済社会や取引形態の多様化に伴い，組織再編税制や連結税制に見られるように租税法は複雑化し，租税回避の姿も，ますます捉えがたくなっている。立法や裁判例にも，大きな進展があった。こうした中で，租税法学は，租税回避に関する新しい問題を突きつけられてきた。たとえば，税負担を不当に軽減する意図や租税回避の試みに対して，特別な事実認定や法解釈があり得るか，租税法にとって民事法上の法律関係はどのような意味を持つのか，複数の取引段階の統合や一つの取引の分解は，根拠規定の不要な租税回避の否認なのか，税負担軽減措置の利用は，いかなる場合に不当と評価されるのか，そして，研究者や実務家は，税負担を軽減しようとする試みにどのように向き合うべきか。『租税回避の研究』から20年を経た今日，その後の学術研究が，このような問題状況をどこまで捉え，何を解明したのかを明らかにすることが必要である。本書の目的は，ここにある。

　本書の出版と企画については，ミネルヴァ書房編集部長梶谷修氏に全面的にお世話になった。深く御礼申し上げたい。また，本書のような学術出版に携わられているミネルヴァ書房にも，敬意を表したい。

2015年3月

岡村忠生

租税回避研究の展開と課題

目　次

はしがき

1 租税回避と税法の解釈適用方法論……………………谷口勢津夫…1
　——税法の目的論的解釈の「過形成」を中心に——

1-1 租税回避論の課題……………………………………………1
1-1-1 租税回避論における税法の解釈適用方法論の意義　1
1-1-2 税法の解釈適用方法論における実質主義の意義と課題　3

1-2 租税法規の趣旨・目的の法規範化論…………………………13
1-2-1 課税減免要件の充足による租税回避とその規制　13
1-2-2 制度（権利）濫用アプローチによる租税回避の試みの否認　17
1-2-3 制度（権利）濫用アプローチによる租税回避の否認　21

1-3 租税法規の趣旨・目的の措定論………………………………29
1-3-1 租税回避否認目的の措定による租税回避の試みの否認　29
1-3-2 租税法規の趣旨・目的探知の困難性の克服：体系的・目的論的解釈の展開　34

2 租税回避否認の意義と要件……………………………田中　治…39

2-1 租税回避否認の意義と方法……………………………………39
2-1-1 租税回避の意義　39
2-1-2 租税回避を問題視する理由　41
2-1-3 租税回避否認の意義　42
2-1-4 租税回避否認の方法　44

2-2 租税回避否認の要件……………………………………………51
2-2-1 本来の課税要件規定との優劣関係　51
2-2-2 租税回避否認規定の制限的解釈　54

2-3 組織再編成に係る否認の要件…………………………………62
2-3-1 ヤフー事件判決の解釈方法論の特徴と問題点　62
2-3-2 組織再編に係る否認の対象と方法　67

3 租税回避と個別的否認規定……………………………浦東久男…71
3-1 「個別的否認規定」とは何か，これに関する見解の整理……71
- 3-1-1 租税回避とは 71
- 3-1-2 一般的否認規定・包括的否認規定 73
- 3-1-3 個別的否認規定 74
- 3-1-4 「個別的否認規定」のあり方 80

3-2 「個別的否認規定」の形式と性格……………………………80
- 3-2-1 「否認」の意味するところ 80
- 3-2-2 「個別的否認規定」の性格 82
- 3-2-3 「個別的否認規定」の位置づけ 85
- 3-2-4 「個別的否認規定」と処分の根拠規定 89

3-3 「個別的否認規定」の適用の場面……………………………89
- 3-3-1 適用の要件 89
- 3-3-2 申告納税制度との関係 90
- 3-3-3 「個別的否認規定」が有する課税要件規定以外の側面 91
- 3-3-4 新設された「個別的否認規定」の適用 91

3-4 租税回避行為の類型化と個別的否認規定のあり方……………92
- 3-4-1 租税回避行為の類型化 92
- 3-4-2 「個別的否認規定」の制定の要素 93
- 3-4-3 「個別的否認規定」のあるべき姿 94

4 所得の振替と帰属判定基準………………………………小川正雄…99
4-1 資産所得の逃避防止と子供税（kiddie tax）………………100
4-2 復帰権的権利と未成年者への財産の贈与……………………102
- 4-2-1 復帰権的権利の利用 102
- 4-2-2 贈与税回避の防止と子供税 104

4-3 所得制御権の帰属基準…………………………………………106
- 4-3-1 賃金に関する控除の可否判定要件 107
- 4-3-2 所得制御権による帰属者認定基準 107

4-3-3 §73の意義と所得制御権による帰属者基準との関係　110
　4-4 経済的移転創出否認基準……………………………………………111
　　　4-4-1 §7872制定の背景　111
　　　4-4-2 市場評価未満の貸付金利子の概念　112
　4-5 課税の逃避への立法および司法の挑戦………………………………116

5　組織再編成と租税回避……………………………渡辺徹也…119
　5-1 組織再編成において租税回避が問題となる理由………………119
　5-2 組織再編成の定義………………………………………………………121
　5-3 租税回避の定義…………………………………………………………123
　5-4 租税回避の否認…………………………………………………………126
　5-5 個別的課税要件規定と一般的否認規定………………………………127
　　　5-5-1 個別的租税回避否認規定と個別的課税要件規定　127
　　　5-5-2 一般的否認規定の役割　129
　5-6 ヤフー事件と法人税法132条の2………………………………………133
　　　5-6-1 個別的課税要件規定の趣旨目的から132条の2の解釈をするという方法　133
　　　5-6-2 一般的否認規定のない領域（および一般的否認規定ができた場合）　136
　5-7 個別規定としてのみなし共同事業要件（法人税法57条および同施行令112条3項の検討）……………………………137
　　　5-7-1 規定の構造　137
　　　5-7-2 共同事業要件とみなし共同事業要件（事業の継続）　138
　　　5-7-3 「支配の継続」は根拠になりうるか　141
　5-8 欠損金の引継ぎと租税回避……………………………………………143
　　　5-8-1 欠損金が利用できるのは誰か　143
　　　5-8-2 欠損金額を考慮した合併対価の決定および取引内容の秘匿　145
　5-9 （補論）外国法からの示唆──英国の一般的否認ルール……147
　5-10 今後の課題………………………………………………………………149

目　次

6　相続税・贈与税の租税回避と立法的対処の限界……髙橋祐介…153
6-1　租税回避と立法的対処……………………………………153
6-2　アメリカ連邦所得税，遺産税および贈与税と市民権離脱者等に対する課税……………………………………………155
6-2-1　概　要　155
6-2-2　市民権と全世界所得・遺産・贈与資産課税原則　157
6-2-3　市民権離脱と立法的対処　159
6-2-4　市民権離脱等に対する議論と各種の状況　170
6-2-5　小　括　172
6-3　日本の相続税・贈与税回避と国籍……………………………173
6-3-1　制度の概要　173
6-3-2　相続税・贈与税の無制限納税義務者の拡大と租税回避の防止　175
6-3-3　日本国内への投資と平等　180
6-4　税負担軽減を目的とする永久的な国外移住・国籍離脱への対処………………………………………………………182

7　公正処理基準と租税回避……………………………八ツ尾順一…185
7-1　公正処理基準の導入経緯……………………………………185
7-2　公正処理基準の内容…………………………………………187
7-2-1　公正処理基準　187
7-2-2　公正処理基準と法令　189
7-2-3　公正処理基準と通達　191
7-2-4　法人税法22条と公正処理基準　193
7-3　会計基準と租税回避…………………………………………195
7-3-1　企業会計の白地部分と租税回避　195
7-3-2　FASB解釈指針第48号と租税回避　198
7-4　公正処理基準に係る判例……………………………………201
7-4-1　船積日基準と船荷証券引渡基準／最判平成5年11月25日（民集47巻9号5278頁）　201

vii

7-4-2　前期損益修正の会計処理／東京地判平成25年10月30日（判時2223号3頁）　204

7-4-3　不動産流動化実務指針と過年度会計処理の変更　206

7-5　課税の公平と公正処理基準……………………………………………209

8　税理士と租税回避………………………………………浪花健三…211
――税理士法の視点から――

8-1　研究課題………………………………………………………………211

8-2　租税回避の概要………………………………………………………212

8-3　税理士制度……………………………………………………………214

　8-3-1　職業専門家　214

　8-3-2　税理士の職業専門家性　216

　8-3-3　税理士と租税回避の接点　219

8-4　「税理士の使命」と租税回避………………………………………220

　8-4-1　税理士の義務と懲戒　220

　8-4-2　税理士の使命（税理士法1条の検討）　222

8-5　個別規定と租税回避…………………………………………………228

　8-5-1　書面の添付（税理士法33条の2の検討）　228

　8-5-2　信用失墜行為の禁止（税理士法37条の検討）　231

　8-5-3　助言義務（税理士法41条の3の検討）　234

8-6　今後の課題……………………………………………………………237

9　租税回避行為と包括的租税回避否認規定……………酒井貴子…241
――ニュージーランド版GAARを参考に――

9-1　租税回避行為への対処策の潮流とGAAR…………………………241

　9-1-1　概　要　241

　9-1-2　租税回避行為とGAAR　242

9-2　ニュージーランドにおけるGAARの概要…………………………247

　9-2-1　基本的ルールの沿革的背景　247

9-2-2　現行GAARの内容およびその解釈　248
　9-3　ニュージーランドにおけるGAAR関連の裁判例 ……………251
　　9-3-1　「租税回避の取決め」として否認されるか否かの判断　251
　　9-3-2　再構成に関する事例　259
　　9-3-3　裁判例の検討およびGAARの問題点　261

10　「租税回避」防止立法としての法人税法23条3項… 小塚真啓…265
　10-1　自己株式の取得とみなし配当………………………………267
　　10-1-1　課税の原則　267
　　10-1-2　法人税法23条3項・23条の2第2項による規制　269
　10-2　「租税回避」防止規定としての法人税法23条3項・23条の2第2項 …………………………………………………273
　　10-2-1　「租税回避」防止規定の意義　273
　　10-2-2　合理的な租税裁定の可能性　282
　　10-2-3　残された課題　289

11　租税回避研究の意義と発展 ……………………… 岡村忠生…299
　11-1　租税回避という研究対象領域……………………………299
　　11-1-1　租税回避は，なぜ研究されるのか　299
　　11-1-2　ドイツにおける2つの研究対象領域　300
　　11-1-3　英国における実質主義　303
　　11-1-4　米国法の研究　306
　11-2　課税要件と租税回避…………………………………………309
　　11-2-1　否認された租税回避　309
　　11-2-2　否認の法的根拠　310
　　11-2-3　否認の論理　314
　　11-2-4　行為の性質と意図　316
　11-3　租税利益と租税回避…………………………………………321
　　11-3-1　租税回避は，実在するか　321

11-3-2　税負担の軽減　323
　　　11-3-3　租税利益のコントロール　326
　11-4　研究対象としての租税回避……………………………………328

あとがき……331
事項索引……333
判例索引……337
判例補遺……339

1
租税回避と税法の解釈適用方法論
──税法の目的論的解釈の「過形成」を中心に──

谷口勢津夫

　本稿は，租税回避論の基本に立ち返りその課題を明らかにした上で，租税回避について，主に税法の解釈適用方法論（税法の解釈適用に関する方法論）の観点から，検討しようとするものである。本稿をもって，筆者のこれまでの租税回避研究の「中間まとめ」[1]を踏まえ，今後の研究の「起点」としたいと考えるところである。

1-1　租税回避論の課題

　本節では，租税回避論の課題に関して，①回避の対象となる課税要件規定（通常の課税要件規定）の解釈適用のあり方あるいは方法論が，租税回避の成立にとって決定的な意味を持つことを確認するとともに，②税法特有の解釈適用「原理」として古くから議論されてきた実質主義について，今日におけるその意義と展開を確認することにする。

1-1-1　租税回避論における税法の解釈適用方法論の意義
　租税回避とは，課税要件の充足を避け納税義務の成立を阻止することによる，租税負担の適法だが不当な軽減または排除をいう[2]が，それは，「多くの場合，税法上通常のものと考えられている法形式（取引形式）を納税者が選択せず，これとは異なる法形式を選択することによって通常の法形式を選択した場合と基本的には同一の経済的効果ないし法的効果（中略）を達成しながら，通常の

---

1) 谷口勢津夫『租税回避論──税法の解釈適用と租税回避の試み』（清文社，2014年）。
2) 谷口勢津夫『税法基本講義〔第4版〕』（弘文堂，2014年）同書欄外番号【66】。

法形式に結びつけられている租税上の負担を軽減又は排除するという形をとる」[3]ものである。ここで言われる「多くの場合」には,「私的自治の原則ないし契約自由の原則の支配している私法の世界においては,当事者は,一定の経済的目的を達成しあるいは経済的成果を実現しようとする場合に,どのような法形式を用いるかについて選択の余地を有することが少なくない。このような私法上の選択可能性を利用し,私的経済取引プロパーの見地からは合理的理由がないのに,通常用いられない法形式を選択する[4]」ことから,租税回避はその意味において「私法上の選択可能性の濫用」と呼ばれることがある[5]。

　租税回避の概念は,このように,少なくともわが国では,課税要件の観念を前提にして成り立つ概念として,構成されている(租税回避の定義に関する課税要件アプローチ)。それ故,租税回避の成立は,回避の対象となる課税要件規定に関する解釈適用のあり方にかかっていることになる。すなわち,ここで,課税要件の充足を避け納税義務の成立を阻止しようとする私人の行為や活動を「租税回避の試み[6]」ということにすれば,租税回避の試みが成功した場合に租税回避が成立し(したがって,納税義務の成立が阻止され),逆に,租税回避の試みが失敗した場合には租税回避が成立しない(したがって,納税義務が成立する)ことになるが,租税回避の試みの成功と失敗,あるいは租税回避の成立と不成立,との間の「境界」の位置は,このように,税法の解釈適用のあり方によって,あるいはその方法としてどのようなものを用いるかによって,変わってくるのである。このことを一般論・抽象論のレベルで言えば,用いる解釈適

---

3) 清永敬次『税法〔新装版〕』(ミネルヴァ書房,2013年) 42頁。
4) 金子宏『租税法〔第19版〕』(弘文堂,2014年) 121頁。
5) 谷口・前掲注2)【66】参照。ドイツでは,「法の形成可能性の濫用(Missbrauch von rechtlicher Gestaltungsmöglichkeiten)」(租税基本法〔Abgabenordnung〕42条の見出し)と呼ばれる。この濫用概念については,谷口・前掲注1)第4章第3節〔初出・2010年〕参照。また,2008年改正前の租税基本法42条(特に濫用概念)に関する判例の分析については,清永敬次『租税回避の研究』(ミネルヴァ書房,1995年) 第2編〔初出・1986年/1989年/1985年〕,谷口・前掲注1)第4章第1節(初出・1998年)参照。
6) 「租税回避の試み」という言葉については,谷口・前掲注1)の「はしがき」,同・前掲注2)【66】【67】参照。

用方法が厳格なものであればあるほど，回避の対象となる課税要件規定の適用範囲が狭くなり，それに応じて，その規定が回避される範囲が広くなるので，租税回避の試みが成功し租税回避が成立する範囲が広くなるのに対して，用いる解釈適用方法が緩やかなものであればあるほど，その規定の適用範囲が広くなり，それに応じて，その規定が回避される範囲が狭くなるので，租税回避の試みが失敗し租税回避が成立しない範囲が広くなる，と言えよう[7]。

　このように考えると，税法の解釈適用方法論こそが，租税回避論のいわば「入口」[8]にある決定的ないし本質的な課題であると言ってよいと思われる。租税回避論の「入口」において，租税回避の試みと租税回避との前記の「境界」の確定に，強い影響を及ぼしてきたように思われる税法の解釈適用「原理」が，実質主義である。これについては，項を改めて検討しよう。なお，租税回避論のいわば「出口」では，（租税回避の試みが成功し成立した）租税回避についてその否認が課題となるが，次節では，租税回避否認規定の解釈適用についても検討を及ぼすことにする。

1-1-2　税法の解釈適用方法論における実質主義の意義と課題

① わが国における実質主義の展開

　わが国における税法の解釈適用をめぐる議論において実質主義ないし実質課税の原則が，これを条理[9]あるいは基本原則[10]と見るかどうかはともかく，大きな

---

[7] 谷口・前掲注2)【67】参照。
[8] 谷口・前掲注1)19頁［初出・2010年］では，「租税回避の限界」について「租税回避の試みの限界という意味での起点的限界」と「租税回避の否認という意味での終点的限界」とを区別したが，租税回避論について本文でいう「入口」は前者に，「出口」は後者にそれぞれ相当する。
[9] 実質課税の原則を所得の人的帰属に関して条理と見るものとして，最判昭和37年6月29日税資39号1頁，最判昭和39年9月17日税資43号332頁等参照。
[10] 実質主義を税法の解釈適用上の基本原則と見るものとして，税制調査会「国税通則法の制定に関する答申（税制調査会第二次答申）」（昭和36年7月）4頁，茂木繁一「税法における実質主義について——その総論的考察」税務大学校論叢6号53頁（1972年），金子宏ほか編『実践租税法大系（上）基本法編』（税務研究会，1981年）第4章［品川

3

意味を持ち,時として激しい論争の的となってきたことは否定できない[11]。実質主義が実質主義それ自体として議論された「ピーク」とも言うべき時期は,1960年前後であったと思われる。税制調査会は,1961年7月5日,国税通則法の制定に関して,「実質課税の原則」という見出しの下,「税法の解釈及び課税要件事実の判断については,各税法の目的に従い,租税負担の公平を図るよう,それらの経済的意義及び実質に即して行うものとするという趣旨の原則規定を設けるものとする」として,実質主義を制度化すべき旨の答申を行った[12]。実質主義の意義および妥当範囲ないし射程についてはそれまでも議論のあったところであるが,税制調査会が「実質課税の原則」を上記のように定義し,「実質課税の原則の宣明,租税回避行為,行為計算の否認及び帰属の問題[13]」等に関して検討した上で答申を行ったことで,実質主義がその方向で制定法上の原則となるかに思われたものの,反対意見も強く[14],結局,1961年11月28日,「その制度化については,今後における(中略)判例学説の一層の展開をまつ方がより適当であると認めざるを得なかつたもの[15]」の一つとして,実質主義の制度化は見送られた。その結果,その後も実質主義について「論者の説くところは一人一説の感すらあるように多彩である[16]」と言われるような状況が続いた

芳宣執筆]等参照。
11) わが国における実質主義の沿革については,差し当たり,茂木・前掲注10)60-65頁,金子ほか編・前掲注10)55-59頁[品川執筆]参照。
12) 税制調査会・前掲注10) 4頁。
13) 税制調査会『国税通則法の制定に関する答申の説明(答申別冊)』(昭和36年7月) 11頁。ほかに,同22頁も参照。なお,実質課税の原則について租税回避の議論との相違を指摘して論じるものとして,大淵博義『法人税法解釈の検証と実践的展開 第Ⅰ巻〔改訂増補版〕』(税務経理協会, 2013年) 155-156頁参照。
14) 特に日本税法学会「国税通則法制定に関する意見書」税法学131号1頁, 2-4頁 (1961年) 参照。
15) 大蔵省主税局「国税通則法の制定について」税法学132号27頁, 28頁 (1961年)。なお,研究会「国税通則法をめぐって」ジュリ251号10頁, 27頁 (1962年) では,「[実質課税の原則を立法してもその規定の解釈が]なかなかむずかしくて,そこにちょっとわれわれ今度法律に書くのを躊躇した自発的原因もあったのですよ,実は」(志場喜徳郎発言)と述べられている。

が，そうこうするうちに，おそらくは1980年代半ば以降[17]，税法の解釈適用においても租税法律主義を重視する傾向が強まってくるに伴って，実質主義が実質主義それ自体として議論されることは徐々に少なくなってきたように思われる。

② ドイツにおける経済的観察法の展開

では，実質主義は，税法の解釈適用において，もはや顧みられなくなってきたのであろうか。この点について示唆を与えてくれるように思われるのが，実質主義に相当するドイツのいわゆる経済的観察法（wirtschaftliche Betrachtungsweise）に関する明文規定の廃止をめぐる議論および廃止後の状況である[18]。ドイツでは，租税基本法（Abgabenordnung）の1977年改正[19]によって，租税調整法（Steueranpassungsgesetz）1条の解釈適用規定が廃止された。同条2項は「租税法律の解釈に当たっては，国民観，租税法律の目的（Zweck）および経済的意義（wirtschaftliche Bedeutung）ならびに事情の変転を考慮しなければならない」と定め，同条3項は「要件事実の判断（Beurteilung von Tatbestanden）についても，前項の規定を準用する」と定めていた[20]。これらのうち前者（税法解釈に関する経済的観察法）については，その廃止後，学説および判例の展開に[21]

---

16) 忠佐市「租税法における実質主義の原則」法学新報86巻1・2・3号7頁，8頁（1979年）。清永・前掲注5)362-369頁［初出・1967年］も参照。

17) この時期について十分な客観的検証の裏付けがあるわけではなく，多分に筆者の研究上の経験によるものであることをお断りしておく。ただ，大嶋訴訟・最高裁大法廷判決（昭和60年3月27日民集39巻2号247頁）が示された当時における税法学を取り巻く「思潮」は，恩師清永敬次先生の御指導を受け研究者として「物心」がつき始めた頃の筆者の記憶に鮮明に残っている。

18) 経済的観察法の成立から「廃止」後までの変遷については，中川一郎『税法の解釈及び適用』（三晃社，1961年）本編第4章・第6章・第7章，同編『税法学体系　総論』（三晃社，1974年）【38】～【47】【51】［中川一郎執筆］，同「税法における経済的観察法の運命——77年AO施行後のBFH判例を観て」『日本税法学会創立30周年記念祝賀税法学論文集』（日本税法学会本部，1981年）51頁，岩崎政明「租税法における経済的観察法——ドイツにおける成立と発展」筑波法政5号30頁（1982年），同「経済的観察法をめぐる最近の論争」租税法研究11号127頁（1983年），田中二郎『租税法〔第3版〕』（有斐閣，1990年）120-123頁，等参照。

よって，1974年草案の作成過程で述べられていた，「税法に対するいわゆる『経済的観察法』の特別な意義が今後も引き続き強調され，目的論的解釈（teleologische Auslegung）が保証されるべきである[22]」というような状態が，確立されてきたと見てよかろう。今日では，経済的観察法を「特別な方法ではなく，経済的な規範目的（wirtschaftlicher Normzweck）に照らして方向づけられた目的論的解釈[23]」というように，支配的見解は経済的観察法を「租税法律の経済的解釈（wirtschaftliche Interpretation）」と称し目的論的解釈として性格づけている。すなわち，「経済的給付能力の把握を目的とする税法規定（中略）は経済的な事象および状態に結びつく（中略）。それ故，規定の文脈および由来から異なることが明らかにならない限り，税法規定は原則として，経済的観察法といわれる経済的解釈を必要とする。経済的観察法は，税法の何ら特別な方法ではなく，立法者が経済的事実を規律しなければならないところではどこでも，見られるものである。それは，経済的に比較可能な事象および状態に対する平等な負担に貢献するので，体系的・目的論的法律解釈（systematisch-teleologische Gesetzesinterpretation）の一部である[24]」。

他方，後者（事実判断に関する経済的観察法）については，1974年草案に関

---

19) 同改正については，清永敬次「1977年租税基本法（AO）について」広岡隆ほか編『杉村敏正先生還暦記念 現代行政と法の支配』（有斐閣，1978年）337頁，特に本文の叙述との関係では343-344頁参照。

20) 同条1項は，租税調整法が制定された1934年当時は，「租税法律は，国家社会主義的世界観に従って解釈しなければならない」と定めていたが，第二次大戦後削除された。この点については，中川一郎「ドイツ税法調整法の研究（1）――租税基本法制定のため」税法学43号1頁，2-3頁（1954年）参照。

21) 1974年草案の作成過程では，当初は，租税調整法1条2項は草案3条2項として存続することとされていたが，それでも，当初から，「基準となる解釈ルールを展開するのは，他の法におけると同様，専ら学説および判例の任務である」（BT-Drucks. VI/1982, 99.）とする反対意見が強かった。

22) BT-Drucks. VI/1982, 100. これは，租税調整法1条2項に相当する1974年草案3条2項（BT-Drucks. VI/1982, 16.）に関する理由の中の一節であるが，この規定が「不必要」と判断され削除された際にも，「この削除は，これらの解釈ルールが将来もはや妥当すべきでないということを意味するものではない」（BT-Drucks. 7/4292, 15.）と述べられてい

する理由では，「租税調整法1条3項は，前項の解釈ルールは要件事実（正確には［ナマの］事実［Sachverhalt］）の判断についても妥当する，と定めるが，これは引き継がれなかった。事実の法的判断は，法学方法論（juristische Methodenlehre）によれば，法律への包摂（Subsumption）である。包摂の可能性について決定するのは，最終的には法律の解釈である。法律の解釈について妥当するルールは，いわゆる経済的観察法の考慮を保証する。その限りにおいて，租税調整法1条3項は必要でない」[25]と述べられていたが，これは，事実判断に関する経済的観察法それ自体の必要性を否定したのではなく，それを定める明文の規定の必要性を否定したものと解される。その理由は，事実の法的判断すなわち法律への包摂の可能性を最終的に決定する法律の解釈のレベルにおいて，経済的観察法が引き続き妥当する，という点に見出されたのであろう[26]。要するに，税法の解釈適用の過程において，税法解釈に関する経済的観察法を通じて，事実判断に関する経済的観察法の適用が保証される，と考えられたのであろう[27]。このような考え方は，法の適用に関する次のような今日の支配的見解と基本的に一致すると解される。すなわち，「法の適用［の本質］は，法規範（Rechtsnorm）と［ナマの］事実とを徐々に同化すること（中略）にあるの

る。
23) *Tipke*, Die Steuerrechtsordnung, Bd. III, Köln 1993, 1284.
24) *Tipke/Lang*, Steuerrecht, 21. Aufl., Köln 2013, §5 Rz. 70. なお，借用概念との関係で検討したものであるが，ドイツの税法における目的論的解釈の状況について谷口勢津夫「借用概念と目的論的解釈」税法学539号105頁（1998年）参照。
25) BT-Drucks. VI/1982, 100.
26) 清永・前掲注19)344頁は，「この説明［＝前掲注25)］は，調整法1条2項のような解釈規定を置くことを前提として，調整法1条3項のような要件事実の認定に関する規定を不必要としているのである。解釈規定を置かないこととした77年草案では事情が違ってきたのであるが，同草案の個別理由には要件事実の認定に関する一般規定についてなにも言及していない」と指摘しているが，筆者としては本文で述べたように理解しておきたい。
27) 1974年草案3条2項の削除（前掲注22)参照）の際に，「連邦憲法裁判所によって確立された原則，すなわち，租税法律がたしかに一定の法的事実を記述してはいるが，しかしその記述が当該事実の特殊な法技術的形式（Einkleidung）を意図しているのではな

で，租税法規の適用のためにも，課税要件の単なる解釈では十分でない。事実も法適用者の視線の中に取り込まなければならないので，法適用者の視線は（中略）法規と生活事実（Lebenssachverhalt）との間を行ったり来たりすることができるのである。そうすることによって，法律上の課税要件と関連づけて事実の性質決定をすることが可能になるが，そのような事実の性質決定（中略）を租税調整法１条３項は『要件事実の判断』と呼んだのである[28]」。このような見解によれば，経済的観察法の下では，税法の解釈が目的論的に行われるべきである以上，これとの関連で行われる事実の判断も目的論的に行われるべきことになろう。これは「目的論的事実判断」と言ってよかろう。

③　目的論的解釈および目的論的事実認定への展開とその課題

以上のようなドイツの状況に照らして，実質主義の制度化が見送られた後の日本の状況を見ると，日本における税法の解釈適用は，方法論的観点からは，ドイツと基本的に同じような状況にある，と見ることができるように思われる。実質主義については，その制度化が見送られたからといって実質主義それ自体が否定されたわけでなく[29]，むしろ，「税法上の『実質主義』ということが税法の目的論的解釈に当たつて，その合目的性を判断する基礎になるものだという考え方に立てば別にこのような規定がなくても，税法の解釈適用に支障が生ずるというわけのものではないと思います」[30]，「実質課税の原則といっても，それは一に租税法の合目的的解釈，合理的解釈の方向を明らかにしたものであって，租税法の規律する対象の多様性，複雑性にかんがみ特に実質課税の原則と題し

　　く当該事実の法的成果を意図している場合には，いわゆる経済的観察法が適用されるという原則（BVerfGE Bd. 13 S. 329）が，今後も引き続き妥当するであろう」（BT-Drucks. 7/4292, 16.）と述べられたが，これは，法解釈に関する経済的観察法は，明文の規定がなくても，事実判断に関する経済的観察法の適用を保証するという意味に，解される。

28)　Drüen, in : Tipke/Kruse, Kommentar zur Abgabenordnung und Finanzgerichtsordnung, Loseblatt (Stand : Lfg. 128, 2012) Köln, §4 AO Tz. 328.

29)　須貝脩一「税法上の実質主義」法学論叢84巻3号1頁，3頁（1968年），渡辺伸平『税法上の所得をめぐる諸問題』司法研究報告書19輯1号3頁（1967年）等参照。

30)　植松守雄「税法上の実質主義について」税経通信23巻10号129頁，130頁（1968年）。

て，それを浮きぼりにして租税法の本来あるべき解釈適用の姿を明らかにしたものにすぎない，といってよいであろう」[31]。「実質課税の原則（実質主義）は，（中略）税法を目的論的に解釈し，法文の概念や形式よりも実現された経済的実質を重視せんとするものである」[32]等の見解に見られるように，税法の目的論的解釈として肯定的に捉えられてきたように思われる。

　実質主義は，このように，税法の解釈方法論のレベルでは，目的論的解釈として理解されてきたと言ってよかろう。問題は，事実判断に関する経済的観察法のように，実質主義も法的三段論法において包摂の段階で捉えられてきたかどうかである。わが国でも法の適用についていわゆる法的三段論法が妥当することに異論はなかろうが，ドイツで（要件）事実の判断と言われる事実の性質決定は，わが国では，事実認定のレベルで捉えられているように思われる。法の適用については，「大ざっぱにいって，法のわくを決めてから事実を見るやり方と事実を決めてから法を見るやり方の二つ」があるが，「現実はそのように極端までは走らないで法から事実へ，事実から法へという相互作用を反覆しながら当該事案を解決するための最も適切な法の解釈が行われその下で妥当な事実認定が行われるのであろう」[33]というように，法の適用に関するドイツの前記の支配的見解と同様の見解が説かれるが，その見解では「事実認定の中に法律判断があみ込まれている」[34]と言われるのである。実質主義に関して，「事実認定の段階においても，単にその事実の法形態のみに着目するか，その実質，経済的意義等に着目するかで差が生じうる」[35]と説かれるが，後者の方向での事実認定は，事実判断に関する経済的観察法の説くところと基本的に同じく目的

---

31) 広瀬時江『判例を中心とする税金問題の研究』（財経詳報社，1971年）63頁。
32) 下村芳夫「租税法律主義をめぐる諸問題——税法の解釈と適用を中心として」税務大学校論叢6号1頁，28頁（1972年）。
33) 吉岡進「事実認定に関する二，三の問題」司法研修所論集62号1頁，5頁（1978年）。
34) 吉岡・前掲注33）2頁。伊藤滋夫『事実認定の基礎　裁判官による事実判断の構造』（有斐閣，1996年）253-263頁，大淵・前掲注13)156-157頁も参照。
35) 茂木・前掲注10)80頁。

論的事実認定を指向するものと解される。すなわち，実質主義において問題とされる事実認定は，「要件事実へのあてはめ，法的評価と切り離した限りでの事実認定」[36]ではなく，事実判断に関する経済的観察法（目的論的事実判断）と同じく，あてはめ（包摂）・法的評価と切り離すことなく目的論的に行うべきものとされてきたと言えよう。[37]

以上を要するに，実質主義は，制度化されなかったままか（日本）またはいったん制度化された後に廃止されたか（ドイツ）の違いはあれ，経済的観察法とパラレルに論じることができ，税法の解釈適用方法論のレベルでは，課税要件法の目的論的解釈と課税要件事実の目的論的認定を要請するものとして，今日においても，妥当すると考えられてきたように思われる。すなわち，一般論としては，「税法の適正な解釈適用を行なうには，その税法の目的を的確に把握しこれをベースとして行なわなければならないことは，単に税法のみの問題に限られるものではなく，およそ法解釈および適用一般に共通する問題である」[38]と考えられてきたと見てよかろう。これを敷衍するに，税法の解釈方法論のレベルでは，実質主義が文理解釈を補完する解釈方法としての目的論的解釈（税法の解釈における文言の可能な意味の枠内での趣旨・目的の考慮）を意味する限りにおいては，その妥当性について特に異論はなかろう。[39] 他方，税法の適用

---

36) 山木戸克己『民事訴訟法論集』（有斐閣，1990年）54頁［初出・1976年］。
37) 要件事実の「Beurteilung」という語については，ドイツ固有の議論（岩崎・前掲注18）筑波法政5号67-71頁参照）を尊重して「判断」という訳語を当てたが，わが国では「認定」と訳されることも多い（差し当たり，清永・前掲注5）第1編第2章［初出・1966年］，中川・前掲注18）『税法の解釈及び適用』本編第7章，等参照）。「認定」という訳語は，本文で述べたようなわが国における事実認定の意味を前提とするものと考えられる。なお，わが国において，「事実認定」について「裁判官による事実判断」の観点からその構造を論じるものとして，伊藤・前掲注34）参照。
38) 茂木・前掲注10）66頁。渡辺・前掲注29）1頁，3頁，研究会「国税通則法をめぐって——第2回・完」ジュリ252号6頁，30-33頁（1962年）の杉本良吉発言も参照。
39) 清永・前掲注3）35頁，金子・前掲注4）112頁，谷口・前掲注2）【45】，田中治「租税法律主義の現代的意義」税法学566号243頁，258頁（2011年），中里実ほか編『租税法概説』（有斐閣，2011年）42頁［増井良啓執筆］，占部裕典『租税法における文理解釈と限界』（慈学社，2013年）1030頁等参照。なお，金子宏「租税法解釈論序説——若干

方法論のレベルでは，実質主義が「要件事実の認定に必要な法律関係についていえば，表面的に存在するように見える法律関係に即してではなく，真実に存在する法律関係に即して要件事実の認定がなされるべきこと[40]」というようないわゆる法的実質主義を意味する限りにおいては，その妥当性についてこれまた特に異論はなかろう[41]。

　もっとも，実質主義については，税法の解釈適用上許される方法として妥当する範囲（換言すれば，税法の文言あるいは法文上の概念や事実の形式あるいは私法上の法律関係を尊重する範囲）が，論者あるいは裁判所の判断によって異なるように思われる。税法の解釈については，「租税法の経済的，実質的考察を主眼とする実質課税の原則を重視すると，いきおい租税法の合目的的解釈，合理的解釈に名をかりた拡大解釈，便宜解釈の弊害を惹起しかねない危機をはらむことになる。ここに租税法律主義と実質課税の原則をめぐる解釈上の交錯が生じ，租税法解釈上の基本的態度について種々の見解が生じ，租税法研究上の重要課題としてとり上げられる価値と運命をもつことになる[42]」と述べられることがあるが，税法の適用ないしそのための事実認定についても，たとえば私法上の法律構成による否認論ないし事実認定（契約解釈）による否認論の場合のように，同じような問題が見られる[43][44]。それらの問題については，税法の解釈適用の方法として明らかに「過形成」とも言うべきものも見られるように思われる。「過形成（hyperplasia）」とは，医学用語で「細胞の増加による組織の過度の発育」をいうが[45]（以下では，この語にいう「形成」を，法創造を意味する法の継続形

　　の最高裁判決を通して見た租税法の解釈のあり方」同ほか編『租税法と市場』（有斐閣，2014年）3頁，9-10頁における「趣旨解釈」に関する叙述も参照。
40)　金子・前掲注4)135頁。
41)　谷口・前掲注2)【57】参照。
42)　広瀬・前掲注31)66頁。
43)　谷口・前掲注1)第3章［初出・2005年/2009年/2011年］参照。
44)　税法の解釈適用における租税法律主義（厳格な解釈適用の要請）と実質主義との「相克」の関係について，谷口・前掲注2)【42】参照。
45)　森岡恭彦総監訳『カラー図説　医学大事典』（朝倉書店，1985年）111頁。

11

成〔Rechtsfortbildung〕をイメージして，用いることにする），実質主義についても，租税法規の趣旨・目的という「細胞」の増加によって税法の解釈適用という「組織」が「過度の発育」を遂げて，税法の解釈適用方法論の観点から見て許容限度を超える問題性を生み出すことがあるように思われるのである。

　実質主義の「過形成」に関する研究の狙いは，課税要件法の目的論的解釈の「過形成」と課税要件事実の目的論的認定の「過形成」を明らかにし，それらを税法の解釈適用という「組織」から除去することによって，税法の解釈適用について「適度な形成」を回復しようとするところにある。「過形成」については，医学の分野では，「腫瘍」とは異なり，「新しく形成された部分に正常の構造と機能が維持されている[46]」ので，「その原因たる刺激がなくなればこの過形成は終わる[47]」とされているが，税法の解釈適用について「正常の構造と機能」を回復しようとするところに，「過形成」研究の狙いがあるのである。税法の分野における裁判官による法創造について，「裁判官には，租税法律主義を指導原理とした正しい価値判断に基づく透明な判断である限り，個別の事案について具体的に妥当な結論を導くより良い法を創造することを期待されているというべきである[48]」と説かれることがあるが，一般論としては正当な見解と言えよう[49]。ただ，裁判官が「租税法律主義を指導原理とした正しい価値判断に基づく透明な判断」を保証するためには，裁判官の判断から少なくとも実質主義の「過形成」は除去しなければならないと考えるところである。

　以下では，実質主義の「過形成」のうち課税要件法の目的論的解釈の「過形成」を検討する。課税要件法の目的論的解釈の「過形成」の典型的な例は，かつて，明文の否認規定がないにもかかわらずいわゆる負担公平の原則に基づき[50]

---

46) 森岡・前掲注45) 111頁。
47) 和田攻総監修『医学生物学大辞典』（朝倉書店，2001年）1303頁。
48) 弘中聡浩「租税訴訟における法創造と租税法律主義」金子ほか編・前掲注39) 145頁，164頁。同149頁も参照。
49) 裁判官による法創造に関する筆者の立場については，谷口・前掲注1) 24-27頁［初出・2004年］，谷口・前掲注2)【46】【55】【57】等参照。
50) 客観的な憲法原則としての租税平等主義との関係については，谷口・前掲注2)【21】

租税回避の否認を認めた裁判例に見られたが，本稿では，そのような「古典的」とも言える「過形成」(租税法律主義の下では許容されない，いわゆる経済的実質主義による「解釈」[52])ではなく，比較的最近の裁判例に見られる「過形成」の例を取り上げることにしたい。なお，課税要件事実の目的論的認定の「過形成」については，筆者は，かつて，私法上の法律構成による否認論ないし事実認定（契約解釈）による否認論を取り上げ，（「過形成」という言葉こそ用いなかったが）「租税回避目的混入論」[53]の観点から，その否認論の許容性を批判的に検討し総括したところである。[54]

1-2　租税法規の趣旨・目的の法規範化論

目的論的解釈は，法規の趣旨・目的を基準として行われる法解釈であるが，租税法規についてその趣旨・目的を解釈基準としてではなく「規範」そのものとして用い，その趣旨・目的に適合しない納税者の行為を否認する考え方を，以下では「租税法規の趣旨・目的の法規範化論」ということにする。

1-2-1　課税減免要件の充足による租税回避とその規制

租税法規の趣旨・目的の法規範化論は，後で見るように，課税減免要件の充足による租税回避の規制について，判例上登場してきたものである。租税回避

　　参照。なお，租税負担の公平の実現と税収の確保とが対概念であることについては，同【18】参照。
51)　たとえば，大阪高判昭和39年9月24日訟月10巻11号1597頁，神戸地判昭和45年7月7日訟月16巻12号1513頁，東京地判昭和46年3月30日訟月17巻7号1166頁等参照。
52)　筆者はこれを「税収確保および公平負担実現のための目的論的『解釈』」と呼んでいる（谷口・前掲注2)【45】参照）。経済的実質主義については谷口・前掲注2)【42】，税収確保と公平負担実現とが対概念であることについては同【18】参照。
53)　谷口・前掲注1)40頁［初出・2004年］。
54)　谷口・前掲注1)32-43頁［初出・2004年］，128-131頁［初出・2005年］，194-195頁［初出・2011年］，206-215頁［初出・2011年］参照。

の概念は，すでに述べたように，少なくともわが国では，課税要件の観念を前提にして成り立つ概念として，構成されているが，課税要件の内容によって，租税回避は次の２つのタイプに区別される。すなわち，租税回避は，課税要件のうち㋐課税を根拠づける要件（課税根拠要件または積極的課税要件）の充足回避によるタイプと，㋑課税を減免する要件（課税減免要件または消極的課税要件）の充足（＝対応する課税根拠要件の充足回避）によるタイプ，とに区別されるのである。[55] 冒頭で述べた租税回避の定義（課税要件の充足を避け納税義務の成立を阻止することによる，租税負担の適法だが不当な軽減または排除）は，前記㋐のタイプの租税回避を念頭に置いたものであるが，課税減免要件の充足は，これに対応する課税根拠要件の充足回避と言えるから，その定義は前記㋑のタイプの租税回避をもカバーするものと考えられる。[56]

㋑課税減免要件の充足による租税回避については，(a)これを前述の定義による租税回避（私法上の選択可能性の濫用）として捉え，課税減免制度適用の基礎となるはずの実際上の取引形式を課税上無視し「通常の法形式」に引き直すことによって，当該制度の適用を否定するアプローチ（以下「租税回避アプローチ」という）による規制が可能であるだけでなく，㋐課税根拠要件の充足回避

---

55) 谷口・前掲注1) 8頁［初出・2010年］参照。
56) 谷口・前掲注2)【66】参照。この点については，ドイツにおける租税回避論の税法学的基礎を築いたヘンゼルも認めるところである。課税減免制度は，一定の要件（課税減免要件）の下で，これを充足する者に対して租税負担の軽減または排除という税法上の効果（租税利益）を認めるものであるが，ヘンゼルは，租税回避のうち㋑課税減免要件の充足によるものについて，「回避者が課税減免規定の法律要件と結びつけられた租税利益で，この特別規定の目的によればその者に与えられるものとはされていなかった租税利益，を手に入れるために，当該課税減免規定の法律要件を意図的に実現する，というような［㋐課税根拠要件の充足回避による租税回避とは］一見すると逆の状況にあるかのように思われる特別事案」と定義し，これが㋐課税根拠要件の充足回避による租税回避を念頭に置いた定義に「含められるべきである」と述べている（Hensel, Zur Dogmatik des Begriffs "Steuerumgehung," in: Bonner Festgabe für Ernst Zitelmann, München/Leipzig 1923, 217, 225. 谷口・前掲注1) 4頁，9頁［初出・2010年］参照）。ドイツの現行（2008年改正後）租税基本法42条2項も，そのような「おそらく支配的な見解」（Fischer, in: Hüpschmann/Hepp/Spitaler, Kommentar zur Abgabenordnung und

による租税回避と異なり、(b)これを課税減免制度（が付与する租税負担減免権）の濫用として捉え、同制度の趣旨・目的に反する場合（濫用と評価される場合）に対して法定された濫用規制要件の適用によって、同制度の適用を否定するアプローチ（以下「制度（権利）濫用アプローチ」という）による規制も可能である。このことを示唆してくれたのは、外国税額控除余裕枠利用事件に関する最判平成17年12月19日民集59巻10号2964頁（以下「平成17年最判」という）と最判平成18年2月23日訟月53巻8号2447頁（以下「平成18年最判」という）である。

両判決は、問題となった取引について、これが外国税額控除要件を充足することを前提にして、「我が国の外国税額控除制度をその本来の趣旨目的から著しく逸脱する態様で利用して納税を免れ、我が国において納付されるべき法人税額を減少させた上、この免れた税額を原資とする利益を取引関係者が享受するために、取引自体によっては外国法人税を負担すれば損失が生ずるだけであるという本件取引をあえて行うというものであって、我が国ひいては我が国の納税者の負担の下に取引関係者の利益を図るもの」という理解を示したが、これに「そうすると」で続けて、平成17年最判は、「本件取引に基づいて生じた

　Finanzgerichtsordnung, Loseblatt〔Stand：Lfg. 132, 1991〕Köln, §42 AO Rz. 47.）を前提にして規定されたものと解される。その規定で定義された「濫用」の要件の一つである「法律上想定されていない租税利益」について、「この利益は、納税義務者が自己に有利な租税法律の適用を援用する場合（法効果の横領〔Rechtsfolgenerschleichung〕）又は租税負担を課す法律の法効果を回避しようとする場合（法効果の回避〔Rechtsfolgenvermeidung〕）に存する」（Fischer, aaO, Loseblatt〔Stand：Lfg. 197, 2008〕Köln, §42 AO Rz. 62.）と解されているが、これらのうち「法効果の横領」は上記㋑のタイプの租税回避、「法効果の回避」は上記㋐のタイプの租税回避をそれぞれ意味すると解される。

57）　課税根拠要件の趣旨・目的に反する場合を同要件の「濫用」として規制することにすれば、同要件を租税請求要件（専ら租税請求のための法律要件すなわち租税に関する権利義務の成立要件）ではなく、間接的にあるいは実質的に租税命令要件（私人に充足義務を課したり充足回避を禁止することを内容とする法律要件）に変容させてしまうことになるから、課税根拠要件の充足回避による租税回避について制度（権利）濫用アプローチは、自由主義経済およびこれに基礎を置く租税国家（谷口・前掲注2)【2】【24】参照）では、採用してはならないと考えられる。租税請求要件と租税命令要件については、

所得に対する外国法人税を法人税法 69 条の定める外国税額控除の対象とすることは，外国税額控除制度を濫用するものであり，さらには，税負担の公平を著しく害するものとして許されないというべきである」[61]（下線筆者）と判示したのに対して，平成 18 年最判は，「本件各取引は，外国税額控除の制度を濫用するものであり，これに基づいて生じた所得に対する外国法人税を法人税法 69 条の定める外国税額控除の対象とすることはできないというべきである」[62]（下線筆者）と判示した。

　両判決の前記引用部分のうち下線部，特にその主語の違いに着目すると，平成 17 年最判にいう「本件取引に基づいて生じた所得に対する外国法人税を法人税法 69 条の定める外国税額控除の対象とすること」は，「本件取引に基づいて生じた所得に対する外国法人税について，法人税法 69 条の定める外国税額控除制度が付与する外国税額控除権を行使すること」と言い換えることができ，したがって，「外国税額控除制度を濫用するもの」は，外国税額控除制度（が付与する外国税額控除権）を同制度の趣旨・目的（同制度が控除権を付与する趣旨・目的）に反して利用することと解されるので，同判決が制度（権利）濫用アプローチを採用したものと解することには特に問題はなかろう。もっとも，事件当時の法人税法 69 条 1 項には，平成 13 年度税制改正後の同項第 2 括弧書の定めるような濫用規制要件は定められていなかったので[63]，平成 17 年最判は

　　谷口・前掲注 2)【54】【68】【88】参照。
58)　谷口勢津夫「ヤフー事件東京地裁判決と税法の解釈適用方法論――租税回避アプローチと制度（権利）濫用アプローチを踏まえて」税研 177 号 23 頁（2014 年）参照。
59)　両判決に関する以下の叙述については，谷口・前掲注 1)第 2 章第 1 節［初出・2007 年］参照。
60)　民集 59 巻 10 号 2964 頁，2970 頁。本文で引用したのは平成 17 年最判の判示であるが，平成 18 年最判も若干の表現の違いを別にすればこれと同じ内容の判示（訟月 53 巻 8 号 2447 頁，2460-2461 頁）を行っている。
61)　民集 59 巻 10 号 2964 頁，2970 頁。
62)　訟月 53 巻 8 号 2447 頁，2460-2461 頁。
63)　この要件は「外国法人税（中略）を納付することとなる場合」に係る除外要件であったが，平成 21 年度税制改正によって，その内容が「その外国法人税の額」に係る除外要

制度（権利）濫用アプローチの採用に当たって，いわば「不文の濫用規制要件」とも言うべき要件を措定ないし創造したものと解される。

これに対して，平成18年最判も，下線部の述語部分では，「外国税額控除の制度を濫用するもの」と述べているが，その後に続く「これに基づいて生じた所得に対する外国法人税を法人税法69条の定める外国税額控除の対象とすること」がその述語に対する主語であれば，同判決も，平成17年最判と同じく制度（権利）濫用アプローチを採用したものと解されるところ，その主語が「本件各取引は」となっていることからすると，平成18年最判は外国税額控除要件（課税減免要件）の充足による租税回避に対する規制方法として，租税回避アプローチを採用したものと解することができるように思われる。というのも，課税減免要件の充足による租税回避に関する前述の定義によれば，平成18年最判は，「本件各取引」を，法人税法69条の要件を同条の趣旨・目的に反して充足するものという意味において，「外国税額控除の制度を濫用するもの」として捉える法律構成を採用したものと解することができるからである。つまり，ここでいう「外国税額控除の制度を濫用するもの」は，平成17年最判にいうそれとは異なり，外国税額控除制度（外国税額控除権）をその趣旨・目的に反して利用することではなく，同制度の要件をその趣旨・目的に反して充足する取引を行うという，私法上の選択可能性の濫用を意味すると解されるのである。この場合，租税回避アプローチでは，「本件各取引」を「通常の取引」に引き直すことになるが，それは，「取引自体によっては外国法人税を負担すれば損失が生ずるだけである」というような異常な取引をしないこと（これも私法上の選択可能性に属する），ということになろう。[64]

1-2-2 制度（権利）濫用アプローチによる租税回避の試みの否認

平成17年最判については，上述のように，制度（権利）濫用アプローチの

件（第4括弧書）の中に移された。

[64] これと同様の考え方によればタックス・シェルター（tax shelter）を租税回避の定義に持ち込みうることについて，谷口・前掲注2)【69】参照。

採用に当たって，いわば「不文の濫用規制要件」とも言うべき要件を措定ないし創造したものという理解を示したが，この「不文の濫用規制要件」は，外国税額控除制度（法税 69 条）という課税減免制度の濫用（同判決では「我が国の外国税額控除制度をその本来の趣旨目的から著しく逸脱する態様で利用して納税を免れ，我が国において納付されるべき法人税額を減少させた」こと）と，その否認（同判決では「税負担の公平を著しく害するものとして許されない」こと）とを媒介する論理として，必要であると考えられる。すなわち，課税減免制度の趣旨・目的を探知すれば，同制度の利用が同制度の濫用（目的外利用）に該当するかどうかを判断することはできるが，しかし，そのことから直ちに，同制度の濫用を許容しないとする価値判断を導き出すことはできないので，そのための媒介論理として，課税減免制度には「不文の濫用規制要件」が内在する，というような考え方を援用する必要があると考えられるのである。このような考え方を媒介論理として課税減免制度の濫用を否認する考え方を，「課税減免制度濫用の法理」[65]と呼ぶことにすると，平成 17 年最判はこの法理によって外国税額控除制度の利用を同制度の濫用として否認した（「許されない」とした）ものと解することができよう。

　不文の濫用規制要件は，課税減免制度の趣旨・目的に反する場合を同制度の「濫用」として規制するための要件であるから，その要件においては，同制度の趣旨・目的そのものが，その要件の内容をなす規範として用いられている，と見てよかろう。したがって，課税減免制度濫用の法理は，租税法規の趣旨・目的の法規範化論の一場面として位置づけられよう。この法理の核心は，課税減免制度の趣旨・目的を否認規範とする点にあるのである。

　しかし，課税減免制度濫用の法理は，税法の解釈方法論の観点から，認められるべきものではない。すなわち，租税法規の趣旨・目的は，当然のことながら，租税法規の規範そのものではなく，法解釈方法論上は，租税法規の意味（規範）の解明に当たり原則として文理解釈を補完する解釈基準として，位置づけられるべきものである。したがって，課税減免制度の趣旨・目的を否認規

65）　谷口・前掲注 2）【47】参照。

範とすることは，税法の解釈方法論の観点から許容されるべきではない[66]。このような意味で，課税減免制度濫用の法理は，目的論的解釈の「過形成」と言うべきものであると考えられる。

もっとも，平成17年最判については，次の見解に代表されるような異なる理解を示す論者が多い。すなわち，「最高裁判所が，平成17年12月19日判決（民集59巻10号2964頁，判時1918号3頁，月報53巻8号2447頁）および同18年2月23日（判時1926号57頁，月報53巻8号2461頁）において，ある銀行の取引が法人税法69条の定める外国税額控除制度の濫用にあたるとして，その適用を否定したのも，法律上の根拠がない場合に否認を認める趣旨ではなく，外国税額控除制度の趣旨・目的にてらして規定の限定解釈を行った例であると理解しておきたい。ただし，租税法律主義の趣旨からして，この限定解釈の法理の適用については，十分に慎重でなければならないと考える」[67]。このような理解は，平成17年最判を，別件（争点は同じ）・大阪高判平成14年6月14日訟月49巻6号1843頁[68]が採用した課税減免規定の限定解釈の延長線上に，位置づけようとするものと解される[69]。

前記の大阪高判によれば，課税減免規定の限定解釈は，課税減免規定につい

---

66) なお，課税減免制度濫用の法理については，納税者に制度濫用の認識がある以上，その制度の適用を否定しても，その否認に基づく課税は納税者の予測可能性を害することにはならず，したがって，租税法律主義に反することにはならないというような見解（今村隆「判批」租税研究684号87頁，103頁（2006年），杉原則彦「判解」法曹時報58巻6号1981頁，1989-1990頁（2006年）参照。この見解に対する筆者の批判については特に谷口・前掲注1)215-219頁［初出・2011年］参照）もあるが，同法理が不文の濫用規制要件を前提とするものであり課税要件法定主義に明らかに反する以上，同法理を許容することは租税法律主義の自己否定である。このように，租税法律主義の観点からも，同法理による目的論的解釈の「過形成」は認められるべきではないと考えられる。
67) 金子・前掲注4)127頁。
68) この判決については，谷口・前掲注1)第1章第2節［初出・2004年］参照。
69) 中里実「政策税制の政策目的に沿った限定解釈」税研129号75，76-77頁（2006年），今村・前掲注66)104頁，同「判批」税理49巻7号2頁，7頁（2006年），同「外国税額控除制度の濫用――日米の判例を比較して」駿河台法学20巻1号80頁，88頁（2006年），杉原・前掲注66)1989-1990頁，吉村典久「判批」行政判例研究会編『平成17年

て「その趣旨・目的に合致しない場合を除外するとの解釈」(訟月同号 1876 頁)であるが,これは広い意味では「目的論的解釈の一態様」[70]と言えるとしても,法解釈方法論の観点からすると,狭義の法解釈(文言の可能な意味の枠内での法解釈)ではなく,目的論的制限(teleologische Reduktion)[71]と呼ばれる法創造に属する「解釈」と見るべきであろう。すなわち,法解釈と法創造との関係については,「法律の解釈と裁判官による法の継続形成[=法創造]とは本質を異にすると見るのではなく,同一の思考方法の相互に異なる段階と見るのがよかろう。(中略)裁判官による法の継続形成は,解釈(Auslegung)の限界を超えてもなお依然として広い意味では『解釈的(interpretativ)』方法を用いている」[72]と言われるが,課税減免規定の限定解釈は,形式的には,法人税法 69 条 1 項の規定にいう「納付することとなる場合」という文言の解釈という形をとりながら,実質的には,この規定の趣旨・目的を斟酌して,この規定について適用除外要件の欠缺すなわちいわゆる隠れた欠缺(verdeckte Lücke)[73]の補充を行うものであるから,法創造に属する「解釈」と見るべきであろう。

　しかしながら,平成 17 年最判は,前記の大阪高判とは異なり,形式的にも,法人税法 69 条 1 項にいう「外国法人税を納付することとなる場合」という文言の解釈を問題にすることなく,また,実質的にも,同規定について適用除外要件の欠缺を問題とすることなく,端的に,「我が国の外国税額控除制度をその本来の趣旨目的から著しく逸脱する態様で利用して納税を免れ,我が国において納付されるべき法人税額を減少させた」ことをもって,「外国税額控除制度の濫用」として,同制度の適用を否認したのであるから,法律構成としては,

---

　　行政関係判例解説』(ぎょうせい,2007 年) 113 頁,124 頁も同旨。
70)　中里実『タックスシェルター』(有斐閣,2002 年) 243 頁[初出・1999 年]。金子・前掲注 4) 126 頁も参照。
71)　S. *Larenz*, Methodenlehre der Rechtswissenschaft, 6. Aufl., Berlin 1991, 391ff. わが国では,広中俊雄『民法解釈方法に関する十二講』(有斐閣,1997 年) 64 頁参照。なお,吉村・前掲注 69) 118 頁は「目的論的縮小」という訳語を用いている。
72)　*Larenz* (Fn. 71), 366.
73)　立法による欠缺補充については,前掲注 63) 参照。

課税減免規定の限定解釈の枠内に収まるものではなく、課税減免制度濫用の法理とも言うべき別の考え方を採用したものと解すべきであろう[74]。

　課税減免規定の限定解釈は、裁判官がこれを行うのであれば[75]、前記の大阪高判の判断はともかく、一般論としては、租税法律主義の下でも、同規定の趣旨・目的が文言による表現に匹敵するほどの明確性をもって一般に認識可能なものである場合に限り、許容されると考えられる。ただ、前記の大阪高判が、法人税法69条1項にいう「外国法人税を納付することとなる場合」という文言について限定解釈（目的論的制限）を行うに当たって、当該外国法人税の納付について「法69条の制度を濫用するもの」と説示していることからすると[76]、外国税額控除余裕枠利用事件では、外国税額控除制度の趣旨・目的という「細胞」は、すでに課税減免規定の限定解釈において「増加」し始め、課税減免制度濫用の法理において租税法規の趣旨・目的の法規範化論として「過形成」に至ったと見てもよかろう。

1-2-3　制度（権利）濫用アプローチによる租税回避の否認

　目的論的解釈の「過形成」の一態様としての租税法規の趣旨・目的の法規範化論は、課税減免要件の充足による租税回避については、前述のような課税減

---

[74]　吉村政穂「判批」判例評論572号184頁、187頁（2006年）は、平成17年最判について、正当にも、「第一審判決及び原審と異なり、特定の要件に関する限定解釈を明らかにしたものではない（中略）。端的に、本件取引には法税69条の適用がないことを示した。（中略）立法目的・趣旨を斟酌してそれを（著しく）逸脱する行為を排除し、文理解釈を超えて合目的的に規定の適用範囲を画する手法を採用した」という理解を示している。なお、清水一夫「課税減免規定の立法趣旨による『限定解釈』論の研究——外国税額控除事件を出発点として」税務大学校論叢59号245頁、290頁（2008年）は、「筆者の立場は、まず、外税最高裁判決は、基本的には、課税減免規定の立法趣旨による限定解釈の延長線上にあるということである」と述べながら、293-294頁では「本判決は、いわゆる『課税減免規定の限定解釈』として紹介されることも多いが（中略）、文言の限定解釈ではないものと思われ、いわば『制度全体の立法趣旨に基づく、濫用行為に対する課税減免規定の不適用』とでも言うべきものと考える」と述べている。

[75]　谷口・前掲注2)【46】参照。

[76]　訟月49巻6号1882頁。

免規定の解釈の場面においてだけでなく，租税回避否認規定の解釈の場面においても，登場することがある。いわゆるヤフー事件・東京地判平成26年3月18日〔訟月60巻9号1857頁・LEX/DB25503723〕（本節では以下「本判決」という）では，組織再編成に係る包括的否認規定（法税132条の2）の解釈において，租税法規の趣旨・目的の法規範化論が展開されたと解される。

① 組織再編成に係る包括的否認規定と個別的否認規定

ヤフー事件では，適格合併等において認められる被合併法人等の未処理欠損金額の引継ぎ（法税57条2項）の制限要件（同条3項）に該当しない場合（つまり，いわゆるみなし共同事業要件〔法税令112条7項＝現行3項〕を充足する場合）について，法人税法132条の2の規定を適用して合併法人への当該未処理欠損金額の引継ぎを否認することができるかが争われているので，同規定の定める「その法人の行為又は計算で，これを容認した場合には，（中略）法人税の負担を不当に減少させる結果となると認められるもの」という要件（以下「不当性要件」という）に関する本判決の解釈を検討する前に，法人税法132条の2と同法57条3項との関係に関する本判決の捉え方について検討しておく。

本判決はこの点に関し次のように判示した。「〔1〕法132条の2は，組織再編税制の導入と共に設けられた個別否認規定と併せて新たに設けられた包括的否認規定であること，〔2〕組織再編税制において包括的否認規定が設けられた趣旨は，組織再編成の形態や方法は複雑かつ多様であり，ある経済的効果を発生させる組織再編成の方法は単一ではなく，同じ経済的効果を発生させ得る複数の方法があり，これに対して異なる課税を行うこととすれば，租税回避の温床を作りかねないという点などにあることが認められる。そして，組織再編税制に係る個別規定は，特定の行為や事実の存否を要件として課税上の効果を定めているものであるところ，立法時において，複雑かつ多様な組織再編成に係るあらゆる行為や事実の組み合わせを全て想定した上でこれに対処することは，事柄の性質上，困難があり，個別規定の中には，その想定外の行為や事実がある場合において，当該個別規定のとおりに課税上の効果を生じさせることが明らかに不当であるという状況が生じる可能性があるものも含まれているということができる」（訟月60巻9号1894頁，以下頁のみ引用する）。

まず，前記〔1〕の判示に加え，法人税法57条3項に関する「同項は，繰越欠損金額が租税回避に利用されることを防止するために設けられた個別否認規定であると解される」(1901頁) という判示からすると，本判決が法人税法132条の2と同法57条3項との関係を，包括的否認規定と個別的否認規定との関係として捉えていることは明らかである。この点については特に異論はなかろう[77]。次に，法人税法132条の2と同法57条3項との関係について，租税回避に対する規制アプローチの観点から，検討しておこう。

前記〔2〕の判示の前段からすると，法人税法132条の2は，「同じ経済的効果を発生させ得る複数の方法」に係る私法上の選択可能性の濫用を規制するものと言えるので，この判示から論理的に帰結される規制の法律構成は，一応は，租税回避アプローチによるものと見てよさそうである（確定的理解については次の②参照）。

他方，前記〔2〕の判示の後段における「個別規定の中には，その想定外の行為や事実がある場合において，当該個別規定のとおりに課税上の効果を生じさせることが明らかに不当であるという状況が生じる可能性があるものも含まれているということができる」という判示（以下「〔2〕後段判示」という）に加え，「企業グループ内の適格合併については，未処理欠損金額の引継ぎを無制限に認めることには課税上の弊害があるという見地から，その範囲につき制限が加えられることとされた」(1901頁) という認定からすると，法人税法57条3項は，未処理欠損金額の引継ぎに伴う「明らかに不当であるという状況」あるいは「課税上の弊害」を防止するためにその引継ぎに対する制限要件を定める規定と見ることができるので，上記の判示や認定から論理的に帰結される規制の法律構成は，制度（権利）濫用アプローチによるものであると考えられる。

制度（権利）濫用アプローチによれば，濫用規制要件は，立法技術的には，課税減免制度の趣旨・目的に反する場合における課税減免要件の適用除外要件あるいは適用制限要件の形で定められ，しかも形式基準（期間，数値等）を含[78]

---

[77] 税制調査会「平成13年度の税制改正に関する答申」(平成12年12月) 4頁も参照。

むことも多い[79]。本判決は「企業グループ内における繰越欠損金の取引を含む組織再編成それ自体についていかに正当な理由や事業目的があったとしても，法57条3項が定める要件を満たさないのであれば，未処理欠損金額の引継ぎは認められない」（2010頁）と判示するが，これは引継制限要件のそのような性格を踏まえた判示であると解される。

ここで注意しなければならないのは，〔2〕後段判示が法人税法132条の2の射程にも関連することである。本判決は，〔2〕後段判示を前提にして，「［みなし共同事業要件に係る］施行令112条7項［＝現行3項］5号が定める特定役員引継要件については，それに形式的に該当する行為又は事実がある場合であっても，それにより課税上の効果を生じさせることが明らかに不当であるという状況が生じる可能性があることを前提に規定されたものであるというべきであるから，組織再編成に係る他の具体的な事情（中略）を総合考慮すると，合併の前後を通じて移転資産に対する支配が継続しているとはいえず，同号の趣旨・目的に明らかに反すると認められるときは，法132条の2の規定に基づき，特定役員への就任を否認することができると解すべきである」（1905頁）と判示したが，この判示は，法人税法57条3項と同法132条の2との[80]（前者の優先適用を前提とする）いわば「重畳的」適用を認めたものと解される[81]。

---

78) たとえば法69条1項について前掲注63)参照。
79) ヤフー事件では，特定役員引継要件（令112条7項［＝現行3項］5号）が形式基準を定めていないことが，争いの原因の一つとなっていると思われる。この点については，座談会「東京地裁平成26年3月18日判決の検討」税務弘報62巻7号8頁，32頁（2014年）における岡村忠生・岩品信明・明石英司各発言参照。
80) この判示にいう「状況」は，太田洋「組織再編行為と否認」租税研究741号75頁，88頁（2011年）にいう「繰越欠損金の利用に関する個別否認規定の『潜脱』類型」における「潜脱」の状況と言ってもよかろう。
81) 本稿でいう「重畳的」適用は重複適用を意味するものではない。斉木秀憲「組織再編成に係る行為計算否認規定の適用について」税務大学校論叢73号1頁，78-79頁（2012年）は，「個別防止規定の潜脱」に関して，「当該個別規定［＝法57条3項］の適用により制限を受けた未処理欠損金額については，本規定［＝法132条の2］を適用する余地はないものと考えられるが，制限を行わないとする，いわば緩和要件であるみなし共同事業要件については，これを形式的に該当させることなどにより，当該制限を回避する

このように否認規定の「重畳的」適用を認めるかどうかは立法政策の問題であり[82]，他にもそれを認めた立法例もあるが[83]，問題は，法人税法132条の2による規制がこの「重畳的」適用の場面においても租税回避アプローチによるものと解されるのか，それともその場面においては法人税法57条3項による規制と同じく制度（権利）濫用アプローチによるものと解されるのか，である。この問題は，不当性要件の解釈に関わる問題であるので，項を改めて検討する。

　② 「重畳的」適用場面における包括的否認のアプローチ

　本判決は，不当性要件について，「《1》法132条と同様に，取引が経済的取引として不合理・不自然である場合（最高裁昭和50年（行ツ）第15号同52年7月12日第三小法廷判決・裁判集民事121号97頁，最高裁昭和55年（行ツ）第150号同59年10月25日第一小法廷判決・裁判集民事143号75頁参照）のほか，《2》組織再編成に係る行為の一部が，組織再編成に係る個別規定の要件を形式的には充足し，当該行為を含む一連の組織再編成に係る税負担を減少させる効果を有するものの，当該効果を容認することが組織再編税制の趣旨・目的又は当該個別規定の趣旨・目的に反することが明らかであるものも含むと解することが相当である」（2009頁）と判示した。

　前記の判示のうち《1》は，法人税法132条の2による規制が租税回避アプローチによるものであることを前提とする判示であると解され，このような理解はすでに見た同条の趣旨に適合したものと言えよう。そうすると，《1》で定立された規範については，本判決はその内容を積極的には説示していないものの，引用判例からしても，いわゆる経済的合理性基準がその規範内容を構[84]

　　場合は，重複して制限を行うことにはならないため，本規定を適用できるものと考えられる」と述べているが，ここで述べられている両規定の適用関係が本稿でいう「重畳的」適用である。

82)　座談会「企業組織再編税制及びグループ法人税制の現状と今後の展望（8・了）」国税速報6211号53頁，55頁（2012年）における佐々木浩発言参照。

83)　相続税法15条2項および63条について，渡邊博史ほか『昭和63年度版　改正税法のすべて』（大蔵財務協会，1988年）461頁参照。

84)　清永・前掲注5)394頁［初出・1982年］，金子・前掲注4)457頁等参照。不当性要件

成すると解される[85]。

　これに対して，《２》は，前半部分（「ものの」の前まで）からすると，租税回避アプローチによる規制を，「組織再編成に係る個別規定」の課税減免要件の充足による租税回避（本判決では「法132条の２により対処することが予定されている第１の類型」としての「繰越欠損金等を利用する組織再編成における租税回避行為」）について，説示したものとも読めなくはない。そうすると，「組織再編成に係る行為の一部」が「純経済人の選ぶ行為形態として合理的なものか否か」という経済的合理性基準が[86]，《２》で定立された規範の内容でもあることになりそうであるが，しかし，本判決は，「上記［＝第１］の類型に属する租税回避行為の不当性の有無については，経済合理性や事業目的の有無といった基準によって判断することはでき［ない］」と判示している。そうすると，《２》は上記のように読むのではなく，後半部分（「当該効果」以下）で規範が定立されていると読むべきことになろう。《２》の後半部分からすると，その規範は，不当性要件の充足の有無を，組織再編税制または組織再編成に係る個別規定の適用の結果がそれらの趣旨・目的に反するかどうかという基準（以下「制度趣旨・目的基準」という）で判断すべきとするものと言えよう。

　制度趣旨・目的基準は，本来は，制度（権利）濫用アプローチに従って課税減免制度に係る濫用規制要件（たとえば法税57条３項参照）を定める場合において，立法上の基準とされるべきものであるが，本判決は，それを不当性要件の中に取り込む「解釈論」を展開したものと考えられる。この「解釈論」によれば，法132条の２は，論理的には，租税回避アプローチによる規制と制度（権利）濫用アプローチによる規制を併存的に定めた規定であり，後者に関しては，法人税法57条３項と「重畳的」に適用することができる規定である，ということになろう。

　　　に係る経済的合理性基準は，租税回避については「私的経済取引プロパーの見地からは合理的理由がない」（金子・前掲注4)121頁）という考慮に基づくものであり，本稿でいう租税回避アプローチの系譜に属するものと言えよう。
85)　北村導人「判批」旬刊経理情報1383号46頁，50頁（2014年）も参照。
86)　清永・前掲注5)394頁［初出・1982年］。

③ 「法解釈」を装った「過形成」的法創造

本判決の前記の「解釈論」に対しては，正当にも，「本件判決の判断枠組みの下では，個別規定に定められた要件を抽象的な趣旨・目的に還元した上で，改めて（実質的な）要件を付加して検討することを課税庁及び裁判所に認めた規定として132条の2が位置づけられたことになる」という指摘がされている[87]。

また，租税法律主義の観点から，正当にも，次のような批判が加えられている。すなわち，「本件規範(ii)[=《2》)]によれば，組織再編税制に係るすべての（課税減免効果が生じる）個別規定について，法令上課税要件が明確に定められ，その意義が文理上明らかであるにもかかわらず，常に明文にない制度全体および当該個別規定の趣旨・目的に基づく実質的（付加的）な要件充足性を検討しなければ当該個別規定の適用の可否を判定できないこととなるという点で，租税法律主義および課税要件明確主義の観点から問題なしとはいえない。（中略）規定の趣旨・目的の具体的内容が，納税者における法的安定性や予測可能性を確保する程度に，明確かつ統一的な指標として表示されているのか，疑義が存するところである[88]」。

これらの指摘や批判にもその端緒が見られるように思われるが，制度趣旨・目的基準は，法人税法132条の2の規定を，課税減免規定の限定解釈による租税回避の試みの否認に対して実定税法上の根拠を定める規定として，捉えようとする考え方に基づいて，不当性要件の中に取り込まれたものと考えられる。そのような考え方は次の見解の中にも見られるように思われる。すなわち，「適格要件等の濫用又は潜脱と言わざるを得ないようなものに対して，その適格要件等を定めた各個別制度の規定を『実質主義』や『経済的実質』というような観点から拡張解釈[ママ]して対応せざるを得ない状態としたのでは，組織再編成における多様な租税回避を防止することはできない，と考えられます[89]」。

---

87) 吉村政穂「判批」税務弘報62巻7号58頁，61頁（2014年）。
88) 北村・前掲注85)50-51頁。吉村・前掲注87)61頁も参照。
89) 朝長英樹『組織再編成をめぐる包括否認と税務訴訟』（清文社，2014年）42頁。同32-35頁も参照。

課税減免規定の限定解釈は，先に②で述べたように，「解釈的」方法による法創造の一種（目的論的制限）であるから，租税法律主義の見地からは，これに実定税法上の根拠を定めることは妥当である。というのも，税法の解釈方法論において狭義の法解釈（文言の可能な意味の枠内での解釈）のみが許容されるとする立場からすると，課税減免規定の限定解釈は許容されず，したがって，これをもって租税回避の試みを否認することは許容されないことになる（すなわち，租税回避の試みが成功し租税回避が成立することになる）から，これを否認するためには明文の規定が必要になる，と考えられるからである。しかし，先に法人税法132条の2と同法57条3項との関係に関して確認したように，本判決では両規定の「重畳的」適用の場面において「不当」が課税減免制度の趣旨・目的に反することとされている以上，課税減免規定の限定解釈について実定税法上の根拠を不当性要件に求めることは，課税減免制度の趣旨・目的そのものを「規範」として用いるに等しく，したがって，たとえ「趣旨・目的に反することが明らかであるもの」（《2》の後半部分）という限定を付けたとしても，「租税法規の趣旨・目的の法規範化」の批判を免れることはできないであろう。租税法規の趣旨・目的は，当然のことながら，租税法規の規範そのものではなく，法解釈方法論上は，租税法規の意味（規範）の解明に当たって原則として文理解釈を補完する解釈基準として，位置づけるにとどめるべきである。

　以上を要するに，本判決は，不当性要件の中に経済的合理性基準に加えて制度趣旨・目的基準を読み込むことによって，「法解釈」を装いながら，制度趣旨・目的を斟酌した目的論的解釈の限界を超え，租税法規の趣旨・目的の法規範化を通じて，許容されない法創造（目的論的解釈の「過形成」）の領域に踏み込んだものと考えられる。[91]

---

90)　差し当たり，清永・前掲注3)43頁，金子・前掲注4)125頁，谷口・前掲注2)【72】等参照。

91)　本判決に関する他の問題点については，谷口・前掲注58)29-31頁参照。

1-3 租税法規の趣旨・目的の措定論

　租税法規の趣旨・目的の法規範化論は、先に述べてきたように、(異論がないとまでは言えないが)立法資料等に基づき確認しうるような趣旨・目的(前節との関係で言えば外国税額控除制度の趣旨・目的や、組織再編税制の趣旨・目的またはこれに係る個別規定の趣旨・目的)を解釈基準としてではなく「規範」そのものとして用いる考え方であるが、裁判例の中には、趣旨・目的を確認するための立法資料等が明らかでないにもかかわらず、いわば「措定」した趣旨・目的を基準にして租税法規の目的論的解釈を行うものが見られる。そこで採られる考え方を、以下では「租税法規の趣旨・目的の措定論」ということにする。そのような裁判例として、信託の利用による贈与税回避スキームの事案に関する名古屋高判平成25年4月3日訟月60巻3号618頁[92](本節では以下「本判決」という)をあげることができよう。

1-3-1 租税回避否認目的の措定による租税回避の試みの否認

　本件では、相続税法上のみなし贈与財産規定のうち平成19年度改正前相続税法(以下「旧相続税法」という)4条1項にいう「受益者」の意義が争点の一つであったが、本判決はこの争点に関して、同規定につき「いわゆる他益信託の場合において、受益権(信託受給権及び信託監督的権能)を有する者に対し、信託行為があった時において、当該受益者が、その受益権を当該委託者から贈与により取得したものとみなして、課税する旨の規定であると解される」として、信託行為時課税方式を定める規定である旨を判示し、その規定の趣旨・目的について、「相続税法4条1項の規定は、課税の公平の観点から、相続税及び贈与税の回避(課税の繰延べや超過累進課税の回避)が行われる事態を防止するために、受託者が他人に信託受益権を与えたときは、現実に信託の利益の配分を受けなくても(例えば、期限付受益権の設定)、そのときにおいて信託受益

---

[92] 本件訴訟につき最高裁は平成26年7月15日に上告不受理を決定した。

権を贈与したものとみなして課税するものと解される[93]」と判示し，信託行為時課税方式採用の趣旨・目的を相続税および贈与税の回避防止に求めている。要するに，そのような趣旨・目的に照らして旧相続税法4条1項を目的論的に解釈すると，原審・名古屋地判平成23年3月24日訟月60巻3号655頁（以下「原判決」という）による「受益者」に関する，現実受益時課税方式に基づく解釈（「当該信託行為により，その信託による利益を現に有する地位にある者[94]」）に則した納税者（被控訴人）の主張は採用できない，というのである。

では，本判決は，どのような根拠に基づき，信託行為時課税方式採用の趣旨・目的を相続税および贈与税の回避防止に求めたのであろうか。この点につき，本判決は，前記の引用文中にある㋐「課税の公平の観点」と次のような㋑立法経緯を根拠としていると考えられる。すなわち，「同条項の立法の経緯についても，昭和13年の相続税法の改正の際に，現実受益時に課税することとされたが，昭和22年の相続税法改正時に信託行為時課税とされ，昭和25年の相続税法改正によってもこれが維持されたものであって，その経緯に照らしても，上記のように解釈するのが相当である[95]」。これらのうち㋐の「課税の公平の観点」（すなわち負担公平の原則）からのみ行われる目的論的解釈が，税法解釈の許容限度を超える問題性を孕む「過形成」であることは，すでに1-1の最後に述べたところであるが，そうすると，本判決が行った目的論的解釈に対する評価は，信託行為時課税方式に関する立法の経緯（㋑）にかかっていると言えよう。

そこで，他益信託に係る課税時期決定方式に関する立法の経緯[96]を概観しておくと，まず，本判決では言及されていないが，信託行為時課税方式が相続税法

---

93) 訟月60巻3号618頁，644頁。
94) 訟月60巻3号618頁，672頁。
95) 訟月60巻3号618頁，644頁。
96) 詳しくは，占部裕典『信託課税法——その課題と展望』（清文社，2001年）16-26頁，野一色直人「相続税法における信託の受益者の意義」村井正先生喜寿記念論文集刊行委員会編『租税の複合法的構成』（清文社，2012年）179頁，188-193頁，佐藤英明「信託税制の沿革——平成19年改正前史」日税研論集62号5頁，2-27頁（2011年），等参照。

において初めて採用されたのは大正 11 年改正であった。その改正による採用は,「相続税法に於いては右の信託行為を贈与と同一に取扱ふこととなし,以て相続税の逋脱を防ぐの必要[97]」によるものであった。次に,昭和 13 年の相続税法改正で現実受益時課税方式が採用されたが,これは「納税者の負担を緩和するため[98]」,より具体的に言えば,「例へば,信託の実際に於いて見るに,単に受益権を享有するも必ずしも負担力の増加なきものがあるにも拘はらず納税せざるべからざる場合をも生じ,委託者は受益者変更権を留保するを常態とし,更に受益権の価格の評定に困難が伴ひ,延ては課税の公正を害することになる[99]」からであった。最後に,昭和 22 年の相続税法改正によって,贈与について,「推定相続人等の特定の者に高額な動産などを贈与した場合に,相続が開始したものとみなして相続税を課税するという特殊な形態[100]」の相続税課税が廃止され,「生前贈与による相続税の回避に対処するため,相続税の補完税として贈与税が創設された[101]」が,その贈与税において信託行為時課税方式が採用された理由については次のような説明がされている。すなわち,「これ［＝現実受益時課税方式］は従来の相続税法においては贈与を受けた者［＝推定相続人等］を［相続税の］納税義務者とする建前をとつていたからである。しかるに贈与税においては贈与者を納税義務者としているからかかる場合は受益の発生するまで待つ必要はなく,信託行為があつた時直ちに贈与があつたものとみなして課税すればよいわけである[102]」。その後,相続税および贈与税について,「両者を結合して累積的取得税（cumulative accessions tax）の制度を採用すること

---

97) 大蔵省編纂『明治大正財政史 第 7 巻』（財政経済学会,1938 年）243 頁。
98) 大蔵省昭和財政史編集室編『昭和財政史 第 5 巻——租税』（東洋経済新報社,1957 年）431 頁［第 73 議会衆議院本会議における大蔵大臣賀屋興宣による説明］。
99) 窪田好秋「信託と相続税の課税（二）」税 16 巻 8 号 31 頁,38 頁（1938 年）。
100) 菊地紀之「相続税 100 年の軌跡」税大ジャーナル 1 号 35 頁,39 頁（2005 年）。
101) 金子・前掲注 4) 53 頁。
102) 松井静郎「改正相続税法の解説」税務協会雑誌 4 巻 5 号 2 頁,5 頁（1947 年）。この文献については,野一色直人教授（立命館大学経済学部）の御厚意により入手することができた。記して謝意を表する次第である。

を勧告した」[103]シャウプ勧告を受けて，昭和 25 年の相続税法改正によって，相続税が遺産税方式から遺産取得税方式に，贈与税が贈与者課税方式から受贈者課税方式にそれぞれ変更されたが，しかし，他益信託の場合の贈与税課税について信託行為時課税方式は維持された。この点について，明確な理由を示す文献・資料を摘示する論者はいないように思われるが，わずかに次のような指摘が注目されるにとどまる。すなわち，「この昭和 25 年の改正では，それまでの贈与者課税の考え方を受贈者課税の方式に改められているのだから，上述の昭和 22 年改正の時の考え方からいえば，再び現実の受益時に改められるべきではないかとも考えられるが，課税時期の原則は変更されていない。この間の経緯について明らかにする文献は筆者は見出し得なかったが，わずかに，『相続税・富裕税の実務』54 頁では『(前略) 本来の規定によって贈與に因り取得したものとみなされるのは，信託行爲のあった時であって，現實に受益した時ではない。しかし受益の時期が遅れる場合については，別に規定があるから，實際上は信託行爲の時と受益の時とは原則として一致する』といわれているが，その『別の規定』が何を指すかは不明であった」[104]。

　以上の概観は，少なくとも，昭和 13 年以降の課税時期決定方式を列挙したに過ぎない本判決よりは実証的と言って差し支えないと思われるが，それでも，以上で概観したような立法の経緯から，旧相続税法 4 条 1 項の趣旨・目的を相続税および贈与税の回避防止に見出すことには，相当無理があるように思われる。たしかに，大正 11 年改正による信託行為時課税方式の採用は，相続税回避の防止を目的とするものであったが，しかし，本判決がなぜこの改正に言及していないかも不可解である上に，その後，昭和 13 年改正による現実受益時

---

103) 金子・前掲注 4)57 頁。
104) 橋本守次『新訂版　ゼミナール相続税法』(大蔵財務協会，2011 年) 634 頁。引用文中で引用されている「相続税・贈与税の実務」は，泉美之松＝栗原安『相続税富裕税の実務』(税務経理協会，1950 年) であると思われる。なお，引用文中で問題とされている「別の規定」は，昭和 25 年改正相続税法 4 条 2 項各号の規定を意味するのではないかと思われる。この点については，我妻栄＝庭山慶一郎『ファイナンス・ダイジェスト臨時増刊　相続と法律の税務』(大蔵財務協会，1952 年) 143-144 頁参照。

課税方式への変更を経て，昭和22年改正により新たに創設された贈与税における信託行為時課税方式の採用に当たって，大正11年改正における考慮が「復活」し，それが昭和25年改正以降も維持されてきたことを，本判決が論証しているとは到底言えない。学説には，「この改正［＝昭和22年改正］は一種の租税回避防止規定と考えられていたのではないか」と「想像」する見解もあるが，この見解を説く論者でさえ，その「想像」が昭和25年改正にも当てはまるとは述べておらず，むしろ，次のように述べている。すなわち，「この規定［＝昭和25年改正相税4条2項］を，22年法6条を念頭に置き，課税が困難な場合を特定して信託設定時課税から『受益時課税』への再度の変更を実現した規定である，と理解することは，一応，可能だと思われる。しかし，そうだとすると，他益信託の設定を設定時に委託者から受託者への贈与があったものとみなす原則的な規定（4条1項）がなぜ，22年法5条1項の内容から変更されなかったのかという点は謎のまま残る。昭和13年改正の当時，受贈者を納税義務者とする制度の下で信託に関わる相続税実務の救世主のごとく迎えられた『受益時課税制度』が復活しなかった理由は，現時点では筆者にも不明であり，この点について注意を喚起する先行研究にしたがうのみである」。

　このように見てくると，本判決は，旧相続税法4条1項が定める課税時期決定方式について，実証的な検討を全くと言ってよいほど行うことなく，いわば「決め打ち」的に，同規定の趣旨・目的を相続税および贈与税の回避防止として措定したものと言わざるをえない。わが国においては立法資料等の制約により，租税法規の趣旨・目的を突き止めることが著しく困難である場合があることはたしかである（このことは「租税立法者の説明責任」の問題である）が，そうだからといって，本判決は「租税法規の趣旨・目的の措定」の誹りを免れる

---

105)　佐藤・前掲注96)25頁。
106)　佐藤・前掲注96)26頁。なお，ここで示された4条2項に関する理解と前掲注104)で示した「別の規定」に関する筆者の理解とを併せて泉＝栗原・前掲注104)54頁の解説（前掲注104)に対する本文参照）を読むと，昭和25年改正後は現実受益時課税方式に実質的に変更されたと考えることもできるように思われる。
107)　谷口・前掲注2)【33】。

ことはできないであろう。本判決は，租税回避の不当性の故に税法の解釈者によっては税法秩序に対する「敵対行為」とも思われるかもしれない租税回避の試みの事案[108]に直面して，租税回避否認目的を自明のものとして措定したのかもしれないが，そうであるとすれば，税法に「税法秩序の自力防衛」原則（"Bewahrung der Steuerrechtsordnung aus eigener Kraft" Grundsatz）[109]が内在することを前提とする判断と見てもよかろう。

1-3-2　租税法規の趣旨・目的探知の困難性の克服：体系的・目的論的解釈の展開

では，旧相続税法4条1項については，その趣旨・目的を相続税および贈与税の回避防止として措定する以外に，目的論的解釈の途はなかったのかと言えば，そうではない。原判決は，すでに見たように，「受益者」を「当該信託行為により，その信託による利益を現に有する地位にある者」とする解釈を示すに先立って，「以上の各規定［＝旧相税4条1項以外のみなし贈与財産規定］を通覧すると，（中略）いずれも，受贈者とされる者が贈与とみなされる行為によりもたらされる利益を現に有することになったと認められる時に，贈与があったものとみなすと規定されていると理解できる。これらの規定と，通則法15条2項5号を併せて読めば，贈与税は，受贈者とされる者が贈与による利益を現に有することに担税力を認めて，これに対して課税する制度であると理解できる」と判示しているが[110]，この判示は，体系的・目的論的解釈に基づくものと解される。

一般に，体系的解釈あるいは論理解釈は，「ある法規と他の関係諸法規との

---

108)　谷口・前掲注2)【67】参照。これに対する筆者の立場（リベラルな租税回避観）については同【68】参照。

109)　*Fischer*, Die Umgehung des Steuergesetzes - Zu den Bedingungen einer Bewahrung der Steuerrechtsordnung "aus eigener Kraft"-, DB 1996, 644, 651. この原則を説く内部説（Innentheorie）については，谷口・前掲注1)173-176頁［初出・2009年］参照。また，清永・前掲注5)5頁［初出・1966年］にいう「租税回避否認の原則とでもいうべきもの」は，この原則に相当するものと思われる。

110)　訟月60巻3号618頁，671頁。

関連，当該法令・法領域あるいは法体系全体のなかでその法規が占める地位など，解釈の対象たる法規の体系的連関を考慮しながら行われる解釈」と定義され，「法規相互の体系的連関は，究極的には目的論的判断によって確定されなければならないことが多いから，論理解釈は，大部分，同時に，目的論的解釈であるとも言える」と説かれる[111]。ここでは，ドイツの経済的観察法に関する現在の支配的見解（1-1-2②参照）に従い「体系的・目的論的解釈」という語を用いることにすると，これは，体系的方法 (systematische Methode) によって法律の目的を探知し，その目的に従って法律を解釈する方法と言ってよかろう[112]。

原判決については，「相続税法における他のみなし贈与財産の規定との比較から相続税法4条1項の受益者の解釈を導いている」との理解を示した上で，みなし贈与財産規定を「それ自体が何らかの一貫した視座を持って立法されてきたものではない」「規定群」として捉え，「少なくとも他の規定とは異なる独自の沿革と構造（所得税との関係など）を有する信託受益権については，その規定の内容に応じた解釈がなされる必要があると思われる」とする批判的見解[113]がある。しかし，原判決は，他のみなし贈与財産規定との比較のみによって受益者の解釈を行っているわけではなく，国税通則法15条2項5号の規定をも「併せて」読んだ上で，その解釈を行っているのである。後者の規定は贈与税一般について納税義務の成立時期を定めるものであるから，原判決は，みなし贈与財産に係る贈与税についてだけでなく贈与税一般について「受贈者とされる者が贈与による利益を現に有することに担税力を認めて，これに対して課税する制度」という理解を示したものと解すべきである。このような理解は，昭和25年の相続税法改正によって，相続税が遺産税方式から遺産取得税方式に，贈与税が贈与者課税方式から受贈者課税方式にそれぞれ変更されて成立した相続税および贈与税の体系に適合する。さらに言えば，昭和25年の相続税法改

---

111) 田中成明『法理学講義』（有斐閣，1994年）311頁。
112) S. *Tipke/Lang* (Fn. 24), §5 Rz. 63.
113) 佐藤英明「信託の『受益者』と所得計算について——名古屋地裁平成23年3月24日判決を題材として」村井正先生喜寿記念論文集刊行委員会編・前掲注96)113頁，116頁。

正に伴って所得税法において「同一の経済的価値に対する相続税又は贈与税と所得税との二重課税を排除したもの」という趣旨で相続・贈与財産が非課税所得とされたことをも考慮すると，わが国の税制の体系全体と整合的な理解であると言ってもよかろう。以上のような観点から見ると，旧相続税法4条1項の解釈に当たって，他益信託に係る課税時期決定方式の沿革にのみ着目する姿勢は，まさに「木を見て森を見ず」と言わざるをえないであろう。

原判決は，以上のような体系的方法によって突き止めた旧相続税法4条1項の趣旨・目的に従って，同規定にいう「受益者」の意義を目的論的に解釈したものと解されるが，そうであるとすれば，原判決は，同規定の趣旨・目的として相続税および贈与税の回避防止を措定した上で「受益者」の意義を目的論的に解釈したと解される本判決よりも，税法の解釈方法論の観点から見て，はるかに妥当であると考えられる。わが国における租税法規の趣旨・目的探知の困難性についてはすでに述べたが，その困難性は，租税法規の趣旨・目的を措定することによってではなく，体系的・目的論的解釈によって克服すべきであろう。

最後に，1-1における検討も含めて総括しておくと，租税法規の趣旨・目的の法規範化論および租税法規の趣旨・目的の措定論に見られるような目的論的解釈の「過形成」は，少なくとも租税回避に関しては，租税法律主義と真っ向から抵触するいわゆる経済的実質主義への「先祖返り」と見るべきものであろう。租税法規の趣旨・目的の法規範化論は，「不文の濫用規制要件」とも言うべき要件を措定ないし創造したもの，租税法規の趣旨・目的の措定論は，税法に「税法秩序の自力防衛」原則が内在することを前提とするもの，と言えよ

---

114) 最判平成22年7月6日民集64巻5号1277頁，1282頁。なお，相続・贈与財産に係る所得税非課税規定は昭和22年［11月］改正で創設されたが，その非課税規定は，同年［3月］改正前は課税の対象外とされていた「一時の所得」を同改正によって「営利を目的とする継続的行為から生じた所得以外の一時の所得」として非課税所得とした上で，同年［11月］改正でその文言を改めて条文に盛り込まれたものであることに加えて，昭和25年改正による相続税および贈与税の課税方式の変更をも考慮すると，昭和25年改正後の非課税規定とは趣旨を異にすると考えられる。

うが，それらを承認することは，租税法律主義の自己否定であり[115]，経済的実質主義の「封印[116]」を解くことになろう。このような事態に至るおそれを認識した上で，そのおそれを払拭するために，ヘンゼル（*Albert Hensel*）の次の言葉を肝に銘じておくべきであろう。

「法律の適用を任務とする裁判官は，法律回避（Gesetzesumgehung）によって不利益を受ける私人に対して，立法者の過誤の償いをさせないようにする傾向がある。（中略）<u>自己の法律の不完全さによって不利益を受ける国家</u>については，［租税回避の場合は］事情が異なるであろう。立法を任務とする政治的組織体（Gemeinwesen）は，自らに不利益を蒙らせた立法の過誤を，常に，法律改正によって補正することができる。したがって，租税請求の棄却によって立法者に法律の欠陥を指摘することの方が，租税請求の認容によって法的不安定性を強め法律の欠陥を公認することに比べて，多くの場合，裁判官にとってより価値の高いことのように思われるのであろう。（中略）裁判官は，回避される法規の，法律の文言を何とかして越える拡大『解釈』によってしか，［国家に対して］租税回避からの有効な保護を与えることができない。しかし，まさに，一般に公法の領域においては，特に公法のうち国家に私法領域への侵害を許容する部分領域においては，法律の拡張解釈に対する制限が存在するが，この制限は，首尾一貫して貫徹される<u>『法治国家』</u>思想から必然性をもって明らかにされるものである。（中略）租税債権も私法領域への国家の侵害であり，<u>法律の根拠に基づいてのみ</u>執行することができる。税法の領域についても，これに服する者は<u>絶対的な法的安定性</u>に対する非常に強い利害関係をもっており，この点，究極においてはそれどころか刑法に比べて税法の方が<u>その度合いがより大きい</u>とさえいえるのである。[117]」（下線部の原文は活字間の間隔が広い強調部分）

---

115) 前掲注66)も参照。
116) 谷口・前掲注2)【42】。
117) *Hensel* (Fn. 56), 230f. ヘンゼルのこの考え方については，清永・前掲注5)74-75頁［初出・1966年］参照。

2

租税回避否認の意義と要件

田中　治

2-1　租税回避否認の意義と方法

2-1-1　租税回避の意義

まず前提として，租税回避の意義に触れる。

租税回避の意義については，実定法上の定義規定はない。学説においても，必ずしも一致したものはない。学説上，支配的な見解は，租税回避と脱税あるいは節税とを明確に区別する。租税回避については，「私法上の選択可能性を利用し，私的経済取引プロパーの見地からは合理的理由がないのに，通常用いられない法形式を選択することによって結果的には意図した経済的目的ないし経済的成果を実現しながら，通常用いられる法形式に対応する課税要件の充足を免れ，もって税負担を減少させあるいは排除することを租税回避という[1]」，「課税要件の充足を避けることによる租税負担の不当な軽減又は排除をいう。多くの場合，税法上通常のものと考えられている法形式（取引形式）を納税者が選択せず，これとは異なる法形式を選択することによって通常の法形式を選択した場合と基本的には同一の経済的効果ないし法的効果を達成しながら，通常の法形式に結びつけられている租税上の負担を軽減又は排除するという形をとる[2]」などと説明される。

上記の定義例が示すように，租税回避は，おおむね，①納税者が取引上の理由に基づくことなく，異常な取引形式（法形式）を採用する，②その場合，通

---

1) 金子宏『租税法〔第19版〕』（弘文堂，2014年）121-122頁。
2) 清永敬次『税法〔新装版〕』（ミネルヴァ書房，2013年）42頁。

常の取引形式（法形式）を採用した場合と基本的に同一の経済効果が生じる，③それにもかかわらず，通常の取引に結びつけられている租税負担を軽減または排除する，という3つの要素によって説明されていると言ってよいであろう[3]。なお，租税回避行為は，租税回避をもたらす納税者の行為を意味する。以下においては，租税回避と租税回避行為とを特に区別することなく，主として租税回避という言い方で表すことにする。

租税回避は違法かどうか。租税回避は，課税要件の充足を避けることを意味する。脱税が「偽りその他不正の行為により」いったん成立した納税義務の履行を回避することとは鮮やかな対比を成している。脱税は，租税犯として処罰されるが，租税回避は処罰の対象とはなっていない。この意味において，租税回避に対する道徳的または感覚的評価とは別に，租税回避は法的には適法としか言いようがない。

租税回避はまた，節税とも異なる。節税は，経済政策等の実現のために租税法規が予定しているところに従って，税負担の減少を図る行為（たとえば，特定の住宅地造成事業等のために土地を地方公共団体等に売却し，特別控除の適用を受ける行為。租特措34条の2第1項）であるのに対して，租税回避は，租税法規が予定していない異常な取引形式（法形式）を用いることによって，節税の効果として租税負担の軽減を図る行為（たとえば，過去の例であるが，当時の有価証券の譲渡益非課税規定の適用を受けるべく，土地を直接相手方に売却するのではなく，土地を現物出資して会社を設立し，その後，その会社の株式を相手方に譲渡するという行為）である。節税が，本来の立法目的の実現を意味するのに対して，租税回避は，本来の立法目的や立法趣旨を逸脱する形で租税法規を利用することを意味する。このような租税回避の持つあざとさが人々の公平感や正

---

3) 田中治「所得税における同族会社の行為計算の否認規定」日本税務研究センター編『同族会社の行為計算の否認規定の再検討』（財経詳報社，2007年）66頁，68頁。なお，筆者はこれまで，租税回避あるいは同族会社の行為計算の否認規定に関するいくつかの論考を発表してきた。以下の叙述は，従来の筆者の考え方が基本的に変わっていないところから，これまでの筆者の論考の叙述と重なるところがあることをあらかじめお断りしたい。

義感を刺激するのかもしれない。

　とはいえ、法の解釈適用は、個々のいらだちや感情の横溢とは区別されねばならない。およそ税法上の課税要件を充足していない者に対して、課税を強行することはできない。租税回避は、ややもすると許されない行為と考えられがちであるが、租税回避を明確に禁じる規定がない場合には、その者に対して課税要件の充足を擬制して課税することは基本的に許されるものではない。

　なお、上記の租税回避の定義とは別に、これも実定法上の定義ではないが、より広く、租税負担軽減行為を観念することができる。後に見るように、課税庁は時として、同族会社の行為計算の否認規定のような明文の否認規定がない場合において、規定の限定解釈、拡張解釈等を通して、納税者による租税負担軽減効果を排斥しようとすることがあり、これが納税者との間で紛争となる。

2-1-2　租税回避を問題視する理由

　税法上、租税回避がなぜ問題とされるべきか。問題とされるべき理由についても、いくつかの説明の仕方が可能であろう。大別して2つのものがあるように思われる。一つは、租税回避の結果に着目し、租税負担のあり方が公平負担に反するからというものである。もう一つは、租税回避とされる行為や取引の持つ異常性や行為の選択の濫用性につき、通常の行為等をした者との公平や正義の観点から、これらを排斥しようとするものである。両者は、必ずしも二者択一の関係ではなく、互いに他を排斥する関係ではない。とはいえ、他方で、両者はその着目する対象が違うというにとどまらない。後に触れるところであるが、租税回避を規制する方法（租税回避の否認の方法）についても、微妙な違いを生じさせるように思われる。

　租税回避を問題にするのであれば、基本的には、前者の考え方によるべきだと考える。それは、租税回避が行われた結果、基本的には同一の経済的効果が生じているにもかかわらず、通常の法形式が選択されたときは課税され、他方で、異常な法形式が選択されたときは課税されず、あるいは負担が減少するというのでは、経済的ないし法的に同一の事情にあれば同じように課税されるべきであるとする負担公平ないし租税平等の観念に反する結果となるからである。[4]

後者の考え方は，納税者の異常な行為を排斥することに急なあまり，ともすれば，たとえ納税者に具体的な所得が生じていなくとも，通常の取引への引直しを急いだり（後に触れる，平和事件判決），相続税における同規定の適用において，個人に対して経済合理性を過剰に求めたり（後に触れる，地上権設定事件判決）することになる。また，同族会社の行為計算の否認規定のような明確な否認規定がない場合においては，解釈論において，実質主義や権利濫用論に傾斜しかねない。

租税は，制裁ではない。経済的成果のない異常な取引形式に対して，その異常性のみを根拠に，一定の経済的効果を持つ通常の取引形式に置き換えることは，所得のないところで課税を強行することになりかねない。

2-1-3　租税回避否認の意義

租税回避行為の否認という場合の「否認」の意味が問題となる。課税庁による納税者の行為や取引の否認という場合，大きく2つの場面を区別することが可能であるし，区別すべきである。一つは，納税者が行ったとする事実はなかった，という事実の存否に関するもの（たとえば，ある仕入れがあったとされるがそれは架空である）や，一定の事実はあったが，それは必要経費と認定することはできないというような法的評価に関わるもの（たとえば，懇親のための飲食の事実はあるが，それは専ら親族をもてなすためのものであり，事業とは無関係である）である。もう一つが，租税回避の否認として，納税者が実際に行った行為ではなく，実際に行わなかった行為で，通常の行為に引き直して，課税関係を形成するものである。すなわち，このような行為計算の否認は，納税者が実際に行った事実そのものを，想定された通常の行為という別の事実に置き換えることを意味する。

前者の否認は，納税者が実際に行った行為を前提として，その行為に税法を適用し，解釈した結果導かれるものである。そこにいう否認は，あくまで現実世界（リアルワールド）の問題である。これに対して，後者の否認は，納税者

---

4)　清永・前掲注2)42頁。

が，想定された通常の行為をしたはずだとして，強制的に非現実的世界（アンリアルワールド）に押し込められることになる。このように，納税者は，通常の行為への置換えを通して，実際に行った取引や事実の下ではおよそ課税の対象とならなかったにもかかわらず，事後的，遡及的，強制的に課税の対象に取り込まれることになる。

後者の租税回避の否認の例として，かつて問題となった，逆さ合併に対する同族会社の行為計算の否認の例[5]をあげることができる。この事件は，赤字会社を存続会社とし，黒字会社を消滅会社とする逆さ合併の場合について，従来，合併法人はその欠損金を繰越控除できると解されてきたことに対して，法人税法132条を適用して繰越控除を否認したものである。

この場合，租税回避の否認は，税法上，事実として逆さ合併がなかったことを意味するものではない。そうではなく，問題の合併は異常であるとしてこれを認めず，黒字会社を存続会社，赤字会社を消滅会社とする通常の合併を前提として，法人税の課税関係を形成することを意味する。

納税者が実際に行った行為を課税上認めず，納税者が実際に行わなかった行為で課税庁が相当と認める通常の行為に置き換えることは，当該納税者にとっては，事実として一定の行為をしたにもかかわらず，事実としては全く身に覚えのない行為をしたはずだと決めつけられて，事後的，遡及的に課税がなされることを意味する。このように，租税回避の否認は，納税者が実際に行為した後において，その行為の時点では存在しなかった課税要件および課税要件事実を，課税庁が事後的に作り出すという点において，租税法律主義の観点からは，本来許されるべきものではない。納税者は，自由と公正を重んじる経済社会において，自らが実際に行った行為を前提に課税を受ける権利があると言うべき

---

5) 広島地判平成2年1月25日行集41巻1号42頁。なお，平成13年度税制改正において，逆さ合併が適格合併に当たる場合，繰越欠損金に対する一定の使用制限の下に，繰越控除が認められている（法税57条4項）。非適格合併の場合，基本的には従来どおり繰越控除が認められると解すべきであるが，同族会社の行為計算の否認規定（法税132条）に加えて，組織再編成に係る行為計算の否認規定（法税132条の2）の適用が問題とされるとするものに，金子・前掲注1)380頁。

である。一般的な課税の公平を根拠に租税回避の否認が自由に行われるとするならば、納税者の予測可能性や法的安定性は大きく損なわれることになるからである。[6]

2-1-4　租税回避否認の方法

① 立法上の否認方法

次に、租税回避を立法によって規制する方法として、2つの異なる方法を区別することができる。その一つは、たとえ問題の行為や取引を行ったとしても、租税負担の軽減、排除が生じないように、あらかじめそのための課税要件規定を立法することである（たとえば、法人税法34条の過大役員給与の損金不算入規定、同37条の寄附金の損金不算入規定など）。このような立法の結果、それまでは租税回避とされていたものが、新たに立法された課税要件規定に該当することになるため、それまでの租税回避による実益や妙味は失われる。これまで立法府は、基本的には、租税回避に対して、このような形で、事後において、個別的に立法による手当てを通して、対処してきたと言ってよい。この対応は、租税法律主義との整合性を確保するという意味でも、また、租税回避の否認に伴うその要件や基準をめぐる決め手のない争いを避けるという意味でも、賢明ということができる。わが国においては、基本的には、この方法によって租税回避に対処してきた。

このように、租税回避に対処する立法は、個別の租税法規において、課税上の要件および効果をより明確に定めるとともに、問題となる新種の租税回避に対しては、個別具体的に立法の欠缺や不十分さを塞いでいくことを基本にすべきである。

もう一つ別の方法は、税法の執行の場面において、納税者が行った租税回避を事後的に否認する権限を課税庁に認めることである。わが国には、文字どおりの包括的な否認を定める規定はない。今日、特定の目的を持ち、一定の要件を定める租税回避否認規定として、同族会社の行為計算の否認規定（所税157

---

6) 一般に、田中治「租税法律主義の現代的意義」税法学566号243頁以下（2011年）。

条，法税132条，相税64条），組織再編成に係る行為計算の否認規定（法税132条の2），連結法人に係る行為計算の否認規定（法税132条の3）がある。このような行為計算の否認権限は，納税者が実際に行った行為や取引に対して，事後的に，通常の行為に置き換えるものであり，租税法律主義の観点からはもともと認められないものと言うべきである。そのような，本来認められない課税処分を例外的に認める同族会社の行為計算の否認規定等の若干の規定は，その存在理由を改めて問われる必要がある。

このような行為計算の否認規定のうち，同族会社の行為計算の否認規定については2-2において，組織再編成に係る行為計算の否認規定については2-3において，それぞれ検討する。

② 法解釈による租税負担軽減行為の排斥

行為計算の否認権限の解釈論を検討する前に，租税負担軽減行為に対して，法の解釈適用を通してなされる課税処分の当否を検討する。この手法は，個別の租税法規や税制の趣旨目的に照らして，ある場合には限定解釈を，別の場合には拡張解釈等を施すものであるが，このような手法には，目的的解釈に急なあまり，厳格な文理解釈を損ないかねないという別の危うさがつきまとうことに注意をする必要がある[7]。このような税法の解釈適用の結果として納税者の行為が税法上排斥され，その結果として課税処分が維持される場合は，機能としては，租税回避の否認の場合と同じ結果を生じることになる。とはいえ，税法の解釈は，通例，納税者が実際に行った行為や取引に基づいて課税関係を決定することを意味するのであって，納税者が実際には行わなかった，仮定された通常の行為に置き換えて課税する租税回避の否認とは厳格に区別されるべきものである。また，仮にこのような結果が生じるからといって，明文の租税回避の否認規定がない場合においても，租税回避の否認をすることが認められるも

---

[7] 金子・前掲注1)127頁は，限定解釈の例として外国税額控除余裕枠事件最高裁判決を，拡張解釈の例としてオープンシャホールディング事件最高裁判決をそれぞれあげつつ，解釈における慎重さや租税法律主義への緊張感の重要性を指摘する。租税法規の解釈方法論について，田中治「租税訴訟において法の趣旨目的を確定する意義と手法」伊藤滋夫編『租税法の要件事実』（日本評論社，2011年）127頁以下。

のでもない。

以下においては，外国税額控除余裕枠事件等を素材として，2005 年および 2006 年には，濫用論に基礎を置いた最高裁判決が見られたが，その後，租税法律主義を重視する傾向が強まり，基本的に，濫用論の考え方は裁判所において採用されていない（2009（平成 21）年のガーンジー島事件最高裁判決および 2011（平成 23）年の武富士事件最高裁判決）という経緯につき，ごく簡単に言及する。[8]

(a) 濫用論との関係

この事件は，納税者が，その外国税額控除の余裕枠を利用し，受取利息に対して外国政府より徴収された源泉徴収税額につき，外国税額控除をした上で申告をしたのに対し，課税庁がこれを認めず課税処分がなされたものである。最高裁は，納税者の請求を認めた下級審判決を覆して，以下のように破棄自判した。

最高裁平成 17 年 12 月 19 日判決[9]は，「これは，我が国の外国税額控除制度をその本来の趣旨目的から著しく逸脱する態様で利用して納税を免れ，我が国において納付されるべき法人税額を減少させた上，この免れた税額を原資とする利益を取引関係者が享受するために，取引自体によっては外国法人税を負担すれば損失が生じるだけであるという本件取引をあえて行うというものであって，我が国ひいては我が国の納税者の負担の下に取引関係者の利益を図るものというほかない。そうすると，本件取引に基づいて生じた所得に対する外国法人税を法人税法 69 条の定める外国税額控除の対象とすることは，外国税額控除制度を濫用するものであり，さらには，税負担の公平を著しく害するものとして許されないというべきである」と述べる。同種の事件を取り扱った最高裁平成 18 年 2 月 23 日判決[10]もまた，多少の表現の違いはあるものの，問題の取引は外

---

8) なお，租税回避と実質主義との関係については，田中治「同族会社の行為計算否認規定の発動要件と課税処分取消訴訟」税法学 546 号 183 頁，187 頁（2001 年）。

9) 最判平成 17 年 12 月 19 日民集 59 巻 10 号 2964 頁，2970 頁。

10) 最判平成 18 年 2 月 23 日判時 1926 号 57 頁。ここでは，平成 17 年 12 月 19 日の判決とは異なり，「さらには，税負担の公平を著しく害するものとして許されない」旨の表現

国税額控除の制度を濫用したものと結論をする。

　この最高裁判決には次のような問題があると考える。

　第一に，最高裁判決は，外国税額控除制度の趣旨につき，国際的二重課税を排斥し，かつ，事業活動に対する税制の中立性を確保しようとする政策目的に基づく制度であるとする。その意味が，外国税額控除は政策に基づく恩恵的なものであって，課税庁によってその政策から外れると判断される場合は，解釈により適用の範囲が縮小される，というのであれば，それには賛同できない。外国税額控除制度は，1953年の創設以来，国内に源泉のある所得と国外に源泉のある所得との間の税負担の公平を図る等の目的から導入されたものであり，国際的二重課税排除の基本的な仕組みということができる。そうだとすれば，法が特に明文で限定しない以上は，余裕枠の範囲で外国税額控除をすることが認められるものと言うべきである。

　第二に，制度を濫用するという場合，何をもって濫用というかの基準は不明確であり，また，濫用の範囲，程度，限界も不明確である。

　そもそも濫用という判断基準を税法の解釈における解釈基準として用いうるかどうかが問われるべきである。憲法の租税法律主義の原則では，国民は国民を代表する者によって制定された法律にのみ拘束されることとされている。そうだとすれば，もし立法者がある行為につき制度を濫用するものであって許されない，と判断するのであれば，通例，その旨を明文で示すこととなる。これは，外国税額控除余裕枠に関する平成13年の立法改正の示すところである。それにもかかわらず，その立法の前段階について，立法を先取りする形で，課

　　はない。
11) 外国税額控除制度は，資本中立性の観点から政策的に導入された恩恵的制度であるとするものに，中里実『タックスシェルター』（有斐閣，2002年）229-238頁。他方，国際競争力維持の観点から当初この制度を導入したアメリカにおいて，今日では，外国税額控除は，所得課税の基本的構造（normative structure）の性格を有すると理解されており，政策的負担軽減規定とは考えられていないとするものに，水野忠恒『租税法〔第5版〕』（有斐閣，2011年）586頁。
12) 占部裕典「租税回避行為論再考」税法学548号21頁，42頁（2002年）。

税庁および裁判所が当該余裕枠の利用を排斥するのは，その判断の法的根拠を欠くものであり，正当性のない立法行為，越権行為と言うべきものである。

なお，近時，EU の欧州裁判所が租税回避の事案（2006 年の Halifax 事件など）について，法の一般原則である濫用禁止原則を適用したことから，税法の解釈における濫用禁止原則の適用の可否が論じられることがある[13]。とはいえ，EU の構成国間において，濫用に関する共通認識やその執行基準に関する一致した見解は存在しないようである。また，それぞれの国の租税回避に対する規制方法の考え方の違いや歴史を考えると，憲法上租税法律主義を定めるわが国において，租税法規として，あるいは一般的解釈手法として，濫用の法理を導入することには特に慎重であるべきだと考える[14]。

(b) 租税回避と租税法律主義

租税負担軽減行為に関して，租税法律主義を徹底する見地を示した近時の裁判例として，とりわけガーンジー島事件および武富士事件のそれぞれの最高裁判決は重要である。以下，順次概観する。

まず，ガーンジー島事件である。ガーンジー島事件においては，損害保険業を営む内国法人が，チャネル諸島のガーンジー島において設立した子会社が，タックス・ヘイブン税制の対象となる，租税特別措置法 66 条の 6 第 1 項所定の「特定外国子会社等」に当たるか否かが争われた。課税庁が，本件子会社が特定外国子会社等に当たるとして，その未処分所得の金額のうち所定の金額を親会社の所得の金額の計算上益金に算入したところ，その取消しが求められた事件である。

第一審判決，控訴審判決[15]のいずれにおいても，納税者は敗訴した。控訴審判

---

13) 岩﨑政明「租税法における『濫用』概念」金子宏編『租税法の発展』（有斐閣，2010年）380 頁以下。

14) これとは異なる考え方を示唆するものとして，松田直樹「実質主義と濫用の法理——租税回避行為の否認手段としての潜在的有用性と限界」税務大学校論叢 55 号 1 頁，137 頁（2008 年）。なお，酒井克彦「権利濫用禁止というコンテクストでの租税回避への対処策（試案）」税務事例 42 巻 2 号 26 頁（2010 年）も参照。

15) 第一審判決は，東京地判平成 18 年 9 月 5 日民集 63 巻 10 号 2364 頁，控訴審判決は，

決においては，ガーンジー島において徴収される「税」なるものは，その実質はタックス・ヘイブン税制の適用を回避させるというサービスの提供に対する対価であり，また，本件外国税を外国法人税と認めることは，「外国税額控除の可否がガーンジー島の税制に依存することになり，（中略）いわゆる租税回避を許容することになって，納税者間の平等ないし税制の中立性の維持が不可能になり，我が国の財政主権が損なわれる結果を招来するが，このような結果が許容できないことは明らかである[16]」とする。

これに対し，2009（平成21）年の最高裁判決[17]は，「選択の結果課された本件外国税は，ガーンジーがその課税権に基づき法令の定める一定の要件に該当するすべての者に課した金銭給付であるとの性格を有することを否定することはできない。また，前記事実関係等によれば，本件外国税が，特別の給付に対する反対給付として課されたものでないことは明らかである[18]」などとして，下級審の判断を退けた。

控訴審判決を読む限りでは，「課税の公平論」あるいは「制度の濫用論」を最高裁が採用する余地はありえたと思われるが，このような論法を最高裁が排斥したことの意味は大きいと考える。

なお，このガーンジー島事件最高裁判決の結論については，その後，その結論とは異なる内容の政令が制定された。すなわち，複数の税率の中から納税者と税務当局との合意により税率が決定される税は，外国法人税の範囲から除かれた（所税令221条3項，法税令141条3項）。裁判所，立法府，行政府の三者の相互関係として，ガーンジー島事件最高裁判決およびその後の法令の改正，という一連の処理手続が基本と言うべきであろう（本来は，最高裁判決を意識するのであれば，政令ではなく，法律で改正の内容を明示すべきであったと言えるであろう）。裁判所および課税庁が，事後的にかつ税法の明文の根拠規定なく，

東京高判平成19年10月25日民集63巻10号2426頁。
[16] 東京高判平成19年10月25日民集63巻10号2426頁，2457頁。
[17] 最判平成21年12月3日民集63巻10号2283頁。
[18] 最判平成21年12月3日民集63巻10号2283頁，2295頁。

一般的な濫用論に基づき課税処分をし，あるいはこれを維持することは，これらが国民を代表する機関ではないところから，統治構造上認められた基本的権限の範囲外のものと言うべきである。

以上のとおり，税法の解釈の場面において，制度の濫用論といった，実定税法の基礎を持たない概括的な手法を持ち込むことは，租税法律主義の観点からは認めることができないと考えるものである。

次に，武富士事件について述べる。[19] 原告は，1997年6月27日から2000年12月17日までの香港滞在期間中，父母から，オランダ王国における有限責任非公開社（YST）の出資（贈与税の課税価格 1,653 億円）を贈与された。香港滞在日数の割合は 65.8％，日本滞在日数の割合は 26.2％である。香港では贈与税は課されない。

第一審裁判所は，[20]納税者の主張を認めて，贈与税の課税処分を取り消したが，控訴審判決は，[21]住所の判定においては，住居，職業等の客観的事実に，「居住者の言動等により外部から客観的に認識することができる居住者の居住意思を総合して判断するのが相当である」などとして，原判決を取り消した。

これに対し，最高裁は，住所とは，生活の本拠を言うものとして，客観的に生活の本拠たる実体を具備しているか否かで判断すべきだとして，原審判決を破棄し，納税者の請求を認めた。[22]

最高裁の法廷意見は，租税法律主義の見地を明確に示したものとして高く評価されてよい。最高裁判決は，住所概念は，客観的に生活の本拠たる実体を具備しているか否かによって決すべきであり，主観的に贈与税回避の目的があったとしても，客観的な生活の実体が消滅するものではない，としている。これに，厳格な租税法律主義の適用を説く須藤補足意見を合わせて読むと，「不公平感」や「一般的な法感情」によって冷静で厳格な法解釈を妨げることはでき

---

19) 田中治「税法の解釈方法と武富士判決の意義」同志社法学 360 号 203 頁以下（2013年）。
20) 東京地判平成 19 年 5 月 23 日訟月 55 巻 2 号 267 頁。
21) 東京高判平成 20 年 1 月 23 日訟月 55 巻 2 号 244 頁。
22) 最判平成 23 年 2 月 18 日判時 2111 号 3 頁，9-12 頁。

ない，ということの重要性を指摘することができる。さらに，法解釈の限界は，強引な法解釈によって突破するのではなく，立法による対応に委ねるべきだという指摘は重い。

2-2　租税回避否認の要件

以下においては，租税回避の否認規定の典型例である同族会社の行為計算の否認規定（所税157条，法税132条，相税64条）に関する紛争例を素材に，租税回避の否認の根拠と限界について概観する。

2-2-1　本来の課税要件規定との優劣関係
① 概　論

行為計算否認規定と本来の課税要件規定との適用の優先順位につき，明文の定めはない。見解は分かれるかもしれないが，次の理由により，本来の課税要件規定を優先適用すべきだと考える。

第一に，租税法律主義からの制約がある。課税庁に認められた行為計算の否認権限は，立法者が，たとえ予測可能性や法的安定性を一定程度犠牲にしてでも，課税の公平等の別の法的価値を達成しなければならない場合があることを認めて，例外的に課税庁に特に認めたものである。否認権限の例外性を考慮すれば，まず，本来の課税要件規定の発動を考えるのがごく自然と言うべきである。

第二に，行為計算否認規定の規定上の位置を見ると，当該規定は，申告納税制度を前提とし，その申告が正しくない場合等における課税庁の是正権限の一つとして定められている。

たとえば，所得税法（以下，本節において「法」という）157条の前には，更正等に関する特例（154条），青色申告書に係る更正（155条），推計による更正または決定に関する諸規定（156条）があるところから見て，これら一連の規定は，課税庁が一定の場合に課税処分をする際の根拠を与え，かつその範囲を画するための規定と見るべきである。

法人税法132条についても事情は同様である。相続税法64条は，雑多な諸規定の一つとして置かれており，これも所定の場合に，課税処分として，行為計算の否認をすることができる旨を定める規定といってよい。

　このように，法157条等の行為計算否認規定が，課税処分の発動に係る規定である限り，申告納税方式の下では，課税処分の発動は，納税義務の確定方式として，補充的，補助的になされるにすぎないという制度上の制約（税通16条1項）をも併せ持つことになる。

　なお，比較的近時の2011（平成23）年の裁決例であるが，立証の困難性から法157条を適用することが許されるとするものがある。この事件は，低額の地代について法157条が適用された事案である。国税不服審判所は，法157条の規定の趣旨，性質に関して，同族会社が少数の株主等に支配されているための弊害に対処するためとしつつ，さらに加えて，「収入金額又は総収入金額に関する通則的な規定である同法第36条第1項とは別に，特別規定を設けた所得税法の構造からすれば，仮に，第三者から同族会社への支払が実質的には株主等に帰属する所得であるとして同項によって総所得金額を増額することができる場合であっても，その立証の困難性から，同法第157条第1項の要件を満たす限り，税務署長は，同項を適用して所得税の更正又は決定を行うことができるというべきであり，同項の要件を充足する場合にまで，同法第36条第1項の適用を優先させ，同法第157条第1項の適用が否定されると解することは相当ではない」とする。[23]

　しかしながら，立証の困難性を理由に，法36条に基づく立証を放棄して，仮定のあるべき取引等に置き換える法157条の規定によることができるとする考え方は相当ではない。このような考え方が許されるならば，課税庁は，実際の取引等を証明するための証拠の収集を経ることなく，いきなり仮定の取引等への置換えに容易に傾くであろう。納税者と課税庁との間で，相互の主張立証の客観性を担保するという観点からは，納税者が実際に行った取引や事実の確認を優先すべきである。本裁決のいう，課税庁の側からの立証の困難性の意味

---

23) 国税不服審判所平成23年7月8日裁決，裁決事例集84集118頁，131-132頁。

が必ずしも明らかではないが，質問検査権の行使等を経てもなお事実関係が不明な場合には，別に推計課税の道もあり，それも含めて立証が困難である場合には，事実を基礎とした課税処分はもはやできない，と言うべきである。そのような事態にもかかわらず，強引な課税処分を根拠づけるために，法157条の規定があるとまでは言えないであろう。

このように考えるならば，ほとんどの場合は，納税者が実際に行った行為や取引を対象として，課税要件事実（必要経費となる一定の支出の事実，など）を認定するとともに，一定の行為や取引に関する法的評価または法解釈（問題となる行為の法的性格は何か，課税要件事実への法の当てはめは妥当か，など）を通して問題を処理しうるし，またそのように処理すべきである。

このようにして，もはや本来の課税要件規定では対処できないときに，すなわち，本来の課税要件規定が尽きたところではじめて，行為計算否認規定の適用が考慮されるべきことになる。

② 裁判例の検討

行為計算否認規定と本来の課税要件規定との優先順序を考える際において，広島地裁平成13年10月11日判決が参考になる。[24]

この事件においては，ある司法書士が，その受任した司法書士業務のうち，委託可能な手続的，付随的業務を，自らが全額出資した有限会社（同族会社）に対し，受任報酬額の6割の委託料で委託していたところ，課税庁は，これは，著しく高額の手数料を支払うことによって所得税の負担を不当に減少させるものだとして，法157条を適用して課税処分を行った。

広島地裁判決は，課税庁のこの主張を全面的に支持している。裁判所は，法37条「によって経費を否認する場合も，必要性及び通常性の観点から納税者の選択した法形式を租税法上，無視するものであって，その効果においては所得税法157条と何ら異なることはないのだから，所得税法157条を同法37条と効果において比較し，所得税法157条の適用範囲を限定すべきとする原告の主張は失当というべきである」などとする。

---

24) 広島地判平成13年10月11日税資251号順号9000第3・1（1）。

しかしながら，問われるべきは，本件納税者が本件同族会社に交付した委託料が，納税者の業務遂行上の必要な経費ということができるかどうかである。これは，内部的な資料に基づき事実を検証することによって結論が出る問題である。

法37条の適用をめぐる争いと法157条の適用をめぐる争いは，納税者のとった行為，取引を課税上認めないという点では同じであるとしても，それぞれの根拠条文に関して，主張，立証の手法は全く別である。法37条に関する争いの場合は，ある取引が現実にあったのか否か，それは必要経費と言いうるかどうかが基本的な争点である。それに対して，法157条に関する争いの場合は，ある支出の有無やその必要経費該当性が問題となるのではなく，現実の取引をなぜ無視しうるか，通常の行為として置き換えられた仮定の取引は妥当か否か，が問題となる。

このように考えるならば，本来の課税要件規定である法37条の適用により公平な課税が実現できるのであれば，何もわざわざ同族会社の行為計算の否認規定を適用し，あるべき通常の取引や行為を擬制する必要はない，と言うべきである。

他方，広島高裁判決は，本件課税処分の際に，本件比準会社として選定された人材派遣会社は，事業内容，事業規模等の点で類似性を欠いているとして，本件課税処分は違法であると結論した。[25]

2-2-2 租税回避否認規定の制限的解釈
① 概　論

以上述べたとおり，納税者の担税力の測定が，現実の行為や取引の基礎の上に置かれるべき以上，法157条の適用はほとんどありえないと考えるべきであ

---

[25] 広島高判平成16年1月22日税資254号順号9525。なお，上告審においては，原審は法157条の適用の違法はいうが，他の費用部分についての判断をすることなく全て違法として課税処分を取り消した点に理由不備の違法があるとして，当該部分につき高裁に差し戻すこととされた。もっとも，上告人のその余の上告が棄却されたことにより，法157条関係は確定した。最判平成16年11月26日税資254号順号9836。

る。その意味では，法157条はほとんど死文化していると見るべきであろう。

とはいえ，現実に，近時においては，法157条の規定が比較的容易に適用される傾向にあるため，その適用の事実に即して，法157条について適正な法の解釈，適用がなされているか否かの検討に進まざるをえない。

これまで，行為計算を否認する課税庁の権限行使について，法157条がどのような法的制約を課しているか，という視点からの検討は必ずしも十分ではない。判決の論理においては，納税者の租税回避行為に対する正義論からする非難は随所に見られるものの，そのような判断が法157条の厳格な解釈，適用の結果であると言いうるかどうかにつき，必ずしも十分な説明は見られない。

法157条の規定からは，課税庁が，いつ，どのような場合に，行為計算の否認をなしうるかは，一義的に明示されない。仮に，当該規定が，課税要件明確主義に反するか否かの論点を措くとした場合，この規定およびこの規定に基づく行為計算の否認が憲法適合的であるためには，少なくとも次の3つの要件を満たす必要があると言える。

第一に，明文の規定が示すように，問われるのは，同族会社「の」行為計算であって，同族会社に「かかわる者」の行為計算ではない，ということである。規定上は，株主や社員などの行為が問題となるのではなく，同族会社それ自体の行為または計算が問題となるのである。

同族会社の行為計算否認規定の目的は，会社は，一般に，経済合理性を無視した異常な行為をすることはないが，同族会社は，租税負担の軽減，回避という理由からのみ異常な行為をする可能性があり，そのような同族会社に対して，課税計算の上で，一般の会社であればとるであろう通常の合理的な行為に引き直して，課税処分をすることの根拠を与えるためである。法が同族会社「の」行為計算という限定を置いたのは，経済合理性を客観的かつ具体的に措定し，それを課税計算上強制するためには，その規律の対象が，まがりなりにも「会社」であることを要するからである。

法は，「当該個人の行為又は計算にかかわらず」という定め方をするのではなく，同族会社の「行為又は計算にかかわらず」，税務署長の認めるところにより課税計算をすることができる，と定める。法157条のように，同族会社の

55

行為計算の否認に基因して個人に対して課税処分を行う場合においてすら，個人の行為計算そのものを否認の対象とするのではなく，同族会社の行為計算を否認の対象とする。それは，置き換えるべき行為計算の客観性，合理性を担保するため求められる経済合理性は，会社にしか強制しえないと考えられるからであろう。

　たしかに，個人の経済行為が合理的であることは取引の円滑さという点では望ましいかもしれない。しかしながら，個人は必ずしも経済合理性のみに従って経済活動をするものではないことから，課税計算上，個人の行為に対して経済合理性を強制するのは相当ではなく，また現実的でもない。会社ですら，その現実のありようにおいては，その行為が常に経済合理的であるかどうか，議論の余地がありうるが，少なくとも，課税計算の理念型において，会社について経済合理性を観念することにはそれなりの理由があるであろう。このように，行為計算否認規定の適用においては，法は，個人の行為や計算について経済合理性を求めているものではない，と言ってよい。

　この理は，すでに相続税法64条の適用をめぐる裁判例において明らかにされている[26]。すなわち，そこでは，同族会社の株主である被相続人が，生前，当該同族会社に対してなした債務免除は，同族会社の行為とは言えず，相続税法64条の否認の対象とはならない，と判示されている。その事件において，課税庁は，「同族会社の行為」を「同族会社とかかわりのある行為」と解すべきであると主張したが，裁判所は，立法の沿革，租税法律主義の原則などに照らして，そのような文言の意味内容の拡張には到底賛成することができないとして，これを退けている。裁判所のこの判断は妥当と言ってよい。

　なお，これとは異なり，相続税法64条の適用に関する近時の裁判例には，個人（被相続人）の行為を対象にその合理性を問うものが登場している[27]。

---

26)　浦和地判昭和56年2月25日行集32巻2号280頁。

27)　大阪地判平成12年5月12日訟月47巻10号3106頁，大阪地判平成15年7月30日税資253号順号9402，大阪高判平成16年7月28日税資254号順号9708。なお，田中治「判批」ジュリ別冊207号142頁（租税判例百選第5版）（2005年）を参照。

56

基本的に，行為計算の否認にあっては，その対象は，同族会社の行為計算であって，個人のそれではない，ということがまず確認されなければならない。またこのような限定は，課税庁が，否認をして正常な仮定の取引に置き換える際の客観性，合理性を担保するために不可欠と言うべきである。

第二に，所得税の負担を「不当に」減少させる結果となるという場合の不当性は，基本的に，税負担を逃れるための行為計算の異常性，不合理性をいうのであって，逃れた税額そのものの異常性をいうものではないと言うべきである。

何をもって法人税等の負担を不当に減少させると見るかについては，明文の規定はない。そこにいう不当性は，後に触れる，平和事件第一審判決には別の理解があるものの，基本的には，軽減または排除された税額の大きさではなく，同族会社を利用してなされた行為や計算それ自体の異常性に着目したものと考えられてきたということができる。

ここにいう「不当」性は，同族会社が，経済合理性に反してでも，同族会社であることを利用して，租税負担の軽減，排除につながる行為や取引を創出したことに対する非難を意味するものと言ってよい。その不当性の要素の一つとして，問題の行為または計算が，「通常でない行為計算」であることをあげることができる[29]。

しかし同時に，同族会社の関係する取引が，独立当事者間でなされる取引と異なっていれば，それのみを理由に，直ちに行為計算の否認が認められるものと解すべきではない。たとえ一見したところ，同族会社の行為計算が不合理であるように見えたとしても，問題の行為計算に個別具体的な事情や合理性がある限り，これを否認することはできない，と解すべきである[30]。

このように，行為計算の不当性については，「通常でない行為計算」および「個別的合理性」の2つの要素でもって判断すべきである。

---

28) 東京地判平成9年4月25日判時1625号23頁。
29) 福岡地判平成4年2月20日行集43巻2号157頁。
30) 広島地判平成2年1月25日行集41巻1号42頁。清永敬次「検証 租税回避行為の否認」税研79号67頁，72頁（1998年）。

第三に，税務署長の「認めるところ」とは，問題の行為計算と同一の経済効果を持つ通常の行為計算に置き換えるべきことを意味するものと解すべきである。

　一見すると，税務署長の「認めるところ」という文言から見て，税務署長は，自由に課税処分ができるように読めるかもしれない。しかしながら，もしそうだとすると，それは，課税庁への包括的，白地的な課税権限の委任であって，憲法に反するものと言うべきである。

　当該規定を解釈論の範囲で考察する限り，課税庁が，租税回避行為と認めて，仮定された通常の行為に置き換える場合，当該通常の行為計算なるものは，問題の同族会社の行為計算に置き換わるにふさわしい同一の経済的効果，経済合理性を持たなければならない。それは，同一の経済的効果を納税者が享受しながら，租税回避行為の場合は税負担を軽減，回避することへの是正措置として，租税回避行為の否認が正当化されることから来るものである。

　この点，相続税の事件であるが，地上権の設定が相続税の負担を不当に減少させるとして，相続税法64条を適用し，地上権設定契約を賃貸借設定契約に引き直した課税処分を適法とした裁判例には，疑問が残る[31]。地上権の設定に会社の経済活動上の合理的な理由があり，またそれにふさわしい経済実体があるのであれば，相続税法23条を適用し，地上権の課税価格を算定すべきである。他方，地上権の設定が文字どおりの仮装であれば，自用地として課税をすればよい，ということになる。

　②　裁判例の検討

　行為計算の否認規定の適用における限界または制約を考える上で，平和事件をめぐって，東京地裁平成9年4月25日判決が，上記の第二の要件と第三の要件に関して述べたところは，相当の問題があると考える[32]。ここでは，とりわ

---

31)　田中・前掲注8)193頁。問題となるものとして，注27)に掲げた裁判例を参照。
32)　なお，控訴審判決は，過少申告加算税賦課決定処分を取り消したが，本件更正処分に関する判断は地裁判決と同様の判断を示した（東京高判平成11年5月31日税資243号127頁）。上告審判決においては，過少申告加算税賦課決定に係る原審判断が破棄された（最判平成16年7月20日判時1873号123頁）。平和事件についての論考は多いが，たと

け，納税者が現に経済的成果を全く生じさせなかった場合（無利息貸付けの場合）において，これを租税回避として，有利息貸付けをしたものとして所得を認定することは，そもそも租税回避行為の否認の手法として許されるのかどうかが問題となる。

この事件においては，納税者は，自己の支配する同族会社に対して，自らが銀行から借り入れた3,455億円の資金を，無利息，無担保，無期限で貸し付け，他方で，当該同族会社は，この資金でもって，当該納税者が保有していた別の会社の株式を市場において買い入れた。当該納税者は，その代金を受領し，これにより銀行に対して借入金の返済をした，というものである。なお，その当時，株式の譲渡益は，所得税法上非課税の取扱いとなっていた。課税庁は，本件無利息融資につき法157条を適用し，利息相当額を雑所得として増額更正処分をした。

裁判所は，この課税処分を支持した。

地裁判決の論理は必ずしも一貫したものではなく，その内容の理解は必ずしも容易ではないが，判決は，「本件規定によれば，①同族会社の行為又は計算であること，②これを容認した場合にはその株主等の所得税の負担を減少させる結果となること，③右所得税の減少は不当と評価されるものであるという三要件を充足するときは」，同族会社の行為計算を否認しうるとの判断枠組みの下で審理し，納税者の請求を退けた。[33]

判決の第一の特徴は，基本的に，「所得税の負担を不当に減少させる」という文言につき，負担の減少の存在とその結果（税額の減少）に対する不当性の有無，という枠組みで捉えようとしていることである。しかしながら，「不当に減少させる」という文言を「減少した結果が不当だ」と読むことは，かなりの無理がある。「不当に」という文言の意味や位置から見て，法は，同族会社

えば，橋本守次「『収入なきところ課税なし』原則の破綻」税理47巻12号24頁（2004年），大淵博義「個人の低額譲渡・利益供与における所得課税」税理47巻12号34頁（2004年）など。

33) 東京地判平成9年4月25日判時1625号23頁，36-39頁。

の行為や計算の不当性を問題としていると読むべきであろう。

　また，判決のいう不当性が何なのかは，はっきりしない。独立当事者間において通常行われる「行為」，「取引」，からの乖離そのものをいうのか，その乖離によって生じた税額の「減少という結果」そのものをいうのか，その取引の「合理性の欠如」，「異常性」をいうのか，判然としない。もし判決が，その全てを含めて不当性をいうとするのであれば，それは，行為計算否認の際の適用基準につき，ほとんど何も言っていないことになる。

　また，仮に，納税者が逃れた税額の大きさに不当性を見るとすれば，行為計算の否認規定の発動の可否を分ける合理的な基準を設定することは相当に困難で，かつ主観的なものとなる。その結果，制約のない否認権限の発動の恐れがないとは言えない。形式論理的には，株主が無償または低額で事業用資産を同族会社に貸与している場合，役員が同族会社に対して無償または低額による人的役務を提供している場合などにおいては，その逃れたとされる税額の大きさの如何によっては，当該株主や役員に対して行為計算否認規定が発動されかねない。[34]

　第二の特徴は，判決が，独立当事者間のあるべき「取引」に強い基準性を与え，それ故に，具体的な取引について，何が収入金額か，何が必要経費か，に関する証拠の検証とそれに対する法的評価を放棄していることである。

　地裁判決は，独立当事者間で正常取引を行った者との租税負担の公平の観点から，問題の行為を正常取引に引き直して課税することが認められるとするものであるが，このような解釈には同意できない。行為計算の否認規定が，一般的，抽象的な独立当事者間価格を課税庁が設定し，これに照らして，普遍的で正しい税額（そのようなものがあるかどうか不明であるが）を算定することを直接の目的とすると解するのは，法が規律の対象を同族会社の行為計算に限定していることから見て，十分な説得力を持たないからである。

　判決は，一般論として，本件規定にいう行為計算は，「典型的には株主等の

---

[34] 大淵博義「『所得なきところに課税なし』の原則と同族会社の『行為・計算』の否認」税理40巻9号63頁，71頁（1997年）。

収入を減少させ，又は経費を増加させる性質をいうものということができる」とするが，その意味するところは不明である。「典型的」というだけで，具体性は全く示されていない。およそ，株主等の収入の減少や経費の増加は，個人の所得の増減を意味するにすぎず，それは，「性質」一般論に還元されるものではない。現実の取引の中で収入金額に当たるのか，あるいは必要経費に当たるのか，を個別具体的に検証すべきものである。個人が無利息貸付けをした場合は，その者の担税力の具体的な増大をもたらさないのであるから，明確な根拠規定がない以上，それをもって収入金額があると言うことはできない。

　第三の特徴として，同族会社の行為計算を否認する，すなわち通常の行為に引き直す際の基準として，判決は，独立当事者間における通常の取引を置く。しかしながら，問題は，なぜ，どのような意味で通常の取引が基準となるかである。

　行為計算の否認規定は，通常の取引からの乖離それ自体を非難し，制裁するものではない。それは，同族会社という手段を使って，異常な取引を作出した上で，通常の取引と同様の経済的成果を得ながら，通常の取引の場合においては負担しなければならない租税負担を理由なく逃れることを，公平の観点から事後的であっても抑止しようというものである。

　そうだとすれば，異常な取引に置き換えるべきは，これと同等の経済的効果を持つ通常の行為である。本件の場合は，異常とされる無利息貸付けによって，当該個人には経済的効果が何ら生じていないのであって，これを有利息貸付けに置き換えることはできないと言うべきである。法人税法22条2項には，「無償による役務の提供」につき益金の額に算入すべき旨を定めた規定があるが，所得税法にはこの種の規定はない。

　したがって，仮定された通常の取引への置換えとして，有利息課税をすることは，上記の意味の課税の公平を回復するものではなく，むしろ，独立当事者間取引の枠を踏み外した者への制裁課税を意味するであろう。法157条がそのような趣旨，目的を持つものと解するのは，規定の文言を前提とする限り，相当の無理があるように思われる。

2-3　組織再編成に係る否認の要件

以下においては，2014年3月18日のヤフー事件判決[35]を素材に，法人税法（以下，本節において「法」という）132条の2の解釈をめぐる問題点を考察する（この事件は，ヤフー事件・IDCF事件の2つの事件から成るが，その典型例として，前者に限って触れることにする）。この判決は，法132条の2に関する最初の下級審判決である。納税者は敗訴したが，その後控訴されており，今後の進行が注目される。

2-3-1　ヤフー事件判決の解釈方法論の特徴と問題点

本件は，ヤフー社がソフトバンク社の完全子会社であるIDCS社を買い取った後にこれと適格合併をするとともに，IDCS社の未処理欠損金額542億円を自らの欠損金額として法57条1項の規定に基づき損金に算入したところ，法132条の2に基づきこれを認めない旨の更正処分がなされたため，当該処分の取消しを求めて提訴されたものである。課税庁は，本件合併は，法57条3項の委任により定められた法施行令112条7項5号（共同で事業を営むための適格合併の要件の一つである特定役員引継要件）を形式的に満たすものではあるが，法132条の2にいう租税回避であるため，これを認めることはできないとするものであった。

本件を審理した東京地裁は，原告の請求を退けた。法132条の2をどのように解釈するかにつき納税者と課税庁で見解が鋭く対立したが，裁判所は課税庁側の見解をほぼ全面的に支持した。以下，裁判所の考え方の特徴と問題点について概観する。

第一に，本判決は，法132条の2をはじめ，他の個別規定を含めて，それぞ

---

[35]　東京地判平成26年3月18日判時2236号25頁。なお，脱稿後，納税者の控訴を棄却する東京高判平成26年11月5日（訟月60巻9号1967頁）に接したが，紙数の関係上，これに言及する余裕はない。

れの趣旨・目的に照らした法解釈を随所に展開しているが，いうところの「趣旨・目的」の意味内容はほとんど明らかではない。

　たとえば，法132条の枝番として法132条の2が定められ，両者の規定ぶりが酷似しているところから，両者の要件の解釈は同じであるべきだとする納税者の主張に対して，裁判所は，「法132条は，同族会社においては，所有と経営が分離している会社の場合とは異なり，少数の株主のお手盛りによる税負担を減少させるような行為や計算を行うことが可能であり，また実際にもその例が多いことから，税負担の公平を維持するため，同族会社の経済的合理性を欠いた行為又は計算について，「不当に減少させる結果となると認められるもの」があるときは，これを否認することができるものであるとしたものであり，法132条の2とはその基本的な趣旨・目的を異にする。したがって，両者の要件を同義に解しなければならない理由はな」いとする（判時2236号39-40頁，以下頁数のみ示す）。とはいえ，裁判所は，両者の趣旨・目的が違うというだけで，どのように違うのかを明示していない。あるいは，両者の規定ぶりがほぼ同じ場合でも，どこを，どこまで違えて解釈すべきかなども全く触れるところはない。

　また，法132条の2に定める「法人税の負担を不当に減少させる結果となると認められるもの」とは，法132条と同様に，取引が経済的取引として不合理・不自然である場合のほか，「組織再編成に係る行為の一部が，組織再編成に係る個別規定の要件を形式的には充足し，当該行為を含む一連の組織再編成に係る税負担を減少させる効果を有するものの，当該効果を容認することが組織再編税制の趣旨・目的又は当該個別規定の趣旨・目的に反することが明らかであるものも含むと解することが相当である。このように解するときは，組織再編成を構成する個々の行為について個別にみると事業目的がないとはいえないような場合であっても，当該行為又は事実に個別規定を形式的に適用したときにもたらされる税負担減少効果が，組織再編成全体としてみた場合に組織再編税制の趣旨・目的に明らかに反し，又は個々の行為を規律する個別規定の趣旨・目的に明らかに反するときは」(40頁)，これに当たるとする。とはいえ，この場合においても，組織再編税制の「趣旨・目的」が何か，これに明らかに

反するということの具体的な意味は何か，は明示されない。同様に，個別規定の「趣旨・目的」とは何か，これに明らかに反するということの具体的意味は何か，も明示されない。

　判決はまた，法132条の2は，「税負担減少効果を容認することが組織再編税制の趣旨・目的又は当該個別規定の趣旨・目的に反することが明らかであるものに限り租税回避行為に当たるとして否認できる旨の規定であると解釈すべきものであり，このような解釈は，納税者の予測可能性を害するものではないから，これをもって租税法律主義に反するとまではいえないというべきである」（同頁）とする。この場合，なぜ，納税者の予測可能性を害するものではないと言いうるかという根拠または理由は示されていない。他方，判決はそのすぐ後で，「その具体的な適用の在り方（すなわち，包括的否認規定の適用を行えるかどうか）は，当該事案において否認された行為を規律する個別規定の趣旨・目的に応じて定まるものであるというべきであり，当該個別規定の趣旨・目的の内容によっては，形式的な適用を貫くべき場合もあるということができる」（同頁）と述べる。そうだとすれば，すぐに，形式的な適用を貫くべき場合と租税回避として否認すべき場合の振り分けをどうするかが問題となるが，判決文からは定かではない。判決が言うこのような基準は，基準の適用の場面に関する予測可能性や法的安定性の要請を満たすものとは言えない。

　規定の「趣旨・目的」を重視するという解釈手法は，法解釈の手法としてありうる方法ではあるが，税法の領域においては，可能な限り文理解釈を重視すべきである。また，わが国においては，税法の立法趣旨が何かは，法の立法時においては必ずしも明確ではない。たとえば，しばしば言及される各年版の『税制改正のすべて』は，立法の後，立案担当者が解説したものであり，また，立案担当者の解説が文字どおりの立法者意思と言ってよいかは疑問である。あるいは，本件の事案については，立案担当者が立法の前後において示した言説と本件紛争に関して示した見解との間には乖離があるとする指摘もある。[36]

36）　たとえば，立法当時の立案担当者は，租税回避の判断基準は，趣旨・目的基準ではなく，不自然，不合理な行為か否かという経済合理性基準に立ってその不当性を判断して

第二に，上記と関係するが，本判決は，租税回避行為の不当性は，経済合理性の有無や事業目的の有無によって判断することはできないとするが，その根拠または理由は示されていない。これまで，租税回避の否認は，納税者の行為や計算が異常であり，かつ個別的事情に照らしても合理性が存在しない場合等を対象としてきたはずである。本判決は，この枠組みを，明確な理由や範囲を示すことなく，取り外したように見えるが，その妥当性は判決文からは明らかではない。

本判決は，法132条の2により対処することが予定されている類型は，「複数の組織再編成を段階的に組み合わせることなどによる租税回避行為であるところ，組織再編成の形態や方法は，複雑かつ多様であり，同一の経済的効果をもたらす法形式が複数存在し得ることからすると，そもそも，ある経済的効果を発生させる組織再編成の方法として何が『通常用いられるべき』法形式であるのかを，経済合理性の有無や事業目的の有無という基準により決定することは困難であり，これらの基準は，上記の類型に属する租税回避行為の判定基準として十分に機能しないものといわざるを得ない。他方，組織再編税制に係る個別規定は，特定の行為や事実の存否を要件として課税上の効果を定めているものであるところ，立法時において，複雑かつ多様な組織再編成に係るあらゆる行為や事実の組み合わせを全て想定した上でこれに対処することは，事柄の性質上，困難があり，想定外の行為や事実がある場合には，当該個別規定を形式的に適用して課税上の効果を生じさせることが明らかに不当であるという状況が生じる可能性があることは（中略）判示したとおりである。組織再編成と

いたとされる（大淵博義「『法人税法132条の2』の射程範囲と租税回避行為概念――ヤフー事件判決の検証を通じて」税経通信69巻9号17頁，21頁（2014年））。また，法132条の2の立案担当者は，この規定は濫用規制の考え方も意識したものであったが，立法の時点でそれをいうと混乱するので言わなかった旨を述べる（「裁判所による法人税法132条の2の解釈」T&A master 545号7頁（2014年））が，立法の趣旨目的およびその射程を多様な観点から具体的に議論し，確認するためには，後出しではなく，立法時において正面から明示すべきであった。一般に，課税庁側の考え方として，朝長英樹『組織再編成をめぐる包括否認と税務訴訟』（清文社，2014年）を参照。

それに伴い生じ得る租税回避行為に係るこれらの特性に照らすと、同条の適用対象を、通常用いられない異常な法形式を選択した租税回避行為のみに限定することは当を得ないというべきである」(同頁)とする。では、裁判所は、積極的な判断基準として、具体的で明確な基準を示しているかというと、そうではない。

　本判決は、組織再編成の形態、方法の複雑さや個別規定における将来予測の不完全性を理由に「通常用いられるべき法形式」の探求を断念してよいという。しかしながら、実際上の行為や取引が複雑であるからといって、あるべき通常の行為に置き換えることをしないでよいとか、とにかく納税者の行為を容認しないという結果のみを示せばよいとかの結論は、明確な法的根拠なくしては導かれえないものである。また、納税者によって確定された租税債務を置き換えまたは排斥する際に、「経済合理性の有無や事業目的の有無」以外に、どのような基準を用いるべきかも全く触れられていない。判決は、法132条の2の「適用対象を、通常用いられない異常な法形式を選択した租税回避行為のみに限定することは当を得ないというべきである」とするが、なぜ、何を根拠に、「当を得ないというべき」かは、不明である。結論のみを断定的に示した言説が説得力を持たず、法的信頼の対象となりえないのは明らかである。

　第三に、本判決は、個別規定(法57条)と法132条との関係について、これまでの伝統的な租税回避の否認規定の解釈とは異なり、現実世界における適用法規の選択可能性として捉えているように見える。これまでの理解は、個別規定は現実世界の行為や取引の要件該当性を判断するものであり、これに対し、行為計算の否認規定は、異常で不合理な行為や取引に対して、仮定の、あるべき行為や取引に置き換えるという課税処分を課税庁に許容するものであった。

　本判決は、「以上のような本件における諸事情を総合勘案すると、本件副社長就任は、特定役員引継要件を形式的に充足するものではあるものの、それによる税負担減少効果を容認することは、特定役員引継要件を定めた施行令112条7項5号が設けられた趣旨・目的に反することが明らかであり、また、本件副社長就任を含む組織再編成行為全体をみても、法57条3項が設けられた趣旨・目的に反することが明らかであるということができる。したがって、本件

副社長就任は，法132条の2にいう「法人税の負担を不当に減少させる結果となると認められるもの」に該当すると解することが相当である」(45頁)とする。この判決の解釈手法は，これまでの伝統的な理解を超えている。判決が，本件副社長就任が実質，実態を持たないというのであれば，それは端的に，現実世界での法の解釈適用であって，特定役員引継要件を満たさないと言うべきである。それを，問題の行為が，法57条の趣旨目的に反するとした上で，いわば合わせ技の形で，法132条の2に接続するのは，租税回避の否認の方法として許容されるものとは言えない。このような「異常な」解釈手法を採ってよいということまでもが，組織再編成の形態の複雑等によって正当化されるものでもない。

2-3-2　組織再編に係る否認の対象と方法

すでに述べたとおり，法132条の2の基本型は，法132条と言うべきである。そのあるべき解釈の方法については，基本的に重なるところが多いので，以下，ごく概括的に述べるにとどめる[37]。

第一に，租税回避行為の否認規定は，納税者が実際に行った事実を別の仮定の事実に引き直すものであって，課税要件および課税要件事実を事後的に生じさせるため，租税法律主義に抵触するおそれが大きい。したがって，その解釈適用に当たっては，本来の課税要件規定の適用をまず考えるべきである。本件との関係で言えば，本件への法132条の2の適用を考慮する前に，具体的な事実を対象に，法57条の適用を優先して考慮すべきである。

法57条は，租税回避行為に対する個別的否認規定として，2001年の組織再編成税制の一環として制定されたものである。法57条にいう個別的「否認」は，法132条の2にいう「否認」とは異なる。すなわち，法57条の解釈適用においては，具体的で実際の事実を基礎として，その事実に対して法定の要件

---

[37] 筆者は，ヤフー事件に関し，東京地裁に意見書を提出したが，地裁判決の後も，その考え方は変わっていない。以下の叙述は，その骨格の部分をほぼ引用しつつ述べるものである。

を適用することになる。

　本件との関係で言えば，適格合併の要件を満たす合併法人は，みなし共同事業要件を満たした場合は，繰越欠損金の引継制限を課されることはない（法57条3項）。本件においては，原告は，事業関連性要件および経営参画要件（法施行令112条7項1号，5号）の充足により，みなし共同事業要件を満たしたと主張する。

　法57条の本件への適用の際に問われるべきは，甲氏のIDCSへの副社長の就任は，甲氏が，適格合併に係る「被合併法人の当該適格合併前における特定役員」（法施行令112条7項5号）と言いうる実体を備えていたかどうかという事実認定に関わる問題である。

　納税者にとっては，みなし共同事業要件に係る基準が明確であれば，この基準の充足の要否は明確に判断可能なものとなる。そうだとすれば，納税者が当該基準の充足を目指して意識的に行為することは，事実の基礎がある限り，何ら問題ではない。被合併法人に繰越欠損金がある場合，合併法人がそれを意識した行動を取るのはある意味自然であり，経済合理性からはそれが求められるとも言いうる（逆に，それを全く無視して行為することは，企業の合理的活動としては非難されるであろう）。納税者が，その上で，当該要件の充足を意図し，当該要件充足のために何らかの意図的な行為をすることは，法が明示的に禁じているのでない限り，法的な非難の対象とはなりえない。

　これを一律に「要件作り」あるいは「要件外し」と非難するのは，法的な根拠を欠いた，過剰な公平感情のなせる技と言わざるをえない。「要件作り」や「要件外し」が何を根拠に，なぜ許されないのかについては，具体的に明示されなければならない。法57条に定める要件を充足し，あるいはこれを充足しないことが明文の根拠なく，あるいは一般的な解釈によって禁じられるのであれば，納税者は，無制約な課税権の発動におびえ，合理的な組織再編成が萎縮することになりかねない。もし，当該要件の充足を意図する，あるいはその反対に当該充足を回避することを防止する必要があるのであれば，法57条の実体的な要件それ自体を改めなければならない。

　第二に，本件について法132条の2の規定が，例外的に適用される場合にお

いては，当該規定の文言を厳格に解すること，および当該規定の概括的文言にもかかわらず，租税回避行為の否認には合理的な制約があることを理解することが特に重要である。

　基本的に，法132条の2の適用要件の基本的構造をどう見るかが問われる。その判断枠組みは，東京地判平成9年4月25日（42頁，57頁，58頁：平和事件判決）が示したものとは異なり，租税回避行為の否認規定に関する伝統的な理解や，当該否認規定の文言に照らして，①合併等をした法人など同条各号に定める法人の行為または計算であること，②当該行為計算が不当であること，③その不当な行為計算を容認すると法人税の負担を減少させる結果となること，の3要件を充足するかどうかで判断すべきである。とりわけ，租税回避行為の否認の対象は，租税回避によって減少した税額の多寡そのものではなく，納税者の不当な行為または計算それ自体と言うべきである。上記のヤフー事件判決においては，「税負担減少効果を容認することが組織再編税制の趣旨・目的又は当該個別規定の趣旨・目的に反することが明らかであるものに限り租税回避行為に当たるとして否認できる旨の規定であると解釈すべき」などの叙述が見られるように，平和事件の租税回避の理解に影響されたところがあると思われるが，そのような理解は相当ではない。

　当該規定を解釈論の範囲で憲法適合的に解釈する限り，課税庁が，租税回避行為と認めて，仮定された通常の行為計算に置き換える場合，とりわけ，当該通常の行為計算なるものは，問題の行為計算に置き換わるにふさわしい同一の経済的効果，経済合理性を持たなければならない。それは，同一の経済的効果を納税者が享受しながら，租税回避行為の場合は税負担を軽減，回避することへの是正措置として，租税回避行為の否認が正当化されることから導かれるものである。

　本件について法132条の2の適用を具体的に考える場合，甲氏のIDCSの副社長就任がある場合とない場合のいずれにおいても，その経済的効果に違いがない，ということが現実にありうるかどうかが問題となる。経済的効果として具体的に何を考えるかに左右されるが，甲氏が合併後の共同事業を円滑に進めることを目的として被合併法人の事業に貢献し，そこで生じた成果があるので

あれば，これを置き換えて副社長就任がない状態（すなわち，同等の経済的成果がない状態）に置き換えることは，あまりにも非現実的，不合理なものである。このような引直しは相当ではない。

また，仮に，甲氏のIDCSの副社長就任行為が文字どおり実体のないものであれば，それは法132条の2を用いて仮定の事実に置き換えるべき事案ではない。その場合は，端的に，法57条に定めるみなし共同事業要件を満たさないというだけのことである。

このように考えると，税務署長が「認めるところ」によりなされた本件引直しは，適切になされたとは言えないように思われる。

3
租税回避と個別的否認規定

浦東久男

　本稿では，租税回避に対する「個別的否認規定」について検討する。3-1に述べるように，「個別的否認規定」は，租税回避に関連する説明の中で，少なからず使われるのであるが，論者によって異なる意味を持つ概念として使用されている。本稿では，次のような意味を持つものとして考えていきたい。

　すなわち，本稿の議論においては，「租税負担を減少させるために，課税要件の充足を避けること又は租税負担を減少させる規定の要件を充足することが，行われる場合，又は行われると予想される場合に，それを防止することを目的として，そのような場合を類型化して捉え，具体的な項目について設けられた規定」を租税回避の「個別的否認規定」と呼ぶこととする。

　周知のように，租税回避に対処するものとして，一般的否認規定，包括的否認規定という概念も用いられるところであるが，上記のような意味の「個別的否認規定」について検討することの意味は小さくないと考える。租税回避の否認を行うことを課税制度の中で考える際に，租税法律主義の要請を前提とすると，個別的な否認規定，言い換えると租税回避が行えないように対処できる課税要件をあらかじめ設けておくということが，問題の少ない方法と考えられているからである。

3-1 「個別的否認規定」とは何か，これに関する見解の整理

3-1-1 租税回避とは

　まず，「租税回避」とは何かについて，本稿では，次のように理解したい。すなわち，租税回避とは，「課税要件の充足を避けることによる租税負担の不当な軽減又は排除をいう」[1]ということである。租税回避の要件として「法形式

の選択可能性」等をあげる説明方法もある[2]。本稿の「個別的否認規定」についての検討は，結局，何らかの意味で租税負担を減少させようという納税者側の行動を類型化された具体的な項目として封じ込めようという意図による税法の規定を取り上げて，それを検討しようというものであり，その限りで「法形式の選択可能性」について論究しなくても議論が可能であると判断している。つまり，何らかの税負担を減らしたいという意図に基づく行動が考えられて行われ，それに対抗するためにそのような具体的内容の行動なり行為を租税負担の減少に結びつかないようにしようというものが，「個別的否認規定」であるとして，検討していくものである。

　また，租税回避は，合法か違法かという議論がされる場合も多い。租税回避は，法により禁止されていないし，課税要件を充足しないことによる租税負担の減少であるから，違法ではなく合法なものと言うべきである。一方で，節税は合法で，脱税は違法であり，「これに対して，租税回避は，合法か違法かがあいまいな灰色領域を指す概念である。」との説明がなされる場合もある[3]。このような説明は，おそらく，違法でないことはそれなりにはっきりしているのだが，かといって合法だと言い切れないとの見解と思う。合法であると言い切るのならばそれに対して何ら対処する必要がないこととなってしまうとの懸念があるではなかろうか。多くの論者が，何ら対処する必要がないとは考えていない。何らかの対処が必要であることは認めた上で，それに対処するための規

---

1)　清永敬次『税法〔新装版〕』（ミネルヴァ書房，2013年）42頁（以下，清永『税法』と記す）。岡村忠生ほか『ベーシック税法〔第7版〕』（有斐閣，2013年）50頁も同趣旨。

2)　金子宏『租税法〔第20版〕』（弘文堂，2015年）124頁では，「(前略)私法上の選択可能性を利用し，私的経済取引プロパーの見地からは合理的理由がないのに，通常用いられない法形式を選択することによって，結果的には意図した経済的目的ないし経済的成果を実現しながら，通常用いられる法形式に対応する課税要件の充足を免れ，もって税負担を減少させあるいは排除することを，租税回避という。」と定義を示している。水野忠恒『租税法〔第4版〕』（有斐閣，2009年）25-26頁では，「つまり，私法上の選択可能性の自由を利用して租税負担を軽減するために，法形式の濫用という問題が起きる。これを租税回避という。」と説明している。清永敬次『租税回避の研究』（ミネルヴァ書房，1995年）369頁では，租税回避について，ヘンゼルの定義を参考にして，「税法上通常の

定を立法的に設ける必要があるとしているところである[4]。そして，そのうち，「個別的否認規定」を設けることが有効な手段であるとの考えが本稿の議論の基にある。

この合法か違法かという問題についても，本稿で取り上げる，「個別的否認規定」との関係で考えると，合法的ではあるがその行為などをそのまま自由に行わせることが望ましくないとの判断を立法者がしたときに，「個別的否認規定」が設けられると言えるから，結局，その立法により税法の適用との関係では否定されるという意味で「好ましくないもの」との判断が行われたこととなる。

3-1-2 一般的否認規定・包括的否認規定

一般的否認規定・包括的否認規定との対比を次に考えたい[5]。「個別的否認規定」と対比しうる概念として「一般的否認規定」および「包括的否認規定」というものがある。これらは，それぞれ，否認の対象となる行為なり取引が，一般的なくくりで定められているのか，包括的な表現で定められているのか，ということで説明できると考えている。「個別的」でない，「具体的」でない，「類型化」されていないものを，「一般的」「包括的」な否認規定として捉えるとすると，本稿で論じる議論の「裏返し」となる[6]。

「一般的否認規定」および「包括的否認規定」の範囲をどのように考えるか

ものと考えられている取引形式を選択せず，それとは異なる取引形式を選択することにより，通常の取引形式を選択した場合と同一またはほぼ同一の経済的効果を達成しながら，租税上の負担を軽減または排除することである。」との定義を示している（以下，清永『租税回避の研究』と記す）。
3) 増井良啓『租税法入門』（有斐閣，2014年）316頁。
4) 岡村ほか・前掲注1）55頁では，租税回避への対処について，「(前略) 一般論としても，およそルールがあればその潜脱（法律回避）の可能性がある以上，租税回避への対処は必要と考えられる。(改行) その場合，いうまでもなく，課税要件規定の整備がまず行われるべきであり，それができれば租税回避は自動的になくなる（その行為は租税回避ではなくなる）。」つづけて「なお，この点からは，租税回避にも一定の積極的な評価が可能である。租税回避は，税法の不充分な点を明らかにするものであり，立法が適切

という問題に関しては,「個別的否認規定」の場合と同様に議論が分かれることとなると考える。

3-1-3 個別的否認規定
つづいて,個別的否認規定の意味について述べたい。
① 本稿での「個別的否認規定」
上述のように,本稿の議論においては,「租税負担を減少させるために,課税要件の充足を避けること又は租税負担を減少させる規定の要件を充足することが,行われる場合,又は行われると予想される場合に,それを防止することを目的として,そのような場合を類型化して捉え,具体的な項目をについて設けられた規定」を租税回避の「個別的否認規定」と呼ぶこととするが,このような理解とは異なる理解に基づいて議論がなされている場合もある。
② 様々な見解
「個別的否認規定」とは,文字通りに租税回避を「個別的」に「否認」する「規定」を意味するのだと考えていくと,様々な定義づけが可能であろう。

たとえば,「個別的否認規定」とは,租税回避否認規定のうち,個別的な意味合いを持つ否認規定,すなわち,「無限定な」または「制約のない」「否認」を認める根拠規定ではなしに,何らかの限定を行った上で租税回避を否認する根拠となる規定,租税回避を否認する権限を付与する規定,として捉えると,

---

に対応すれば,課税要件の精度,税法の完成度が高まるからである。」としている。

5) 谷口勢津夫『租税回避論』(清文社,2014年) 288頁では,「租税回避の否認規定については,講学上,①特定の『異常な』法形式の選択又は特定の事実行為による租税回避を否認する個別的否認規定と②『異常な』法形式・事実行為を特定せず,そのときどきに問題になるであろう,何らかの『異常な』法形式の選択または何らかの事実行為による租税回避を否認する一般的否認規定あるいは包括的否認規定とが,区別される。」と説明している。

6) 田中治監修・近畿税理士会編『租税回避行為をめぐる事例研究』(清文社,1998年) 59頁[杉田宗久執筆]では,「租税回避行為と個別規定」について論じる箇所で,「租税回避行為に対して,広く,原則的に否認することを目的として,課税要件を定めた規定を包括規定といい,法人税法132条や所得税法157条などの『同族会社の行為計算否認

「同族会社の行為計算の否認」規定[7]なども,「個別的否認規定」となるだろう。

ある論稿[8]によると,「否認の三類型」という節において,租税回避行為の意義を説明することにつづき,否認の意義を論じる中で,「ところで,租税回避行為の場合に,当事者が用いた法形式を租税法上は無視し,通常用いられる法形式に対応する課税要件が充足されたものとして取り扱うことを『租税回避行為の否認』と言い,これには,『租税法上の実質主義による否認』と『個別否認規定』による否認がある。」とし,それにつづき「前者は,経済的実質に即して課税要件事実を認定する方法のことであり,後者は,同族会社の行為計算否認規定などの明文規定に基づくものである。前者については,租税法律主義に反するとして,これを認めないのが通説であり,最近の裁判例の大勢でもある。(後略)」[9]と説明した後に否認の第三の類型として「私法上の法律構成による否認の意義」について説明を続けている[10]。このように同族会社の行為計算に対する否認規定を「個別否認規定」[11]の例としてあげている。

「否認規定」なり「租税回避の否認」なりを,「納税者の租税回避が問題になる場合に,課税庁が取引の内容を引きなおし,課税要件を充足したものとして扱うこと」[12]だと文字通りとれば,「個別的否認規定」とは,そのような否認規定のうち個別的なものと理解できるし表現できる。本稿では,「個別的否認規定」の観点から議論を行う。「一般的否認規定」「包括的否認規定」の議論の重要性は言うまでもない[13]。

　規定』がこれに該当することとになる。(改行)一方,個別的な租税回避行為に限定し,これらを否認することを目的として,課税要件を具体的に定めた規定を個別規定という。」としている。

7)　法人税法132条1項,所得税法157条1項,相続税法64条1項など。

8)　今村隆「租税回避行為の否認と契約解釈(第1回)」税理42巻14号206頁,207頁(1999年)。

9)　同上箇所。

10)　同上論文208頁。

11)　用語としては,「個別的」ではなく「個別」否認規定としている。「個別否認規定」という用法を使用する論者は他にも見られる。同族会社の行為計算の否認のための規定を個別否認規定に含める見解を示すものとして,清水一夫「租税回避行為否認訴訟の実証

③ より限定された「個別的否認規定」

しかし，すでに示した本稿における「個別的否認規定」の理解は，たしかにこの表現には合致しないものである。後述するが，税務署長などに対して否認権限を付与する文言を含んでいない場合であっても，「個別的否認規定」と考えようというのが，本稿の立場である。本稿の理解の立場は，「租税回避」への対処の方法のうち，一般的または包括的な否認規定によるのではなく，取引類型ごと，項目ごとに，課税要件規定をより詳細なものとして規定し，租税回避に対応する手段としての規定をいうのである。たとえば，相続税法15条2項が定める基礎控除額計算のベースとなる相続人の数に養子の数を含める場合の制限を「個別的否認規定」の例としてあげることができる[14]。この規定は，相続税額の計算方法を定める中で一つの要素としての相続人の数について定める規定であって，課税庁が納税者の行為を否認するという権限を認めるとの文言は含まない。また納税者の行為を別の行為に引き直すとかいうこともない。そのように考えるとこの相続税法15条2項の規定は「否認規定」と言えないとの主張が出てくるのかもしれない。が，本稿では，「個別的否認規定」と位置づけて議論する。本稿だけではなく，多くの論者がこのような規定も個別的否認規定に含まれるという立場を示している。本稿の議論は，否認権限を付与する文言があるかどうかは，「個別的否認規定」かどうかの区分の基準とはしないという立場である。

的研究──裁判所の認定から原処分時対応の留意点を探る」税務大学校論叢55号，408頁（2007年）。

12) 増井・前掲注3)316頁。

13) 川田剛『節税と租税回避』（税務経理協会，2009年）379-380頁では，包括的否認規定が，租税回避行為に対し一定の抑制作用を有することは間違いがないとしたあとで，「(前略) この種の租税回避行為は，たとえ当局がこれを発見して更正処分を行ったとしても，訴訟等によりその決着までに長期間を要するというのが通例である。(改行) それは，例えば大手都市銀行による外国税額控除余裕枠の利用や大手貸金業者のオーナーから息子への国外財産の贈与等の事例を見ても明らかである。(改行) したがって，租税法律主義という制限の下でこれらに対抗していくためには，個別の租税回避行為を早期に発見するとともに，それらの回避行為に対応した迅速な立法上の手当てが不可欠であ

④　定義の試み

「個別的否認規定」の定義をどのようになすのかというと，確立したものを探すことはむずかしい。「個別的否認規定とは，個別具体的な取引の特徴を法律要件化し，それに対する否認の効果も一義的に定める否認規定をいい，一般的否認規定とは，法律要件は抽象的一般的な租税回避の目的や動機を要件とするに止まり，それに対する否認の効果は一義的に定める規定，と考えることができる。つまり，一般的否認規定の意義は，適用要件の一般性，包括性にある。[15]」とか，「個別的否認規定とは，新たな租税回避が生じた場合，あるいは生じることが想定される場合に，個別的・具体的にその税法上の抜け穴を封じる目的で設けられる規定を指す。[16]」とか，「個別否認規定は特定の状況に限定して，課税要件を明定している。そして，納税者の行為がその要件を充足しない場合には，課税庁により当該行為は否認されるのである。[17]」とか説明される。この論者は，租税回避に対処する方法を，①個別否認規定による否認，②個別否認規定の一つである同族会社等の行為または計算の否認，③実質主義による否認の３種類に分類している。[18]

「個別的否認規定」は，おもに，「租税回避に対処することを目的とする規定」のうち具体的な取引，分類された項目を基礎にして設けられた規定のことを意味すると言ってよいと考える。だが，本稿では「租税回避への対処」が必須の条件とまでは考えていない。

本稿では，同族会社の行為または計算を否認できるという規定を「個別的否

　　る。」と述べている。「それらの回避行為に対応した迅速な立法の手当て」とは，本稿でいう「個別的否認規定」のようなものを指すと考えられよう。
14)　八ツ尾順一『租税回避の事例研究〔第６訂版〕』(清文社，2014 年) 59-61 頁参照。
15)　川端康之「租税条約上の租税回避否認」税大ジャーナル 15 号 1 頁，5 頁 (2010 年)。
16)　北村英隆「法人税制における租税回避否認規定の在り方——組織再編成税制及び連結納税制度における包括的租税回避否認規定をめぐる議論を中心に」RESEARCH BUREAU 論究 5 号 48 頁，49 頁 (2005 年)。
17)　松原圭吾「租税回避行為の否認に関する一考察」税法学 553 号 107 頁，111 頁 (2005 年 5 月)。
18)　松原・前掲注 17)110-111 頁。

認規定」の代表例としてあげることはできない[19]。そうではあるが，たしかに，否認の権限を「同族会社」という限定をつけて税務署長に認めているという点では「個別的である」という立場も理解できないわけではない。本稿では上記のような立場で記述していく。

⑤　関連する議論

清永『税法』[20]では，租税回避を否認して課税することについて，土地の譲渡を行う代わりに当該土地を会社に出資した上でその会社の株式を譲渡することによって土地に対する支配権を移転しつつ土地の譲渡による所得課税を免れようとする取引について説明して，それにつづけて次のように説明している。

「税法は，当然のことであるが，納税者が選択した法形式，すなわち実際に行われた法形式を基礎として課税関係を形成せしめるものであるから，租税回避の否認はこのような原則に対する例外の場合をなす。租税回避を否認することによりなされる課税は，実際に行われた法形式からはなれた仮定の法形式，換言すれば想定された通常の法形式に基づく課税である。したがって，このような例外的な，想定された取引に基づく課税は，租税法律主義の建前からいって，当然そのための法律上の根拠があってはじめてこれをなすことができるといわなければならない。また，租税回避の否認は，上述のように課税要件規定によるときとは異なる取扱いをすることであり，これはとりもなおさず従来の課税要件規定にはない新たな課税要件を作り出すこと（上例では，有価証券の譲渡ではなく，土地の譲渡があったとして課税すること）を意

---

19) 金子・前掲注2)126頁では，ドイツ租税通則法42条の規定を論じた後，「わが国には，このような包括的否認規定はないが，個別の分野に関する一般的な否認規定として，同族会社の行為または計算で，これを容認した場合に法人税・所得税等に負担を不当に減少させる結果となると認められるときは，これを否認して更正または決定を行うことができる旨の規定」，組織再編成に係る規定，連結法人の行為に係る規定について言及しており，同族会社のための否認規定は，やや一般的な否認規定と説明している。浅沼潤三郎『租税法要論』（八千代出版，1999年）57頁では，法人税法132条などを個別対策立法の系列にいれてもいいであろう，と説明している。

20) 清永『税法』42-43頁。

味し，したがって，租税法律主義の建前から，そのための明文の規定が必要である，といえよう。」

　この場合の「明文の規定」を「個別的否認規定」として理解しようとするのが，本稿の述べたい点である。もっとも，同族会社の行為または計算を否認する規定が「明文の規定」には含まれないと明示されているわけではないが，ここに引用した部分からは同族会社の否認規定を代表例として考えているのではないと言えるだろう。それは，同書の次のような箇所から推察できる。すなわち，「租税回避に対処するためには，まず，問題の租税回避が初めから生じないよう規定の改正を行うことが考えられる。例えば，右の例の場合，その後，この種の有価証券の譲渡には特に課税を行う旨の規定（旧所9条1項11号ハ）が設けられることになり，同じような取引をやってももはや租税負担の軽減または排除が生じないこととなった。」との説明がつづく。これに関連して，さらに，「租税回避のためのこの種の規定の最近の例（平成17年創設）として，租税特別措置法41条の4の2の規定がある。この規定は，不動産所得を生ずべき民法上の組合等の事業に係る個人の組合員の損失を所得税法上生じなかったものとみなす規定である。この規定は，航空機等リースに関する組合事業において減価償却費や借入金利子の計上により生ずる損失を組合員に帰属させ組合員がその所得から当該損失を控除（損益通算）することによる租税回避を防止するための措置である，との趣旨の説明がされているところである。[22]」と説明している。[23]

　この説明における「まず，問題の租税回避が初めから生じないよう規定の改正を行うこと」とは，同族会社の行為または計算の否認の規定のような一般的否認規定ではなくて，本稿で言う「個別的否認規定」のようなものを意味すると解してよいだろう。

---

21) 清永『税法』43頁。
22) 同上箇所。
23) 金子・前掲注2)131頁も同じ立法例を租税回避に対処するための規定としてあげている。

このような説明の対象となっている規定の創設または改正を「個別的否認規定」と捉えて議論することができる[24]。その議論に，本稿で指摘するような意味があると考えている[25]。

3-1-4 「個別的否認規定」のあり方

「個別的否認規定」が持つ性格について，特別の課税要件規定であるのか，通常の課税要件規定と何ら相違はないのかについて，次節以下で論じていきたい。「個別的否認規定」とは，租税回避に対処するための規定で，取引や行為を類型化し具体的な項目に限定して，税負担を免れたり減少させたりすることをさせないための規定であると言える。

上で述べたように，法人税法132条などを包括的否認規定として紹介する論者もいる。同族会社の行為または計算を否認する規定は，ある意味では「個別的な」否認規定ではあるが，ここでは，一応別のものと考える。

3-2 「個別的否認規定」の形式と性格

この節では，課税庁による「否認」権限という点を手がかりに，「個別的否認規定」の形式について考えてみたい。まず，課税庁に租税回避を「否認」する権限を認める規定かどうかということを手がかりに，「個別的否認規定」の形式について考えてみたい。次に，「個別的否認規定」の性格について考えたい。

3-2-1 「否認」の意味するところ

狭義の「否認」と広義の「否認」に区分して，租税回避を「否認」すること

---

24) 上述の松原圭吾の説明，川端康之の説明は，「個別的否認規定」について，本稿の立場と同様の立場あるいは近い立場にあると考えている。
25) 清永『税法』46頁注3）では，解釈の変更による，対処が行われる場合もあることを指摘している。

3 租税回避と個別的否認規定

の意味を考えたい。なお，ここでの区分は，本稿における説明のための便宜的なものであり一般的に行われている区分ではない。[26]

まず，狭義の「否認」について，納税者が行った取引等をそのまま認めると税負担が不当に減少する場合，税務署長が取引や計算を認めず，引き直して課税処分を行うことと言える。賃貸マンションの個人オーナーが税負担を小さくするために自己の所有するマンション建物を自分が大株主となっているマンション管理会社に棟のまま，比較的低い賃料で貸付け，入居者との契約やマンションの管理，諸々の経費の負担をこの管理会社を通じて行っているような場合に，所轄税務署長が，マンションオーナーの個人所得の認定上，オーナーから管理会社への貸付賃料に問題があるとして，所得税法157条1項を根拠にして，それを適正な賃料に引き直して，所得課税を行うような場合，「否認」が行われている。[27]

次に，広義の「否認」について説明すると，それは，税負担の減少を意図する行為，そのような結果をもたらす行為を防止するために設けられた規定のことであり，税負担の減少につながる規定の適用を制限するような規定も含まれる。相続税法15条2項が定めるように，相続税の基礎控除額の計算上の養子数の制限を超えて，3人の養子と縁組していた被相続人の相続について，「相続税の総額」の計算上，許容される人数だけを根拠に計算を行い申告した場合，課税庁による「否認」は存在しないが，ここでは，「広義の否認」には，これも含めるということである。

つまり，狭い意味の「否認」とは，納税者の行った取引（私法上の行為）の税法上の効果を認めずに，課税処分をするということ，広義の否認とは，税負担の減少が起きないように規定が設けられているということである。課税標準が小さくなることを阻止しようとするわけであるが，租税負担を軽減する規定

---

26) たとえば，租税回避に対する広義の「否認」として，いわゆる「事実認定による否認」が取り上げられる場合がある。
27) たとえば，最判平成6年6月21日訟月41巻6号1539頁，東京高判平成10年6月23日税資232号755頁など。本文でも述べているように，これは同族会社の行為または計算の否認の例であり，本稿でいう「個別的否認規定」の例とは言えない。

81

の適用を否定するという場合（税額控除額を小さくするなど）もある。これも，広義の「否認」に含めて考える。「否認」権行使が規定中に直接明示されていなくても，租税回避を未然に防止しようとするものであれば，「否認規定」と呼んでかまわないと考える。そのような規定の存在自体が租税回避を防いでいるのだからというのが，その理由である。

一般には，「広義の否認」という用語により，「事実認定による否認」などと呼ばれる現象を意味する場合があるが，これは，本稿での用語法とは異なるものである。[28]

3-2-2 「個別的否認規定」の性格

① 「個別的否認規定」は，「租税回避」の否認権限を課税庁に与える規定か

上で述べたように「否認」を広義で捉えるとすると，「個別的否認規定」には，否認権限の付与を明示するものもあるが，それを含んでいないものもある。否認権限を明示する「個別的否認規定」の例としては，相続税法63条をあげることができる。

（相続人の数に算入される養子の数の否認）

第六十三条　第十五条第二項各号に掲げる場合において当該各号に定める養子の数を同項の相続人の数に算入することが，相続税の負担を不当に減少させる結果となると認められる場合においては，税務署長は，相続税についての更正又は決定に際し，税務署長の認めるところにより，当該養子の数を当該相続人の数に算入しないで相続税の課税価格（第十九条又は第二十一条の十四から第二十一条の十八までの規定の適用がある場合には，これらの規定により相続税の課税価格とみなされた金額）及び相続税額を計算することができる。

このように，「（前略）相続税の負担を不当に減少させる結果となると認められる場合においては，税務署長は，相続税について（中略）税務署長の認めるところにより，（中略）相続税の課税価格及び相続税額を計算することができ

---

28) 清永『税法』47頁では，「私法上の法律構成による否認」との用語を使用している。

る。」と定めており，税務署長に否認権限を明示していると言える。この規定については，次のように説明されている。[29]

「昭和63年4月28日に発表された税制調査会の「税制改正についての中間答申」の中で，『法定相続人の数を増加させるための養子縁組（中略）等の相続税の税負担回避行為については，負担の公平を確保する観点から必要な対応策を講ずる』と述べられていることから，被相続人に養子がある場合の遺産に係る基礎控除額算定上の法定相続人の数については制限規定が設けられた。[30]」

否認権限を明示していない「個別的否認規定」の例としては，役員給与の損金不算入を規定する法人税法34条1項および同条2項をあげることができる。このうち，1項は，定期同額給与，事前届出給与，要件を充たす利益連動型給与以外の役員給与の損金算入を認めない。[31] 2項は，1項の規定により損金算入が認められないもの以外の役員給与でも，「不相当に高額な部分の金額として政令で定める金額は，（中略）損金の額に算入しない。」と定めている。1項2項ともに，否認権限を明示するタイプではないが，役員給与の支給により法人税の負担を減少させようという行動を阻止しているといえる。その意味で「個別的否認規定」と言える。

これらを例として考えるとき，結局，「個別的否認規定」は，課税要件規定の修正なのか。それとも，課税庁に対して租税回避行為の否認を行う権限を与

---

29) DHCコンメンタール相続税法，63条，3568頁の「1　制度創設の趣旨及び概要」の箇所。答申については，税制調査会「税制改革についての中間答申」（昭和63年4月）29頁。

30) この63条は，15条2項各号の養子の数を対象とするのであって，15条3項により実施とみなされる養子を相続人の数に入れることを否認することはできない。

31) 法人税法34条の役員給与損金不算入規定の説明として，山本守之『法人税の理論と実務（平成26年度版）』（中央経済社，2014年）348頁では，原則損金不算入ということになっている点について，恣意性排除を理由として役員給与の原則損金不算入とする平成18年度法人税法改正が理論的にも問題があるとの批判を紹介しつつ，「ここでいう『恣意性排除』とは，節税をもくろむ納税者が役員給与を利用して租税回避をはかる事例があるから，いっそ役員給与を損金不算入とし，一定のもの（定期同額給与，事前確定

える規定なだろうか。いずれを原則と考えるかの問題と思うが、一つずつ検討対象規定の文言（規定振り）により判断するしかないではないかと考える。もちろん、例のうち、相続税法63条は、否認権限を付与する規定であり、課税庁は臨機応変にその権限を発動することとなる。否認権限を明示していない法人税法34条1項および2項は、それがない場合との比較を想定して、課税要件を修正する規定であって、それ以上の意味はないのだろうか。

　課税庁による「否認」があるかどうかは、その権限を認める税法の規定中の文言の有無による。法人税法34条2項は、課税庁による否認権限を明示していない。納税者が申告のために基礎とすべき課税要件規定の一つと考えることができる。

　役員給与の「不相当に高額な部分の金額」について、申告書を作成した納税者は、適切な金額であると信じて損金に算入して申告したが、課税庁により「不相当に高額」であるとして課税処分が行われた場合を考えてみよう。この規定が否認の権限を認めた規定とは言える余地はないだろうか。

　規定の文言や表現からすると、「不相当に高額」と言える部分については損金には算入しないで申告すること（申告調整）が求められていると考えることができる。法人税法の規定上はそのように申告すべきということとなろう。しかし、そういう申告を行うとするならばおそらくそのような役員給与の支給は決定されないであろう。だとすると、このような規定との関係では、納税者が自分から進んで規定に沿った申告と納税を行うこと（自己否認）は少ないだろう。自社の役員給与の額が「不相当に高額」とは思いもせずに支給しそれに従って損金算入した上で法人税の申告書を作成するのであろう。そして、結局、課税庁から課税処分を受けるか、または指摘される修正申告を慫慂されることとなることが想像できる。とすると、この規定は、課税庁により「否認」がな

届出給与、利益連動給与）だけを損金算入とすれば租税回避を防止できるという岡っ引き的な発想で書かれていることを意味しているのかもしれない。」と述べる。これは、本来の「個別的否認規定」のあるべき姿から考えるとやりすぎであるとの指摘であると言える。

される際の根拠規定としての意味あいが大きいこととなるだろう。

② 否認権限を持たない「個別的否認規定」は，課税要件の修正か

次に，このように「個別的否認規定」が「否認」の権限を課税庁に付与する場合でないとき，その「個別的否認規定」の性格を考えたい。「個別的否認規定」は，課税要件の単なる修正と考えられるのか。それとも，課税要件の修正という捉え方では不十分な，何か特別の性格を有すると考えるべきなのだろうか。

法律の条文である以上，課税庁に否認権限の有無にかかわらず，規定が定める要件に従って適用されなければいけないことは当然であろう。その意味では，「個別的否認規定」は，新しく設けられた課税要件規定または修正された課税要件規定と言えることになる。課税庁の行為を待たずに税負担の減少を生じさせないようにする規定は，租税回避をさせないための防止するための規定，租税回避を未然に防ぐ規定と言える。このような否認権限の明示されていない規定の例としては，次のようなものをあげることができるだろう。

租税特別措置法66条の4（移転価格税制），租税特別措置法66条の6（外国子会社合算課税制度），所得税法33条1項・所得税法施行令79条（多額の権利金の授受が行われる場合等の不動産の貸付けが譲渡所得とされる規定），租税特別措置法41条の4の2（一定の損失が生じなかったものとみなすことにより民法上の組合等による航空機・船舶のリースを利用した税負担の軽減等を防止する規定）などである。[32] これらの規定は，課税庁に否認する権限を与えることを定めたものではない。その意味では，課税要件規定の創設または修正と言える。

3-2-3 「個別的否認規定」の位置づけ

① 「個別的否認規定」は本法に定めるべきか，租税特別措置法に定めるべきか

「個別的否認規定」が，個別税法の本法に定められた場合と租税特別措置法に定められた場合とで，適用の仕方に相違が出るのかということについては，

---

32) 田中監修・前掲注6)は59頁以下では，実質所得者課税の原則（法税11条，所法12条），法人税法22条2項なども「個別規定」の例としている。

85

特別な相違はないと思われる。「個別的否認規定」の中には、上であげた例のように、本法に盛り込まれているものもあるし、租税特別措置法に設けられたものもあることは事実であり、臨時的、一時的な必要から租税回避に対処しなければいけないということではないはずだから、そもそも各税法の本法に規定が設けられるべきであると考える。ただし、租税特別措置法に規定されている制度に関連して行われる租税回避に対処する場合には、それを否認する「個別的否認規定」も租税特別措置法に設ける必要があることがあるだろう。

② 法人税法22条との関係で「別段の定め」に該当するのか

「個別的否認規定」は、法人税法22条との関係において、「別段の定め」となるのか。法人税法において課税所得を計算する際に、22条が定めるように、別段の定めがない項目については22条2項および3項の定める原則に従うこととなる。ある「個別的否認規定」が別段の定めであるならば、その定めに従って計算されなければならないこととなる。別段の定めであるならば、22条が定める原則に帰ることはないはずである。つまり、その「個別的否認規定」に従ってなされた課税所得の計算は、22条2項または3項によりもう一度否認されることにはならないこととなるだろう。

「別段の定め」は、22条の通則的規定に対するものである。「個別的否認規定」は、22条の通則的規定とは異なることを定めているという意味で、「別段の定め」である。22条よりも別段の定めを優先するという22条の文言どおりに考えるべきであろう。

③ 「個別的否認規定」の適用は「租税回避の否認」目的に限定されるのか

課税庁に否認権限を認めた規定だと言える場合、その「個別的否認規定」は、租税回避に当たらない場合には使えないのか。それとも、「租税回避行為の否認」目的であることが要件として明示されていなければ、制限されないのか。

まず、相続税法63条の規定には、「（前略）相続税の負担を不当に減少させる結果となると認められる場合においては（後略）」という要件が定められているから、これに該当するような場合でなければ否認権限は使えないことは明らかである。租税回避の否認のためにのみ使えると言い換えても構わないであろう。[33)]

次に，先にあげた，不相当に高額な役員給与の損金算入を認めない法人税法34条2項のような規定の場合，規定の中には，相続税法63条のような文言はないと言える。その規定にあるのは，「(前略)不相当に高額な部分の金額として政令で定める金額は，(中略)損金の額に算入しない」という文言である。結果として租税回避に該当しても，「不相当に高額な」と言えなければ損金に算入できるし，租税回避に該当しなくても，「不相当に高額」であれば損金に算入できないだろう。

 規定の文言なり表現からすると，規定されているように「不相当に高額」と言える部分については損金には算入しないで申告すること（申告調整）が考えられるし，法人税法の規定上はそのように損金から除外して申告すべきということとなろう。しかし，そういう申告を行うとするならばおそらくそのような役員給与の支給は決定されないだろう。「適切な金額」と考えるからこそ，その金額に決定されるはずであるから。だとすると，このような規定との関係では，納税者が自分から進んで規定に沿った申告と納税を行うこと（自己否認）は少ないだろう。自社の役員給与の額が「不相当に高額」とは思いもせずに支給しそれに従って損金算入した上で法人税の申告書を作成するのであろう。そして，結局，課税庁から課税処分を受けるか，または指摘される修正申告を慫慂されることとなることが想像できる。この規定は，課税庁により「否認」がなされる際の根拠規定としての意味が大きいこととなるだろう。

---

33) 本章で言う「個別的否認規定」に関するものではないが，東京地判平成9年4月25日判決（判時1625号23頁）は，同族会社の行為計算の否認の規定（所得税法157条1項）の適用要件についての原告（納税者）の，客観的に租税回避行為と認められる行為のみを否認するものであるとの主張に対して，「本件規定は，同族会社の行為又は計算の結果としての所得税の減少について不当性を必要としているのであって，私人たる株主等の行為の合理性でないことは原告の指摘するとおりと解されるが，右の不当性は，同族会社の行為又は計算の不当性でもなければ，株主等の租税回避の不当性でもないのである。確かに，本件規定は，その制定の沿革からすれば，同族会社という法形式を利用して実質的な租税負担を軽減しようとする居住者に対処することを目的とした規定であるということはできる。しかし，『所得税の負担を不当に減少させる結果となる』という本件規定の文言から，本件規定の適用対象が客観的な租税回避行為に限られるとまで解

この規定が「租税回避」防止のための「個別的否認規定」だということから，この規定の適用の際に，この会社の役員支給が，「租税回避」であることが要件として必要であろうか。必要ではないと思われる。求められるのは，「不相当に高額」であることであり，支給する会社の租税負担を減少させようという意図の存在や「租税回避」と言えるかどうかは問題ではない。
　④　租税回避行為の否認を行うための手段としての「個別的否認規定」
　そもそも租税回避を「否認」しなければならない理由は何であろうか。当該納税者について税負担の不当な減少を防ぐことが「否認」されなければいけないということが理由だとすれば，それは各納税者に公平な負担をさせるべきだという考え方が基礎にあると言えるのであろう。外国での税負担を十分に負っていて，その上で自国における税負担が小さくなっているとしたら，「等しく負担しなければ公平ではなくなる」という公平の観点からは「否認」しなければいけない状態とは言えないと考えられる。一方，そうではなくて，国家または地方団体の財政収入を守ることが，租税回避を否認する目的であるならば，自国の租税負担が減少する納税者の行動を放置することはできない。そのような行為は，「否認」の対象としなければいけないと言える。この立場にたてば，いわゆる租税裁定行為も，自国の財政収入を減少させてしまう行為として，放置できないこととなるだろう。

すべき理由はない。また，我が国の税法は諸外国の立法例にみられるような租税回避行為に対処する旨の包括的規定を持たず，ただ一般に租税回避が生じやすいものと認められる行為類型に対処するために所得税法三三条一項かっこ書等の個別的な否認規定を置くこととしたのであり，その中で同族会社等の行為又は計算による前記のような課税上の弊害に対処すべく，やや適用範囲の広い否認規定として本件規定が位置づけられているにすぎないのである。よって，本件規定を初めとする各個別的否認規定の適用対象は，講学上の租税回避行為であることが通常であるとはいえても，これに限られると解する必要はないものというべきである。」（判時1625号37頁）と判示した。規定の適用の対象が，租税回避に限られるものではないと述べている。「（前略）所得税の負担を不当に減少させる結果となると認められるものがあるときは（後略）」とあるのは，租税回避の存否と結びつける解釈を裁判所は行わなかったということになる。

3-2-4 「個別的否認規定」と処分の根拠規定

繰り返しになるが，規定の文言に，税務署長が納税者が行った取引などを否認して課税処分を行う権限を認める言葉が含まれていない場合でも，租税回避を防止しようという目的・意図により設けられた規定であれば，「租税回避」を否認するための「個別的否認規定」と呼ぶことができるというのが本稿の立場である。そのように考えたとき，課税庁が課税処分を行う根拠，規定上の根拠はどこに求めることができるのだろうか。「個別的否認規定」それ自体を根拠と考えるのか，それとも国税通則法に置かれた手続的な規定を根拠と考えるのか。あるいは，別のところに根拠を求めるべきであろうか。

それぞれの「個別的否認規定」それ自体を課税処分を行うことのできる法的な根拠として考えることができるのか。否認権限を明示する文言を含む規定である場合には，それを根拠とできると考えてよいだろうが，そもそもその規定に否認の権限付与の文言がない場合には，この立場には無理があると考える。

国税通則法24条を租税回避の否認の根拠とするのか。国税通則法24条が「更正」処分を税務署長が行うことを定めている。この規定自体は手続的な規定であって実体的な意味を持つとは言えないが，「個別的否認規定」に照らして，「課税標準又は税額等の計算が国税に関する法律の規定に従っていなかつたとき」に該当するとして，更正処分を行うこととなる。

3-3 「個別的否認規定」の適用の場面

「個別的否認規定」の適用の場面をいくつかの点から考えてみたい。

3-3-1 適用の要件

「個別的否認規定」は，その規定の文言により，課税庁に否認権限を付与することを明示するものと明示しないものがあるのは，すでに指摘したとおりである。否認権限を付与している場合についても，その否認権限の発動の要件がどのような文言で定められているかにより，その規定が使用される状況が決まる。「租税回避」に当たらないときには「個別的否認規定」が適用することが

できないかどうかは，結局，その規定中の要件の文言の表現（の解釈）による。「不当な税負担の減少」という要件が盛り込まれている場合には，租税回避が認定できる状況でなければその規定は使用できないと考える。「不当な減少」かどうかの判断の場面では，納税者の行為に，「正当な事業目的」があるのかどうか，「租税回避」の意図があるのかどうかなどが問題となるだろう。「正当な事業目的」，「租税回避の意図がないこと」が，その「個別的否認規定」適用の消極要件と考えられるということである。

　否認権限の付与を明示していない場合，「個別的否認規定」は，租税回避に対処するために設けられた規定であっても，通常の課税要件規定とそれほど相違はないと考えられる。通常の課税要件規定であり，たまたま租税回避的な行為による税負担の減少を防止する効果がある規定なのだと考えることができる。しかし，通常の課税を行おうというのであるならば，他の課税要件規定の場合と同じように最初からそのような規定が設けられていたはずである。そうではなくて，ある租税回避が広く行われるようになり，それを放置できず，対抗策として当該「個別的否認規定」が設けられているような事情があるときには，通常の課税要件規定と異なった適用になるだろう。実際の規定については，その条文の立法の経緯，改正の経緯を見れば，租税回避に対抗するためのものであるのか，通常の課税要件規定として設けられたのかが判断できるものと思われる。

3-3-2　申告納税制度との関係

　「個別的否認規定」のうち，課税庁に対して向けられた規定の場合には，納税者は直接にはそれに縛られないと考えてよい。納税者に対して向けられた「個別的否認規定」の場合には，納税者に向けられた規定であるから，納税者は申告を行う際に，「個別的否認規定」に定められた内容を基に判断して計算することとなる。納税者が「個別的否認規定」に直接に縛られるかどうかは，規定振りにより判断できると考える。

　①課税庁に対して向けられた規定と言える場合　　相続税法63条はこれに当たると言える。

②納税者に対して向けられた規定と言える場合　申告において第一次的確定を行う納税者自身が当該「個別的否認規定」を適用して自己の取引・行為を「否認」するという構成をとる。移転価格税制における「独立企業間価格」による所得の計算がこれに当たると言える。既述のように，役員給与に関する法人税法34条2項（不相当に高額）は自己否認できる形になっていると言えるが，現実には，課税処分を課税庁が行う際の根拠規定となるのである。

3-3-3　「個別的否認規定」が有する課税要件規定以外の側面

結局，「個別的否認規定」は課税要件規定の一つであり，それ以外の側面がないのかという点から考えてみたい。

一部の「否認規定」において要件となっている「不当な税負担の減少」について考える。これは，あるべき税負担というものを想定して，それと比べて「不当に減少する」ということを許さないという趣旨であろう。とすると，そのあるべき税負担を計算するときに「個別的否認規定」を適用していると考えてよいであろうか。「個別的否認規定」があるべき税負担を計算する際の計算の基礎に含まれるとすると，それを適用することによる税負担額を増額させたあとの税額があるべき税負担となる。それは，その「個別的否認規定」がないならば「不当な税負担の減少」とはならない水準の税負担を当該「個別的否認規定」の創設により税負担額を増額させたあとに「不当な減少」だと判断するということとなる。しかし，そもそも「不当に税負担が減少している」状況があって，それを放置することはできないから，「個別的否認規定」を設けて否認できるように対処したと考えるべきではないだろうか。つまり「個別的否認規定」の適用による税負担の増額より前にあるべき税負担を想定できることが必要であると思われる。この点では，「個別的否認規定」は通常の課税要件規定とは異なる意味を有していると考えるべきであろう。

3-3-4　新設された「個別的否認規定」の適用

「個別的否認規定」が新たに設けられた場面を考えてみたい。

その新設規定が遡及適用しないこととの関係についてである。「個別的否認規定」の場合も改正法の施行日があるわけである。そして原則として，その施行日以降にその適用が始まるのである。と言うことは，その施行日よりも前には，「個別的否認規定」はなかったのであるから，そのような否認はできなかったと考えるべきであろう[34]。遡及適用は予定されていない。

3-4 租税回避行為の類型化と個別的否認規定のあり方

3-4-1 租税回避行為の類型化

租税回避について，次のような整理を考えることができる。

① 節税と租税回避行為

本稿の冒頭でも述べているが，節税と租税回避は別のものと区分されることが多い。住宅取得資金の贈与についての贈与税の優遇措置を利用する贈与は，租税回避と判断されることはないだろうか。両者の区分は境界があいまいなもののように考える。

② 租税裁定行為と租税回避行為

租税裁定行為には，立法者の予定しているものと立法者の予定していないものがあると言われ，前者は節税に，後者は租税回避行為に当たるとの説明がなされる[35]。

---

34) 相続税法 15 条 2 項，同法 63 条の立法の例を見ると，1988（昭和 63）年 12 月 31 日以後に開始する相続から適用された（昭 63 法律 109 号附則 26 条）。施行日以前に開始した相続には適用されない，つまり，否認されないことを前提としている。なお，この 63 条の改正は，15 条 2 項の改正とともに行われた。そして，基礎控除額を相続人 1 人当たり 2000 万円から 4000 万円に引上げる改正とともに行われた改正である（前掲 DHC 相続税法コンメンタール 3567 頁）。

35) 金子・前掲注 2) 123 頁では，「租税裁定行為（tax arbitrage）は，状況次第で節税にあたる場合と租税回避にあたる場合とがありうる。」と説明する。

3-4-2 「個別的否認規定」の制定の要素

すでに述べてきたところの繰り返しとなるが，次のようにまとめることができるだろう。

① 「個別的否認規定」の対象は，防止すべき租税回避である。すでに存在する諸規定によっては対処することができない租税回避ということができるだろう。

② 「個別的否認規定」に定めるべきことは，その要件と効果である。その内容は，対処すべき状況によって様々なものとなりうる。狭い意味の否認権限を課税庁に付与する場合もある。この権限を付与しようと思えばそれを定めた規定は必要である。明示された規定なしにそれを行うことはできない。

③ 「個別的否認規定」のない場合には，当然ながら，何もできない。規定がなくても，解釈により否認することができるのかできないのかという議論があるが，本稿では，これについては，消極的に考えておきたい。「個別的否認規定」の必要性の基礎にはそのような考え方があるのだから。

④ 「個別的否認規定」を納税者が濫用するということは起こりうるのか。この点については，起こりうると考えている。立法者が想定していないような状況において当該「個別的否認規定」を納税者が利用することがないとは言えないからである。問題は，そのような場合で，「個別的否認規定」の要件に抵触しないような取引や計算を「濫用」であるとして課税庁が否認するということは許されるのか，という点である。[36] これに対しては，基本的には，その規定が定める要件に抵触していないのであるならば，立法者がそれを許容しているということになるのではないかと考える。

---

36) いわゆる「外国税額控除余裕枠利用事件」（最判平成 17 年 12 月 19 日民集 59 巻 10 号 2964 頁・判時 1918 号 3 頁，最判平成 18 年 2 月 23 日訟月 53 巻 8 号 2447 頁・2461 頁・判時 1926 号 57 頁）の場合を考えることができる。

3−4−3 「個別的否認規定」のあるべき姿

　第一に租税回避が行われないように明確な規定を設けても，その後，その規定の仕方が充分ではないことが判明して，「個別的否認規定」が盛り込まれる場合がある。「個別的否認規定」は，「不都合な事態」が生じた後に「後追い」的に設けられることがあることは否定できないのではないか。[37]

　第二にある状況において「個別的否認規定」の要件に合致する場合には，当然，その規定が定めるように法効果を生じさせる。しかし，その状況が立法者の想定する範囲からはずれているときには，その法効果がもたらす税負担よりもさらに重い税負担を負わなければならないことが起こりうるのだろうか。つまり課税庁から「否認」されて，より重い税負担を課されるということがあるのか，という問題である。その「否認」を行いうる根拠が必要なことは当然の前提として，その前提があるならば，可能性はあると考える。しかし，この問題を考える場合には，当該「個別的否認規定」が設けられた理由を考える必要がある。原則として，その「個別的否認規定」の範囲内の行為がさらに否認されることは，例外的な場合に限ると考えるべきである。立法者が条文の文言どおりに納税者が行動することを求めてそのような「個別的否認規定」を設けたのである。その要件に合致する行為，立法者の期待に沿う行動（取引など）を行っていれば，原則として何ら問題ないと言えるだろう。その規定の要件に合致するように行動しているのに，つまり立法者が求めているように行動しているのに，それによる行為を否認されることがあるとすると，納税者は何に基づいて行動すればよいのだろうか。予測可能性がなくなることは起こるべきではない。抽象的な要件しか示していないような否認規定であれば，立法者が何を

---

37) 中里実ほか『租税法概説（新版）』（有斐閣，2015 年）53 頁において，「総合的対応の必要性」との説明がされている。そこには，「租税回避の事件が生ずるたびに，後追いで立法的対応がされる。」との説明がある。三木義一編著『よくわかる税法入門〔第 9 版〕』（有斐閣，2015 年）32 頁には，租税回避行為に関する記述の中で，「納税者が租税回避をすると，税法がそれを規制しようと改正されるってことですか。」という箇所がある。このような説明は，「個別的否認規定」が後追い的に設けられる場合があるとの立場と通じる。

納税者に期待しているのか明確には示されていないこととなる。納税者もどのように行動すればよいのかが不明確なままでいるから，そもそも十分な予測可能性はない。それに対し，「個別的否認規定」の場合には，そのような状況ではない。「個別的否認規定」によって，どのような行為が認められないのか，どのような要件を充たせば許容されるのかが示されているから，それに従えばよいのだという期待は高くなるだろう。

そのような状況の下で「個別的否認規定」に沿った行為を行っているにもかかわらず，課税庁によって否認されるとしたら，納税者にとって予測可能性を奪われたと言ってよいこととなるであろう。他の納税者との関係でも，そのような「個別的否認規定」の存在が，そのような取引を行ったときの税負担を知ることができる，予測できると言える。他の納税者も含め，納税者にそれを知らせる効果があると言える。一人の納税者が，課税庁や他の納税者を出し抜いて，行動したという評価はできないと思われる。当該「個別的否認規定」を利用すればそのような税負担となるということを広く世間に周知していることとなるから，そのとおりに行動して出てくる結果に対しては，税負担の不公平という問題は起こりにくいと言えるのではないだろうか。

もっともこのような議論がよく当てはまるのかどうかは，その「個別的否認規定」の規定の文言や内容によるのであろう。[38)][39)]

その「個別的否認規定」の定める要件によって許されている範囲内の行為は，原則として否認されるべきではない。[40)]一般的な否認規定を適用して否認できる場合は例外的なものであろう。

第三に法の適用の一般的な原則論としては，何らかの規定や法の「濫用」は

---

38) 相続税法15条2項による養子の数の相続人の数への算入制限問題と相続税法63条による否認との関係を例としてあげることができる。15条2項の制限の範囲内で相続税の税額計算をして申告したところ63条により否認されたとしたらどうだろうか。
39) 清永『租税回避の研究』419頁参照。
40) 法人税法57条2項の定める適格合併の場合に認められる欠損金の繰越と法人税法132条の2の定める組織再編成に係る行為または計算の否認の関係を例としてあげることができる。

許されない。民法1条3項に「権利の濫用は，これを許さない。」とあるように，権利の濫用は許されない。そして，法の濫用は許されないというこの原則は，制定法に明示されてはじめて認められるものではなく，制定法に明示されていない場合でも認められる法原則と考えてよいのではないだろうか。一般論としては，租税法律主義とも両立しうる法原則と考える。もっとも，このような原則があるからといって，それだけに基づいて課税処分を出すことはできないから，それを行うときには，しかるべき手続規定に基づいてなされなければならない。結局，「個別的否認規定」に沿った取引・行為を納税者が行った場合，それを課税庁がさらに否認することはなすべきでないし，そもそもそういう否認が必要ないように「個別的否認規定」が設けられるべきである。しかし，一般的な法原則としての権利濫用論をいかなる場合にも排除できるというほど強いものではない。

　もちろん上述の「法の濫用」を理由とする否認は，成文法規を否定するものであるから，そのような否認を行わず放置することが正義に反するとでも言いうる特別のケースにだけ許されると考えるべきである。

　結局，本稿の立場は，以下のようなものとなる。

　「個別的否認規定」は，租税回避を否認するために未然に防ぐために有効であると考えられている。租税法律主義と公平な租税負担とも両立しうるものと言ってよいであろう。

　「個別的否認規定」には，課税庁への否認権限を明示するものとそれを明示しないものとがある。否認規定としての仕組みが異なるわけであるが，いずれも好ましくない租税負担の減少であると立法者が考えて対処しようというものである。それは，結局のところ，新しい課税要件規定の創設，すでにある課税要件規定の修正ということとなる。その意味で，一般の課税要件規定の解釈適用とそれほど差異のないものと見受けられるが，「税負担の不当な減少」を判断する場合には，一定の配慮が必要なときがある。

　その「個別的否認規定」がないと考えたら租税回避が成功してしまい，適切な税負担を負わせられないし税収を確保できないという状況の下で，課税するべきと立法者が判断してその「個別的否認規定」を制定した場合には，一方で

は，その「個別的否認規定」がこれ以上は課税できないという意味の課税の限界を定めた規定でもあると考えられるし，他方では，最低限これだけは課税できるという課税するべき最低ラインを示しているとも考えられる。課税の上限を示していると考えられる場合には，たとえ否認規定の要件に合致しているとしても，それを超えて否認を行いえない。「個別的否認規定」が課税の限界（上限）を示しているのでもうそれ以上課税されないということである。逆に，課税の最低ラインを示している規定であると考えられるのであれば，容認できないような取引（否認規定の要件を充足するような場合に限り）であれば否認されることになる。この判定は対象となっている「個別的否認規定」の解釈の問題となるだろう。規定の文言や制定，導入の沿革から判断しなければならないだろう。一般的には，「個別的否認規定」は課税上限を示すものとしてつくられたと解釈するべきであろう。それが，税法解釈の基本原則に従うこととなるし，本章で述べてきたように，そうでなければ「個別的否認規定」を設けた意味がなくなるからである。

　「個別的否認規定」は，租税回避に関連する税法分野の紛争の未然防止のための有力な手段として考えるべきである[41]。

---

41) 金子宏『租税理論の形成と解明（上巻）』（有斐閣，2010年）409頁（初出1978年）では，ドイツとアメリカを対象に一般的否認規定を設ける方法と個別的否認規定ないし対処規定を設ける方法とについて論及している。

4

所得の振替と帰属判定基準

小川正雄

　租税回避は，課税要件の充足を免れて，税負担の回避ないし軽減することを意味するが，ここでは納税義務者が自己に帰属するであろう所得を他者に振り替える（付け替える）ことにより，自己の税負担を回避ないし軽減するために，どのような仕組みを利用しているかについてアメリカの所得振替装置を見ることにする。

　すなわち税負担を回避できた部分については，納税者を中心にみるならば，納税者自らが何らかの振り替え方法でもって，当該税負担の排除箇所においてのみ課税要件の一つである納税義務者を欠缺させることを意味する。他方，課税物件を中心にみれば，当該納税義務者に帰属する課税物件を全部若しくは一部を他者に振り替えることにより，その者に帰属すべき課税物件を他者に移転して，課税物件の自己への帰属を排斥することを意味する。

　さらに帰属を中心にみるならば，納税義務者と課税物件との接続の結節点を納税義務者が自ら断ち切る機能を持たせる租税回避の技巧の効果は，納税義務者自らが自己と課税物件との結びつきを遮断することをも意味する。

　所得税法の各規定を操作することによって自己の所得を他者に振り替えることにより自己の所得税額の軽減を図る技巧について検討するものである。[1] その検討対象として，未成年者に所得を生み出す財産の贈与を規律する子供税，市

---

1) この分野におけるアメリカの現行の制定法（内国歳入法典）の諸規定は，子供税（§1(i)），別居手当及び子女の養育費（§71），子供の稼得所得（§73），関連当事者売買に係る損失（§267(a)(1)），贈与者信託準則（§§671-677），家族パートナーシップ（§704(e)），贈与財産の評価基準（§1015），配偶者間の売買並び移転並びに離婚付随費用（§1041），関連納税者への減価償却財産の販売（§1239）及び家族S法人（§1366(e)））を含んでいる。

場評価未満での貸付金利子の設定による贈与，および親が自己の給与を扶養助成を受けるべき被扶養者本来の対象者への給付を取り上げる。

所得の振り替えの認定判断基準である「所得の真の稼得者基準の法理」の認定基準要件の1つである「所得源泉木の法理」[2]が確立された後，2つ目の認定基準要件である「産出所得の世帯間滞留基準」[3]はすでに検証したが，本稿の検討対象がその後に「所得の真の稼得者基準の法理」をさらに精緻にするために新たな認定基準要件を連邦裁判所が創出するに至ったその理論的根拠を検証するものである。

4-1 資産所得の逃避防止と子供税 (kiddie tax)

個人的な消費支出に対する控除を考える際には，個人の消費支出の概念に該当するであろう項目として，生存に必要な費用（低所得者控除，扶養義務控除，扶養支援給付，現物支援給付），累進税率構造，個人の所得控除（個人的支出項目の的確性の判断〔離婚扶助料および子女扶助料，租税，医療費，雑損控除，個人的債務の利子，慈善寄付金および二重控除の防止〕）および家族単位課税（課税単位の定義，既婚者と単身者，子女）に対する検討が必要であるが，これらのうち課税単位の子女に関する検討の素材として，いわゆる子供税を取り上げる。子供税が制定されるまでは，資産所得をより低い税率階層に移項させるため，親がその資産所得を子女に付与することが一般的であった。

子女の所得は親の所得に統合されるべきであるかということについては，多

---

2) Lucas v. Earl, 281 U.S. 111 (1930). 果実（所得）の付替は当該果実を生み出した原木から他の木にその果実を移転させて，移転先の他の木を別の果実を生み出した原木とすることは認められないとする法理。小川正雄「所得の振替防止法理・果実発生源木の法理」立命館法学352号93-96頁（2014年）参照。

3) Helvering v. Clifford, 309 U.S. (1940). 世帯主が通常必要と考えられる費用を超える所得を有している場合に，その所得の一部が家族に移転した場合にも，信託財産が産み出した所得が家族間に留保している限り，世帯主にとってはその経済的地位は何ら以前と変化がないので，世帯主が納税義務者とする法理（小川・前掲注2）99-103頁参照）。

くの場合に，子女の扶養費は世帯の所得の多寡に比例したものではないので，世帯所得を全て統合した所得を，3ないしそれ以上の方法で分類した税率表に基づく子女を含む世帯単位まで，共同申告書の趣旨を拡大しなければならないという論証にはならない。

§1(i)はいわゆる子供税を規定しているが，それは14歳以下の子女の資産所得を彼らの親に帰属させる税法上の効果がある。この効果は，子女の資産所得（unearned income）を高い限界税率に属する彼の親に課税するところに現れているが，同時に，彼らの親にこの所得を投資することを認める統一州法である，未成年者への財産移転に関する統一州法（Uniform Transfers to Minors Act）および未成年者への贈与に関する統一州法（Uniform Gifts to Minors Act）[4]が存在するにもかかわらず，勤労所得に関しては，子女のその所得はその子女に帰属することになる（§73）。

もちろん，子女の賃金所得が自己の利益のために消費されたり，その者が最初からその勤労所得の創出に関与しているならば，税法上の問題は発生しない。しかし，資産所得の場合は，それは他者からの贈与ないし遺贈により子女に譲渡された投資に起因していることが多いし，この所得が子どもが未成年のときには子どもの利益のために使われることはほとんどない。したがって，所得を生み出す財産は，法的観点からすれば，後見人，受託者または財産管理人が当該子女の利益に対して若しくはそのためにその所得を支払う場合のみにその者がその所得を受領することを意味する。先に述べた統一州法のもとで，未成年者の財産を管理する後見，信託または保管勘定に保有されているとみなされることになる。その親の義務が仮に財産の運用をする義務としても，子女に帰属している財産を運用することにより子女に満足を与えうるものではない。§1(i)が制定される以前は，資産所得をより低い税率階層に移項させるため，親

---

[4] 1956年に提案された統一州法案で，未成年者に株式等の財産を移転する方法を定めている。財産の権原は未成年者に帰属しているが，その者が未成年の間は，財産管理人の名義で財産が登録され，その管理が任せられる。その権限に基づき指定された成人の財産管理人は未成年者のために投資の変更等を行う権限が与えられている。節税対策にも利用されうるので，この統一法案が各州で採用されている。

がその資産所得を子女に付与することが一般的であった。これらの要因を考慮するならば，14 歳未満の子女は，財産および財産が創出する所得をそもそも有していないか，仮にそうでないとしても，財産から所得を創出することに関与していないとみなされることになる。

4-2　復帰権的権利と未成年者への財産の贈与

　納税者の子女に贈与により財産を譲渡するが，納税者が自己の贈与税を回避するために，復帰権的権利（reversionary interest）を当該財産に設定することにより，当該租税を回避する納税者の企図を防止するための立法的措置を連邦議会が施すに至った背景・経緯を述べることにする。

4-2-1　復帰権的権利の利用

　いわゆる子供税とは，復帰権的権利[5]を利用して子女に財産的管理を贈与することによって親が自己の租税負担を回避することを防止するため，子女に贈与したその財産から生み出された所得を子女に帰属させることにより，当該子女に課税する立法措置として創設された租税である。子供税は，1986 年の税制改革法（the Tax Reform Act of 1986, P.L. 99-514, §1411）の一部として制定されて，1986 年の 12 月 31 日の翌年の課税年から施行された。この租税は，最初，§1(i)として施行されたが，1990 年に概括予算調整法（the Omnibus Budget Reconciliation Act, P.L. 101-508）により §1(g)として再編された。

　子供税は，§1(g)に規定されており，子女が親の収入に依存している実体に着目して，子どもを介在させた親の贈与税の回避を防止するために，親の限界税率でもって子女の一定の資産所得に課税するものである[6]。

---

[5] 復帰権的権利とは，将来権（fututre interest）のうち設定者が留保する権利で，残余権を有しておらず，かつ永久拘束禁止原則（rule against perpetuities）の拘束がない。

[6] Samuel Donaldson, Federal Income Taxation of Individuals: Cases, Problem and Materials 639 (Thomson West 2007).

この租税のみに言えることではないが，この租税の創設は累進税率構造と密接な関係を持っている，すなわち，累進税率の構造は，高い所得階層に属する所得が租税として徴収される割合が高くなるという関係である。所得税の累進制は所得の再配分に寄与しうるが，逆に言えば，それは高い所得階層に位置づけられている者がそれよりも低い所得階層に位置づけられている者に，自己の所得を振り替えようとする税法上の現象を生み出すことになる[7]。納税者が通常，他の者に自己の所得を振り替えることはほとんどないが，緊密な家族や友人にその所得を振り替えることがありうる。子女は，一般的に言えば，その者の両親や祖父母と比較すれば，その者達よりも低い所得階層に属しているので，振り替えられた所得の受領者に意図的に設定することを抑制する必要から，納税者が自己の子女にその所得を振り替える誘因を§1(g)が規制している。

受贈者は贈与された現金を所得を生み出す財産に投資することができるが，贈与税では，贈与の受贈者は課税対象者ではなく，贈与者が課税対象者となるので，未成年者若しくはその他の者への現金による贈与は，贈与者の贈与の対象となった所得を他者に直接に振り替える機能を持たない。代替的に，贈与者が実質的に所有権を若しくは永久拘束禁止原則（rule against perpetuities）[8]の適用を受けない復帰権的権利を保持していない場合は，贈与者は所得を生み出す財産の贈与が可能となる。

未成年者の故に自己の所得を全く有さない，あるいは所得を有しているとしても極めて僅少なそれしか有さない者にとっては，受贈者という法的地位は魅力的なものとなる。したがって，未成年者への単純な贈与は通常は裁判所が管

---

7) Joseph Bankman, Daniel N. Shaviro, Kirk J. Stark, Federal Income Taxation, 433 (Aspen, 16thed. 2012).

8) 一定期間以上ある財産権の帰属を不確定の状態にしておくことを禁止する準則で，その内容は財産に将来権が設定されておる場合，権利者が具体的に特定されていない権利，または停止条件付権利については一定の期間内に確定的権利となることが確実である将来権以外は，設定当初から無効であるとするものである。この準則は，もともとイギリスのユース法（Statute of Uses, 1535年）によりそれ以前には認められていなかった種々の権利設定が可能になったので，権利者の不分明な不確定期間を抑止するために16

理する監督権（court-supervised guardianship）に服するが，この監督権は（1人ないしはそれ以上の未成年者が受益者となる）信託を利用することによって若しくはアメリカの全ての州が制定してる未成年者への贈与に関する統一州法に規律される財産管理（custodial）贈与によって回避されうる。したがって，これによれば財産管理に付された財産からの所得は当該未成年者に課税される。翻って信託においては，信託より発生した所得が分配されない限り，その所得は当該信託それ自体に課税される事になる。

4-2-2　贈与税回避の防止と子供税

　未成年者への財産管理による贈与は，贈与者である親の節税に対処するため，すでに述べたように，子供税として知られている§1(g)を1986年に連邦議会が制定した。この租税の適用要件は，まず(1)子女が課税年の満了時に18歳未満であること，(2)子女が24歳に未満であり，その者の資産所得が養育費の2分の1未満であり，かつその者がフルタイムの学生であること，という2要件のうち(1)または(2)のいずれかの要件を満たすことにより当該子女に適用される。さらにこの租税は，(a)子女が課税年分の申告書を提出を要請されていること，(b)課税年の終了時に当該子女の少なくともいずれかの親が生存していること，および(c)子女が課税年に共同申告書を提出する予定がないこと，という3つの要件事実が認定されなければ，この租税を課税することができない。[9]

　§1(g)の下で，課税年度の終了に18歳未満の孤児でない子女への純資産所得（the net unearned income）[10]以外にも，24歳以下の勤労学生でない学生の子女およびその者の勤労所得が当該課税年度にその子女の生計費の50％以下である者にも適用される（§1(g)(2)(A)(ⅱ)）。ただし，当該子女が合同申告書

　　世紀末に成立したものである。ユース法の沿革については，森泉章訳『メイトランド信託と法人』（日本評論社，1988年）35-37頁，39頁，49頁，58頁，119頁，四宮和夫『信託法〔新版〕』（有斐閣，1989年）35頁，田中和夫『英米法概説〔改訂版〕』（有斐閣，1974年）276-282頁，伊藤正己『アメリカ法入門』（日本評論社，1972年）39-41頁参照。
9)　Bankman, supra note 7, at 639-640.
10)　§1(g).

を提出している場合は，この規定は適用されずに（§1(g)(2)(C))），当該子女に適用される税率若しくはそれよりも高い税率のいずれかで課税され，また，この所得がいずれかの親または両親に帰属する場合は，その税率でこの所得に課税され，その所得はいずれかの親または両親の課税ベースに算入されて，いわゆる究極の帰属すべき金銭（the last dollars）として取り扱われることになる。両親が離婚している場合は，親権者（relevant parent）が当該子女の財産管理人となり，また，両親が婚姻しているが個別に申告をしている場合は，高い所得を有するいずれかの親が当該子女の親権者になる（§1(g)(5))。

勤労所得（earned income）が賃金および役務の提供から発生した所得であるとするならば，資産所得は投資所得と言える。未成年者が資本が主たる所得を生み出す事業を支配している場合は，その純所得のうち70％は投資所得として取り扱われる。この子供税の適用対象を規律する§911(d)(2)が規定する勤労所得は，子供税の適用除外対象所得で，子供税は資産所得に対してのみ適用される。

§1(g)(4)(A)は子供税の純所得の計算式を規定しており，純所得は，(1)§63(c)(5)(A)に規定する扶養者に適用される概算控除額の2倍の額，または資産所得の産出に直接的に関連する個別控除額に概算控除額を加算した額のいずれかから，子女の資産所得を減算した所得とする[11]。§1(g)(3)(A)の下で，投資所得に適用される税率は親に適用される税率との差率であり，適用されるその税率は親の所得に加算された子女の資産所得に対応する。

上記に対処するため，連邦議会は，次の理由に基づき，2008年以降に子供税を拡大した。2008年当初は，子供税は19歳未満の被扶養者と24歳未満のフルタイムの学生の被扶養者に適用されたが，その後にこの租税の抜け道を封ずるため[12]，この租税の適用制限を変更して，19歳から23歳のフルタイムの学生は，親の扶助額の50％未満の勤労所得を有していなければならなくなった[13]。

---

11) Bankman, supra note 7, at 640.
12) J. Martin Burke, Michael K. Friel, Taxation of Individual Income, 825 (Lexis Nexis, 9th ed., 2012).

純資産所得とは資産所得の控除しうるいずれかの高い限界控除額を控除した資産所得にかかる粗所得の超過部分である。その場合にその額は，§63(c)(5)(A)で認められている扶養者であると申し立てている者に適用されうる標準控除額の2倍，若しくは標準控除額と資産所得を生み出すのに直接に関連した個別控除額（itemized deductions）との合計額のうちいずれかの大きい額が控除される（§1(g)(4)(A)）。

　§1(g)は，資産所得の源泉が当該子女の親とは異なる者（一般的には子女の祖父母の場合が多い）によって移転された財産である場合でも適用される。当条項は，勤労所得から子女自身が貯蓄額を源泉とする資産所得にも適用される。

　当条項は子女の投資所得が課税される税率のみに影響を及ぼすのみである。その所得は依然として当該子女に課税される。このように子女は申告書を提出することおよび当租税の支払いを一般的に免除されていないが，例外的に子女の粗所得が扶養者であると申したてている者に適用される概算控除の10倍に等しい額を超えない利子および配当のみである場合は，その親は子女のために子女の申告書を提出する作業を回避するために，子女の純資産所得をその子女の親（この場合は親の申告に算入されることになる）に帰属させることを選択できるが，この場合は，子女の申告額は親の申告額に算入されることになる（§1(g)(7)）。

4-3　所得制御権の帰属基準

　ここでの問題は，家族内で，親が自己の賃金を被扶養者に支払うことによって，所得を振り替えることができるかであり，この可否の判定基準は賃金の支払いが通常かつ必要（ordinary and necessary）な費用として，取引若しくは事業の費用を規定する§162のもとで，いずれかの取引若しくは事業を遂行する課税年を通じて支払った，若しくは発生した全ての通常かつ必要な費用を控除することを認める§162(a)の規定により支払者が控除しうるのか，仮に控除し

---

13)　Ibid., 826.

うるとした場合に，それに対応して受領者が，粗所得（gross income）は源泉を問わず全ての所得を意味すると規定する§61のもとで，料金，手数料，経済的利益およびその他類似の事項に該当する報酬であると粗所得の内訳を例示する§61(a)(1)の規定により，受領額を粗所得に算入しうるか，さらに，この賃金が子供税を除く扶養者の標準控除（standard deduction）を増加させることになる勤労所得に該当するかどうかである。

言い換えれば，この判定基準は，役務の提供が家庭内，個人的，又は家事的な性質を有する限り，これは解決の基準になりえないと思われる。この場合，その賃金は，受領者の収入金額に算入されるが，支払者にとっては個人的かつ家事的費用の対象としてそれは控除されないことになる。しかし，この所得の振替の問題は，家族の総経済的所得を増加させることなく当事者の総経済的所得を現実に増加させていることに対し，どのように対応するかであり，その対応策を眺めることにする。

4-3-1 賃金に関する控除の可否判定要件

賃金に関する現行の控除の可否判定基準は2つの要件を前提にしている。1つは，賃金が資本的支出でないこと，2つ目が，費用が支払者が執行した事業若しくは所得を生み出す活動で発生したこと，の2要件の充足を基準にしている。この前提要件である，§162の一般的定め若しくは所得を生み出す費用に関して，費用の概略を定める（§162(a)）をうけて，(1)所得の産出若しくは徴収に要した費用および(2)所得を産出ために保有する財産の管理，保持および維持に要した費用を規定する§212，並びに給与若しくは現実に支給された個人的役務へのその他の報酬を規定する§162(a)(1)のただし書は，役務の報酬の性質を有する費用は，それが合理的かつ現実になされた個人的役務の範囲でのみ控除されうる，と通常かつ必要の要件にこれら2要件を追加規定している。

4-3-2 所得制御権による帰属者認定基準

所得の発生に先立って，発生する所得の自己への帰属を回避するために，当該所得をその帰属者たりうる者が所得を振り替えたかどうかの判定基準の隘路

を防ぐ新たな基準設定の契機となった事件をここで取り上げる。

① Fritschle v. Commissioner

【事実の概要】

Fritschle v. Commissioner, 79 T. C. 152（1982）において，原告（Robert and Helen Fritschle）はミズーリ州に居住し，8人の子どもがおり，そのうち一番年少の8歳の子どもだけが同居していた。1956年から，ロバートは印刷業者であるアメリカン・ゴールド・ラベル（American Gold Label Co.〔AGL〕）に総支配人として勤務していた。AGL は 1970 年に，競馬や郡の祭りの賞に使用される布製のリボンやバラ飾りの印刷をその事業内容に加えた。AGL は，リボンおよびバラ飾りの組み立てを外注するため，ロバートの妻であるヘレンと出来高払いで，その材料は AGL が提供する外注契約をした。1970 年から 1976 年まで，ヘレンは，子どもたちの手助けを受けて，自宅でこの仕事をした。子どもたちがこの仕事のほぼ 70％をこなした。子どもたちは，ヘレン若しくは AGL のいずれの被用者でもないし，AGL からヘレンに支給される報酬に関して，AGL とヘレンとの間でその報酬を子どもたちへの配分調整も，かつ直接に配分するために子どもたちとの調整も行われなかった。原告は，この報酬の一部が子どもたちが関与した仕事に帰属されるべきであるとして，支払額の一定割合は子どもたちの所得に算入されるべきである，と主張した。

【評　価】

所得制御権による帰属者認定基準の適用は課税の目的を達成するために有用であり，この基準に照らせば，ヘレンがその所得の真の稼得者であり，子どもたちではないことが明確になる。ヘレンに全ての役務遂行のための責任があり，AGL がヘレンとのみ契約を締結し，子どもの仕事への関与に関してはヘレンと AGL との間に書面による契約若しくは黙示の合意もなく，AGL は子どもたちのいずれともこの仕事に関する契約を締結していない。全ての小切手はヘレン宛てに振り出されており，子どもたちは仕事に対する報酬を AGL から直接に受領していない。明らかに，この報酬はヘレンの役務に対してのみ支払われたものである。AGL は子どもたちがこの仕事の一部に関与していることを承知していたが，この認識は，AGL が役務の提供をしていたのは専らヘレン

であると見ていたことを覆すものではない。要するに，ヘレンが全ての仕事の運営に対して管理，監督およびその他の全ての監理をしていたことである。所得を稼得する能力を制御・統制していたのはヘレンであり，その所得を受領したのも彼女であった。所得が所得を生み出す個人的な努力・関与をした者にも課税されうるということに必ずしも従う必要性はない。[14)]

　所得はそれを稼得した者に課税されるべきであるとする「所得の真の稼得者基準法理」という公理があるが，真の稼得者を特定する要件基準としてはなお曖昧であることから，真の稼得者の判定基準として所得の稼得を制御しうる立場にあるものという基準を定立ことによって，所得の真の稼得者の認定する基準とした。所得の稼得を制御しうる者，すなわち「所得制御権の帰属者認定基準（one actually turning the spade or dribbling the ball）」という精緻な基準を創造したのが，次に述べる Johnson v. Commissioner, 78 T. C. 882 (1982), aff'd, 698 F. 2d 372 (9th Cir. 1984) である。次にこの事件の概略を示す。

②　Johnson v. Commissioner

　ジョンソン（Charles Johnson）はゴールデン・ステイト・ウォリオーズ（the Golden State Warriors）に所属するプロのバスケット選手で，1974年に，彼はパナマの会社であるプリゼンタシオス・マシュケール（Presentaciones Musicales）とプロスポーツとして自己の役務の権利を譲渡する契約を締結した。その契約内容は，プロスポーツに関するジョンソンの役務を制御・管理する権利を当会社に譲渡し，その見返りとして，ジョンソンに会社は毎月1,500ドルを支給するというものであった。その後，会社はバスケットの選手の養成学校（EST〔Elite Skills Training〕International）の一つであるブリティッシュ・バージン・アイランズ（British Virgin Islands）との協定で権利義務のライセンスを取得した。会社はジョンソンの収入に対するアメリカの租税を課されない可能性があり，仮にアメリカの租税が課されるとしてもジョンソン本人に課税される

---

14)　原告は子どもたちが提供した役務に関する控除を申し立てしなかった。子どもたちへのどのような支払いもなされなかったし，子どもたちのために別途に支払額を残すこともしなかったので，この控除は認められないであろう。

よりも低い税率で課税されることになる。所属チームはジョンソン本人以外のジョンソンの役務に対する契約を拒否したが，彼の権利の正式に譲渡した後に，チームは EST に彼の報酬を支給することに合意した。

ジョンソンは所属するチームが課税されるべきであると主張したが，租税裁判所は，ジョンソンが所属するチーム，ジョンソンが役務提供の契約した会社が納税者ではなく，ライセンス等の契約について主体的に判断できるジョンソンが納税者であるとした。

このジョンソン事件に照らせば，フリシュル事件にこの所得制御権による所得帰属基準を当てはめれば，原告の主張にかかわらず，所得がいずれに帰属するかは明らかである。

フリシュル事件の原告は，§73は自分たちの有利に結論を導くことを指令している，と主張しているが，§73 は，子どもが役務のために受領した金員は子の粗所得に算入されるが，たとえこの金員を子が受領しなかったとしても，親の粗所得として算入されるものではない，と規定している。[15]

4-3-3 §73の意義と所得制御権による帰属者基準との関係

フリシュル事件の原告は，§73の定める文言およびその意義は明確である，と主張するが，§73 は真の役務提供者に役務の対価たる所得が帰属する状況に対応して制定されたものであり，これらの諸事実の下で，ここで問題になっている所得の一部に対して子どもたちに課税することを認めるものではない。1944 年以前には，家族が居住する州法に従って，親は未成年者の稼得について受領する権利を有していた場合に，親は未成年者の全ての稼得を自らの所得

---

15) §73 は「子女の役務」を次のように規定している。(a)子女の役務に関連して受領した金額の取扱い：子女の役務に関連して受領した金額は，たとえかかる金額が子女によって受領されないとしても，子女の粗所得に算入され，子女の親の粗所得されないものとする。(b)支出の取扱い：(親ではなく)当該子女の粗所得に算入されるべき金額に帰属する親若しくは子女の全ての支出は，当該子女が支払った若しくは発生させたものとして取り扱う。(c)親の定義：親の用語は，当該子女に関して親としての権利および義務を有することにより，子女の役務の監督する資格を有する個人を含む。

に算入することが要請されていた。しかし，全ての州の親は自己の未成年の子の稼得について取得する権利が与えられなくなってから，異なる租税効果が州法に依存して行われていた。この矛盾をなくすため，州法でその子の親が子の稼得について受領する権利を有しているという事実にかかわらず，子の役務に関して受領した全ての金額は，その子の所得に算入するものとする，先に述べた未成年者への財産移転に関する統一州法に基づいて統一的な準則を提示するために連邦議会は§73を制定した。

このように，その課税の意義に基づき未成年者が稼得したと思われる所得に対して，§73は未成年者に課税する。しかし，§73は，所得が稼得者に課税されるという課税の原則を変更することを意味するものではない。

州法は二面性を持っていることから，ヘレンがここにいう所得の真の稼得者であることに間違いはない。しかし，他方で，その所得はヘレンが契約をしたことに起因する子どもたちの役務の提供であり，子どもたちが真の所得の稼得者である，という事実に基づけば，§73はその所得については子どもたちに課税することになる。これが州法の持つ所得帰属の二面性である。

4-4　経済的移転創出否認基準

貸付金の利子を操作することにより利子への課税を回避，すなわち貸付金の利子を通しての，金銭の移転に等しい効果を当事者で創出する取引に対する評価および対応を規律する§7872を見ることにする。

4-4-1　§7872制定の背景

この貸付金に関する課税上の取扱いの歴史は，一言で言えば，内国歳入庁の失敗，固執そして成功のそれである。所得税に関する第6次修正立法の50年後の租税裁判所の判決（Dean v. Commissioner, 35 T. C. 1083 (1961)）まで，この課税問題は解決がされなかった。

4-4-2 市場評価未満の貸付金利子の概念

市場評価未満の貸付金利子とは，不十分な利子に変更する見せかけの貸付金（guise of loans）により関連当事者間での金銭の移転を非関連当事者間の金銭の移転と同一の法効果を作り出す取引をいい，この取引を防止するため，§7872が1984年に制定された。

貸付の種類は，固定期間貸付（fixed-duration loan）と当座貸付（demand loan）の２種類がある。前者は，適用される連邦貸付率に等しい割引率（半期複利）に基づいて，貸付（元本および利子）設定に際して全振込日おける現在価値を超える場合に，市場評価未満の利子設定に該当し，この差率部分が独立当事者（non-arms-length）の取引とみなされることにより，現実の受領価額が移転価額未満であるため賃貸人から賃借人に経済価値の現在価値の移転が行われたことになる。

元本は利子の発生後に賃貸人が任意に請求しうるため，当座貸付は，現在価値の評価に影響を受けにくい。したがって，定期利子がその時の短期連邦金利よりも低利である場合，固定期間貸付はその期間においは市場評価未満となる。ここでは，賃貸人から賃借人への経済的移転が定期金利の形態で繰り延べされたことになる。

市場評価未満の貸付は２つの問題がある。その１つは，その貸付が移転という性質を持っていることである。家族構成員間のこの貸付による移転は，贈与税及び所得税から見ての贈与に該当し，使用者から被用者への移転は報酬であり，さらに企業から株主への移転は隠れた配当となる。その２つは，みなし移転の時期の問題である。贈与に該当する移転を除く市場評価未満の期間貸付についていえば，みなし移転は，貸付に該当することになる。当座貸付および贈与による期間貸付について言えば，それらは利子の課税の延期に等しい連続した毎年の移転が行われていることになる。

賃貸人から賃借人への一連の利子移転が存在することがみなされることに加えて，§7872は，賃借人から賃貸人への市場評価での利子の定期的なみなし支払いを規定している。

市場評価未満の当座貸付は，(1)実際に支払われた利子を減算した，現行の連

邦利子率に基づく賃借人から賃貸人へのみなし支払い，(2)帰属した利子所得と同額を賃貸人の収入金額への算入，および(3)形態を問わず，贈与として賃借人へ賃貸人から繰り延べられた利子と同額の支払い，という賃借人（受贈者）と賃貸人（贈与者）案の連続した帰属利子を生み出す。当年に賃貸人から賃借人への補償というみなし移転に等しい金額に相当する期間の補償について言えば，その貸付は，賃借人に算入され，§162の規定により賃貸人が控除しうる。賃貸人に生じたみなし利子所得，および貸付期間を超える賃借人が支払ったみなし利子所得に相当する利子支払額として発生した同額が，発行時割引（original issue discount）としても取り扱われる。利子のみなし支払額が控除されうるかどうかは，特に§163および§265に規定する控除可能性判断基準による。以上のように，賃借人が§103に規定する債権に投資する場合には，みなし利子支払額は§265(a)(2)規定する理由で控除されない。

　主要な理由は利子免除貸付が，一般的に，所得を振り替えるために利用されていたことである。§7872が規定されるまで，高所得階層は，賃貸人に利子経費を相殺して支払うことをせずに貸付金でもって，所得を生み出す投資を行う低所得階層に無利息貸付をしていた。賃借人の資金への経済的利益が，賃貸人から賃借人へ振り替えられたことになる。§7872が持つ利子の帰属の側面は，所得を賃貸人に振り替えるという効果を持っている。§7872の持つ反所得振替機能は§7872(d)に規定されており，その規定は総計100,000ドル以下の市場評価未満の贈与貸付から帰属した所得を，賃借人の純資産所得に制限している。

　以下では，具体的にこれに関する判例を検討する。
① Dean v. Commissioner[16]
　ディーン事件では，内国歳入庁は，納税者が家族法人から受領した無利子の貸付金において金利額を超える経済的利益を除いて，その者が過少申告を行ったとして，これに対する処分をした。内国歳入庁は，ディーンが受領した無利子貸付金は課税所得を生み出しているとし，それはまさしく法人財産を株主が

---

16) 35 T. C. 1083 (1961).

賃料なしで使用していることと全く同一である，と主張した。

　内国歳入庁の主張内容の不採択の理由として，租税裁判所は，仮に法人財産の賃料なしの使用から生ずる経済的利益に代わって，株主が現実に賃料を支払った場合に，株主の法人の財産の利用が個人的なものであるならば，株主はその賃料を控除することができないことになるとする[17]。しかし，§262[18]に従えば，反対に，株主が金銭の貸付を受けて，その金利を支払うことに合意した場合，株主は貸付金からの収入の使用に関係なく貸付金に対する利子を控除しうることになる。

　これについて，裁判所は，「借入金は賃借人に対していかなる利子控除ももたらさないし，賃貸人に対してもいかなる利子ももたらしていないと判断して，われわれは租税の趣旨に従って無利子の借入金に完全な力を付与した。われわれは，無利子貸付は賃借人にいかなる課税の対象となりうる利得をもたらしていないということが等しく真実である，と思う」，と結論づけた[19]。

　しかし，無利子の貸付金への内国歳入庁の挑戦は，必ずしも無意味ではなかったと思える。なぜならば，内国歳入庁と裁判所の両者の意見を比較すれば，無利子の貸付は課税対象となり所得を生み出さないという裁判所の判断は非限定的すぎ，個人的に保有する会社が支配株主への20,000ドルを超える無利子貸付が賃借人へいずれかの経済的利益を与えなかった，と考えることは難しい。そもそも§163に規定する控除は認められないから，無利子貸付を法人財産の使用料とを区別する基準の根拠として§163に依拠する主要株主の主張は，主張の論拠を間違っている感がしないでもない。たとえば，借入金の収入が非課

---

17) §163(a)の規定により，原告は勝訴したが，1986年に制定された§163(h)により，今日では否認されている。§163(a)は，負債に関して課税年に支払う若しくは発生した全ての利子が控除されないと規定し，§163(h)は個人的利子の控除の否認に関して，法人以外の納税者の場合には，いかなる利子も課税年に支払う若しくは発生した個人的利子には認められない，と規定している。

18) (a)総則　この章で別段の規定がない限り，いかなる控除も個人的，生計若しくは家族の費用に認めるものではない。(b)一定の電話通信費の取り扱い，(a)の規定趣旨に即して，(a)個人の場合に，納税者のいずれかの居住地に提供された最初の電話回線に関する地方

税の地方債の購入に当てたとされることについては，この論理に従えば，借入金の利子控除は§265(a)(2)で否認されることになる。

② Greenspun v. Commissioner

ディーン事件の論理に従った重要な判決が，Greenspun v. Commissioner, 72 T. C. 931 (1979) aff'd, 670 F. 2d 123 (9th Cir. 1982) である。ディーン事件の論理を説明する前に，当判決の中に一つの事例を掲げているので，事例から述べることにする。

【事　例】

(1)X会社の使用人であるAが，会社から報酬という形式でかつ期間1年で，その時の一般利子率が年5％ないし100％のところを無利子の貸付金 $20,000 を受領した。(2)会社が20,000ドルに対して5％の利子をAに課すと同時に，Aが当該利子の支払いに使用する1,000ドルの給与を彼に支給した場合に，この取引の経済的利益は同一であるか。

(2)の仮説では，Aは，1,000ドルの給与を粗所得に算入し，1,000ドルの利子控除をすることができるが，課税の対象となる所得は0ドルである。この結論に従えば，無利子の貸付金を含む最初の仮説では，ディーン事件の判断のもとで，Aの課税の対象となる所得は，0ドルである。

この仮説を前提として，判決がなされた。

【判　旨】

ディーン事件では，所得がディーンに実現していないという判断に基づき，われわれは，納税者が利子負担付き証券の元手を借り受けた場合に，その利子の支払いは§163により控除されうると理由づけた。この理由に基づけば，法人からその会社の株主若しくは使用者への無利子の貸付は，利子が，経済的に言えば，課された利子に等しい額での配当若しくは報酬の増加を伴って課され

　　基地局の通信サーヴィスに対する課金は，個人的費用として処理されるものである。
19)　35 T. C. at 1090.
20)　§265の控除が認められない利子を定める§265(a)(2)は，地方債の購入により発生した若しくは地方債購入の継続による又は完全に租税から免除される負債利子以外の負債の利子，と規定している。

た貸付を行うことと，その実体において相違はない。結果的に，その状況の経済的実体に法効果を与えるために，われわれは2つの貸付取引の租税法上の取扱いをディーン事件と等しく取り扱わねばならないことになる。[21]

【評　価】

グリーンスパン事件では，租税裁判所は2つのことを認識していた。1つ目は，無利子貸付は粗所得に含まれること，2つ目は，生み出された粗所得は利子控除によって完全に相殺されることの2点である。これらの控除は容認されされるべきでないとする主張に対して，一定の事実状況の場合には当該控除をみとめるべきであるとする根拠として，租税裁判所は，「われわれはかかる事件に将来直面した場合に，かかる控除を認めるべきかどうか，それを認めるとした場合に，われわれはこの事件でのわれわれの判断に固執すべきであるかどうかについては，そのときどきの事実状況に応じて判断するものである」と述べている。[22]

しかし，賃借人が粗所得を無利子貸付金から相殺することができるとし，法解釈に基づく利子控除ができるとすることには疑義がある。法解釈による控除を認めるという推論は，帰属した利子所得が賃貸人に発生すると内国歳入庁が主張した場合に，裁判所は法解釈によって賃借人にその控除を認めるこの事件と相似する対象を望んでいるかのように見える。そうであるならば，株主と株主に制御されている法人の関係においては，この現象の持つ内実については，租税法との関連性を正確に認識することができる。これに対処するため，連邦議会は，1984年の租税改革法に基づいて，§7872を制定した。

4-5　課税の逃避への立法および司法の挑戦

「所得の真の稼得者基準の法理」の概念が曖昧かつ広義であることから発した所得の振り替えを防止するために，所得の真の稼得者基準の法理を構成する

---

21)　72 T. C. at 948, 949.
22)　72 T. C. at 948, 949.

基準ないし要素である「所得源泉木の法理」をさらに精緻な基準とするために，その法理を細分化した所得に帰属の判定基準の定立過程を検証してきたが，その基準は，納税義務者が自己の課税物件を他者に移転することにより，あるいは特定の取引内容を当事者間で創出することにより，当事者双方が課税を回避する方策の組み立てを見てきた。

　この組み立てに対応するために個別具体的な事件に対して，租税法律に規定する課税要件の不備に直面して，その不備を法解釈で対応してきた課税庁の判断過程および裁判所が租税法律の規定が不明確である場合に，その規定の解釈を通して課税要件を創出し，そしてそれに当てはまるように事実の認定・評価を行ってきた過程を概観してきた。しかし，連邦議会がそれに対処するために§7872を制定したが，当該条項も包括的であるが故に厳密性に欠けるところがあり，課税の公平を十分に担保する機能を果たしてこなかったところがある。したがって，課税要件の不備，曖昧性ないし不明確性への対応を課税庁若しくは裁判所に委ねることなく，可能な限り租税立法の過程で将来発生するであろう要件に該当する取引事実を可能な限り想定して，立法はその要件を厳格に規定すべきであろう。

5

組織再編成と租税回避

渡辺徹也

5-1 組織再編成において租税回避が問題となる理由

　組織再編成が租税回避との関係で問題視される理由はどこにあるのか。まず，注意すべきは，組織再編成が適格となるか非適格となるかによって，課税上の効果が異なるということである。組織再編成の一般的な取引内容は，法人組織の再構成によって，法人の資産や負債（以下，「資産等」という）が新たな法人へと移るか，あるいは資産等は法人内に留まっているが，新しい株主によって支配されているといったものである。

　適格組織再編成の場合，資産等および株式の取得価額は帳簿価額で引き継がれて，資産等を移転した法人や株式を移転した株主には，組織再編成段階での課税がない（課税は繰り延べられる）[1]。また，欠損金等の租税属性も引き継がれる[2]。一方で，非適格組織再編成の場合は，時価による譲渡とされ，資産等を移転した法人は資産等の含み益について課税されると同時に，組織再編成で保有する株式を手放した株主についても，みなし配当課税や譲渡所得課税がある[3]。

---

[1] 以下，条文根拠については，特に断らない限り主として合併の場合を取り上げることにする。被合併法人への課税は法人税法62条の2第1項により，被合併法人の個人株主への課税は，所得税法25条1項1号および租税特別措置法37条の10第3項1号，法人株主への課税は，法人税法24条1項1号，同61条の2第2項により繰り延べられる。

[2] 適格合併に関する欠損金については，法人税法57条2項により引継ぎが認められている。ただし，適格合併に該当すれば常に欠損金が引き継げるわけではない。その問題については後述するヤフー事件のところで述べる。

[3] 合併の場合，資産等を移転した法人について，法人税法62条1項による課税があり，

そして，欠損金等の租税属性の引継ぎはない[4]。

したがって，資産等に対する含み益課税を回避したい当事者としては，組織再編成を適格にしたいというインセンティブが働くし[5]，含み損を実現させたいと考える当事者にとっては逆のことが言える。また，欠損金についても，税法上の黒字法人が赤字法人の欠損金を引き継ぐために適格組織再編成を行うといったことが考えられる。

しかし，適格組織再編成と非適格組織再編成は，税法上は異なる課税要件に服する異なる取引である。課税要件が異なれば課税上の扱い（課税上の結果）も異なるのは当然であり，そのことだけから租税回避の問題が生じるのではない。むしろ企業組織の再編成を行う場合，目的とする経済的結果に到達するために，複数の取引形態の選択が可能となるところが，租税回避との関係で問題となると思われる。同じような経済的結果に到達するために複数の方法（経路）がある場合，あえて税負担の軽いものが選ばれるという問題があるからである。

この租税回避の問題は，組織再編税制の形式主義あるいは経路依存性から説明することもできる。たとえば，ある法人（取得法人）が自社の株式を対価として別の法人（対象法人）の全ての資産等を譲り受け，対象法人がその株式を全て対象法人株主に分配して自らは清算するという一連の取引は，その実質において合併と異なるところはない。しかし，合併という取引形式をとらない限り，適格組織再編成として扱われることはない[6]。そして，既述の通り，適格組

株主（個人）については，所得税法25条1項1号によるみなし配当課税，場合によっては租税特別措置法37条の10第1項による株式譲渡益課税がある。

4) 非適格合併の場合，法人税法57条2項の適用がないため欠損金の引継ぎは認められない。

5) 特に，株式交換または株式移転（株式交換等）が非適格となった場合，実際に資産の移転をしていない法人（株式交換完全子法人または株式移転完全子法人となる法人）の一定の資産が時価評価されて課税対象となるので（法税62条の9第1項），資産に含み益がある場合，取引が適格となるかどうかは重大な関心事となろう。

6) 渡辺徹也「組織再編税制における実質主義と形式主義——課税ルールの中立性と納税者が選択したルートの問題」金子宏編『租税法の基本問題』（有斐閣，2007年）501頁参照。

織再編成になるかどうかで課税上の扱いが異なるのである。

　では，組織再編成領域における租税回避の問題について，どのような対処がなされるべきか。周知の通り，平成13年度改正にこの制度が導入されたときに，組織再編成に係る一般的否認規定として法人税法132条の2が置かれた[7]。この規定との関係では，最近のヤフー事件東京地裁判決[8]が重要である[9]。この事件の論点を極めて単純化して述べるなら，欠損金のある法人を被合併法人とする適格合併において，法人税法57条3項の委任を受けた同施行令112条3項5号（当時は同条7項5号）（特定役員が引き継がれていなければ欠損金の引継ぎを制限する規定）の要件を満たしている（すなわち，欠損金の引継ぎが認められる規定上の要件を満たしている）にもかかわらず，法人税法132条の2の適用が可能であるか，ということになる。東京地裁はこれを肯定した。

　本稿では，ヤフー事件における論点をより一般化する形で素材として取り上げ，組織再編成と租税回避の問題について論じてみたい。以下では，まず組織再編成と租税回避に関する基礎的考察から始め，その後にヤフー事件に関する素材の検討に入っていくことにする。

5-2　組織再編成の定義

　一般に組織再編成という概念は，法人組織を再編成あるいは再構成すること

7）　この規定の適用が問題となりうる取引の類型として，太田洋「組織再編行為と否認」租税研究87頁（2011年）参照。
8）　東京地判平成26年3月18日（平23（行ウ）228号）判時2236号25頁。
9）　ヤフー事件は，（同日に判決のあったヤフーの子会社であるIDCF事件（平23（行ウ）698号，平24（行ウ）438号，平25（行ウ）311号）と一体になって）今のところ，訴訟において法人税法132条の2の適用が争われた唯一の事例とされている。佐藤信祐「ヤフー・IDCF事件地裁判決後の実務対応」旬刊経理情報1384号（2014年）参照。訴訟には至らなかったが，新聞報道によると，パチンコ店を営む法人が適格現物出資を繰り返した行為を租税回避として否認したケースがある。日本経済新聞2013年2月13日15面。このスキームについては，西村美智子＝中島礼子「組織再編税制に関する最近の否認事例」旬刊経理情報1364号11頁（2013年）参照。

を指すが，M&A（Mergers & Acquisitions）や企業グループ再編の手続までを含めて組織再編成と理解する場合もある[10]。会社法では組織再編成の定義はないが，代表的なテキストの一つは，「組織変更および事業譲渡等・合併・会社分割・株式交換・株式移転を総称する用語」としている[11]。ここでは「事業譲渡等」が組織再編成に含まれていることに注意しておきたい[12]。

現行税法では，法人税法が適格組織再編成について定義を置いている。たとえば，法人税法32条4項では，適格合併，適格分割，適格現物出資または適格現物分配のことを「適格組織再編成」と定義している（他にも，同法43条8項，44条1項，47条1項等が同じように規定する）。法人税法には，「適格」部分を除いた「組織再編成」そのものの定義はないが，同法32条4項にあげられた合併，分割，現物出資，現物分配という取引は，少なくとも法人税法上の組織再編成という概念に含まれると考えてよいだろう[13]。

ここで「適格」という文言に注目するなら，法人税法2条12号には，適格合併（法税2条12号の8），適格分割（法税2条12号の11），適格現物出資（法税2条12号の14），適格現物分配（法税2条12号の15）に並んで，適格株式交換（法税2条12号の16）と適格株式移転（法税2条12号の17）の定義も存することに気づく[14]。したがって，条文の規定ぶりからは，（合併，分割，現物出資，

---

10) 太田洋『〔第二版〕M&A・企業組織再編のスキームと税務——M&Aを巡る戦略的プランニングの最先端』（大蔵財務協会，2014年）81頁参照。

11) 神田秀樹『会社法〔第16版〕』（弘文堂，2014年）332頁参照。

12) ジョイント・ベンチャーの設立，MBO（management buyout），さらには産活法に基づく自社株を対価とした公開買い付け等も，広い意味では組織再編として捉えることも可能である。神田・前掲注11)335頁参照。

13) そこには株式交換と株式移転が含まれていないが，それは法人税法32条4項が，適格組織再編成の場合に，繰延資産の帳簿価額を引き継がせる規定だからであろう。つまり，法人間における資産の移転を伴わない株式交換や株式移転の場合，資産の帳簿価額を考慮する必要がないから，適格組織再編成として定義しなかったに過ぎない。法人税法43条8項，44条1項，47条1項等についても同様である。

14) 適格株式交換と適格株式移転が法人税法本法に規定されるようになったのは，平成18年度改正後である。それまで，株式交換および株式移転に関する課税制度は，租税特別措置法に規定されていた（平成18年度改正前の租税特別措置法37条の14，同法67

現物分配だけでなく）株式交換と株式移転も組織再編成の一種と考えることができる。当該組織再編税制について検討した政府税調の資料である「会社分割・合併等の企業組織再編成に係る税制の基本的考え方」[15]（以下，「基本的考え方」という）でも，株式交換と株式移転税制が，制度として組織再編税制の一部を構成しうることが示されている。[16]

また，法人税基本通達1-4-1では，法人の「合併，分割，現物出資，現物分配又は株式交換若しくは株式移転」を「組織再編成」と定義している。財務省のHPでも，「組織再編税制の概要」における「組織再編成の当事者である法人の課税の取扱い」として，「合併・分割・現物出資・現物分配・株式交換・株式移転」が取り上げられている。[17] さらには，組織再編成に係る行為または計算の否認規定として捉えられている法人税法132条の2は，「合併，分割，現物出資若しくは現物分配（中略）又は株式交換若しくは株式移転」を対象としている。

以上のことから，本稿で組織再編成というときは，特に断りのない限り，合併，分割，現物出資，現物分配，株式交換，株式移転の6つの取引を念頭に置くことにする。[18]

5-3 租税回避の定義

上に示したように，企業買収を適格合併により実行することで，含み益のあ

条の9等）。当時の株式交換・株式移転税制の概要については，武田隆二『法人税法精説』（森山書店，2002年）324頁参照。
15) 税制調査会「平成13年度の税制改正に関する答申」（平成12年12月）の「（参考）」（平成12年10月3日）資料。
16) 「基本的考え方」22頁。水野忠恒「政府税制調査会『平成13年度の税制改正に関する答申』の解説」租税研究617号17頁（2001年）参照。
17) 「組織再編税制の概要」http://www.mof.go.jp/tax_policy/summary/corporation/218.htm（2014年9月30日閲覧）.
18) 平成22年度改正前は，事後設立が含まれていたが，グループ法人税制の創設により適格事後設立の制度は廃止された。『平成22年度版改正税法のすべて』（大蔵財務協会，2010年）189頁参照。

る資産等や株式への課税を繰り延べるといったこと以外にも、たとえば、含み損のある資産を移転して株式を取得するタイプの適格組織再編成により、そもそも一つであった含み損を株式と資産で二重に利用するなど、組織再編成を使ったスキームには様々なものが考えられる[19]。問題は、それら組織再編成を利用して税負担を軽減するとされる個々の行為が、果たして租税回避と言えるかどうかである。それを考える上で重要なのが租税回避の定義である。

周知のように、「租税回避」とは実定法上の用語ではなく、論者によって表現の方法あるいはその内容が異なる[20]。そのことが租税回避に関する議論を複雑にしている可能性も否定できない[21]。そこで以下では、代表的な定義について見てみる。

清永教授は、租税回避の定義として①「課税要件の充足を避けることによる租税負担の不当な軽減又は回避」としつつ、②「多くの場合、税法上通常のものと考えられている法形式（取引形式）を納税者が選択せず、これとは異なる取引形式を選択することによって通常の取引形式を選択した場合と基本的には同一の経済効果ないし法的効果（以下、単に「経済的効果」という）を達成しながら、通常の法形式に結びつけられている租税上の負担を軽減または排除するという形をとる[22]」としている。

金子教授の「私法上の選択可能性を利用し、私的経済取引プロパーの見地からは合理的理由がないのに、通常用いられない法形式を選択することによって、結果的には意図した経済的目的ないし経済的成果を実現しながら、通常用いら

---

19) 佐藤信祐『組織再編成における包括的租税回避防止規定の実務』（中央経済社，2009年）192頁，入谷淳『組織再編　包括的否認規定の実務解釈』（中央経済社，2013年）76頁以下参照。

20) 本文で示すもの以外に「広義には、およそ経済上租税を回避軽減することの一切を意味する」という定義もある。北野弘久『現代税法の構造』（勁草書房，1972年）87頁参照。

21) 一方で、アメリカの内国歳入法典269条等には「連邦税の回避（avoidance of Federal income tax）」という文言、357条(b)等には「租税回避目的（tax avoidance purpose）」という文言が存在する。

22) 清永敬次『税法〔新装版〕』（ミネルヴァ書房，2013年）42頁参照。

れる法形式に対応する課税要件の充足を免れ，もって税負担を減少させあるいは排除すること」という定義も，清永教授の②とほぼ同じ考え方に立っていると考えられる。ただし，清永教授の①の部分の定義によれば，通常用いられない法形式をとらなくても，租税回避になる場合があるので，若干の違いがあるように見える。一方で，清永教授自身が②の内容だけを定義としている論考もある[24]（ただし若干の語句の修正をしたものが②の内容となっている）。

　岡村教授は，清永教授の①の部分を定義としつつも，②の部分を租税回避の「説明（論者によっては定義）」とする[25]。谷口教授は，②とほぼ同じ内容を「経験的事実を前提とする租税回避の定義」としながら，「適法だが不当」という部分を強調しつつ「課税を根拠づける要件」と「課税を減免する要件」の違いを意識した上で①とほぼ同じ内容を「租税回避の定義（包括的定義）」としている[26]。

　このような状況について増井教授は，「租税回避は，合法か違法かが曖昧な灰色領域を指す概念である」という前提のもと，「境界領域にある概念であるため学説の定義もさまざまであるが，共通する骨子を抽出するならば，濫用により課税要件の充足を免れることを念頭に置くことが多い」としつつ「特に，私法上の選択可能性を利用して納付税額を減少しようとする企てが問題となる」としている[27]。

　以上のことから，租税回避の定義あるいは内容の説明としては①と②の２つが考えられるが，両者はそれぞれ別のものではなく，いわば狭義（②）と広義（①）の関係にあると思われる。ただし，清永教授が「多くの場合」と述べら

---

23) 金子宏『租税法〔第19版〕』（弘文堂，2014年）121頁参照。
24) 清永敬次「実質主義と租税回避」『租税回避の研究』（ミネルヴァ書房，1995年［初出・1967年］）369頁参照。これはヘンゼルの定義を参考にした定義とされる。
25) 岡村忠生ほか『ベーシック税法〔第7版〕』（有斐閣，2013年）50頁，52頁参照。
26) 谷口勢津夫『税法基本講義〔第4版〕』（弘文堂，2014年）60頁，61頁参照。同「ヤフー事件東京地裁判決と税法の解釈適用方法論——租税回避アプローチと制度（権利）濫用アプローチを踏まえて」税研177号23頁（2014年）も併せて参照。
27) 増井良啓『租税法入門』（有斐閣，2014年）316頁参照。

れているように，①に含まれるが②に含まれない租税回避は多くないことが予想できる。また，②では通常の法形式と通常でない（異常な）法形式との対比がなされているということも重要である。

5-4　租税回避の否認

租税回避の否認について，清永教授は「租税回避の否認とは租税回避を除去するのに必要な，課税要件規定によるときとは異なる扱いをすることをいう。具体的には例えば，納税者が選択した法形式ではなく想定される法形式通常の法形式を基礎として課税を行うことをいう[28]」としている。同様に金子教授も，「当事者が用いた法形式を租税法上は無視し，通常用いられる法形式に対応する課税要件が充足されたものとして取り扱うことを，租税回避行為の否認と呼ぶ[29]」としている。ここからわかるように，租税回避の否認とは，通常の取引への引き直し課税が原則となる。

もっとも，通常の法形式への引き直しについては，清永教授が「例えば」として言及されていることから，厳密にはそうでない形での租税回避否認の余地が残されるとも読める[30]。そうであるならば，「異なる扱い」には，通常の法形式への引き直しではない場合を含むことになるが，一方で，清永教授は「租税回避を否認することによりなされる課税は，実際に行われた法形式からはなれた仮定の法形式，換言すれば想定された通常の法形式に基づく課税である[31]」とも述べておられるから，通常の法形式への引き直しが原則であると考えてよいと思われる。ただし，通常の取引への引き直しをする場合でも，そこでいう「通常の取引」が常に明らかであるとは限らず，その内容が問題になる場合が

---

28)　清永・前掲注22)43頁参照。
29)　金子・前掲注23)123頁参照。
30)　増井教授は「課税庁が取引の内容を引きなおし，課税要件を充足したものとして扱うことを，租税回避の否認という」として，引き直し課税に言及するが，そこに「通常の取引」という文言は使われていない。増井・前掲注27)316頁参照。
31)　清永・前掲注22)43頁参照。

ありえるだろう。

　租税回避とは，課税要件が充足していない状態を指しているから，租税回避を否認するということは，新たな課税要件を創設すること（あるいは課税要件充足を擬制すること[32]）に等しく，租税法律主義の要請から明文の規定が必要になる[33]。

　したがって，仮に租税回避の定義を広くとった場合（上記①の方が②より範囲が広いと考えた上で①の定義をとった場合），租税回避とされる取引が多くなるのであるから，それを否認するための規定もそれだけ充実させる必要がある。租税回避の範囲を広くとることの意義の一つはここにあるのかもしれない。なぜなら，「租税回避でないから否認規定によらず課税することができる」という論理をそれだけ成立しにくくできるからである。

　そして，そのように明文の規定を創ることで否認された行為は，もはや租税回避とは言えなくなる（新たな課税要件により課税されることになるからである）。その反面，立法により否認されない限り，租税回避は税法上承認された行為なのである[34]。

5-5　個別的課税要件規定と一般的否認規定

5-5-1　個別的租税回避否認規定と個別的課税要件規定

　租税回避を否認するために個別的に創られた規定は，個別的否認規定と呼ぶべきだろうか。租税回避否認の定義に厳密に照らすなら，否認規定とは実際に行われた取引を引き直す内容でなければならない。例えば，A→B→Cという経路で行われた取引をA→Cという経路に引き直す内容を持った規定ということである。この引き直し課税の過程が示されていなければ，課税要件規定であっても否認規定ではないと考えるのである。

---

32)　岡村ほか・前掲注25)54頁参照。
33)　清永・前掲注22)43頁参照。
34)　清永・前掲注22)44頁参照。

一方で，個別的否認規定の存在目的は租税回避の否認（立法による不当な行為への課税）であるから，特に引き直しの過程が示されていなくても，租税回避に課税できるような内容であるならば問題ない（引き直し課税の有無を問題にしない）という考え方もありえる。すなわち，新たに課税要件を充足させるという意味での課税要件規定であればよいことになる。その場合でも，それまで租税回避とされていた取引は，租税回避ではなくなる[35]。したがって，それらの規定は，実質的な内容としては個別的否認規定といって差し支えないのであるが，（そう呼ぶべきであるかどうかはともかく）少なくとも「個別的課税要件規定」と呼ぶことはできる。もちろん，租税法律主義との関係で，当該個別的課税要件規定の内容が明確でなければならないことはいうまでもない。

　たとえば，法人税法34条2項は，法人が不相当に高額な役員給与を支払うことで損金算入額を増やすような租税回避を防止する規定と理解されている。この規定は，支給する給与の額のうち，不相当に高額な部分を損金の額に算入しないという内容であり，引き直し課税について直接的に規定しているわけではない[36]。換言すれば，不相当に高額な部分を配当等に再性質決定する（re-characterization）ことで損金算入を否定しているわけではない[37]。しかし，この規定により，上記の租税回避が立法的に否認されたのであるから，実質的な意

---

35) 清永教授は，「租税回避は，課税要件規定に該当しないことを意味するから，課税要件規定に新たな規定が追加されたりまた課税要件規定につき従来とは異なる解釈が支持されるようになると，それまで要件規定に該当しないとして租税回避とされていたものが，新たな規定や新しい解釈の下での課税要件規定に該当するにいたることになる。その時はもはや租税回避は存在しない」と述べる。清永・前掲注24)389頁参照。

36) 法人税法34条1項1号および法人税法施行令69条1項に規定される定期同額給与についても同じことが言える。法人税法34条1項は，定期同額とされない給与を引き直した結果，損金不算入にするという内容になっていない。

37) 平成18年改正前の法人税法34条1項も，不相当に高額な役員報酬部分について，（当時の同法35条に規定される）賞与に引き直して課税するという文言にはなっていなかった。しかし，この規定によって，隠れた利益処分による租税回避は立法的に否認されたことになる（租税回避でなくなる）という理解が可能である。清永・前掲注24)125頁参照。

味では，個別的否認規定ということになる。あるいは，「不相当に高額な部分は支払われていない」という引き直しが行われたと解釈することも不可能ではない。

さらに，法人税法132条を同族会社に関する一般的否認規定と解するなら，この規定に関する歴史（当初，高額な役員報酬の支払いは，同族会社の行為計算否認規定を使って損金不算入とされてきたが，その後，過大な役員報酬を損金不算入とする規定ができたことで，行為計算否認規定を使わずに損金算入を否定することが可能となったこと）からも，同法34条2項を個別的否認規定と位置づけることができる。[38]

それでも，この34条2項および関連する法人税法施行令70条の規定の文言から，引き直し課税を直接的に読み込むことは難しいので[39]，厳密な意味で個別的租税回避否認規定とは言い難いという意見はありうるだろう。そこで，以下，本稿では，上記のような実質的な意味で個別的否認規定に当たるものを含めて，「個別的課税要件規定」と呼ぶことにする[40]（ヤフー事件との関係で後述する法人税法57条3項および同法施行令112条3項の規定もここでいう「個別的課税要件規定」である）。

5-5-2　一般的否認規定の役割

わが国には，租税回避を一般的に否認する規定は存在しない。一方で，通説は法人税法132条等の同族会社の行為計算否認規定を「租税回避をかなり一般

---

38) 法人税法132条と役員への過大報酬（過大給与）との関係については，清永・前掲注24)332頁，383頁参照。
39) これに対して，たとえば所得税法施行令79条や80条は，引き直し課税の内容が比較的はっきりしている規定と言える。
40) 「個別的課税要件規定」という用語は，清永・前掲注24)418頁および425頁にならった。なお，金子教授は，法人税法34条だけでなく，同法22条2項も個別的否認規定の例としてあげている。金子・前掲注23)124頁，同『所得課税の法と政策』（有斐閣，1996年）353頁参照。法人税法22条2項が個別的否認規定であるとすれば，同法132条との適用関係が問題となるが，それについては，清永・前掲注24)418頁の問題提起を参照。

的に否認することを認める規定」[41]あるいは「やや一般的な否認規定」[42]として捉える。ただし，この規定は創設規定であり，かつ同族会社についてのみ定めていると解するべきであるから[43]，同族会社以外にこの規定を適用する場合には，租税法律主義の建前から別途明文の規定が必要になる。

組織再編成に関する法人税法132条の2についても，同じような理解が可能である。すなわち，この規定は，組織再編成に関する一般的否認規定として創設されたものであり，対象を組織再編成以外へと拡大することはできない。条文の位置からいっても，法人税法132条と同法132条の2については，同じような理解を行うことが自然であろう[44]。

また，1961（昭和36）年の税調答申において，一般的否認規定の導入が提唱されたが[45]，もしそのような規定が創設されたとするならば，法人税法132条，同法132条の2，同法132条の3は，この新しい一般的否認規定との関係に関する限り，個別的否認規定ということになろう[46]。ただし，現在においても，そ

---

41) 清永・前掲注22) 43頁参照。
42) 金子・前掲注23) 124頁参照。
43) 清永・前掲注24) 415頁参照。
44) 岡村教授は，「従来，法人税法132条に関して積み上げられてきた判例法理，解釈といったものは，やはり同法132条の2でも通用すると思います」と述べる。税務弘報62巻7号26頁（2014年）参照。ヤフー事件東京地裁判決は，「法人税の負担を不当に減少させる結果となると認められるもの」という要件（いわゆる「不当性要件」）について，法132条と法132条の2は，「同義に解しなければならない理由はない」（(3)判時2236号40頁）とする。これについては，吉村政穂「『不当に減少』とその判断基準としての経済合理性」税務弘報62巻7号58頁（2014年），浅妻章如「ヤフー事件判決の検討」ビジネス法務14巻9号（2014年）参照。また，「個別規定が充足されれば，包括否認規定が発動されないということにはなっていません」としながら，「包括的否認規定がどのような場面で働くのかというと，端的に言うと経済合理性がキーワードではないかと思います」という立法担当者の見解がある。座談会「企業組織再編成及びグループ法人税制の現状と今後の展望（了）」（佐々木浩発言）国税速報6211号55頁（2012年）参照。
45) 1961（昭和36）年7月5日の税調答申（「国税通則法の制定に関する答申（税制調査会第二次答申）」）は以下のように述べる。
　「税法においては，私法上許された形式を濫用することにより租税負担を不当に回避し又は軽減することは許されるべきではないと考えられている。このような租税回避行

のような形での一般的否認規定(以下,「広義の一般的否認規定」という)は導入されていない(この広義の一般的否認規定が創設された場合の問題については後述する)。そして本稿は,主として組織再編成の領域における租税回避を扱うものであるから,以下,特に断らない限り,法人税法132条の2は(特に個別的課税要件規定との関係で)一般的否認規定であるという前提で論じることにする。

では,一般的否認規定としての法人税法132条の2は,いかなる場合に適用されるべきだろうか。同族会社の行為計算否認規定である同法132条が導入された1923(大正12)年当時から現在までの歴史を概観すると,個別的課税要件規定が整備されるにつれ,この規定の出番が少なくなっていることがわかる[47]。一般的否認規定は,不確定概念を使った規定方法となるなど条文の内容がどうしても概括的にならざるをえず,適用の優先順位としては,原則として個別的課税要件規定が先だと考える。また,租税法律主義の観点からも,租税回避の否認は,できる限り課税要件明確主義を満たす立法により行われるべきであり,そのような立法による対処が進んでいけば,すなわち個別的課税要件規定が段々と創られていけば,それに伴って一般的否認規定の適用場面が減ることは当然にありえることだと思われる。

法人税法132条は,1923(大正12)年に制定され26(同15)年に改正された後,1965(昭和40)年の法人税法の全文改正を経て,現在に至っている[48]。そして、その間に起こった132条に関する裁判例をも踏まえて,その後の法人税

為を防止するためには,各税法において,できるだけ個別的に明確な規定を設けるよう努めるものとするが,諸般の事情の発達変遷を考慮するときは,このような措置だけでは不充分であると認められるので,上記の実質課税の原則の一環として,租税回避行為は課税上これを否認することができる旨の規定を国税通則法に設けるものとする」。(4頁)

46) 清永・前掲注24)430頁参照。
47) 清永・前掲注24)307頁以降および406頁参照。
48) 平成18年度改正で法人税法132条に対応的調整の規定(同条3項)が追加された。この規定については,井出裕子「同族会社等の課税に係る一考察——同族会社等の行為計算否認に係る対応的調整を中心に」税大論叢62号163頁(2009年)参照。

法は大きく変わった[49]。すなわち，個別的課税要件規定の充実を含めて，条文の規律密度は格段に高くなったのである。

一方で，法人税法132条の2は，平成13年度改正で導入された組織再編税制の一部として，他の規定と一緒に制定された経緯がある。つまり，制定当時かなりの数の個別的課税要件規定がすでに存在していたのであって，状況は同法132条の場合とは大きく異なる（同法132条の創設当時はこの規定が適用されうる場面が相対的に数多く存したと言える）。このような状況では，同法132条の2が適用されるべき場面は自ずと制限されるべきだと考える。

これとは反対に，法人税法132条の2は「使う」ことを前提に創られた規定であって，滅多に使わないという意味での伝家の宝刀にする必要はないという見解や[50]，法人税法132条の2は租税回避に対する牽制や威嚇のために存在するのではないという見解もありえる[51]。たしかに，せっかく創った規定を使わないのは宝の持ち腐れになる，伝家の宝刀は抜いてこそ意味があるのであって，絶対に抜かれないのであれば威嚇効果もないに等しいという考え方はありえるだろう。また，規定なしに租税回避を否認するのではなく，明文の規定に基づいて否認するのであるから，租税法律主義の見地からいっても，問題がないように見えなくもない。

実際に法人税法132条の2という一般的否認規定が存在する以上，解釈上，この規定の適用可能性を一切否定するのはおかしい。しかし，租税法律主義は納税者の予測可能性を確保するためにある。それが実現されてないまま，不確定概念に基づき，いつ発動されるのかわからない一般的否認規定によって「切り捨て」られる事態は避けねばならない。規定を創ったからといって，適用に

---

49) 清永教授の論文でこれまでの注にあげたものの他に，「税法における同族会社の行為・計算否認に関する戦後の判例」法学論叢74巻2号1頁（1963年）も参照。
50) 朝長英樹『組織再編成をめぐる包括否認と税務訴訟』（清文社，2014年）493頁参照。
51) 朝長・前掲注50)19頁では，移転価格税制について，最初は牽制のための制度という声もあったが，しばらくすると否認されるケースがいくつも出てくるようになったという認識の下，法人税法132条の2も移転価格税制と似た道を辿る可能性が高いという見解が示されている。

慎重となるべき性質のものとそうでないものの区別は必要である。ただし，法人税法132条の２の適用を頭から否定しているわけではない[52]。重要なのは，この規定の適用に関するできるだけ明確な基準の構築である。その意味でもヤフー事件における法人税法132条の２の適用方法を検討することは重要である。

5-6 ヤフー事件と法人税法132条の２

5-6-1 個別的課税要件規定の趣旨目的から132条の２の解釈をするという方法

ヤフー事件（以下，特に断らない限り「本件」という）判決における法人税法132条の２の適用基準を一言で言えば，個別的課税要件規定である同法57条３項の解釈に依拠する方法であると言えよう（法人税法57条３項および施行令112条３項の内容に関する検討は次の 5-7 で行う）。本件の事実は以下のようなものであった。

2008年12月16日，原告であるヤフーの代表取締役E氏がソフトバンクの子会社であるIDCSの取締役副社長に就任した。2009年２月24日，ヤフーは，ソフトバンクからIDCSの株式の全部を買収した後（この段階で完全支配関係が生じる），同年３月30日，ヤフーを合併法人，IDCSを被合併法人とする合併（完全支配関係がある法人間の合併）を行った。その後ヤフーは，2008年４月１日から2009年３月31日までの事業年度に係る法人税の確定申告に当たり，法人税法57条２項の規定に基づき，IDCSの未処理欠損金額約542億円をヤフーの欠損金額とみなして，同条１項の規定に基づき損金の額に算入した。

これに対し，課税庁は，本件の買収や合併およびこれらの実現に向けられたヤフーの一連の行為（E氏をIDCSの副社長に就任させた行為を含む）は，当時の法人税法施行令112条７項５号（現行３項５号）に規定する要件を形式的に

---

52) もっとも，立法論としては，法人税法132条の２の廃止を考える余地が全くないわけではない。同法132条について，清永教授は「これを廃止し，それでは困るところは個別的規定で手当を置くことを考えていったらどうか」と述べる。清永・前掲注24）425頁参照。

満たし，租税回避をすることを目的とした異常ないし変則的なものであり，その行為または計算を容認した場合には，法人税の負担を不当に減少させる結果となると認められるとして，法人税法132条の2の規定に基づき，IDCSの未処理欠損金額をヤフーの欠損金額とみなすことを認めない旨の処分をした。

判決は，法人税法57条3項を「繰越欠損金額が租税回避に利用されることを防止するために設けられた個別否認規定である」（判時2236号42頁）と理解した上で，当時の施行令112条7項5号の要件を充足する副社長の就任を，法人税法132条の2の規定に基づき否認することができるか否かという争点について「本件副社長就任は，特定役員引継要件を形式的に充足するものではあるものの，それによる税負担減少効果を容認することは，特定役員引継要件を定めた施行令112条7項5号が設けられた趣旨・目的に反することが明らかであり，また，本件副社長就任を含む組織再編成行為全体をみても，法57条3項が設けられた趣旨・目的に反することが明らかであるということができる。したがって，本件副社長就任は，法132条の2にいう『法人税の負担を不当に減少させる結果となると認められるもの』に該当する」（判時2236号45頁）と述べる。

判決の思考は，租税回避のための個別的課税要件規定が設けられた「趣旨・目的に反することが明らか」であるから，一般的否認規定を適用するというものである。[53] つまり，法人税法57条3項および施行令112条7項5号に示された個別的課税要件は満たしていない（だから当該個別的課税要件規定を適用して課税することはできない）と判断しているのである。その一方で，個別的課税要件規定の趣旨・目的に反することが同法132条の2の適用要件になると解釈している。ある条文の（法税132条の2）の解釈が，別の条文（法税57条3項および法税令112条7項5号）の解釈から導かれるという方法は，通常の解釈ではあまり見られるものではない。一般的否認規定の解釈という特殊性がそうさ

---

[53] 判決が納税者の取引をどのように引き直したかについても問題は残る。これについては，北村導人「ヤフー・IDCF事件判決の概要と検討」旬刊経理情報1383号55頁（2014年）参照。

せたのかもしれない。

　しかし，このような解釈方法には次のような疑問がある。まず，法人税法57条3項（およびその委任を受けた施行令112条7項5号）の趣旨・目的に反するのであれば，なぜそのような個別的課税要件規定の解釈によって，租税回避を否認しなかったのかということである。特に，本件では裁判所が，法人税法57条3項の趣旨・目的に反することが「明らか」と述べているのであるから，目的論的解釈によって法人税法57条3項を適用した方が理解しやすいように思える。

　あるいは，個別的課税要件規定の趣旨・目的に反することが明らかであることが，一般的否認規定の適用要件となるということであろうか。もしそうであれば，個別的課税要件規定の目的論的解釈を行っているのと実質的にはどこが異なるのだろうか（ただし，法人税法57条3項および施行令112条7項〔現行3項〕の趣旨・目的は，解釈上，それほど明確とは思えず，むしろわかりにくい部分がかなりあると思われるが，その問題は次の**5-7**の部分で扱う）。

　一方で，上記とは異なり，個別的課税要件規定の目的論的解釈ではできないことを一般的否認規定によって達成しているというのであれば，その射程はどこまでなのかが，租税法律主義の要請からは明確にされなければならないことになろう。[54]

---

[54] 租税法律主義について，判決は「具体的な事実関係における課税要件該当性の判断につき納税者の予測可能性を害するものでなければ，租税法律主義に反するとまではいえないと解されるところである。しかるところ，法132条の2は（中略）税負担減少効果を容認することが組織再編成税制の趣旨・目的又は当該個別規定の趣旨・目的に反することが明らかであるものに限り租税回避行為に当たるとして否認できる旨の規定であると解釈すべきものであり，このような解釈は，納税者の予測可能性を害するものではないから，これをもって租税法律主義に反するとまではいえない」（判時2236号40頁）としている。しかし，納税者にとってみれば，自分が行おうとする取引について法の趣旨・目的に反しているかどうかを予め知ることができるか否かが問題なのであり，予測可能性の観点からは，一般的否認規定の射程について（それが目的論的解釈と違うのであれば）より明確な説明が求められることになろう。

5-6-2 一般的否認規定のない領域（および一般的否認規定ができた場合）

　個別的課税要件規定の趣旨・目的によって，一般的否認規定の適用が決まるという解釈法は，一般的否認規定がない場合には，どのように作用するのかという疑問を呼び起こす。判決の考え方を素直に捉えると，個別的課税要件規定の趣旨・目的には明確に反するが，しかし当該規定を適用することができない（だからこそ一般的否認規定によって否認した）とされたのであるから，一般的否認規定が存在しなければ，租税回避は否認できないことになる。本件で言えば，法人税法 57 条 3 項は適用できず，欠損金の引継ぎが認められることになろう。

　一般的否認規定がない領域であるにもかかわらず，上記と対照的な結果と導いたのが，外国税額控除余裕枠の流用に関する最高裁平成 17 年 12 月 19 日判決である[55]。同判決は，納税者が行った取引について，「外国税額控除制度をその本来の趣旨目的から著しく逸脱する態様で利用して納税を免れ」るものと判断し，「本件取引に基づいて生じた所得に対する外国法人税を法人税法 69 条の定める外国税額控除の対象とすることは，外国税額控除制度を濫用するものであり，さらには，税負担の公平を著しく害するものとして許されない」と述べている[56]。

　外国税額控除に関して，一般否認規定はない。そのような状況で最高裁は，法人税法 69 条の解釈において，外国税額控除制度の趣旨目的から，控除余裕枠の流用は認められないと判断した[57]。本件との関係で考えさせられるのは，組織再編成の領域に関して，同法 132 条の 2 が存在したから（この規定が後に控えているから），裁判所は同法 57 条 3 項の適用がないと判断した可能性はない

---

55) 民集 59 巻 10 号 2964 頁。
56) 民集 59 巻 10 号 2970 頁。
57) 判決が取引を全体として見ていることにも注意を要する（判時 2236 号 39，45 頁）。岡村忠生「租税回避行為の否認——りそな外税控除否認事件」水野ほか編『租税判例百選〔第 5 版〕』（有斐閣，2011 年）41 頁参照。この判決に関しては，外国税額控除制度の趣旨を述べるにとどまり，それ以上に限定解釈の理論的支柱を明示していないという強い批判がある。そこでは，限定解釈を肯定する理論が制度趣旨のみを根拠とする「そもそも論」でしかないとされている。平川雄士「外国税額控除の余裕枠の流用が制度の濫用とされ控除が否認された事例」税研 126 号 83 頁（2006 年）。

かということである。[58]もしそうであれば，一般的否認規定の有無によって，個別的課税要件規定の役割や射程が異なることになりかねない。それは予測可能性の観点からも好ましいとは言えないであろう。

さらに問題となるのは，同族会社（法税132条），組織再編成（法税132条の2），連結納税（法税132条の3），外国法人の恒久的施設帰属所得（法税147条の2）といった特定の領域だけに存在する現行の一般的否認規定を超えて，より広い意味での（領域を選ばない）一般的否認規定がもし創設された場合，本件判決の考え方によれば，これまで個別的課税要件規定では課税できなかった取引が，課税の対象になりうることになる。もちろん，課税対象を広げるために一般的否認規定を創るという意見はありえるだろうが，その場合でも気をつけるべきは，納税者の予測可能性の確保である。個別的課税要件規定との関係が不明確なまま（あるいは個別的課税要件規定の充実がないまま），安易に一般的否認規定の適用を行うことは避けるべきである。

5-7 個別規定としてのみなし共同事業要件（法人税法57条および同施行令112条3項の検討）

5-7-1 規定の構造

以下では，ヤフー事件で問題となった繰越欠損金の引継ぎに関するみなし共同事業要件の内容そのものについて検討する。法人税法57条2項は，適格合併等が行われた場合，一定の範囲で繰越欠損金の引継ぎを認める規定であり，続く同条3項は，支配関係（本件の取引当時は「特定資本関係」と称していた）が生じてから5年を経過しない日に行われた適格合併について，欠損金の引継ぎを制限する規定である。具体的な要件は施行令112条3項（ヤフー事件当時

---

[58] もし，外国税額控除に関する一般的否認規定が存していたら，最高裁はそれを適用したのだろうか。しかし，たとえ一般的否認規定が適用可能な場面でも，個別的課税要件規定で処理できる場面では，個別的課税要件規定を適用すべきであろう。清永・前掲注24)418頁。ただし，法人税法22条2項について，金子宏「無償取引と法人税——法人税法二二条二項を中心として」『所得課税の法と政策』（有斐閣，1996年（初出1984年））353頁参照。

は同条7項）に委任されている。

施行令112条3項各号が適格合併について規定する要件は（判決文中の用語を用いて述べるなら），①事業の相互関連性要件（1号），②事業規模要件（2号），③被合併等事業の同等規模継続要件（3号），④合併等事業の同等規模継続要件（4号），⑤特定役員引継要件（5号）の5つである。そして，①〜④までを満たすか，あるいは①と⑤を満たせば，欠損金を引き継ぐことができる。このうちヤフー事件では，後者のうち⑤を満たしているかが問題となった（①は満たしていた）。

これら①〜⑤の要件は，「みなし共同事業要件」と呼ばれる。共同事業を営むための要件としての「共同事業要件」[59]が別にあるから，そう呼ばれるのであろう。しかし，両者は性質において別物である。「共同事業要件」は適格合併となるための要件であり，「みなし共同事業要件」は，前述の通り（適格合併となった後に）欠損金を引き継ぐための要件である。また，両者の内容も同一ではない。以下では，これらの規定の内容からその意味するところを検討してみる。

5-7-2　共同事業要件とみなし共同事業要件（事業の継続）

欠損金の引継ぎに「みなし共同事業要件」が要求される理由は，企業グループ内の合併との関係から説明される。共同事業を営むための合併と企業グループ内の合併では，適格要件が異なり，前者は後者より厳しい[60]。前者の場合，適格合併になれば，原則として欠損金を引き継ぐことができる。これについて後者の場合も同じルールにしてしまうと，合併の前に（株式の買収などを行って）支配関係を構築してしまうことで，緩やかな適格要件の適用を受けながら，欠

---

59)　合併の場合は，法税令4条の3第4項。
60)　支配関係がある企業グループ内の合併には，従業者引継要件，事業引継要件があり（法税2条12号の8ロおよび法税令4条の3第3項），共同事業を営むための合併には，これらに加え，事業関連性要件，事業規模要件，役員引継要件および株式継続保有要件が追加される（法税2条12号の8ハおよび法税令4条の3第4項）。なお，規模要件と役員引継要件はどちらか一方を満たせばよい。

損金を引き継ぐことが可能になる。そのような行為を防ぐために，前者の場合の要件（「共同事業要件」）と同じような要件（「みなし共同事業要件」）を課すことにしたというわけである。[61]

しかし，平成13年度改正で組織再編税制が導入されるに当たり，「企業グループ内の組織再編成」と「共同事業を行うための組織再編成」という区分を設定し，その区分ごとに各適格要件が作られたのは，「移転資産をその帳簿価額のまま引き継ぎ，譲渡損益の計上を繰り延べる」ためであった（「基本的考え方」19頁）。

すなわち，適格要件とは，そもそも資産等の帳簿価額を引き継がせるための要件だったはずである。そのための要件の一つである共同事業要件を，なぜ欠損金の引継ぎのための要件として（一部形を変えて）流用するのだろうか。たしかに，共同事業を営むための合併と企業グループ内の合併とを比較した上記の説明は可能である。しかし，ではなぜ共同事業要件を充足すれば，（資産等

---

61) 『平成13年度版改正税法のすべて』（大蔵財務協会，2001年）199頁では，「繰越欠損金等を有するグループ外の法人を一旦グループ内の法人に取り込んだ上で，グループ内の他の法人と組織再編成を行うこととすれば，容易に繰越欠損金等を利用することも可能となってしまうこと等が勘案された」とある。判決文では，「共同で事業を営むための適格合併等については，法57条2項により，未処理欠損金額を引き継ぐことが認められているが，その場合は，役員引継要件のほか，従業者に関する要件，事業の継続に関する要件などの充足が求められているのに（法税2条12号の8ハ，法税令4条の2第4項），みなし共同事業要件においては，特定役員引継要件のみで足りることとされ，この点でも具体的事情如何によっては均衡を欠く場合も生じ得ることからすると，特定役員引継要件を形式的に適用するだけでは，課税の公平を実現することができないおそれがあるということができる」（判時2236号43頁）と説明されている。

また，阿部泰久「〈講演〉改正の経緯と残された課題」別冊商事法務252号79頁，89頁（2002年）は，「同じタイミングで共同事業と企業グループ内の再編成をやったときは，これを認めてもよいのではないか」という前提のもと，「みなし共同事業要件」について，「企業グループ内の再編ではあっても，そのグループを形成してから，その各単体法人というか，各構成メンバーの姿形にあまり大きな変化がない場合は，その後のグループ内の再編成との問題を一種のタイムトンネルでつないで，同じように考えようということです」と述べている。

の帳簿価額引継ぎに加えて）欠損金の引継ぎを認めてよいのかということが問われる[62]。

既述のように、「共同事業要件」と「みなし共同事業要件」では内容が全く同じではない。後者には上記③と④があり、前者にはない。支配関係ができた後に事業規模が変われば欠損金を引き継がせないという内容であるが、なぜ事業規模が基準となるのか、またなぜ2倍あるいは2分の1という数字になるのか、その趣旨はそれほど明確ではない[63]。もっとも、支配関係ができた後も、事業の状態が大きく変化しなければ、欠損金の引継ぎを認めるという考え方を見てとることはできる[64]。つまり、事業の状態が従前の形で継続する（大きく変化しない）ことが欠損金引継ぎの実質的な根拠になるという理解である[65]。

それでも、規定上、上記①〜④までを満たすことと、①と⑤を満たすことが同視されている趣旨は明らかでない。これは、共同事業要件における規模要件と役員引継要件の関係に類似するということはできるが[66]、②③④と⑤を比べると、⑤を満たす方が簡単であるように思える。実際、本件では⑤を満たしているかどうかが争点となった。仮に②〜④を満たせない場合の救済として⑤が用意されているという見解を容認するとしても、なぜ②〜④の内容の代わりが[67]

---

62) 適格組織再編成なら全ての租税属性や課税上の地位が引き継がれることを前提にしつつも、特に欠損金の引継ぎについてだけは、租税回避防止の観点から、最も厳しい適格要件である共同事業要件を常に適用するという考え方はありえるだろう。『平成13年度版改正税法のすべて』前掲注61)137頁参照。しかし、そのように考える場合でも、なぜみなし共同事業要件には、従業者引継要件や事業引継要件がないのかについての説明は必要であろう。

63) 阿部・前掲注61)89頁では、「こちらは一対五だと言ってみたのですが、『それはあまりにも』ということで、結果的には規模要件として、概ね一対二以内（中略）となったのです」とあり、数字自体にあまり論理性はないことが推測される。なお、平成18年度改正によって導入された法人税法57条の2との整合性も重要な考慮事項である。

64) ただし、「共同事業要件」では要求される従業者引継要件等は、「みなし共同事業要件」には要求されていない。

65) 朝長・前掲注50)331頁参照。

66) これらの要件は、どちらか一方を満たせばよいことになっている（法税令4条の3第4項2号）。

⑤の内容になるのかがわかりにくい。

このように施行令112条3項の趣旨は，容易に理解し難い部分がある[68]。したがって，本件判決のように法人税法132条の2を適用する基準として，法人税法57条3項および施行令112条3項の趣旨・目的に頼ることは，法的安定性を欠く結果を招来する可能性が大きいと思われる。同時にそれは，法人税法57条3項および施行令112条3項の目的論的解釈によって，本件の欠損金引継ぎを明確に否定することも，それほど簡単でないことを示していると言えよう[69]。すなわち，目的論的解釈に存する脆弱性が露呈した一場面として理解することができる[70]。

5-7-3 「支配の継続」は根拠になりうるか

本件の特徴の一つに，特定役員引継要件について，判決が「移転資産に対する支配が再編成後も継続している」(以下，「支配の継続」という)という概念を

---

67) 佐藤信祐「みなし共同事業要件の制度趣旨と包括的租税回避防止規定の適用」税務弘報62巻7号84頁(2014年)参照。

68) 特定役員の業務への関与についても明確でない部分がある。判決は，「〔E〕氏がIDCSの副社長として実際に行った職務の内容は本件提案に沿ったものであり，本件提案と離れて，IDCSにおける従来のデータセンター事業に固有の業務に関与していたとは認められないこと」が「施行令112条7項5号が設けられた趣旨に全く反する状態となっている」ことの理由の一つにあげる(判時2236号45頁)。これは，E氏の役員就任を仮装行為としたわけではないと思われる。また，当時の法税令112条7項5号の解釈に「業務に関与する」という要件を読み込むという解釈方法でもない。そのような解釈はできないと判断したから，法人税法132条の2を使ったのかもしれない。その意味では文言に忠実な解釈だと言える。たとえば，適格合併の業務関連性要件を定める法人税法施行規則3条1項1号ロには，「役員にあっては，その法人の業務に専ら従事するものに限る」という文言を置いているが，当時の法税令112条7項5号の文言には，そのような文言はないからである。立法論的には，この規定に，形式的な役員就任を排除するような何らかの明確な文言を置くことが模索されてもよいと思われる。

69) 規定の趣旨・目的に照らして解釈する場合でも，文理から離れるような解釈方法は，予測可能性確保の観点から問題であろう。金子宏「租税法解釈論序説——若干の最高裁判決を通して見た租税法の解釈のあり方」金子宏ほか編『租税法と市場』(有斐閣，2014年)10頁参照。

使用して，欠損金の引継ぎを制限したことがあげられる。すなわち，特定役員引継要件を満たせば，移転資産に対する支配が継続していることになるから，欠損金の引継ぎを認めてよいという理屈である[71]。この支配の継続とは，「基本的考え方」に示された概念であり，本件判決もそのことを前提にこの概念を使用している（判時 2236 号 38 頁）。

 ただし，「基本的考え方」には欠損金の引継ぎについて触れた部分はない。「支配の継続」は，「移転資産の譲渡損益の計上を繰り延べる」（「基本的考え方」第一(3)）ための概念として説明されている。仮に，譲渡損益の繰延べと欠損金の引継ぎが同じ基準で判断されるべきだとしても，「基本的考え方」が「支配の継続」について述べた部分（全部で 3 カ所ある）は，どこも特定役員の引継ぎとは直接関係がない[72]。

 つまり，判決は，「基本的考え方」にはない形で「支配の継続」の概念を使用している。しかし，特定役員が引き継がれると，なぜ移転資産への支配が継

---

70) 規定の趣旨・目的をどのように採取するかにより結論は変わってくる。法人税法 132 条の 2 に関する目的論的解釈の脆弱性について，岡村忠生「組織再編成と行為計算否認(1)」税研 177 号 81 頁（2014 年）参照。

71) 具体的には，「合併法人のみならず被合併法人の特定役員が合併後において特定役員に就任するのであれば，合併の前後を通じて移転資産に対する支配が継続していると評価することが可能であって，合併後も共同で事業が営まれているとみることができ，特定資本関係発生時から 5 年以内に行われる適格合併であっても，課税上の弊害が少ないということができることから，未処理欠損金額の引継ぎを認めることとしたものと解される」と述べている（判時 2236 号 42 頁）。

72) 「基本的考え方」第一(3)以外では，「基本的考え方」第二，一部分に「支配の継続」に関する記載が 2 カ所ある。最初は，「組織再編成の実態や移転資産に対する支配の継続という点に着目すれば，企業グループ内の組織再編成により資産を企業グループ内で移転した場合には，一定の要件の下，移転資産をその帳簿価額のまま引き継ぎ，譲渡損益の計上を繰り延べることが考えられる」(19 頁) と述べる部分である。ここは，グループ内の企業再編に関する「支配の継続」ついて述べられている。この部分を受けて，実定法では，組織再編成の前後を通じて，グループ関係を維持するに足る株式の継続保有が要求されている（たとえば，法税 2 条 12 号の 11 ロ，法税令 4 条の 3 第 7 項）。したがって，役員引継要件とは直接の関係はない。

 次は，「共同で事業を行うために組織再編成により資産を移転した場合にも，移転の対

続することになるのか，十分な根拠に基づいて説明しているようには思えない。ここでの「支配の継続」は，単なるマジックワードになっている可能性がある。既述のように，欠損金引継ぎの実質的な根拠が，もし事業の継続にあるのなら，ここで「支配の継続」を持ち出すことは，いたずらに議論を混乱させる恐れがある（この問題に関して本稿末の［付記］を参照）。

5-8　欠損金の引継ぎと租税回避

5-8-1　欠損金が利用できるのは誰か

　法人税法上，欠損金の繰越が認められるのは，継続企業を前提としながらも，課税上の便宜から法人の事業年度が人為的に設けられているために，過年度に生じた損失をその後の事業年度の利益と通算することが妥当だと考えられているためである[73]。このように繰越欠損金の制度は，ある納税者における期間を通じた課税の中立を目指しているのであるから[74]，欠損金の利用が認められるのは，原則として欠損金を生じさせた当該法人のみということになる[75]。

　したがって，ある納税者の「時間を跨ぐ」損益の通算，すなわち繰越欠損金の利用を認めることが公平な課税であるからといって[76]，その欠損金を「人格を

　　価として取得した株式の継続保有等の要件を満たす限り，移転資産に対する支配が継続していると考え，譲渡損益の計上を繰り延べることを考えることができる」（19頁）と述べる部分である。ここでの「支配の継続」は，共同で事業を行うための企業再編について述べられている。実定法との関係では，対価として交付された株式の継続保有が要求されている（例えば，法税2条12号の11ハ，法税令4条の2第8項6号）。したがって，この部分も役員引継要件とは関係がない。「基本的考え方」と実定法の関係については，渡辺徹也『企業組織再編成と課税』（弘文堂，2006年）130頁参照。

73)　金子・前掲注23)372頁参照。
74)　ただし，現行法人税法57条1項は欠損金利用に関する期間制限（9年以内）と量的制限（繰越控除前の所得金額の80％）の双方を設けている。また，繰戻還付は（特定の中小企業を除いて）原則として停止されたままである（措置法66条の13）。したがって，厳密には期間中立的でない。
75)　岡村・前掲注70)82頁参照。
76)　最判平成25年3月21日民集67巻3号455頁（神奈川県臨時特例企業税事件）は，

跨いで」利用することまでが常に認められているわけではない。合併の場合のような「人格を跨ぐ」欠損金の利用については，別の考慮が必要になる。

この点に関して，組織再編税制導入前のリーディング・ケースである行田電線株式会社事件において最高裁は，「法人の各事業年度における純益金額，欠損金額のごときは，企業会計上表示される観念的な数額にすぎず，被合併会社におけるこれら数額は，もとより商法一〇三条に基づき合併の効果として合併会社に当然承継される権利義務に含まれるものではない[78]」という前提のもと，「結局，合併による欠損金額の引継，その繰越控除の特典の承継のごときは，立法政策上の問題というべく，それを合理化するような条件を定めて制定された特別な立法があってはじめて認めうるものと解するのが相当[79]」であるとして，合併法人による繰越欠損金の引継ぎを否定した[80]。

その後の平成13年度改正において導入された組織再編税制は，この判決の述べる「条件を定めて制定された特別な立法」に該当すると言える。したがって，行田電線株式会社事件の問題は，立法的には一応解決されたことになる[81]。法人税法57条2項が，適格合併の場合の引継ぎを認め，さらに同3項が一定の場合にそれを制限しているからである[82]。

　　欠損金の繰越控除について，「各事業年度間の所得の金額と欠損金額を平準化することによってその緩和を図り，事業年度ごとの所得の金額の変動の大小にかかわらず法人の税負担をできるだけ均等化して公平な課税を行うという趣旨，目的から設けられた制度」と述べている。
77)　最判昭和43年5月2日民集22巻5号1067頁。
78)　民集22巻5号1070頁。
79)　民集22巻5号1071頁。
80)　逆さ合併が問題となった広島地判平成2年1月25日行集41巻1号42頁も併せて参照。
81)　前述の神奈川県臨時特例企業税事件最高裁判決は，行田電線株式会社事件最高裁判決を引用しているが（民集67巻3号455頁），それは繰越欠損金の趣旨（「時間を跨ぐ」部分）についてであって，欠損金の引継ぎ（「人格を跨ぐ」部分）についてまでを参照しているわけではない。もとより，神奈川県臨時特例企業税事件では，欠損金の引継ぎは問題となっていない。
82)　なお，事業再生の局面における欠損金の利用については，髙橋祐介「事業再生と法人

5-8-2 欠損金額を考慮した合併対価の決定および取引内容の秘匿

もし適格合併の場合，欠損金が引き継げることが原則的な扱いであるとすれば[83]，納税者としては，合併対価を決めるに当たり欠損金を考慮することになる。反対に，合併しなければ被合併法人において将来使用できたはずの繰越欠損金が，合併によって一切使用できなくなるのであれば，税制が企業の円滑な経済活動を妨害することになる[84]。それは，組織再編税制導入の趣旨にも反するであろう[85]。

一方で，合併対価の決定に欠損金額が考慮されるとしても，合併の目的が欠損金の引継ぎだけであれば，それはもはや組織再編成ではなく，単なる欠損金の売買に過ぎないと考えられる場合もある。法人税法57条3項は，そのような欠損金の売買に対処する規定だと考えられる。現行法は，欠損金の売買を通じて，合併法人や被合併法人の株主に不当な利益を与えることをよしとしていないのである[86]。

したがって，合併対価の決定に当たり欠損金額が考慮されたという事実だけ

課税」金子ほか編『租税法と市場』前掲注69)414頁参照。

83) 法人税法57条の条文構造からいって，（非適格合併の場合はともかく）適格合併の場合は，欠損金の引継ぎが原則で（同条2項），例外的に引き継げない場合がある（同条3項）と考えるべきであろう。

84) 岡村・前掲注70)83頁参照。たとえば，期限切れまで余裕があり，将来，十分利用できることが見込まれる欠損金を被合併法人が有している場合，当該欠損金を一切考慮せずに合併対価を決めれば，被合併法人株主は対価に納得しない可能性がある。また，組織再編税制導入の契機となったみずほフィナンシャルグループにおける第一勧業銀行，富士銀行，日本興業銀行を再編する組織再編成において，繰越欠損金を引き継げなければ問題であるという指摘があった。阿部・前掲注61)89頁参照。ただし，ヤフー事件の場合，適格合併がなければ期限切れとなる欠損金が相当額あったので，上記の理論がストレートに当てはまるわけではない。

85) 「基本的考え方」(17頁)では，「近年，わが国企業の経営環境が急速に変化する中で，企業の競争力を確保し，企業活力が十分発揮できるよう，商法等において柔軟な企業組織再編成を可能とするための法制等の整備が進められてきている。税制としても，企業組織再編成により資産の移転を行った場合にその取引の実態に合った課税を行うなど，適切な対応を行う必要がある」と述べられている。一般的否認規定が，商法における組織再編成の円滑な運用との関係で問題になりうることを指摘する（組織再編税制導入時の）見解として，武田昌輔「組織再編成税制における租税回避否認規定をめぐる諸問題」

をもって,それを欠損金の売買と同視して,法人税法57条3項を適用すべきではない。これは同法132条の2の解釈においても,同様に当てはまると思われる。ヤフー事件では,課税上の効果を踏まえて取引の価格が決定され,当該課税効果が得られない場合に,価格を調整する条項が契約に入れられていたが,納税者には,そのような契約内容であったことをことさらに隠すつもりもなかったのであるから,課税庁は,当該価格に関する事実だけをもって,法人税法132条の2の適用根拠とすべきではないであろう。[87]

ところで,ヤフー事件の納税者は「税務調査に対して,証拠資料となるものを見せないとか,事実を話さないといった対応をした形跡が見受けられない」ので,これを「正々堂々とした対応」として「敬服に値する」と述べる見解がある。[88] もっとも,租税回避という行為の性質から言えば,これはむしろ自然な対応と言うべきかもしれない。事実を隠して租税負担を軽減する行為は,もはや租税回避ではなく,脱税と言わねばならないからである。[89]

租税回避とは,脱税と異なり,課税要件が充足したという事実を秘匿するものではない。本来,当事者が行った取引の詳細を隠す必要はない性質のものである。やや極端に言えば,むしろ課税要件を充足していないことを積極的に明

税理44巻4号60頁(2001年)参照。
86) 欠損金の引継ぎに関する課税ルールは,リース取引に対する租税優遇の移転とは考え方が異なると思われる。リース取引における課税優遇の移転については,渡辺徹也「赤字法人の思惑」佐藤英明編『租税法演習ノート〔第2版〕』(弘文堂,2008年)257頁参照。
87) 太田洋「企業再編に伴う租税回避問題——法人税法132条の2の適用範囲を中心に」ジュリ1437号23頁(2012年),同「ヤフー・IDCF事件東京地裁判決とM&A実務への影響(下)」商事法務1238号41頁(2014年),同編著『M&A・企業組織再編のスキームと税務〔第2版〕』(大蔵財務協会,2013年)690頁,北村・前掲注53)57頁,明石英司,岡村忠生,渡邊直人ほか「座談会 東京地裁平成26年3月18日判決の検討」(岡村忠生発言)税務弘報62巻7号18頁,39頁(2014年)参照。
88) 「検証・IBM裁判〔第1回〕」(朝長英樹)T&A master554号7頁(2014年)参照。
89) ヤフー事件を契機として,今後は多くの組織再編成が税務調査の対象となり,多額の負担を被る更正処分がなされることを予期しなければならないという指摘がある。岩品信明「ヤフー税務訴訟・地裁判決の解説」ビジネス法務14巻7号61頁(2014年)参照。

らかにしてこそ，租税回避となりえるのである。[90]

5-9 （補論）外国法からの示唆——英国の一般的否認ルール

一般的否認規定については，最近，英国に大きな動きがあったので，以下，補論としてごく簡単に紹介する。[91]租税回避について，一般的否認規定を持たず，個別的規定と司法上の解釈により対応を行ってきた英国は，2013年7月17日に，立法による一般的濫用否認ルール（General Anti-Abuse Rule，以下「GAAR」という）を導入した。具体的には，2013年財政法206条〜215条および附則43条の規定である。なお，立法化に先だって，著名なAaronson弁護士を中心とした検討グループによるGAARに関する報告書（アーロンソン・レポート[92]）が作成されている。[93]

GAAR導入の背景には，租税回避に関するそれまでの裁判例がもたらす不明確さがあった。[94]すなわち，かつて私法上の租税回避否認原則として注目され

---

90) 脱税と租税回避について，須貝教授は「両者の相違を誇張していえば，脱税のほうは税務当局に対して，真実の実態をコソコソと秘匿し隠蔽しようとするものであるのに反し，租税回避のほうは納税者がわざわざ構築形成した積極的な行為や方策をそれが租税構成要件事実（これは税法が定めるところ）といかに懸け隔ったものであるかを税務当局に秘匿していては目的を達することができないので，むしろ『堂々と』得意げにこれを披露し，これでも課税するつもりかというので闘いをいどむものでさえある」と述べる。須貝脩一「租税回避と脱税」税経通信34巻15号1頁（1979年）。
91) アメリカについても，比較的最近，内国歳入法典7701条(o)という規定が新しく導入されている。この規定については，岡村忠生「米国の新しい包括的濫用防止規定について」『税制改革の課題と国際課税の潮流』（日本租税研究協会，2010年）138頁参照。
92) *See* Graham Aaronson, GAAR Study : A study to consider whether a general anti-avoidance rule should be introduced into the UK tax system (London : November 2011).
93) この報告書と英国のGAARの概要に関する日本の文献としては，岡直樹「GAAR STUDY——包括型租税回避対抗規定が英国税制に導入されるべきか否かについての検討 アーロンソン報告書（2011年11月11日）」租税研究766号469頁（2013年），今村隆「英国におけるGeneral Anti-Abuse Rule立法の背景と意義」税大ジャーナル22号89頁（2013年）を参照。

た Ramsay 原則が，[95]（組織再編成に関する Dowson 判決など，[96]その後のいくつかの裁判例の変遷を経た後）2004 年の BMBF 判決において，[97]結局，何か新しい司法上のドクトリンというより，目的論的解釈の一つであるとして位置づけられ，[98]さらに 2011 年の Tower MCashback 判決[99]と Mayers 判決[100]を統一的に解釈することが困難となった結果，一般的否認規定に関する立法の必要性が認識されるに至ったとされている。[101]

これは，裁判所にとって，個別的課税要件規定に関する目的が明らかでない場合，目的論的解釈としての Ramsay 原則が使用しにくくなった（一種の機能不全を起こした）ことを示している。その一方で，数多くの個別的課税要件規定を創っても，許しがたい租税回避（intolerable tax avoidance）への対処として不十分であり，それ以上の何かが必要とされていた。[102]

しかし，英国の GAAR は，General Anti-Avoidance Rule ではなく，General Anti-Abuse Rule であり，一般的租税回避否認ルールより穏やか（moderate）

---

94) *See* Judith Freedman, "GAAR as a process and the process of discussing the GAAR" [2012] B. T. R. 22 at 23. *See also* Judith Freedman, "Defining Taxpayer Responsibility : In Support of a General Anti-Avoidance Principle"[2004] B. T. R. 332. 著者である Freedman オクスフォード大学法学部教授は，前述のアーロンソン・レポートに関する検討会委員の 1 人（委員は全部で 5 人）である。

95) Ramsay 原則とは，1981 年の Ramsay 事件貴族院判決（W. T. Ramsay Ltd v. Inland Revenue Commissioners, H. L., [1981] S. T. C. 174）に由来する判例法上の原則である。

96) Furniss (Inspector of Taxes) v. Dawson and related appeals, H. L., [1984] S. T. C. 153. この判決において，Brightman 卿は，「①前もって準備された一連の取引（複合取引）が存在すること，②その取引の中に租税を減少させること以外の商業（事業）目的を持たない中間的ステップが挿入されていること，という 2 つの要件が満たされた場合，課税上の目的から中間的ステップが無視され，そのようにして導かれた最終結果に制定法が適用される」という Ramsay 原則の公式を設定した。

97) Barclays Mercantile Business Finance Ltd v. Mawson, H. L., [2005] S. T. C. 1.

98) 渡辺徹也「イギリスにおける最近の租税回避事件と Ramsay 原則の動向」税法学 553 号 219 頁（2005 年）参照。

99) Tower MCashback LLP1 v. HMRC [2011] UKSC 19.

100) Mayes v. HMRC [2011] EWCA Civ 407.

101) *See* Judith Freedman, Designing a General Anti-Abuse Rule : Striking a Balance, 20

であること，合理的なタックス・プランニング（reasonable tax planning）には適用がないことが意図されている[103]。つまり，その対象は全ての租税回避ではなく，一部の高度に人為的で攻撃的な租税スキームに限られている。GAARはできたばかりであり，この規定に関する裁判例が未だ存しないため，今後の適用例を見守ることにしたい。

わが国においても，個別的課税要件規定を充実させたにもかかわらず，対処が困難な租税回避スキームが数多く存在するという認識が共有されれば，一般的否認規定の導入が唱えられる可能性があるかもしれない[104]。その際には，英国がGAARを導入するまでの経験と努力は参考になると思われる。

5-10　今後の課題

その性質として経路依存性がある組織再編成の領域において，一般的否認規定による課税を広く認めれば，個別的課税要件規定の存在意義は大きく失われる。個別的課税要件規定の趣旨・目的が明確でない場合はなおさらであり，そのような場合には（趣旨・目的がわかりにくいのであるから）個別的課税要件規定の目的論的解釈も難しくなる[105]。

ヤフー事件は控訴されているので，高裁の判断が待たれるところであるが，もし，地裁と同じような論理で法人税法132条の2の適用を認めた場合，納税者としては法的に不安定な状態に置かれることになる[106]。そのため納税者による

　　Asia-Pasific Tax Bulletin 167, 169 (2014).
102)　See Natalie Lee, Revenue Law—Principles and Practice 31st ed. 2013, at para. [3.76].
103)　See Freedman, op. cit., 20 Asia-Pacific Tax Bulletin 167, 170. また，立証責任を課税庁に負わせるなど，GAARの行き過ぎた適用を防ぐための一種のセイフガード（safeguard）も準備されている。Ibid., at 171.
104)　実際，昭和36年の国税通則法制定時のときから，一般的否認規定の立法化が試みられたのは既述の通りである。前掲注45)参照。
105)　日本の場合，法改正や新制度導入に関する立法資料がアメリカに比べて非常に少ないため，まずはその点を解消することが望まれる。渡辺徹也『企業取引と租税回避』（中央経済社，2002年）289頁参照。

事前照会制度の利用が増える可能性がある。

　しかし，そのことで納税者の法的安定性が保たれるわけではない。もし，法人税法132条の2に関する適用基準がはっきりしないままで，事前照会制度が利用されれば，課税するという回答をもらった時点で，納税者はその組織再編成を実行しないという決断をする可能性が高くなる。取引自体を実行しなければ，たしかに加算税等に関する心配はなくなるが，結局，法人税法132条の2による（いわば事後的な）否認が回避されるだけで，事前照会という名の課税庁による事前の否認がなされることになる。事前照会制度を充実させるためにも，個別的課税要件規定や法人税法132条の2の適用基準がより明確にされることが望まれる。

　BEPS（base erosion and profit shifting・税源浸食と利益移転）を理由とする一般的否認規定の導入可能性についても触れておきたい。1998年にイギリスに進出して以来，ほとんど法人税を納めていなかったスターバックスの問題につ

106）　東京地裁の判断がそのまま承認され，判決が確定すれば，ヤフー事件と同じ事実の場合，欠損金が引き継げないということは予想できるようになる。しかし，事実が少し異なるだけで，予測可能性が乏しくなるケースは考えられる。たとえば，判決は「IDCSがデータセンター事業を開始して以来，IDCSの経営を担ってきた〔F〕氏などの役員は，いずれも，本件合併後，原告の役員には就任することが予定されておらず，原告の役員に就任する事業上の必要性がないとされ，実際にも就任せず，データセンターの設備投資に関する権限も縮小されたことが認められる」（判時2236号45頁）と述べるが，では，もし〔F〕氏など従前の役員（実際には2人）のうちの一人が，合併後も役員に就任することが予定されていたら，法人税法132条の2の適用はなかったといえるのか，判決文から予想することは困難である。一方で，原告は，そのようなことがなくても，欠損金が引き継げると確信していたからこそ（そのように施行令112条を解釈していたからこそ），従前の役員を合併後に就任させなかったのかもしれない。
107）　国税庁HP「事前照会に対する文書回答手続等について」https://www.nta.go.jp/shiraberu/sodan/jizenshokai/bunsho/01.htm.（2014年9月30日閲覧）．
108）　岩品信明「両側から見た税務調査——M&A・組織再編，移転価格税制，期間損益，否認」税務弘報59巻5号117頁（2011年）．
109）　渡辺・前掲注105)202頁．たとえ，事前照会に対する文書回答に従う形で，課税されないように取引形態を修正したとしても，課税庁による事前の否認が行われていることに変わりはない．その場合，当初の取引であれば課税されていたと納税者が判断して

いては，日本でも新聞報道され一躍有名になったが，大企業や裕福な個人が税金を支払っていないということになれば，それが社会問題化する恐れがある。イギリスでは，Tax Justice Network や UK Uncut のような租税回避を攻撃する団体の活動もあって，このような認識が一般化した[112]。また，アメリカでは依然として本社を軽課税地へ移すインバージョンの問題の対策に関わり続けている[113]。これら課税逃れの問題が，日本でも認識されることになれば，BEPS対応[114]の一つとして，広範な一般的否認規定の導入が提唱されるようになるかもしれない。

　仮にそうなったとしても，そのような一般的否認規定の適用基準が曖昧ではっきりしていなければ，結局は，投資先としての魅力を失い，企業そのものが海外へ移転して，わが国の空洞化が進むことになりかねない。広範な一般的否認規定の導入に関しては，法人税法132条の2について考察してきたことと同様に，いかにして納税者の予測可能性を確保するかということが最も重要な課

いるからである。課税されるかどうかを最終的に決めるのは裁判所であり，課税庁ではない。規定の趣旨・目的が明確でない場合にまで，事前照会が多用されると，裁判所による判断の機会が失われる危険性がある。

110) つい最近のことであるが，塩野義製薬が事前照会を経た上で，連結対象の英国子会社への現物出資をしていたにもかかわらず，課税庁から組織再編税制の対象外とされたため異議申立を行うという報道があった。2014年9月13日付日本経済新聞朝刊43面。

111) たとえば，2012年12月8日付日本経済新聞朝刊9面参照。結局，スターバックスは欧州事業の本社機能をオランダのアムステルダムから英国のロンドンに移転すると発表した。2014年9月17日付日本経済新聞朝刊1面参照。

112) See Natalie Lee, *op. cit.*, at para. [3.75].

113) アメリカは，インバージョン防止規定として2004年に歳入法典7874条を制定したが，その執行を含めて解決すべき問題がまだ残されているようである。See Joseph Tootle, The Regulation of Corporate Inversions and "Substantial Business Activities," 33 Va. Tax Rev. 353, 390 (2013); Reuven Avi-Yonah, Corporate and International Tax Reform : Proposals for the Second Obama Administration (and Beyond), 40 Pepp. L. Rev. 1365, 1370 (2013); Stephen Shay, Mr. Secretary, Take the Tax Juice Out of Corporate Expatriations, 144 Tax Notes 473 (2014). *See also* John D. McKinnon and Damian Paletta, "Obama Administration Issues New Rules to Combat Tax Inversions" Wall Street Journal, Sept. 22, 2014. インバージョンについては，渡辺・前掲注72)118頁，岡村忠生＝岩谷博紀「国外

題と言えるだろう。[115)]

　［付記］　校正段階においてヤフー事件控訴審判決（東京高判平成26年11月5日訟月60巻9号1967頁）に接した。控訴審判決は，第一審判決が拠り所とした「移転資産に対する支配が継続」という考え方を変更した。すなわち，特定役員引継要件とは，合併法人のみならず被合併法人の特定役員が合併後において特定役員に就任するのであれば「合併の前後を通じて移転資産に対する支配が継続していると評価することが可能である」という考え方ではなく，「双方の経営者が共同して合併後の事業に参画しており，経営面からみて，合併後も共同で事業が営まれているとみることができる」という考え方を基礎として設けられたものであるとした（訟月60巻9号1975頁）。

　そして，このことを前提とした上で，E氏が本件買収前のIDCSを代表して業務上の行為を行ったことを認めるに足りる証拠はなく，副社長就任後のIDCSにおけるE氏の職務内容は，本件提案に沿った本件買収及び本件合併の実現や本件合併後の事業に関するものに限られ，副社長就任から買収までの期間は2ヶ月と短く，非常勤で，代表権も，部下や専任の担当業務もなく，買収前のIDCSの経営に実質的に参画していたものとは認められないことなどをあげ，「これらの点を総合すれば，E氏が本件買収時にIDCSの役員であり，本件合併時にその取締役副社長であることによっても，本件合併において，双方の経営者が共同して合併後の事業に参画しており，経営の面からみて，合併後も共同で事業が営まれているとは認められず，IDCSの上記未処理欠損金を控訴人の欠損金とみなしてその損金に算入することは，法人税法57条3項及び施行令112条7項5号が設けられた趣旨・目的に反することが明らかである」（訟月60巻9号1982頁）とした。

　控訴審判決は，「支配の継続」という根拠付けをとらなかったが，法人税法57条3項及び施行令112条7項5号の趣旨・目的に反することが明らかであるから法人税法132条の2を適用するという論理自体は，第一審判決と何ら変わらず，同条の射程を明確にしたとまではいえないであろう。

　　移転に対する実現アプローチと管轄アプローチ――インバージョン（inversion）取引を中心に」岡村忠生編『新しい法人税法』（有斐閣，2007年）285頁参照。
114)　BEPSに対するOECDの取り組みについては，国税庁HP「OECD租税委員会によるOECD BEPS行動計画に関する成果物の公表について（平成26年9月）」https://www.nta.go.jp/sonota/kokusai/oecd/press/201409.htm（2014年9月30日閲覧），居波邦泰「税源浸食と利益移転（BEPS）に係る我が国の対応に関する考察」税大ジャーナル23号129頁（2014年）参照。
115)　仮にBEPSを根拠として一般的否認規定を導入するのであれば，二重課税排除条約との関係についても考えておかねばならない。すなわち，一般的否認規定という国内法によって，一方的に自国の課税権を強化することが条約違反にならないように注意しておく必要がある。

6

相続税・贈与税の租税回避と立法的対処の限界

髙橋祐介

6-1 租税回避と立法的対処

「租税回避（中略）というのは，課税要件の充足を避けることによる租税負担の不当な軽減又は排除をいう。多くの場合，税法上通常のものと考えられている法形式（取引形式）を納税者が選択せず，これとは異なる法形式を選択することによって通常の法形式を選択した場合と基本的には同一の経済的効果ないし法的効果（中略）を達成しながら，通常の法形式に結びつけられている租税上の負担を軽減又は排除するという形をとる。（中略）このような租税回避が行われた場合，基本的には同一の経済的効果が生ずるにかかわらず，通常の法形式が選択されたときは課税され，これに対し異常な法形式が選択されたときは課税されず又は負担が減少するというのでは，経済的ないし法的に同一の事情にあれば同じように課税さるべきであるとする負担公平ないし租税平等の観念に反する結果となる。このため，租税回避が税法上問題とされてきているのである。（中略）租税回避の否認は，（中略）租税法律主義の建前から，そのための明文の規定が必要である，といえよう」[1]。租税回避研究の第一人者である清永敬次教授のこのような租税回避に関する考え方，なかんずく租税回避が公平に反するものであること，しかしその否認（通常の法形式を仮定して課税すること）には，租税法律主義の観点から明文の根拠が必要であることは，現在の学説[2]では基本的に広く共有されていると考えてよい。

---

1) 清永敬次『税法〔新装版〕』（ミネルヴァ書房，2013年）42-43頁。
2) たとえば，金子宏『租税法〔第19版〕』（弘文堂，2014年）125頁．谷口勢津夫『税法

しかし，租税回避は，立法的な対処が常に可能なのであろうか。対処が不可能であるにもかかわらず，安易に租税回避のラベルを貼り，無原則に課税対象を拡大するようなことはないだろうか。本稿は，以上のような疑問に答え，租税回避に対する立法的対処の限界を検討するものである。もちろん，租税回避は多くの文脈で問題となるから，それらを網羅的に本稿で扱うことは不可能である。そこで，本稿は，多くの租税の中でもとりわけ税負担を減少させる試みが活発な相続税・贈与税を題材として，その国際的な文脈，特に他国への移住や国籍離脱による租税回避とその立法的対処，そしてその限界について，アメリカ法の経験と議論を参照しながら，検討を行う[3]。

　以下ではまず，6-2において，アメリカ連邦遺産税・贈与税につき，特に連邦市民権（U.S. citizenship）離脱者（expatriates）等に対していかなる一連の対処がなされ，また議論を生じてきたかを概観する。その際，市民権離脱のみならず，市民権を無制限納税義務者のメルクマールとして使用する意味をめぐる議論についても触れることにしよう。6-3において，わが国の外国移住者・国籍離脱者に対する相続税・贈与税の取扱いを概観した上で，住所が問題となった最高裁平成23年2月18日判決（判時2111号3頁。武富士事件）にも触れつつ，わが国相続税・贈与税の脆弱性とそれに対す立法的対処の困難，国

　　基本講義〔第4版〕』（弘文堂，2014年）69-70頁。
3）　本稿と問題意識をおそらく共有し，また本稿の執筆動機となった論文は，高野幸大「国家管轄権と国際租税法の関係——資産税の側面からの基礎的考察」租税法研究42号79頁（2014年）である。本稿の日本法に関する用語法は，基本的には同論文に依拠する。また，他の先行業績として，宮脇義男「相続税・贈与税の納税義務者制度に関する研究」税務大学校論叢69号261頁（2011年）。

　　清永敬次「同族会社の行為計算の否認と裁判例」同『租税回避の研究』（ミネルヴァ書房，1995年）374頁，388頁〔初出：1982年〕は，租税回避を「立法者の意図あるいは税法の建前からして本来課税要件に該当すべきものと考えられる（中略）一定の事実の発生が認められるにもかかわらず」課税要件を充足せしめずに租税を軽減排除すること，と述べている。この見解を踏まえれば，租税回避の立法的対処に当たっては，（既存の立法の）「立法者の意図」や「税法の建前」（その税法の原則）を重視されるべきことになろう。本稿は，そのような意図や建前にそぐわない租税回避の立法的対処の一端を明らかにし，あるべき立法の方向性を示そうというものである。

籍を無制限納税義務者の基準とすることの問題と限界を指摘する。6-4において，税負担軽減を目的とする永久的な国外移住・国籍離脱への「王道的」対処法を示す。

アメリカ連邦所得税における市民権離脱者等に対する課税は，後述のように所得税に関する規定をベースに，遺産税や贈与税などにおいて立法的対処を行っているところから，必要な範囲に限り，アメリカ連邦所得税に言及する。また，紙幅と筆者の能力の関係から，国内法ないし租税条約による二重課税の排除については言及しない[4]。本稿では，国内から国外への移住を国外移住，国外から国内に移住することを国内移住と呼ぶ。特に後者は，一般的な用語法と異なっていることに注意されたい。本稿の情報は，2014年9月末日現在のものである。アメリカ法に関する根拠規定は，最後に年数が引用されていればその当時（ただし各年改正後）の，そうでなければ現在の規定である。

6-2　アメリカ連邦所得税，遺産税および贈与税と市民権離脱者等に対する課税

6-2-1　概　要

まず，アメリカ連邦所得税，遺産税および贈与税（以下，まとめて連邦所得税等という）の現在の概要をごく手短に見ることにしよう。連邦所得税では，連邦市民（citizens）および居住外国人（resident aliens）に対しその全世界所得につき納税義務を負わせ[5]，非居住外国人（nonresident aliens）につき，アメリカ

---

4) たとえば，佐藤英明「相続税と国際的二重課税」日税研論集33号271頁（1995年），小林尚志「相続・贈与税に係る国際的二重課税――外国税額控除の在り方を中心として」税大論叢59号705頁（2008年）。

5) 現行法につき，I. R. C. §871 et al.; Treas. Reg. §1. 1-1(a) & (b). Treas. Reg. §1.1-1(c) は市民を，「連邦内で生まれ，または帰化し，その管轄（jurisdiction）に服する全ての者」と定義している。外国人のうち，連邦内に合法的に永住する居住者（lawful permanent resident. いわゆるグリーンカードホルダー），実質的存在テスト（暦年中31日以上連邦内に滞在など）を充たす者，居住者であることの選択をした者が，居住外国人と扱われる（I. R. C. §7701(b)）。なお，国外居住の適格市民・居住者が稼得した外国稼得所得（foreign earned income）および住居費（housing cost）については，一定額を

国内源泉から生じる所得に課税している。非居住外国人の場合，原則として，①連邦内での事業（trade or business）に実質的に関連する（effectively connected）所得につき，その純所得に対し累進税率で課税され（日本法でいう総合課税），②それ以外の所得のうち，事業に実質的に関連しない利子等の fixed, or determinable annual or periodical income（FDAP 所得）につき，30％の源泉徴収に服する[6]。

連邦遺産税においても，連邦市民および居住外国人の死亡につき，その遺産の所在地にかかわらず，課税遺産の譲渡に対して遺産税が課される[7]。同様に，連邦市民および居住外国人からの贈与については，贈与資産の所在地にかかわらず，連邦贈与税が課される[8]。他方，非居住外国人の場合には，連邦内所在資産の移転のみが連邦遺産税・贈与税の対象になる[9]。連邦遺産税・贈与税において，死亡時または贈与時に連邦内にドミサイル（domicile）を有する外国人は居住外国人，それ以外の者が非居住外国人である[10]。以上の枠組みを踏まえると，

　　上限に総所得不算入とされているので（I.R.C. §911(a)），国内居住の市民と国外居住の市民は必ずしも同等に扱われているわけではない。
6)　I.R.C. §§871(a)-(b), 1441. 連邦内不動産譲渡所得は，事業に実質的に関連する所得として，いわゆる総合課税の対象になる。I.R.C. §897(a)(1)(A). 純キャピタル・ゲインは上記①②に該当しない限り課税されないが，ある課税年度内に 183 日以上連邦内に滞在した場合について 30％課税がある。I.R.C. §871(a)(2); Treas. Reg. §1.871-7(d).
7)　I.R.C. §2001(a). なお，日本法と異なり，いわゆる遺産税方式の税であるので，遺言執行者（executor）が遺産税の納付義務を負う（I.R.C. §2002）。アメリカ連邦遺産税・贈与税に関する日本語文献は数多いが，たとえば，渋谷雅弘「資産移転課税（遺産税，相続税，贈与税）と資産評価——アメリカ連邦遺産贈与税上の株式評価を素材として(1)」法學協會雜誌 110 巻 9 号 1323 頁，1339-1366 頁（1993 年）。
8)　I.R.C. §2501(a). なお，同規定は，「居住者か否かにかかわらず，全ての個人」の贈与による資産譲渡に対して贈与税が課されると規定しているが，連邦市民ではない外国人（非居住外国人）が贈与者である場合には，課税対象から無形資産（intangible property）が除外され（ただし次注参照），また連邦内所在資産に限定されているので（I.R.C. §§2501(a)(2), 2511(a)〔第 2 文〕），本文のように要約できる。
9)　I.R.C. §§2101(a), 2103, 2501(a), 2511(a). 遺産税・贈与税において，非居住外国人が保有する内国法人株式および連邦市民・居住者等（いわゆる連邦内の者，United States Person, I.R.C. §7701(a)(30)）に対する債権は，連邦内所在資産とみなされる（I.R.C.

たとえば連邦遺産税を回避するため，内国法人を支配する富裕な者が，その内国法人株式を，新たに設立した外国法人を通じて所有し，かつ連邦市民権を放棄した上で死亡すれば，（外国法人株式は連邦内所在資産ではないので）連邦遺産税を回避することができる。このような市民権離脱を通じた連邦所得税等回避に対抗するため，6-2-3で後述するように，様々な立法的対処が行われてきた。

6-2-2 市民権と全世界所得・遺産・贈与資産課税原則

市民権離脱による連邦所得税等回避が問題になるとしても，国籍を比較的最近まで納税義務の範囲の基準としてこなかったわが国からすれば，そもそも市民全てに全世界所得や全世界所在遺産などにつき（いわゆる無制限）納税義務を負わせるアメリカ連邦税制自体が異質なものである。市民に対して無制限納税義務を負わせることは，どのような歴史的経緯を持つものなのだろうか。[11]

---

§§2104(a) & (c), 2501(b))。

10) Treas. Regs. §§20.0-1(b)(1); 25.2501-1(b). これら規定によると，短期間であってもその場所において生活し，かつ後にその場所から移転するという明確かつ現在の意図がない場合においてその場所にドミサイルを取得するが，無期限にそこに止まるという意図なくして居住するだけではドミサイルにならないし，ドミサイル移転の意図があっても実際の移転がなければドミサイルは移転しない，と規定する。なお，連邦所得税の居住者の定義と，連邦遺産税・贈与税のそれは同じではない（連邦所得税についての居住者を定義するI.R.C. §7701(b)は，連邦遺産税・贈与税に適用されない。同規定(1)の第1かっこ書参照）。

11) 以下の 6-2-2 および 6-2-3 の記述は，Michael S. Kirsch, *Taxing Citizens in a Global Economy*, 82 N. Y. U. L. REV. 443, 448-467 (2007); Reuvens S. Avi-Yonah, *The Case Against Taxing Citizens*, 127 TAX NOTES 680 (May 10, 2010); Bradford Craig, *Congress, Have a Heart : Practical Solutions to Punitive Measures Plaguing the Heart Act's Expatriate Inheritance Tax*, 26 TEMP. INT'L & COMP. L. J. 69 (2012); William L. Dentino & Christine Manolakas, *The Exit Tax : A Move in the Right Direction*, 3 WM. & MARY BUS. L. REV. 341 (2012) に主として依拠している。なお，アメリカ連邦所得税における出国税制度に関する日本語文献として，原武彦「非居住者課税における居住性判定の在り方——出国税（Exit Tax）等の導入も視野に入れて」税務大学校論叢 65 号 1 頁, 45-64 頁（2010 年）。

南北戦争時，1861年に戦費調達のため導入された最初の所得税では，居住者につき全（世界）所得を，非居住市民（nonresident citizens）につき連邦内で保有する資産等から生じる所得等（つまり連邦内に源泉のある所得）を課税対象とした[12]。しかし，1864年の所得税では，連邦内に居住する全ての者および連邦外に居住する連邦市民については，その源泉を問わず，全ての所得につき課税すると改められた[13]。非居住市民に対する課税の執行が困難で，またそのような非居住市民から徴収される税額が微々たるものであってもなおこのような措置に改められたことは，国難の時代にもかかわらず，豊かな市民が海外に逃れ，戦費調達のための税を支払わないのみならず，徴兵逃れをしているという連邦議会の，また一般的な認識がある，とされている[14]。このような非居住市民に対する全世界所得課税という枠組みは，高名なPollock v. Farmers' Loan & Trust Co.事件連邦最高裁判決（157 U. S. 429 (1895)）で違憲とされた1894年所得税[15]，さらに合衆国憲法修正第16条の採択後に導入された1913年所得税[16]においても，同様に踏襲された[17]。なお，連邦遺産税は1916年に導入されたが，居住者・非

---

[12] Act of Aug. 5, 1861, ch. 45, §49, 12 Stat. 292, 309. ただし，連邦に対する貢献がない分，非居住市民についてはより高税率でかつ控除が認められていなかったために，居住者よりも実効税率が高くなっていたと，Kirsch, *supra* note 11, at 451 は指摘する。

[13] Act of June 30, 1864, ch. 173, §116, 13 Stat. 223, 281.

[14] *E. g.*, Avi-Yonah, *supra* note 11, at 390.

[15] Tariff Act of 1894, ch. 349, §27, 28 Stat. 509, 553. Kirsch, *supra* note 11, at 453 は，外国に行っても市民権の保護を受けている者は，居住者同様に負担を負うべしという平等原則に根拠を置くと指摘する。なお，同法28条は，所得を定義し，その中に「贈与または相続（gifts or inheritance）により取得した金銭および全ての動産（personal property）の時価」が含まれると規定しているため（§28, 28 Stat. at 553），非居住市民が相続贈与により受領した資産に対して所得税が課されていることになる。以上のことを含め，本稿での初期の連邦相続・贈与税の歴史については，Louis Eisenstein, *The Rise and Decline of the Estate Tax*, 11 TAX L. REV. 223 (1956), なかんずく pp. 224-238 を参照している。

[16] Revenue Act of 1913, ch. 16, §II(A)(1), 38 Stat. 114, 166.

[17] Cook v. Tait事件連邦最高裁判決（265 U. S. 47 (1924)）では，メキシコで永住し，メキシコ所在の不動産・動産からの所得を得ているアメリカ市民のその所得に対して，連

居住者に分けて、後者につき連邦内所在の総遺産から、国内外資産の比率に応じて所定の控除を行って純遺産を計算する旨を規定していた[18]。

6-2-3 市民権離脱と立法的対処

相当以前から市民権を全世界所得課税の基準の一つとしてきた連邦所得税等は、必然的に外国居住かつ市民権離脱による税負担軽減が問題となってきた。以下では、4段階に分けて、この問題に連邦議会がどのように対処し、またそれに対して問題が生じてきたかを見ることにしよう[19]。

① 1966年外国投資家税法

1966年外国人投資家税法（the Foreign Investors Tax Act of 1966, FITA）[20]は、外国人投資に関する税法の混乱と複雑さに終止符を打ち、連邦に対する外国人投資を阻害する税法上の障害を取り除いて、経済を強化することを目的として制定された[21]。同法は、それまで純所得課税の対象とされてきた所得の範囲を制

邦議会が税を課す権力（power）を有するかどうかが問題となった。

連邦最高裁は、（納税者の主張は：筆者注）「連邦の課税権力の枠内にあるために、所得を受け取った者およびその者が所得を受け取ったところの資産がともに、連邦の領域内（territorial limits）になければならないとするものである。そのような主張は正当化されず、また正当化されないのは近年の判例からの必然的推論である。United States v. Bennett事件, 232 U. S. 299において、連邦内にドミサイルを持つ市民が連邦外においてその課税期間内に保有し使用する外国製のヨットにつき、連邦が課税する権力が是認された（後略）」（at 54-55）こと、州の課税権とは異なり、連邦の課税権には同様の制限がないこと、連邦政府はその所在がどこであれ市民と財産に利益を与えていると考えられ、したがって「課税権力の基礎は、資産が連邦内にあろうとなかろうと、その資産の所在に依るものではなく、また依らしむることはできず、さらに市民のドミサイルに依るものでもなく、また依らしむることはできず、むしろ連邦に対する市民の関係および市民としてのその者に対する連邦の関係に依るものである。その関係の結果、課税される生来の市民（native citizen）は、外国にドミサイルを持ち、またその所得が生じるところの資産を有することができ、そして課税は合法（legal）――政府は税を課す権力を有する――となる」（at 56）こととして、課税を是認した。市民権がその保有者に与える利益との関係で、課税を正当化している点に注意されたい。

18) Revenue Act of 1916, ch. 463, §203(b), 39 Stat. 756, 778.
19) 以下の記述の連邦所得税に関する日本語の先行業績として、岡村忠生＝岩谷博紀「国

限したが（たとえば事業に実質的に関連しないFDAP所得について純所得・累進課税の対象から外す），連邦議会はこれにより個人外国投資家による連邦内への投資を促進することを意図するとともに，他方，外国人へ税法規定を広く適用執行することの困難をも認識していたようである[22]。しかしこのような非居住外国人に対する連邦課税の縮小に伴って，連邦市民がその有利な課税上の取扱いを受けるべく，市民権を放棄することを恐れ[23]，連邦議会は，FITAの一部として，内国歳入法典877条を制定した。

同規定は，連邦市民権を喪失（lost）した一定の非居住外国人につき，①連邦源泉（かつ事業に実質的に関連しない）所得と②連邦内事業に実質的に関連する（全世界）所得について純所得課税を行い，その税額が非居住外国人に対する通常の税額（I.R.C.§871に従って計算された税額）を超過した場合，前者の税額を支払うという代替的な（alternative）課税を定め，しかも連邦内所在資産売却益や内国法人株式・社債等譲渡益などにつき，連邦源泉とするものであった（I.R.C.§877(a)-(c)(1966)）。要するに，市民権を離脱していない非居住外国人と比較して，離脱した非居住外国人に対し，全世界所得課税に近い取扱いをするものである。このような代替課税の対象になるのは，連邦所得，遺産・贈与税の回避（avoidance）を主たる目的（its principal purpose）の一つと

　　外移転に対する実現アプローチと管轄アプローチ——インバージョン（inversion）取引を中心に」岡村忠生編『新しい法人税法』（有斐閣，2007年）285頁，300-305頁。

20)　Foreign Investors Tax Act of 1966, Pub. L. No. 89-809, §103(f)(1), 80 Stat. 1539, 1551. FITAの解説として，Stanford G. Ross, *United States Taxation of Aliens and Foreign Corporations : The Foreign Investors Tax Act of 1966 and Related Developments*, 22 TAX. L. REV. 277 (1967) がある。本稿との関係では特にpp. 345-347, 356-360が重要だが，非居住外国人たる故人の無形資産に対する遺産課税の困難さや外国持株会社を使った租税回避とその対処をめぐる議論など，興味深い記述がある。

21)　President Lyndon B. Johnson, *Statement by the President Upon Signing the Foreign Investors Tax Act and the Presidential Election Fund Act* (Nov. 13, 1966), *available at* http://www.presidency.ucsb.edu/ws/index.php?pid=28030（2014年9月30日閲覧）。

22)　Kirsch, *supra* note 11, at 877-78.

23)　H. R. REP. 89-1450, at 22-23 (1966); S. REP. No. 89-1707 at 28-29 (1966).

して連邦市民権を離脱し，かつその課税年度前10年以内にその離脱が生じた非居住外国人である。このような代替課税の枠組みは，後述する2008年HEART Act制定まで基本的に継続していた。

　FITAは同様に，遺産税および贈与税についても，特別な規定を設けた。連邦遺産税は，非居住外国人の遺産に対しその遺産が連邦内に所在する場合にのみ，課税することを原則とする（I.R.C.§2106(a)）。しかし，連邦市民権離脱の主目的の一つが連邦所得，遺産および贈与税の回避で，かつ死亡日前10年内に連邦の市民権喪失が生じた非居住外国人が死亡した場合，その故人が死亡時に保有している外国法人で，(1)その法人の議決権の10％以上を故人が保有し，かつ(2)その法人の全種類株式の議決権総数の50％超を故人が所有し，または所有しているとみなされる限り，故人の総遺産には，その外国法人が有する全資産に占める連邦内所在資産の割合だけ，その外国法人の株式時価が算入される（I.R.C.§2107(a) & (b)(1966)）。市民権を離脱した非居住外国人が，株式と引き替えに，連邦内に所在する資産を外国法人に譲渡して連邦遺産税を避けようとすることを防止するための条項である[24]。

　贈与税も，非居住外国人たる贈与者につき，連邦内所在の有形資産の贈与による譲渡についてのみ課税されるのが原則である（I.R.C.§2501(a)(1)(1966)）。しかし，連邦市民権離脱の主目的の一つが連邦所得，遺産および贈与税の回避で，かつ贈与による譲渡日前10年内に市民権離脱が生じた非居住外国人がその譲渡を行った場合，連邦内所在の無形資産の贈与による譲渡に対しても，贈与税の対象となる（I.R.C.§2501(a)(3)(1966)）。

　なお，所得，遺産，贈与税のいずれにおいても，上記のような条項がなければ，所得，遺産，贈与についての税の相当な減少（substantial reduction）が市民権離脱により帰結されると信じることが合理的である旨を，歳入庁長官が立証（establish）した場合，当該市民権離脱が連邦所得，遺産・贈与税の回避を主たる目的の一つにしていないことの立証責任を，市民権を離脱した非居住外国人が負うこととされている（I.R.C.§§(a)(4)(1966)）。

---

24) H. R. Rep. 89-1450, at 47 (1966); S. Rep. No. 89-1707, at 54-55 (1966).

しかし，内国歳入庁長官 Margaret Milner Richardson が，1995 年 4 月 4 日に連邦議会の租税共同委員会（Joint Committee on Taxation）スタッフのチーフ Kenneth J. Kies 宛に送った書簡では，以上の制度には 3 つの問題があったとされる。すなわち，①租税回避動機の立証（税の減額の立証と，租税回避が主たる動機ではないという納税者の主張に反証すること）が，納税者がすでに国内にいないことがあり，困難であったこと，②市民権離脱後 10 年内の連邦源泉所得などに適用対象が限定され，回避が容易であったこと（たとえば，市民権離脱後 10 年を超えた段階で資産を売却する，市民権離脱後に連邦内所在資産を外国法人に出資し，その外国法人がその資産を売却して売却収入金額を分配するなど），③最後に執行不能性，つまり連邦内にいない者を継続してモニターすることの困難さ，である。[25] 以上のことから，上述のスキームは租税回避目的の市民権離脱に対して十分成果を上げられないことが示された。
　②　1996 年医療保険の相互運用性と説明責任に関する法律
　市民権離脱による租税回避が十分に功を奏さず，また特に富裕層の市民権離脱がマスコミの注目するところ[26]となったため，連邦議会は，1996 年医療保険

---

25) STAFF OF JOINT COMM. ON TAX'N, 104TH CONG., ISSUES PRESENTED BY PROPOSALS TO MODIFY THE TAX TREATMNET OF EXPATRIATION G-43 to G-46 (Comm. Print 1995) [hereinafter 1995 JCT REPORT]．執行が十分ではなかった（そのためのリソースも十分ではなかった）理由は，1995 JCT REPORT, at 61-64 にて詳述されている。

26) *E.g.*, Janet L. Fix, *Tax Loophole May Close in on Super Rich*, USA TODAY, Mar. 22, 1995, at 1A ; Karen De Witt, *Some of Rich Find A Passport Lost Is A Fortune Gained*, N. Y. TIMES, Apr. 12, 1995, at A22. 1995 JCT REPORT, *supra* note 25, によると，クリントン政権は，①連邦市民権の特権と保護を享受しつつ，その下で蓄積した値上がり益に対する課税を，市民権を放棄することによって回避すること，②連邦市民権を放棄しながらも連邦との相当な結びつき（significant ties）を維持し続けていることを理由として（at 46-47），市民権離脱等の時点で資産売却があったとして値上がり益に課税をする，いわゆる出国税（exit tax）を提案していた（at 35）。このような出国税については，それが合衆国憲法修正 16 条の許容する「所得」課税の範疇にあるか（実現要件をクリアするか），修正 5 条のデュー・プロセス条項に違反しないか，国際法（市民的および政治的権利に関する国際規約 12 条 2 および 3，世界人権宣言 13 条 2）に反しないか（arbitrary infringement，恣意的な侵害かどうか）が問題となるが，1995 JCT REPORT, *supra* note

の相互運用性と説明責任に関する法律(the Health Insurance Portability and Accountability Act of 1996, HIPAA)[27]の一部として,その立法的対処を行った。連邦の市民が連邦および国際法上,外国移住と同様,市民権離脱についての基本的権利を有し,また内国歳入法典が市民権離脱・外国移住を抑止すべきではないが,しかし市民権離脱等に対して課税上のインセンティブをも与えるべきではないことを踏まえつつ[28],HIPAAによる改正は,租税回避のために市民権を離脱した非居住外国人に対する当時の法制度を拡大強化するものであるとされる[29]。HIPAAによる改正の主たる特徴は,以下の通りである。第一に,市民権離脱の非居住外国人のみならず,合法的永住者(lawful permanent resident, I. R. C. §7701(b)(6). いわゆるグリーンカードホルダーのこと)たることを辞めた長期居住者(long-term resident,永住を辞めた日の属する課税年度を含むそれ以前15年間に最低8年合法的永住者であった者。以下では永住権放棄者という)についても,FITAの代替課税等の対象とされた(I. R. C. §877(e))。第二に,FITAの下での租税回避目的という主観的基準に代わり,①市民権離脱前5年間の毎年度の連邦所得税額の平均が100,000ドル超(インフレ調整あり。Tax Liability Test, 納税義務テスト),あるいは②市民権離脱日におけるその者の純資産が500,000ドル超(インフレ調整あり。Net Worth Test, 純資産テスト)のいずれかに該当する場合には,租税回避目的であると推定する客観的テストが導入された(I. R. C. §877(a)(1996))。ただし,市民権離脱前1年以内に内国歳入庁に対してプライベート・レター・ルーリングを要求した場合には,877条による代替課税などの対象から外されることとされていた(I. R. C. §877(c)(1)(B)(1996))。

25, at 69-100 は,出国税がいずれかに反するとは言い難いと結論づけている。この提案はその時点で実現することはなかったが,このようなみなし実現アプローチは,後述する 2008 年 HEART Act が採用することになる。

27) The Health Insurance Portability and Accountability Act of 1996, Pub. L. No. 104-191, §511, 110 Stat. 1936, 2092-2101.
28) H. R. REP. No. 104-496, at 148 (1996).
29) H. R. CONF. REP. No. 104-736, at 323 (1996).

FITAで導入された877条の下での代替課税につき，HIPAAは従前の仕組みを引き継ぎつつ，連邦源泉所得の範囲を拡大した[30]。たとえば，市民権離脱非居住外国人（永住権放棄者を含む。以下では，まとめて市民権離脱者等という）がその離脱前2年以内にその全株式の時価ないし全議決権のいずれかにつき50％超を有していた被支配外国法人（controlled foreign corporation, CFC）株式からの損益（配当と株式譲渡益。ただし市民権離脱時のE＆Pに帰属する範囲に限る）につき，連邦内源泉としている（I. R. C. §877(d)(1)(C) (1996)）。また，連邦内源泉を生じる資産を，国外源泉所得を生じる資産と交換する場合に，前者の資産につき即時にその含み益を認識する旨の規定が設けられている（I. R. C. §877(d)(2)(A) & (B) (1996)[31]）。さらに市民権離脱者等が米国源泉を生じる資産を出資して連邦所得税を回避することを防止するべく，市民権離脱（永住終了を含む。以下では，まとめて市民権離脱等という）がなければ連邦内株主であった市民権離脱者等に対し，当該外国法人が稼得した所得について課税をしている（I. R. C. §877(d)(4) (1966)）。なお，877条の規定の対象となる市民権離脱者等は，その対象期間中の情報申告が義務づけられた（I. R. C. §6039F (1996). 現在のI. R. C. §6039G）。

　HIPAAは，遺産税についても，総遺産に含まれる外国法人株式の範囲を若干広げている。すなわち，(1)故人が議決権の最低10％を保有し，かつ(2)①全議決権の50％超を保有している（とみなされる）場合，あるいは②全株式時価の50％超を保有している場合には，故人の総遺産には，その外国法人が有する全資産に占める連邦内所在資産の割合だけ，その外国法人の株式時価が算入されるが，このうちの②（I. R. C. §2107(b)(2)(B)）は，HIPAAで加えられたものである。贈与税は，FITAの下での制度と基本的には変更はなかった。

　HIPAAの欠陥としては，(1)FITA同様，市民権離脱者等が内国歳入庁に報

---

30) Craig, *supra* note 11, at 86によると，このような拡大は，連邦源泉所得の国外源泉所得への転換が市民権離脱者には比較的容易であることに対処するためとされる。

31) ただし，国外源泉所得を連邦内源泉所得と取り扱う旨の内国歳入庁との合意があれば，利益の即時認識は要求されない。I. R. C. §844(d)(2)(C) (1996).

告をせず，歳入庁が市民権離脱者等の行動を10年にわたって追跡することが不可能であったこと[32]，(2)納税義務テストおよび純資産テストを満たした市民権離脱者等であっても，ルーリングを入手することにより代替課税等を回避できたこと[33]，(3)国外資産の譲渡や国外源泉利益に対して適用されなかったので，連邦内投資を国外投資に振り向けることが可能であって投資先選択を歪めること[34]，(4) FITA 同様，市民権離脱等後10年を超えれば，代替課税等を回避できたこと，(5)長期居住者につき，15年中8年連邦内に居住する非永住者（たとえば投資・貿易駐在員に対する E ビザや企業内転勤者に対する L ビザ保有者）などには適用がなかったこと[35]，などが指摘されている。結局，市民権離脱に対する課税上のインセンティブは引き続き存在することになった[36]。

③ 2004年米国雇用創出法

2003年租税共同委員会の勧告を踏まえる形で，連邦議会は，2004年米国雇用創出法（the American Jobs Creation Act of 2004, AJCA）により[37]，市民権離脱者等に対する上述の制度につき，いくつかの改正を行った。主たる改正としては，

---

32) STAFF OF JOINT COMM. ON TAX'N, REVIEW OF THE PRESENT-LAW TAX AND IMMIGRATION TREATMENT OF RELINQUISHMENT OF CITIZENSHIP AND TERMINATION OF LONG-TERM RESIDENCY 5-7 (Comm. Print 2003) [hereinafter 2003 JCT REPORT].

33) 2003 JCT REPORT, *supra* note 32, at 117-119. ルーリング発遣が主観的意図を問題にしていたため，HIPAA 以前の執行上の難点が継続していたとされる。*Id*, at 119-120.

34) Jeffrey M. Colón, *Changing U. S. Tax Jurisdiction : Expatriates, Immigrants, and the Need for a Coherent Tax Policy*, 34 SAN DIEGO L. REV. 1, 59 (1997).

35) E. g., Alan S. Lederman and Bobbe Hirsh, *New Tax Liabilities And Reporting Obligations Imposed on Expatriates*, 85 J. TAX'N 325, 329-330 (1996).

36) HIPAA 制定の1カ月後に，租税回避目的で市民権離脱をした者の再入国を司法長官が認めないことができるという，いわゆる Reed 修正が提案，可決された（詳細につき，*see* Dentino & Manolakas, *supra* note 11, at 367-369)。同修正は執行されることはなかったために（*id*, at 403)，実際に再入国が拒否されることはなかったが，相当な脅威であったとされる。Kevin E. Packman, *The Tax Rules Just Changed : Emotions Aside, Does Expatriating Make Financial Sense ?*, 109 J. TAX'N 68, 71 (2008).

37) The American Jobs Creation Act of 2004, Pub. L. No. 108-357, 118 Stat. 1571 (2004). Dentino & Manolakas, *supra* note 11, は JOBS Act と呼ぶ。

第一に適用対象者に対して完全に客観的なテストに移行したこと，第二に市民権離脱者等が年間30日を超えて米国に戻ってきたときに居住者と同様の扱いをすること，第三に贈与税につき，若干適用対象を拡大したことである。

　第一の点につき，従前の制度では多少なりとも納税者の主観的意図が問題とされたが，AJCAによれば，877条の代替課税の対象になる「対象市民権離脱者等（covered expatriates）」は，市民権離脱者等のうち，(1)市民権離脱等の時以前5年間の毎年の純所得税額平均が124,000ドル超（インフレ調整付き）である（所得税テスト），(2)市民権離脱等の時点での純資産額が2,000,000ドル以上（インフレ調整なし）である（純資産テスト），または(3)市民権離脱等の前5年以内に連邦税法に従っている旨，偽証罪の対象になる証明をしなかった（あるいは証拠提出を怠った。法遵守テスト），のいずれかに該当する場合となった（I.R.C.§877(a)）。従前同様，対象市民権離脱者等になるのは，市民権離脱等が生じた後10年間である。HIPAAの下で採用された主観的意図が問われるルーリングの入手による対象除外というアプローチは廃止され，市民権離脱者が，(1)連邦と他国の二重国籍であり，他国の国籍を保有し，かつ連邦とは実質的な接点（substantial contact，連邦のパスポートを有していないなど3要件を満たす者）がなかった場合（I.R.C.§877(c)(2)），あるいは(2)その者が出生による連邦市民権取得者であり，その者の出生時にその者の両親のいずれも連邦市民権を有しておらず，市民権喪失時に18歳と半年に達せず，かつ市民権離脱に先立つ10年以内に年間30日を超えて連邦内に滞在しなかった場合（I.R.C.§877(c)(3)），のいずれかに該当する場合のみ，対象市民権喪失者等の範疇から外された（I.R.C.§877(c)(1)）。以上の制度は，そのまま現在にまで至っている。

　第二に，AJCAは，合衆国内に物理的に存在しつつ市民権離脱後によるタックス・ベネフィット享受に対抗するため，市民権離脱等から10年内に（暦

---

38) この場合の市民権離脱者には，合法的永住者たることを止めた長期居住者は含まれないことに注意。I.R.C.§877(e)(3)(A)．
39) 2003 JCT REPORT, *supra* note 32, at 210-212．

年）30日[40]超，連邦内に物理的に存在（physically present, 滞在）した者については，（その暦年が終了する）課税年度においては，これまで述べてきた877条の代替課税の枠組みから外し，連邦所得税，遺産税，贈与税上，連邦市民ないし居住者として取り扱うと定めた（I.R.C. §877(g)(1). 現行法も基本的に同じ）。これまで述べてきた877条や遺産・贈与税法上，市民権を離脱した非居住外国人につき，課税対象は拡大しつつも，基本的に（市民権を離脱していない非居住外国人と同じく）国外所在資産からの所得について課税はせず，またそれらの移転につき遺産・贈与税の対象としていなかった。しかし，この規定により，連邦に物理的に存在する者について，全世界所得課税および全世界所在資産についての遺産・贈与税課税が定められたことになる。

第三に，HIPAAで若干拡大された遺産税条項（I.R.C. §2107(b)）と同様の条項（I.R.C. §2501(a)(5)）が置かれ，877条(b)の対象となる贈与者による一定の外国法人株式の贈与のうち，その法人保有の連邦内資産に対応する時価部分について，贈与税の対象とされることとなった。

以上のようなAJCAの枠組みは，完全に客観的テストの採用による執行可能性改善や，30日滞在テストによる租税回避可能性減少が評価されているが，HIPAAで言われていたような，市民権喪失後10年経過で対象外となるなどの欠点は引き続き残っていたとされる[41]。

④ 2008年勇者たちの収益助成および救済に関する税法

2008年勇者たちの収益助成および救済に関する税法（the Heroes Earnings Assistance and Relief Tax Act of 2008, HEART Act）[42]は，これまでの枠組みを（少

---

40) なお，この30日には，(1)市民権喪失者等が自己に関係のない使用者のために連邦内で役務提供をした場合で，かつ(2)その者が出生した外国の居住者であるなどその外国との結びつきがある（with ties to other countries）か，市民権喪失前の10年間に連邦内に最小限しか物理的に存在（年間30日未満）していなければ，その勤労日数は含まれないとされている（I.R.C. §877(g)(2)）。

41) *E. g.*, Eva Farkas-DiNardo, *Is the Nation of Immigrants Punishing Its Emigrants: A Critical Review of the Expatriation Rules Revised by the American Jobs Creation Act of 2004*, 7 FLA. TAX REV. 1, 39 (2005).

なくとも一部は）大きく変更した。

　第一に，2008 年 6 月 17 日以降の対象市民権離脱者等は，従前の 877 条ではなく，877A 条により，その市民権離脱等の時点において全世界保有資産につき市場価格で売却したものとして，600,000 ドル（インフレ調整付き）を超える未実現損益の認識が行われることとなった（mark-to-market exit tax としばしば呼ばれるので，以下では出国税と呼ぶ）。877A 条の出国税が課される場合，877 条が重畳的に適用されることはない（I. R. C. § 877(h)）。

　第二に，連邦市民ないし居住者が，対象市民権離脱者等から，直接または間接的に取得した贈与または遺贈（covered gift or bequest，適用対象贈与・遺贈。I. R. C. § 2801(e)）については，遺産税または贈与税のいずれか高い最高税率で課税される。伝統的な遺産税とは対照的に，贈与・遺贈受領者が納税義務者となる相続人に課税する相続税（inheritance tax）タイプの課税である。

　以上のスキーム，特に出国税については，連邦憲法，国際法や租税条約との

---

42) The Heroes Earnings Assistance and Relief Tax Act of 2008, Pub. L. No. 110-245, § 301, 122 Stat. 1623, 1638-1647. 同法のもともとの法案（H. R. 6081, 110th Cong.）には，以下で述べる市民権離脱者等に対する税制改正案は盛り込まれておらず，それより前に審議されていた Tax Collection Responsibility Act of 2007, H. R. 3056, 110th Cong. § 5 (2007)（この法案自体は下院通過後廃案）に，この税制改正案が盛り込まれていた。その下院歳入委員会報告書（H. R. REP. No. 110-281, at 18-19 (2007)）は，①連邦市民および長期居住者は国外移住・市民権離脱の権利を有しており，内国歳入法典は連邦市民および長期居住者の市民権離脱・永住終了を抑制するように使われるべきではないが，しかし歳入法典がそのような離脱や永住終了を促進する課税上のインセンティブを与えるべきではなく，言い換えれば市民権離脱や永住終了に対する個人の判断に対して，税が中立的である（tax-neutral）べきであると述べた上で，② AJCA 改正による現行制度はより実効性を高めることができ，また市民権離脱等から 10 年後に連邦内源泉所得の実現を繰り延べることにより 877 条の代替課税を回避できることを理由に，本稿本文で説明するHEART Act と同様の制度を採用するべきであると改正理由を説明している。

43) 本文で述べた HEART Act による制度施行日は同法制定日であり（§ 301(g), 122 Stat. at 1647），同法は 2008 年 6 月 17 日に大統領による署名がなされているが，内国歳入庁による市民権離脱者等課税（expatriation tax）の説明（http://www.irs.gov/Individuals/International-Taxpayers/Expatriation-Tax　2014 年 9 月 30 日閲覧）では，同月 16 日以降適用とされている。本稿は，17 日を施行日と解している。

抵触，水平的・垂直的公平との抵触（豊かで賢い市民権離脱者等のみ十分なプランニングで回避可能），執行可能性，流動性・評価可能性，市民権離脱時の判断を税が歪める（たとえば早期に値上がりしそうな資産を有するときには市民権離脱を前倒しする），二重課税拡大の可能性といった問題が指摘されている[46]。さらに，相続税タイプ税の導入については，(1)通常の贈与税が課税ベースに税額を含まない tax-exclusive（税別）なものであるのに対して，この税は贈与額に税額を含む tax-inclusive（税込み）であり[47]，かつ贈与税の最高税率で課税されるため，通常の贈与税が課される連邦市民・居住者からの贈与よりも税負担より高くなり，市民権喪失者等を不利益に扱う可能性がある[48]，(2)閉鎖法人株式のような流動性のない資産の贈与時における納税資金の欠如，といった問題が指摘されている[49]。なお，遺産税方式に遺産取得税方式を取り込むことの是非は，立法時の委員会報告書などでは議論されていない[50]。

---

44) I. R. C. §877A(a). 対象市民権喪失者等（I. R. C. §877A(g)）は，基本的には 877 条の対象市民権喪失者と同意味である。なお，適当な担保（adequate security）を提供し，出国税の賦課徴収を排除する租税条約上の権利を放棄した場合には，資産処分年度まで出国税の納付を繰り延べることができる（I. R. C. §877A(b)）。出国時に損益を認識する exit (departure) tax と異なり，以前は居住者であった非居住者の特定種類の所得につき（通常の非居住者とは異なって）課税を継続することは，追跡税（trailing tax）などと呼ばれる。HUGE J. AULT & BRIAN J. ARNOLD, COMPARATIVE INCOME TAXATION: A STRUCTURAL ANALYSIS 436-437 (3rd ed. 2010).

45) I. R. C. §2801(a). 通常の贈与税適用対象部分は除外される。I. R. C. §2801(c). 対象市民権離脱者等は，出国税のそれと同じである。I. R. C. §2801(f). 贈与・遺贈受領者が納税義務者となることにつき，see I. R. C. §2801(b).

46) Dentino & Manolakas, *supra* note 11, at 398-417 ; Steven J. Arsenault, *Surviving a Heart Attack : Expatriation and the Tax Policy Implications of the New Exit Tax*, 24 AKRON TAX J. 37, 60-67 (2009).

47) 連邦遺産税・贈与税に関する tax-exclusive および tax-inclusive の説明につき，*see* JOHN K. MCNULTY & GRAYSON M. P. MCCOUCH, FEDERAL ESTATE AND GIFT TAXATION 50-51 (7th ed. 2011).

48) ただし通常の贈与税申告を行っていれば相続税タイプの税は課されない。I. R. C. §2801(e)(2)(A).

6-2-4 市民権離脱等に対する議論と各種の状況

以上のような連邦議会の取組みに対し、若干の議論と状況を紹介する。第一に、市民権を（全世界所得ないし資産）課税の根拠とすること（citizenship-based taxation、市民権基準課税）の妥当性が俎上にあがる[51]。まず、①Cook v. Tait事件連邦最高裁判決（本稿注17）が示すように、市民がどこにいようと、生命やその財産に対して利益を与えている以上、その受益のいわば対価として、課税が肯定されるという見解、②市民権保有による受益（人身・財産保護、参政権、入国の権利、過去の受益等）の他、市民権はアメリカ社会（U.S. society）の構成員であることの自発的表明であって、担税力（ability-to-pay）原則の観点からそのような構成員として課税を受けても当然であるという見解[52]、③市民権を簡易な居住地判定とする見解や居住地のみを基準にすると外国移住により租税回避が容易になるといった見解[53]、④市民権の与える便益は市民権基準を十分正当化しないが、市民権はドミサイルの執行可能な代替（proxy）と見るこ

---

49) Craig, *supra* note 11, at 99-100 では、(1)につき税別計算に切り替えること、(2)につき6166条の遺産税の納税の猶予および分納のような制度を導入するべきことを提言している。

50) そもそもHEART Act自体には市民権離脱者等に対する課税を議論した委員会報告書はなく、STAFF OF JOINT COMM. ON TAX'N, TECHNICAL EXPLANATION OF H. R. 6081, THE "HEROES EARNINGS ASSISTANCE AND RELIEF TAX ACT OF 2008," AS SCHEDULED FOR CONSIDERATION BY THE HOUSE OF REPRESENTATIVES ON MAY 20, 2008 36-46 (Comm. Print 2008) も、文字通り条文の技術的説明に終始している。また、H. R. REP. No. 110-281, at 18-19 (2007)（本稿注42)参照）も、遺産取得税的要素の取り込みについては議論していない。

51) 所得課税では、世界的には居住地を基準とするresidence-based taxation、居住地基準課税が一般である。*E. g.*, AULT & ARNOLD, *supra* note 44, at 432. ただし、同書436-440頁が示すように、以前の居住者に対しても居住地管轄を及ぼす国の方が一般的である。なお、アメリカ連邦所得税の文脈において市民権基準課税が妥当かどうかは、たとえばRobert J. Peroni, *Back to the Future : A Path to Progressive Reform of the U. S. International Income Tax Rules*, U. MIAMI L. REV. 975, 1008-1010 (1997); Pamela Gunn, *The Concept of an Independent Treaty Foreign Tax Credit*, 38 TAX L. REV. 1, 58-69 (1982) が示すように、外国稼得所得非課税制度（本稿注5）の非として論じられることが多い。

52) STAFF OF JOINT COMM. ON TAX'N, THE IMPACT OF INTERNATIONAL TAX REFORM :

とができるとする見解がある。[55]

　他方，①そもそも市民権を無制限納税義務者の基準としたことは南北戦争時の国難の時代と富裕層の海外逃避による税負担軽減と徴兵逃れを背景としているが，そのような背景は現在では存在しないこと，市民権保有による受益や担税力原則，執行可能性といったことは市民権基準課税の根拠として薄弱であり，国外居住市民の所得を捕捉することは困難であることから，むしろ市民権基準課税ではなく，居住地基準課税に移行すべきとする見解，[56]②市民権を基準とした場合のコンプライアンスおよび執行可能性の観点からの難点（国外居住市民による正確な申告書提出や争訟が困難，内国歳入庁も調査や徴収ができない）を指摘する見解がある。[57]

　第二に，市民権離脱等に対する連邦議会の取組みにもかかわらず，2008年以降，877条ないし877A条の課税対象となる市民権離脱者等が増加している。[58]

　第三に，第二とも関連するが，市民権離脱者等の増加原因である。第一で示

BACKGROUND AND SELECTED ISSUES RELATING TO U.S. INTERNATIONAL TAX RULES AND THE COMPETITIVENESS OF U. S. BUSINESSES 4 (Comm. Print 2006) も，同様の見解を採る。

53)　Kirsch, *supra* note 11, at 470-488. 同論文は，市民権を基準にすることにより，どこに居住するかの選択につき税制が中立的になること，逆に市民権離脱の判断に税制が中立的ではないが，市民権の自発的保有に担税力の根拠が見出される以上は，税を理由に市民権離脱が行われることはやむをえないことを指摘する（at 488-495）。

54)　Gunn, *supra* note 55, at 68. ただし，同論文は，市民権基準課税を中立公平に行えない（本稿注5)で示される外国稼得所得非課税制度を廃止できない）のならば，市民権を基準とすべきではないと結論づけている（at 69)。

55)　Edward A. Zelinsky, *Citizenship and Worldwide Taxation : Citizenship as an Administrable Proxy for Domicile*, 96 IOWA L. REV. 1289 (2011).

56)　Avi-Yonah , *supra* note 11. 市民権保有による受益が市民権基準課税の根拠として薄弱であるなどとして，居住地基準課税を推奨する主張として，たとえばBrainard L. Patton, Jr., *United States Individual Income Tax Policy as It Applies to Americans Resident Overseas*, 1975 DUKE L. J. 691.

57)　Cynthia Blum & Paula N. Singer, *A Coherent Policy Proposal for U. S. Residence-Based Taxation of Individuals*, 41 VAND. J. TRANSNAT'L L. 705, 711-718 (2008). これに対して，Michael S. Kirsch, *Revisiting the Tax Treatment of Citizens Abroad : Reconciling Principle*

したように，市民権を基準にするか否かというこれまでのアメリカの議論は，専ら連邦所得税であり，連邦遺産税・贈与税に関する議論を見ることはできなかった。しかし，いわゆる超富裕層の市民権等離脱の背景には，（連邦所得税につき，仮に出国税を払ってでもなお）連邦遺産税・贈与税の負担を軽減したいという思惑があると言われる。[59]

6-2-5 小 括

以上のアメリカ法の経験や議論をまとめよう。①アメリカの連邦所得税等においては，市民権を無制限納税義務の基準としているが，その導入の背景には，南北戦争当時の富裕層による税負担軽減および徴兵忌避があったこと，②市民権を基準とするのは，主としてそれが与える受益との関係で正当化されるが，反対論も多くあること，③市民権離脱等による税負担軽減の試みにつき，少なくとも上述の通りの4段階の取組みがあったにもかかわらず，それが完全に防

---

and Practice, 16 FLA. TAX REV. 117, 140-161 (2014) は，外国金融機関（Foreign Financial Institution）が連邦市民等の口座情報を財務長官に提供しない場合に，当該金融機関充て支払につき30％の源泉徴収を課す，いわゆる外国口座税務コンプライアンス法（Foreign Account Tax Compliance Act, FATCA. The Hiring Incentives to Restore Employment Act, Pub. L. No. 111-147, §501, 124 Stat. 71, 97-106. I. R. C. §1471 et al.）などにより，執行状況が改善していると反論する。

58) Reuvens S. Avi-Yonah, *And Yet It Moves : Taxation and Labor Mobility in the Twenty-First Century*, 67 TAX L. REV. 169, 179-180 (2014) の表によると，877条または877A条の課税対象になる市民権離脱者数は，HEART Act制定年度である2008年が231人であるが，翌2009年には741人，2013年には3,000人まで増加している。同論文は，この増加を，2008年以降市民権離脱がもはや恥ずべき行為（shameful act）ではなく，政府がその代価を定めた行為になってしまったと評価している。イスラエルの託児所で子どものお迎え時間に遅れた親に罰金を科したところ，かえって遅刻が増加した（後に罰金を廃止しても増加した遅刻は減らなかった）という有名な実験（Uri Gneezy & Aldo Rustichini, *A Fine is a Price*, 29 J. LEGAL STUD. 1 (2000)）を彷彿とさせるが，この実験同様だとすると，市民権離脱は今後減ることはないであろう。

59) Kirsch, *supra* note 57, at 200. たとえば，Quentin Hardy, *A Co-Founder's Reflections*, N. Y. TIMES, May 17, 2012, at B1 は，フェイスブックの共同設立者Eduardo Saverinがアメリカ市民権を離脱した背景に，所得税よりも遺産税・贈与税の考慮があったであろうと

止されていないこと（コンプライアンスや調査といった執行上の問題が多い），④市民権離脱者のみならず，永住権放棄者も代替課税等の対象とされていたこと，⑤市民権離脱等による連邦所得税の回避の問題と，連邦遺産税・贈与税の回避の問題は別個のものとして考えるべきこと（連邦所得税に出国税を導入したからといって，連邦遺産税・贈与税回避の問題が消滅するわけではなく，むしろ市民権離脱者の数は増加している）が，主要なポイントである。また「租税回避の意図」といった主観的要件がうまく働かないこと，上記③とも関連するが，結局連邦遺産税・贈与税の執行は，資産か納税者のいずれかが連邦内にとどまらなければうまくいかないことも指摘しておくべき事柄であろう。以上のことを踏まえ，次に日本法への示唆を得ることにしよう。

6-3　日本の相続税・贈与税回避と国籍

6-3-1　制度の概要

日本では，相続・遺贈・贈与により財産を取得した個人が，その取得時に日本国内に住所を有する場合には，相続・遺贈・贈与により取得した資産の全部に対して，相続税・贈与税の対象になる（相税1条の3第1号，1条の4第1号，2条1項，2条の2第1項。居住無制限納税義務者）。他方，相続・遺贈・贈与により財産を取得した個人が，その取得時に日本国内に住所を有しない場合には，日本国内にある資産のみが，相続税・贈与税の対象になるのが原則である（相税1条の3第3号，1条の4第3号，2条2項，2条の2第2項。制限納税義務者）。

このような制度の下では，国外に資産を移転した上で，国外に住所を有する

いう税務弁護士の見解を報じている（ただし本人は，市民権離脱が税と無関係であると明言）。

Marie Sapire & Stephenie Soong Johnston, *Solving the Expatriation Enigma*, 71 TAX NOTES INT'L 766, 768 (Aug. 26, 2013) は，国籍離脱等の原因は所得税（のみ）ではなく，むしろ生活の質がよいかどうか，外国との二重課税を避けたい，アメリカ課税庁等への申告などの手間，アメリカに戻らないのならばその市民権は不要，FATCA による外国銀行口座をめぐるトラブル，遺産税などであると紹介している。

図6-1　相続税・贈与税の納税義務の範囲

被相続人 贈与者 \ 相続人 受贈者	国内に居住	国外に居住		
		日本国籍あり		日本国籍なし
		5年以内に国内に住所あり	左記以外	
国内に居住	国内・国外財産ともに課税 ①	国内・国外財産ともに課税 （平成12年改正後） ②		国内・国外財産ともに課税 （平成25年改正後） ③
国外に居住　5年以内に国内に住所あり				国内財産のみ課税 ④
国外に居住　上記以外		国内財産のみ課税 ⑤		国内財産のみ課税 ⑥

（出所）『平成12年版　改正税法のすべて』（大蔵財務協会，2000年）372頁および『平成25年版　改正税法のすべて』（同，2013年）577頁の表に基づき，筆者作成。

個人にその資産を贈与・相続させれば，相続税・贈与税の負担を回避できることになる。そこで，平成12年度税制改正により，経済のグローバル化・ボーダレス化に伴い国境を越えた人や財産の移動が活発化している状況に対応して「課税の公平を確保し，あわせて，租税回避行為を防止するため」，[60] (a)国内に住所のない日本国籍を有する者で，かつその者が相続・遺贈・贈与前5年以内に国内の住所を有していた場合，その者が相続・遺贈・贈与により取得した資産の全部につき，相続税・贈与税が課され，同様に，(b)国内に住所のない日本国籍を有する者で，かつその者（以下，相続人・受贈者という）が相続・遺贈・贈与前5年より前に日本国内の住所を有していた場合であっても，被相続人（遺贈をした者含む）・贈与者が相続・遺贈・贈与前5年以内に国内に住所を有していたときには，そのような被相続人・贈与者から相続人・受贈者が相続・遺贈・贈与により取得した資産の全部につき，相続税・贈与税が課されることとなった（旧措特法69条，現行相税1条の3第2号イ，1条の4第2号イ，2条1項，

---

60) 『平成12年版　改正税法のすべて』（大蔵財務協会，2000年）327頁。

2条の2第1項，非居住無制限納税義務者。図6-1の②部分)。

　さらに，「近年では，例えば，海外で生まれた孫等で，日本国籍を取得しなかった者に国外に所在する財産の贈与等をすることによって，贈与税の課税を回避するなどこの平成12年度税制改正後の制度によっても対応できない租税回避行為も見受けられるようになって」[61]きたため，平成25年改正により，日本国籍を有しない国外居住者についても，被相続人・贈与者が国内に居住していれば，そのような被相続人・贈与者から取得した資産の全部につき，相続税・贈与税が課されることとなった（相税1条の3第2号ロ，1条の4第2号ロ，2条1項，2条の2第1項，拡大した非居住無制限納税義務者。図6-1の③部分)。

6-3-2　相続税・贈与税の無制限納税義務者の拡大と租税回避の防止

　6-3-1で述べた日本の相続税・贈与税の枠組みでは，相続人・受贈者の居住地を基準として無制限納税義務者と制限納税義務者を分け，かつ相続人・受贈者の国籍（と過去の居住経験)，さらには（相続人・受贈者の国籍・国内居住がなくても）被相続人・贈与者の国内居住を基準に，無制限納税義務者の範囲を拡大している。被相続人・贈与者の国内居住を基準とする平成25年改正は，OECDモデル相続税条約が示すところの，国際的な遺産・相続税の管轄基準を反映したものとも考えられるが[62]，上述の立法担当者の非公式解説書や最高裁平成23年2月18日判決の須藤裁判官の補足意見を踏まえると，上記改正のいずれも租税回避の防止を理由（の一つ）としている。しかし，租税回避を理由

---

61) 『平成25年版　改正税法のすべて』（大蔵財務協会，2013年）577頁。
62) Organization for Economic Co-operation and Development, Model Double Taxation Convention on Estates and Inheritances and on Gifts (1982)［以下，OECDモデル相続税条約と引用］のArt.7は，不動産等（Arts. 5および6に定める資産）を除き，被相続人・贈与者のドミサイルがある国（居住地国）のみが，その遺産・贈与に課税できると定める。なお，アメリカにおける相続税条約の動向については，佐藤・前掲注4)282-286頁，赤松晃「米国モデル相続税条約の示唆——遺産取得税方式の純化と国際課税の側面」租税研究711号158頁（2009年)，同「相続税・贈与税の国際的側面——日本の相続税条約締結ポリシーへの新たな視点」日税研論集61号289頁（2011年)。

とした上記改正については，以下二点の疑問がある。

　第一に，納税者のどのような行為が防止されるべき租税回避かどうかが必ずしも明らかにされているわけではない。本稿冒頭で述べたように，租税回避は課税要件の充足を避けることによる「不当な」税負担の軽減排除であり，税負担平等の観点から問題になる。最高裁平成23年2月18日判決で問題になったように，ⓐ国内資産を国外資産に転換し，かつ居住者が国外に転居した上で贈与を受けることは，たしかにⓑ同様の資産が居住者に贈与された場合と比較して（日本の）税負担が軽減排除されているとも考えられる。しかし，ⓒ（贈与税のない）国外に居住している非居住者が国内資産に投資をし，後にその資産を国外資産に転換した上で（贈与税の負担なくして）贈与したとしても，それはおそらく租税回避と言われることはない。要するに，ⓐをⓑと同等と考えれば，ⓐの税負担軽減は不当と考えられるが，ⓐはⓒと同じ立場になるように行為したと考えれば，その税負担軽減は必ずしも不当ではなく，かえって税負担平等に寄与しているとも言えよう。さらに，ⓒの立場は決して通常の立場ではないとは言えない（贈与税のない国に居住する者は多くいる）。ⓐが租税回避かどうかは，ⓑとⓒのいずれを通常と考えるかにより答えが異なる。

　このような場合に，立法的対処が必要な租税回避かどうかはむしろ，以下の2つのアプローチによって決されるのではないかと思われる。その一は，相続税・贈与税の趣旨ないし構造から考えるものである。相続税・贈与税の趣旨を日本における富の集中排除と考え，またそれがいわゆる遺産取得税方式を採用[63]していることを踏まえれば，ⓐはむしろ巨大な富を持つ者を国外に（贈与税を使うことなく）送り出したという意味で，日本国内に排除すべき富の集中や贈与の取得者は存在せず，したがって贈与税の課税対象にする必要はない。その[64]

---

63)　髙橋祐介「相続税の税額計算方式（課税方式）の現状と問題点」税研151号33頁，35頁（2010年）では，現行相続税の趣旨を富の集中排除と（相続人の）所得税補完と捉えている。ただし，現実の相続税制度には様々な考慮が盛り込まれている。渋谷雅弘「相続税の本質と課税方式」税研139号22頁，22-24頁（2008年）。

64)　Andrew Walker, *The Tax Regime for Individual Expatriates : Whom to Impress ?*, 58 TAX LAW. 555, 593 (2005) は，富が永久に連邦を離れるならば，富の集中抑止と機会平

二は、おそらくはより一般的な考え方であるが、ⓐとⓑの類似性に着目するものである。いったん国外に移住した者であっても贈与を受けた後に日本に再移住すれば、結局ⓐの結果と変わらない、したがって立法的対処をすべき租税回避である、ということになる。以上の2つのアプローチは必ずしも相反するものではなく、国外に移住した者が贈与後に日本に再移住することは、富の集中排除という相続税・贈与税の趣旨や遺産取得税方式にも反しよう。

このことを踏まえると、租税回避防止のための平成12年改正・25年改正には、過不足がある。すなわち、相続人・受贈者の国内居住ないし日本とのつながり（nexus）の継続を、立法的対処を要する租税回避の基準とすべきであるが、国籍や被相続人・贈与者の国内居住に焦点を当てている点で、ポイントがずれている側面がある。国内資産を全て清算した上で、他国へ永住した親子間（日本国籍有り）で相続が生じた場合、富の集中排除の必要もなく、また国内居住者間での相続と同視もできないにもかかわらず、無制限納税義務者として相

等の促進は問題にすべきではなく、むしろ富が連邦内に所在する者によって相続された場合のみ問題になると述べる。なお、同論文は、市民権離脱が連邦租税システムから逃れるという意味で、一種の税法上の死亡（tax death）であり、デフォルトルールとして、遺産税に基づく出国税である出国富裕税（Departure Wealth Tax）を提案する（at 594-598. 元々は、Alice G. Abreu, *Taxing Exits*, 29 U.C. DAVIS L. REV. 1087, 1950-1957 (1996) で議論されているアイディアである）。遺産税を、被相続人または贈与者の所得税の補完と考えれば（*see* Walker, at 593）、このような制度自体は不合理とは言えないであろう。

このようなAbreuやWalkerのアイディアを遺産取得税の文脈に当てはめると、国内移住者は居住管轄に新たに服するという意味で、そのような国内移住は一種の税法上の誕生（tax birth）であるから、その時点で入国富裕税（Arrival Wealth Tax）を課すという考え方が生じよう。入国富裕税は、相続税・贈与税が課されることを回避するための一時的国外移住を完全に抑制できるが、もちろん富裕層の国内移住も抑圧するであろう。

65) 田中治「税法の解釈方法と武富士判決の意義」同志社法学64巻7号203頁、242-243頁（2013年）は、単に国外に移住するだけでは、それは「異常な法形式」ではないので、伝統的な租税回避ではなく、より一般的な形の、租税負担軽減行為にすぎないと指摘する。

渕教授は、最判平成23年2月18日判時2111号3頁（武富士事件）のような事例における「相続税・贈与税回避の真の問題点は、財産および個人の両方が国外に移転するこ

続税負担を負う。他方，日本に永住している外国人は，親子共々相続・贈与時に一時的に国外に転居することにより，容易に相続税・贈与税を回避できる（図 6-1 の④参照）。前述 6-2-3 ②の HIPAA で採用されたように，国籍のみならず，永住権放棄（とその後の短期回帰的再入国）も視野に入れる必要があるし，相続人・受贈者の国内居住ないし日本とのつながりについては，同③の AJCA で示された物理的存在テストや連邦との実質的な接点テストなどが参考となる。いずれにせよ，現行法は，国籍離脱による相続税・贈与税の（上述の意味での）租税回避スキームには全く対処できていない。

　第二の問題として，執行可能性がある。たとえば，国内資産を全て国外資産に転換した上で，日本国籍を有する親子共々他国に移住した場合，現行法の枠組みでは，少なくとも他国移住後 5 年間，課税庁は親子間の相続贈与を追跡しなければならない（相続贈与により資産を取得した者は申告義務を負う。相法 27 条，28 条）。このような日本に居住しない者の国外資産まで含めた捕捉が現行

とではなくて，外国においても課税を受けなかった財産または個人が再び国内……に戻ってくるにもかかわらず，その際に適切な相続税・贈与税の課税が行われないことにある」と指摘した上で，受贈者が日本に再度住所を有するタイミングで課税をすることを示唆する（渕圭吾「判批」ジュリ 1440 号 215 頁，216 頁（2012 年））。このような発想は，国外移住後に国内に再移住した者に対してのみ入国富裕税（前注参照）を適用することと類似するのかも知れない。

66）　アメリカ市民権のみを有する信託受益者に対する課税が問題となった名古屋高判平成 25 年 4 月 3 日訟月 60 巻 3 号 618 頁の事案を題材とすると，租税回避事案として重視すべきは，納税者が出生後に帰国し，居住している事実ということになる。納税者はアメリカで出生したので，従前の日本の居住が継続しているとは言い難いという反論はあろうが，納税者の母親の日本とのつながりを考えると，納税者自身，出生時から日本とのつながりがないとは言えない。

67）　渋谷雅弘「相続税・贈与税の改正と問題点」ジュリ 1455 号 41 頁，46 頁（2013 年）は，平成 25 年改正の問題点として，①日本に居住せず，日本国籍を持たない者が国外財産を取得したときにも相続税・贈与税を課税する根拠，②法人を経由した財産移転との整合性，③実効性確保，を指摘する。

68）　相続人・受贈者の国籍と国内居住期間を基準とする平成 12 年改正は，それらの者の日本とのつながりに焦点を当てていると評価することは可能であろう。しかし，平成 25 年改正はそのようなつながりに焦点を当てているとは言い難い。

法の下でできているのかは，資産と納税者のいずれかが国内にとどまらなければ適正な執行が行えなかったアメリカの経験に照らしてもかなり疑問がある。仮に現行法の枠組みを広げて，国籍離脱者に対してもアメリカ法同様に追跡的に相続税・贈与税を課すことになれば（図6-1の④の一部についても課税をする），執行可能性の困難さはますます増大する。無制限納税義務者の拡大で税負担軽減を目的とする他国移住に対処することは，租税回避への対処法として疑問があるばかりでなく，執行可能性の壁に必ず突き当たる。国籍離脱者等への課税を強化した HEART Act にもかかわらず，国籍離脱者が増加したアメリカの経験は，軽視されるべきではない。

　以上，二点を考慮すると，税負担軽減を目的とする他国への完全な移住を租税回避として対処する必要はなく，また対処は不可能であろう。

　　平成25年改正は，本文で述べたように，被相続人・贈与者の居住地国に対して，その遺産・贈与に関し全世界的・無制限的に管轄を認めるという OECD モデル相続税条約の示す国際的な管轄基準に忠実であり，また遺産税方式と親和的かもしれない。しかし，日本は遺産取得税方式を採用していることを理由に，同条約を全面的に留保している（Commentary on Art. 1 Concerning Estates, Inheritances and Gifts Covered by the Convention, ¶31）。平成25年改正は，このような遺産取得税方式の重視や相続税・贈与税の趣旨と矛盾すると言ってもよい。2013年10月6日に開催された租税法学会シンポジウムにおける，高野幸大会員の報告に対する質問の中で，田中治会員が，平成25年改正につき「非常に強い違和感を覚えたというか，むしろびっくりし」た旨の発言を行っている（「《シンポジウム》国家管轄権と国際租税法」租税法研究42号103頁，125頁（2014年））ことは，このような矛盾を指摘するものである。なお，佐藤・前掲注4）2291頁も参照（被相続人の住所地が日本である場合に相続人に無制限納税義務を課す制度の導入については，相続税法が遺産取得税方式を採用していることとの関係で慎重な検討が必要である，と指摘）。

69）　国籍はそのようなつながりを測定する代替的基準（proxy）であるという主張は可能である。ただし，かなり大雑把な代替に過ぎないし，少なくともアメリカで市民権を無制限納税義務者の基準とする意味と，日本で無制限納税義務者の範囲を画するために国籍を使用する意味が異なること（Zelinsky, *supra* note 55 の主張を別にして，市民権は居住地の代替的ないし補完的基準と考えられてはいない）こと，本稿6-2-4で述べたよ

6-3-3 日本国内への投資と平等

視点を変えて問題を見てみよう。前述の通り，居住者が日本国内に資産を有し，同じく居住者の子どもにその資産を贈与した場合，その子どもは無制限納税義務者として贈与税の納税義務を負う（無制限納税義務）。他方，日本国籍を持たず，日本に居住経験のない非居住者が日本国内に資産を有し，同じく日本国籍・日本への居住経験のない非居住者に贈与した場合，やはりその国内資産の贈与について贈与税の納税義務を負う（制限的納税義務）。このような制限的納税義務は，相続税・贈与税の趣旨を富の集中排除と見る限り，非居住者による日本国内の富の集中排除を目的としていると考えられる[70]。

もっとも，このような非居住者の制限的納税義務は簡単に回避することが可能である。すなわち，国内資産をその非居住者が居住する地の法人（日本から見れば外国法人）に所有させ，その株式を子どもや孫などの他の非居住者に相続・贈与するのである（外国法人株式は日本国内所在資産ではない。相法10条1項8号参照）。非居住者の所在地国に相続税・贈与税がなければ，同じ国内資産を有する居住者よりも有利であり，国内資産所有につき平等ではないと評価されよう。また日本国内への投資を所与とした場合，居住者と非居住者間のその投資の所有につき，（前者には相続税・贈与税が課され，後者にはないという意味で）相続税・贈与税が中立的に働いておらず，最も生産性の高い所有者が資本所有することを害している評価できる（資本所有中立性，Capital Ownership Neutrality, CONを害している）[71]。武富士事件（最判平成23年2月18日判時2111号

うに，市民権基準課税の是非についてはかなりの議論があることは，留意すべきであろう。仮に国籍こそがドミサイルを示すという考え方を徹底すれば，市民権基準課税への移行こそが考えられるべきである。

70) 相続税・贈与税が所得税の補完と考えられること（本稿注63)参照），さらに所得課税における源泉地国管轄権の根拠が，源泉地国が与える各種の便益（benefit）にあること（E. g., Stephen E. Shey et al., "What's Source Got to Do with It?" Source Rules and U. S. International Taxation, 56 TAX L. REV. 81, 90-91 (2002)）を踏まえれば，非居住者に対する相続税・贈与税は，日本が与えた便益に対するいわゆる見返りとして課税されていると言える。

71) Mihir A. Desai & James R. Hines Jr., Evaluating International Tax Reform, 56 NATL

3頁）は，国内資産所有についての不平等性，ないし資本所有に対して贈与税が非中立的であることを納税者が利用したと評価できる。

　国内資産所有についての平等ないし相続税・贈与税の資本所有に対する中立性を確保するためには，特に外国法人が保有する資本を全て個人株主のものと見て（look-through アプローチ），非居住者に対し相続税・贈与税を課すことが必要であり，アメリカ法では，たとえば 6 - 2 - 3 ① の FITA 以来，市民権離脱者等が保有する一定の外国法人株式の時価のうち，連邦内所在資産に対応する部分を総遺産に算入して連邦遺産税の対象にしている。[72] 上述の平等や中立性の観点からすると，このような法人資産を株主に帰属させるアプローチは，外国移住者や国籍離脱者のみならず，全ての非居住者に及ぼされるべきであるが，しかし日本国内資産を所有する外国法人の株主を，その株式保有割合の大小にかかわらず（それが個人株主に行き着くまで）精査することは，執行上不可能であろう。結局，相続税・贈与税の枠組みでは，（上述のように，一時的な移住である場合を除き）税負担軽減を目的とする国外移住を止めることはできず，立法的対処には限界がある。[73]

　　TAX J. 487, 494 (2003). 事業承継税制の文脈で CON を用いた分析をするものとして，浅妻章如「CON（capital ownership neutrality：資本所有中立性）の応用——事業承継における信託等の活用に向けて」立教法学 86 号 216 頁（2012 年）。

[72]　このような発想を日本法へ導入することを示唆するものとして，中里実「課税管轄権からの離脱をはかる行為について」フィナンシャル・レビュー 94 号 4 頁，33 頁（2009 年）。

[73]　相続税・贈与税につき，被相続人・贈与者の富に対する清算課税であるとの遺産税的捉え方をする場合には，被相続人・贈与者の死亡・贈与時に課税することは，「課税のタイミングが一点に集中してしまうことで却って課税逃れ（合法・違法含めて）の誘因を高めてしまっているかもしれない」（浅妻章如「相続等の財産無償移転に対する課税のタイミングについて」『金融取引と課税(1)〔トラスト 60 研究叢書〕』（公益財団法人トラスト 60，2011 年）155 頁，209 頁。ただし浅妻論文は，遺産を徐々に使うタイミングで課税することとの比較において，このような言及をしている）。

　　むしろ発想を変え，国内における富そのものに対して毎年課税をする富裕税の方が，それが適切に執行できる限りにおいて，本文で述べた平等や CON の問題に対処しつつ，かつ国内（への）または国外移住への税の抑圧効果が少ない（本稿注 64）の出国富裕税

6-4 税負担軽減を目的とする永久的な国外移住・国籍離脱への対処

　本稿では，アメリカ連邦所得・遺産・贈与税における国籍離脱者等に対する課税の経験を見ながら，国際的な相続税・贈与税の回避と称されるものへの立法的対処の限界を探った。まとめると，①富の集中排除という相続税・贈与税の趣旨と公平の観点から，立法的対処を要する国際的な相続税・贈与税回避とは，相続・贈与時のみ国外に移住し，その後日本に再移住するような，相続・贈与時前後での日本との経済的なつながりが変化しない場合のみを指し，現行法はこのような回避に適切に対処できていない。永久的な国外移住は，たとえそれが税負担を軽減することを目的としていたとしても，相続・贈与税による対処はできず，また対処すべきでない。②現行の相続税・贈与税は，国内資産所有につき，(外国法人を利用してそれを所有する)非居住者と居住者を平等・中立的に取り扱っておらず，また平等・中立的取扱いを貫徹することは不可能である。そのような平等・中立性の確保は，むしろ国内所在の富に対して一般的課税をする富裕税の方が，その税が適切に執行できる限りにおいて，適切である。また，現行相続税や贈与税につき遺産税方式の要素(被相続人・贈与者の富の蓄積ないし生じた所得の清算課税)を重視する場合[74]，あるいは遺産税方式の税に立法的に完全に切り替える場合には，出国富裕税(本稿注64)参照)の採用をした方が，その目的に沿う。

　　や入国富裕税は，遺産税や相続税軽減のための一時的国外移住を完全に防ぐが，一時点で税がかかるために国外・国内移住自体を抑圧する)と言える。

74)　関野泰子「相続税・贈与税の課税管轄をめぐる諸問題——財産の所在の判定を中心として」税務大学校論叢25号225頁，287-289頁，350-351頁(1995年)は，被相続人・贈与者による富の蓄積に対して被相続人・贈与者の居住地国が貢献していることを踏まえ，被相続人・贈与者の居住地国に無制限納税義務を認めることが合理的であるとする。しかし，この提案のように，被相続人・贈与者の居住地国に無制限納税義務を認めるアメリカ連邦遺産・贈与税が，国外移住や国籍離脱とそれへの対処に苦しみ，最終的に相続税(遺産取得税)タイプの課税で対処したことは，本稿本文で述べた通りである。

6 相続税・贈与税の租税回避と立法的対処の限界

　国外移住者や国籍離脱者に対する課税[75]は，国外移住や国籍離脱に影響を及ぼすから，それらの税の目的が国内に居住し続ける者や日本国籍を保持し続ける者と国外移住者・国籍離脱者との課税上の同等性を求めるものであるにせよ，日本国憲法22条2項や国際法違反の議論は避けて通れない（アメリカ法につき本稿注26)参照）。本稿はこの点につき詳述できなかったが，カリフォルニア州パサディナの国際税務弁護士 Phil Hodgen 氏は，低税率だからではなく，生活の質がよい国に顧客がしばしば移住する旨をコメントしている[76]。このような実務家の印象が日本国外への移住にも当てはまるとすれば，他国への完全な移住は，税が安いからではなく，日本より他国が魅力的だからと見るべきであろう。少子高齢化の進む昨今，国外移住を抑制するべきだという主張が説得力を持つにせよ，むしろ生活の質を良くするという王道によって行うことを第一に考えるべきである。国外移住や国籍離脱は憲法上・国際法上の権利であるから，それらに安易に租税回避のラベルを貼り，無原則・場当たり的に課税対象を拡大して国外移住を抑制すべきではない。もちろん，政策的当否はともかく，アメリカの経験に照らして国外移住を促進することを望めば，話は別である。

---

[75]　平成27年度税制改正により，国外転出する居住者については，原則として，有価証券等の価額などが1億円以上である場合に，有価証券等のみなし譲渡損益につき，課税されることとされた（所税60条の2）。アメリカの HEART Act で採用された出国税と同様の制度が採用されたことになる。

[76]　Sapire & Johnston, *supra* note 59, at 768.

7

公正処理基準と租税回避

八ツ尾順一

7-1　公正処理基準の導入経緯

　法人税法22条4項は，課税所得金額の計算上，益金の額に算入すべき収益の額ならびに損金の額に算入すべき原価，費用および損失の額は，別段の定めのあるものを除き「一般に公正妥当と認められる会計処理基準」（公正処理基準）にしたがって計算することを定めたもので，1967（昭和42）年度の税制改正によって，創設された。この規定は，1952（昭和27）年の「税法と企業会計原則との調整に関する意見書」[1]から議論が重ねられ，1967年の法人税法の改正において設けられたのである。

　上記意見書では，「（前略）公正妥当な会計原則に従って算定される企業の純利益は課税所得の基礎をなすものであり，税法上における企業の所得の概念は，この意味における企業の利益から誘導されたものであることを認めなければならない。税法における所得計算の基本理念もまた窮極において，『一般に認められた会計原則』に根拠を求めなければならないのである。」（2頁）と述べ，所得金額の根拠を会計原則に求めている。また，「税法と企業会計との調整に関する意見書[2]」では，「たとえば，法人税法の課税標準の総則的規定として，『納税者の各事業年度の課税所得は，納税者が継続的に健全な会計慣行によって企業利益を算出している場合には，当該企業利益に基づいて算出するものとする』旨の規定を設けることが適当である。[3]」と，企業利益が課税所得のベー

---

1)　昭和27年6月16日大蔵省企業会計基準審議会中間報告。
2)　昭和41年10月17日大蔵省企業会計審議会中間報告。

185

スとなっていることを強調している。さらに,「税制簡素化に関する意見[4]」では,「企業利益は,健全な会計慣行にしたがって計算されるものであるから,課税所得も健全な会計慣行によって計算されるものであることを法令において明らかにすることが適当である。」(4頁) と述べ,法人税法22条4項に相当する規定を設けることを勧めている。税制調査会の「税制簡素化についての第一次答申[5]」では,「税法において課税所得は,納税者たる企業が継続して適用する健全な会計慣行によって計算する旨の基本規定を設けるとともに,税法においては,企業会計に関する計算原理規定は除外して,必要最小限度の税法独自の計算原理を規定することが適当である。」(44頁) と,企業会計を尊重することを述べている。

　税制簡素化の基本的方向として,①納税の便宜を優先的に考慮すること,②簡素化のためには,税制の理論の精密さあるいは税法独特の規制についてある程度緩和することおよび③税制の簡素化はできる限り税負担の変動や財政上の影響の少ない方向で検討する必要があることの3つが指摘されている[6]。

　このような議論を経て,法人税法22条4項が誕生したことから,その規定は「税制の簡素化」を目的として,創設されたと解すべきなのであろう。そして,法人税の課税標準を所得金額に求め,その課税所得金額の計算のベースを企業利益に求めている以上は,法人税法が,企業会計に依存していることは,その計算構造から見て,自明のことなのである。その意味では,法人税法22条4項は,元来,法人税法の中に組み込まれているものであることから,その規定自体は,「創設的規定」ではなく「確認的規定」と解すべきであろう。

　この点については,武田隆二名誉教授は,「基本規定の設置の目的は,できるかぎり一般の会計実務を尊重することによって,会計慣行に一任すべきものは税法規定から除き,税法の規定は課税所得計算に必要な最小限の規定にかぎ

---

3) 中央経済社編『会計法規集〔第23版〕』(中央経済社, 2005年) 347頁。
4) 昭和41年8月25日日本租税研究協会。
5) 昭和41年12月16日税制調査会。
6) 武田昌輔「一般に公正妥当と認められる会計処理の基準」税務大学校論叢3巻109頁, 119頁 (1970年)。

ることが，税制の当然の論理であるということを追認することにあった。このことが実態に即した公平な課税所得計算の前提となる，という認識がそこに内在している[7]。」と述べている。

以上から，法人税法22条4項は，課税所得の計算の基礎となる収益の額および費用・損失の額は，税法に別段の定めがない限り企業会計に依拠すべきであることを明らかにした「確認規定」と解すべきである。

7-2 公正処理基準の内容

7-2-1 公正処理基準

公正処理基準，すなわち「一般に公正妥当と認められる会計処理の基準」について，武田昌輔名誉教授は「客観的な規範性をもつ公正かつ妥当と求められる会計処理の基準という意味であり，特に明文の基準があることを予定しているわけではない（中略）この基本規定は，具体的には企業が会計処理において用いている基準ないしは慣行のうち，一般に公正妥当と認められないものだけを税法でも認めないこととし，原則としては企業の会計処理を認めるという基本方針を明らかにしたものであるという点にその意味を求めるべきであろう[8]。」と述べている。このような考え方を採用すれば，公正処理基準そのものはかなり広範囲で適用されることになる。金子宏名誉教授は，公正処理基準について，「その中心をなすのは，企業会計原則・同注解，企業会計基準委員会の会計基準・適用基準等，中小企業の会計に関する指針，中小企業の会計に関する基本要項や，会社法，金融商品取引法，これらの法律の特別法等の計算規定・会計処理基準等であるが，それに止まらず，確立した会計慣行を広く含むと解すべきであろう[9]。」とし，谷口勢津夫教授も「会社法および会社計算規則，金融商品取引法および財務諸表等規則等の法令上の計算規定，企業会計原則・同注解，

---

7) 武田隆二『平成17年版法人税法精説』（森山書店，2005年）38頁。
8) 武田昌輔『立法趣旨法人税法の解釈』（財経詳報社，1985年）39頁。
9) 金子宏『租税法〔第20版〕』（弘文堂，2015年）317頁。

企業会計基準委員会（財団法人財務会計基準機構）の企業会計基準・同適用指針，日本公認会計士協会・日本税理士会連合会・日本商工会議所・企業会計基準委員会「中小企業の会計に関する指針」（平成 17 年 8 月 1 日，逐次改正），などの公表された会計基準のほか，確立された会計慣行をも含むものである[10]。」と述べている。

また，公正処理基準に対して，その規定そのものは，概念的・抽象的性質のものであって，客観的・具体的でないとも解せられるし，また「具体的にどのような領域において意義を持つことになるのか」との指摘もある[11]。これに対して，公正処理基準は，もともと流動化する社会・経済の変化に対応できるものであって，決して客観的・固定的なものであってはならないという。この点について，武田隆二名誉教授は，次のように述べている[12]。

「かかる抽象的・観念的概念である『一般に公正妥当』という概念を言語または記号によって表現した命題の体系が『会計原則』または『会計基準』といわれる。したがって，『会計原則』は具体的・個別的概念である。抽象的・概念的概念（一般に公正妥当と認められる会計処理の基準）を命題化する操作をへて，『具体的・個別的概念』（会計原則・基準）として定立するためには，両概念の間に『命題化の操作』というプロセスが介在しなければならない。つまり，媒介概念を必要とすることである。」

そして，この「媒介概念」として「相当に権威ある支持を有する基準」という概念を設定するとしている。具体的には，企業会計審議会（判断主体）が定めた「企業会計原則」などがそれに該当するとしている。しかしながら，全ての会計処理基準について，公正処理基準とそうでないものとを明確に区分が行える保証はない。したがって，不明瞭な会計処理基準等については，最終的には，裁判所が判断することになる。このような判例の積み重ねによって，公正処理基準の内容が次第に明らかになるのである。

---

10) 谷口勢津夫『税法基本講義〔第 4 版〕』（弘文堂，2014 年）392 頁。
11) 清永敬次『税法（新装版）』（ミネルヴァ書房，2014 年）125 頁。
12) 武田・前掲注 7)39 頁。

7-2-2 公正処理基準と法令

① 棚卸資産の範囲

法人税法や法人税法施行令には，会計処理に関する規定が多くある。これらは，「別段の定め」ではあるが，企業会計上，明らかにされていないため（企業会計の補填）等の理由によって，法令で定めているものがある。たとえば，「棚卸資産」については，法人税法2条20号で，「商品，製品，半製品，仕掛品，原材料その他の資産（中略）で棚卸しをすべきものとして政令で定めるもの」と規定し，具体的には，法人税法施行令10条（棚卸資産の範囲）において，①商品または製品（副産物及び作業くずを含む。），②半製品，③仕掛品（半成工事を含む。），④主要原材料，⑤補助原材料，⑥消耗品で貯蔵中のものおよび⑦前各号に掲げる資産に準ずるものがこれに該当すると規定している。

上記の棚卸資産のうち，①から⑤は，資産の物的性状から見て，会計上も棚卸資産として扱われるが，⑥と⑦については，法人税法上の観点から，棚卸すべきものとして，棚卸資産の範囲に入れている。このように，棚卸資産について，公正処理基準に依拠せず，法人税法で別途定める理由は，①企業会計上，棚卸資産について明確な統一的概念規定が存在しないこと，②棚卸資産の評価は，売上原価を算定する上で，重要な項目であるから，法人税法上，明確にその範囲を定める必要があるからである。しかしながら，公正処理基準が税制の簡素化を目的とするものと理解するのであれば，これらの規定は不要と言えるかもしれない。

② 棚卸資産の評価方法

棚卸資産の評価方法には，「原価法」（法税令28条1項1号）「低価法」（法税令28条1項2号）そして「特別な評価方法」（法税令28条の2）がある。この原価法は，次の6種類の方法のうちいずれかの方法（表7-1）でその取得価額を算出し，その算出した取得価額をもって期末評価額とする方法である。

なお，国際会計基準と足並みをそろえようとする会計基準のコンバージェンス問題を解決するために，企業会計基準委員会（ASBJ）が，2008年3月31日付で，改正企業会計基準第9号「棚卸資産の評価に関する会計基準」を公表し，「後入先出法」を棚卸資産の評価方法から除外したことから，平成21年度税制

表7-1　法人税法上の原価法

① 個別法（法税令28条1項1号イ）	④ 移動平均法（法税令28条1項1号ニ）
② 先入先出法（法税令28条1項1号ロ）	⑤ 最終仕入原価法（法税令28条1項1号ホ）
③ 総平均法（法税令28条1項1号ハ）	⑥ 売価還元法（法税令28条1項1号ヘ）

改正で，「後入先出法」が棚卸資産の評価方法から削除された。また，評価方法を選定しなかった場合，または，選定した評価方法で評価しなかった場合は，「最終仕入原価法」（法定評価方法）に基づく原価法によって計算される（法税29条1項，法税令31条1項）。最終仕入原価法は，事業年度における最終の取得における取得単価をもって期末評価額を算定するという簡便な方法であるが，企業会計上は，最終仕入原価法によれば時価評価に近くなるため，取得原価主義に反する場合があり，企業会計原則では，棚卸資産の評価方法としては例示されていない。しかしながら，武田隆二名誉教授は，最終仕入原価法と先入先出法は，同類の方法で，最終仕入原価法は，先入先出法の簡便法と見ることができると，次のように述べている。

「最終仕入原価法は先入先出法とは異なる結果が生ずることはあるものの，期末棚卸数量に最近受入品の単価を適用するものであるという点で先入先出法と同類の方法とみることができる。ことに，「最終仕入数量＞期末棚卸数量」の関係があるときは，先入先出法の結果と完全に一致する。その意味で，期末棚卸数量の全体について最終受入品単価を適用するか（最終仕入原価法），あるいは，期末に最も近い時において取得されたものの単価から順次各口ごとに適用するか（先入先出法）の相違にすぎず，最終仕入原価法は先入先出法のごとく異なる単価によらず，単一の単価を用いるという点で，先入先出法の簡便法としての性格をもっている。[13]」

その意味では，最終仕入原価法も企業会計上，認められる評価方法と言えるのかもしれない。

13）　武田・前掲注7）261頁。

7-2-3 公正処理基準と通達

ところで，通達は，公正処理基準になりうるのであろうか。法人税基本通達には，具体的な会計処理が多く載っている。「法人税基本通達の制定について」（直審（法）25（例規）／昭和44年5月1日）の前文では，企業会計について，次のように述べられている。

「従来の法人税通達の規定のうち法令の解釈上必要性が少ないと認められる留意的規定を積極的に削除し，また，適正な企業会計慣行が成熟していると認められる事項については，企業経理にゆだねることとして規定化を差し控えることとした」。

すなわち，上記文言を素直に解すると，適正な企業会計慣行が成熟していると認められる事項（成熟しているか否かの判断は課税庁がすることになる）については，通達で定めないということになる。そうすると，それ以外の事項を通達で定めるということになるのであれば，論理的には，通達に記載されている会計処理は，まだ，成熟していないという意味で，公正処理基準に該当しないことになるのであろう。しかしながら，上記のように，企業会計慣行の成熟度については，明確に判定することが困難であるから，通達の中には，確認的に公正処理基準そのものが示されることもあり得る。また，通達の中で示された会計処理が将来に向かって広く納税者の間で，継続して適用されると，その会計処理そのものが慣行化され，公正処理基準になりうることもある。その意味で，課税庁の解釈である通達が，公正処理基準を作るということも言えるのかもしれない。

① 原価差額の調整

仮に，通達に示されている会計処理が公正処理基準に反している場合，法人税法22条4項を根拠として，当該通達を否認することができるのであろうか。法人税基本通達5-3-1は，原価差額の調整であるが，原価差損（借方原価差額）は，強制調整であるが，原価差益（貸方原価差額）は，任意である。すなわち，原価差益については，その金額の多寡にかかわらず，その調整は，同通達で要求されていないので，原価差益を調整するか否かは法人の任意となる。仮に，調整をしなければ，原価差益が全て益金として計上されるということで

ある。これは明らかに，課税所得を減額することを法人が欲するならば，法人自ら調整を選択すべきで，通達は，関与（強制）しないという態度なのである。このように課税所得の減少に係わる事項については，それを防止する規定を設け，課税所得の増額になるケースにおいては，ことさら規定を設けないのが通達の基本的な姿勢である。故に，基本通達の中には，一般に公正妥当と認められない会計処理もあるということである。

② クロス取引

金融商品会計に関するＱ＆Ａ（2000年9月14日／日本公認会計士協会・会計制度委員会）のＱ12では，クロス取引について，「譲渡人が譲渡した金融商品を当該金融商品の満期日前に買い戻す権利及び義務を実質的に有している場合には，金融商品の消滅の要件（金融商品会計基準（第二．二．1．(3)））を満たさないので，たとえ時価で取り引きされたとしても売却処理は認められません」として，クロス取引については，売却処理を認めていない。金融商品会計基準Ⅲ・2・(1)および金融商品会計実務指針42・255では，有価証券を含む金融資産の消滅要件として，①譲渡された金融資産に対する譲受人の契約上の権利が譲渡人およびその債権者から法的に保全されていること，②譲受人が譲渡された金融資産の契約上の権利を直接または間接的に通常の方法で享受できることおよび③譲渡人が譲渡した金融資産を当該金融資産の満期日前に買い戻す権利および義務を実質的に有していないことの三点があがっている。このように企業会計上クロス取引の取扱いが明確化されたことに伴って，税務上もクロス取引は，同一価額による実質的な買戻し等を前提とした場合は，売買はなかったものとして取り扱うことが，法人税基本通達2-1-23の4で，次のように規定されたのである。

「同一の有価証券（売買目的有価証券を除く。）が売却の直後に購入された場合において，その売却先から売却をした有価証券の買戻し又は再購入（証券業者等に売却の媒介，取次ぎ若しくは代理の委託をしている場合の当該証券業者等からの購入又は当該証券業者等に購入の媒介，取次ぎ若しくは代理の委託をしている場合の当該購入を含む。）をする同時の契約があるときは，当該売却をした有価証券のうち当該買戻し又は再購入をした部分は，その売却がなかったものとして

取り扱う。」

　このように法人税基本通達で，企業会計に追従して，クロス取引について，売却損益を認識しないという規定を設けたのであるが，このような規定内容については，むしろ，公正処理基準の範疇と考え，通達で，殊更，このような規定を設ける必要もないと思われる。

　通達の制定では，適正な企業会計慣行が成熟している事項については，企業経理に委ねると述べているのであるから，通達は企業会計に追従してわざわざクロス取引について，重複するような規定を設ける必要はないのである。

　なお，所得税では，市場取引などの場合は，クロス取引による売却でも，株式の譲渡として認識される（「個人が上場・店頭売買株式を売却するとともに直ちに再取得する場合の当該売却に係る源泉分離課税の適用について」〔法令解釈通達〕平成12年3月17日課資3-2等）し，過去の裁決においても，値下がりしている保有株式を売却すると同時に，同一銘柄の株式を同株数，同価額で購入する取引によって生じた売却損について，これを租税回避として否認することはできないとした事例がある（国税不服審判所裁決平成2年4月19日裁決事例集39号106頁）。その意味では，所得税（譲渡所得）については，法人税と異なり，企業会計の影響をそれほど受けないのかもしれない。

7-2-4　法人税法22条と公正処理基準

　法人税法22条は，法人税の課税所得の「骨格」を示す条文で，図7-1のように第1項から第5項で成り立っている。

　上記の第1項から第5項の中で「第4項」がどのような位置にあるのかについて，従来から議論が分かれている。すなわち，「基本的規定」と見るか「補充的規定」と見るかである。法人税の課税標準である所得金額は，第1項によって，その基本式が明示され，その算式を構成する「益金の額」（第2項）「損金の額」（第3項）そして所得金額の計算から除外する「資本等取引」（第5項）から導かれる。そして，これらを包括的にカバーする規定として，第4項の「一般に公正妥当と認められる会計処理の基準」があるとするならば，それは「補充的規定」と見ることは可能である。しかしながら，課税所得は，企業利

図7-1 基本的規定と補充的規定

第1項	課税所得の基本式（益金の額－損金の額）	←	基本的規定
第2項	益金の額	←	
第3項	損金の額	←	
第4項	一般に公正妥当と認められる会計処理の基準	← 補充的規定	
第5項	資本等取引	←	

益を源泉（ベース）として導き出される（「確定した決算に基づき」法税74条1項）ものであるということを強調すれば、第4項は、「基本的規定」ということが言えるのかもしれない。ただ、法人税法22条は、第2項で「益金の額」そして第3項で「損金の額」の内容を示し、法人税法の課税所得の金額の基本的な計算式を第1項で明示しているのであるから、これらのものを「基本的規定」とし、それを補充するものとして、公正処理基準が存すると考えるのが自然である。したがって、公正処理基準そのものは、課税所得を導く過程において、「補充的規定」としての役割が期待されることになる。その意味では、法人税法の中にビルトインされた規定であるが故に、法人税法から外れた解釈は採るべきではないと考えられる。すなわち、公正処理基準の適用に際して、法人税法の目的・趣旨等を前提とした解釈が行われるべきであるということになる。同様の趣旨として、岡村忠生教授は、次のように述べている。[14]

「企業会計への過剰な依存は、特に税法の基本的な理念や、租税法律主義（納税義務は法律に基づくことが必要であるとする原則。憲法84条）を、阻害する可能性があることに注意すべきである。すなわち、もっぱら企業と投資家の利害関係によって選択され、国会による公平負担の観点からの吟味を経ていない会計方法によって税負担が決定されてしまう可能性が考えられる。つまり、法人税法が、外部の異質なルールによって左右される可能性がある」。

法人税法22条4項は、法人税法の簡素化を目的として設けられたものであることから、公正処理基準の適用について、ある意味では、別段の定めのない

---

14) 岡村忠生『法人税法講義〔第3版〕』（成文堂、2007年）31頁。

部分については，会計ルールを全面的に適用すべきと解することができる。しかしながら，一方で，会計ルールは，法人税法において，無条件に受け入れるのではなく，租税法の基本原則の理念に外れることなく，解釈・選択されなければならないと考えることも可能である。この点，最高裁（最判平成5年11月25日民集47巻9号5278頁）も，「法人税法22条4項は，現に法人のした利益計算が法人税法の企図する公平な所得計算という要請に反するものでない限り，課税所得の計算上もこれを是認するのが相当であるとの見地から，収益を一般に公正妥当と認められる会計処理の基準に従って計上すべきものと定めたものと解される」（5279頁）と述べている。

7-3　会計基準と租税回避

7-3-1　企業会計の白地部分と租税回避

その会計処理が公正処理基準に該当するか否かは，最終的に，裁判所によって判断されることになるが，上述したように，法令・通達・判例等は，ある一面において，企業会計の白紙部分を補充する機能を有している。すなわち，法人税法における「別段の定め」である法令自体も，企業会計の白紙部分を埋めている。このことは，ある意味では，白紙部分を埋めなければ，租税回避として企業会計が利用されることが予想され，それを防止するため予め法令規定しているともいえる。通達等も法令と同じ役割を演じているところがある。現在の企業会計は，投資家等の利害関係者に有用な情報を提供するという目的が主流であることから，当該会計情報（会計処理）について，将来予測を含む情報を伝えることが重要になっている。しかしながら，画一的・非弾力的な会計処理をベースとして導かれる課税所得は，このような企業会計の目的に馴染ま

15）　新井清光・川村義則『現代会計学』（中央経済社，2014年）6頁。
　　「会計の役割は，情報提供機能と利害調整機能という2つの会計の機能として論じられることもある。情報提供機能は，会計が投資家等の利害関係者の意思決定に役立つ情報を提供する機能を指し，利害調整機能は，会計が利害関係者間の対立する利害の調整に役立つ機能を指す」。

い部分がある。税法は、課税の公平を維持するために、租税回避を防止するという税法固有の課題を持っている。企業会計は、利害関係者に有用な情報を提供し、それは、投資家等が自ら情報を加工し、自己に有用な情報として変貌させることを可能にするものである。このような性格を有する企業会計を法人税法がそのまま「公正処理基準」として鵜呑みにすることは困難であろう。税務当局は、このような激変する企業会計にたえず、注目し、租税回避を防止する法令等を整備・規定する準備を行っている。

　その例の1つをあげると、平成19年度税制改正で創設された「短期売買商品の譲渡損益及び時価評価損益の益金又は損金算入」がある。この税法の規定は、2006年7月5日に公表された「棚卸資産の評価に関する会計基準」（企業会計基準9号）が端緒となっている。企業会計基準9号は、他の会計基準との整合や国際的な会計基準との調和の観点から設けられたものである。上記基準の15では、「トレーディング目的で保有する棚卸資産については、市場価格に基づく価額をもって貸借対照表価額とし、帳簿価額との差額（評価差額）は、当期の損益として処理する」と規定している。その理由は、「当初から加工や販売の努力を行うことなく単に市場価格の変動により利益を得るトレーディング目的で保有する棚卸資産については、投資家にとっての有用な情報は棚卸資産の期末時点の市場価格に求められると考えられることから、市場価格に基づく価額をもって貸借対照表価額とすることとした」（同基準60）となっている。この点、金融商品取引業者が金融商品市場において株式ディーリングを行い、利ざやを得ることと異ならないため、トレーディング目的で保有する棚卸資産についても「金融商品に関する会計基準」（企業会計基準10号）における売買目的有価証券に関する会計処理に準じた取扱いとされている。このように、企業会計の整備に伴って、税制面で改正が行われた。すなわち、短期売買商品を譲渡した場合の譲渡損益は、譲渡対価の額から譲渡原価の額を控除して計算し、その譲渡に係る契約をした日の属する事業年度に計上する（法税61条1項）。事業年度終了のときにおいて有する短期売買商品については、「時価法」により評価した金額をもってその評価額とし、評価損益はその事業年度の所得の益金の額または損金の額に算入する（法税61条2項・3項）。

さらに,「時価法」については,事業年度終了時において有する短期商品売買を種類等の異なるごとに区別し,その種類等を同じくする短期売買商品について,次に掲げるいずれかの金額にその短期売買商品の数量を乗じて計算した金額をそのときの評価額とする方法である（法税令118条の7）。

①価格公表者によって公表されたその事業年度終了の日の最終の売買価格
②価格公表者によってその価格を公表される短期売買商品またはこれに類似する商品の最終価格にこれらの品質,所在地その他の価格に影響を及ぼす条件の差違により生じた価格差につき必要な調整を加えて得た価格

しかしながら,短期売買商品の取扱いについては,法人税法において,このような課税の規定を設けずに,整備された会計基準等の会計処理に専ら依存することは,できなかったのであろうか。この制度が設けられた際に「このような企業会計の整備に伴い,税制面でも企業の事務処理の負担とならないように改正が行われています[16]」と述べているが,これも会計基準等に別途,税法の枠を嵌めた規定といえる。また,公正処理基準そのものが曖昧模糊とするものであるから,課税庁の判断が入る余地があり,課税庁の解釈によって,公正処理基準そのものが「包括的否認規定」になりうる可能性を孕んでいる。

たとえば,最判平成6年9月16日（刑集48巻6号357頁）の脱税協力金について,公正処理基準を根拠として,次のように損金算入を否認した判例がある。

「架空の経費を計上して所得を秘匿することは,事実に反する会計処理であり,公正処理基準に照らして否定されるべきものであるところ,右手数料は,架空の経費を計上するという会計処理に協力したことに対する対価として支出されたものであって,公正処理基準に反する処理により法人税を免れるための費用というべきであるから,このような支出を費用又は損失として損金の額に算入する会計処理もまた,公正処理基準に従ったものであるということはできないと解するのが相当である。」(357頁)

上記最高裁の判決は,脱税協力金について,公正処理基準を根拠として損金

---

16) 青木孝徳ほか『改正税法のすべて 平成19年度版』（大蔵財務協会,2007年）。

算入を否認したものであるが，公正処理基準をそのように考えるということ自体，企業会計というものを正しく認識していないのではないか，という疑いを抱かざるをえない。そもそも，公正処理基準というものは，その支出される費用の中身の法的な性格（違法性）を吟味して，費用処理をするか否か（会計処理）を決定するというものではない。その支出された費用の性格をそのまま伝えられる適正な勘定科目で，その事実どおりに会計処理を行うということが「公正処理基準」の考え方なのである。脱税の協力金が法人から現金で100万円支出されれば，「借方：脱税費用100万円／貸方：現金100万円」として仕訳される。そして，この会計処理を見る投資家等が，脱税の費用が100万円現金で支出されているという事実を認識できれば，それは公正処理基準に合致していると言える。会計は，その支出された費用について，法的評価はしない。その会計事象をそのまま鏡に映すように記録（仕訳等）・伝達することが公正処理基準なのである。そうすると，最高裁が述べている公正処理基準は，損金算入を否認する根拠とはなりえない。もともと脱税のための支出は費用として認めるべきではないという前提の下で，最高裁が公正処理基準を適用したということであれば，租税回避を否認するために，公正処理基準を利用（乱用）することも可能である。その意味で，曖昧模糊とした公正処理基準は，包括的否認規定の役割を果たすことも出来るのかもしれない。なお，平成18年度の税制改正で，法人税法55条が設けられ，不正行為等に係る費用については，損金不算入となった。[17]

7-3-2　FASB解釈指針第48号と租税回避

　米国財務会計基準審議会（FASB）は，2006年7月に，FASB解釈指針第48号「法人所得税における不確実性に関する会計処理――財務会計基準書第109

---

[17] 腐敗の防止に関する国際連合条約（12条4項）の「（前略）締約国は，（中略）賄賂となる支出並びに適当な場合には，腐敗行為を助長するために要したその他の支出について，税の控除を認めてはならない（後略）」という文言を受けて，この規定が設けられた。

号の解釈指針（FIN48 Accounting for Uncertainty in Income Taxes. an Interpretation of FASB Statement 109)」を公表した。FASB 解釈指針第 48 号（FIN48）は，米国で「一般に公正妥当と認められた会計原則（GAAP）」に基づいて財務諸表を作成する全企業に適用され，日系企業も米国に上場している企業等は適用の対象になっている。FIN48 は，申告・納付後の追加納税のリスクについて，投資家等に対し「当該情報」を提供するということを目的として規定されたものである。すなわち，ある経済的事実に対して，税法を適用する際に，事実認定，法令解釈に判断の余地があることが多い。そして，納税者が行ったその判断に対して，事後的に，税務調査等が行われ，その申告内容が否認された場合のリスク（税額増加等）の情報提供を行うという会計処理である。特に，租税回避のようなグレーゾーンの行為に対しては，税務当局から否認されるリスクは極めて高い。従来，「法人所得税の会計」に規定する FASB 基準書 109 号は，上記のリスクをいかに財務諸表に反映させるかの具体的な判断基準を提供してこなかった。その結果，実務での会計処理に統一性を欠き，財務諸表の比較が十分にできなかった。これが投資家の利益を損ねるということで，不確実性をどのように認識し，測定そして開示する具体的な基準を示すために FIN48 が公表されたのである。

「本解釈（FIN48）に従う税務上のポジションの評価は，2 段階からなる。

第 1 段階は，認識である。すなわち，企業は，その税務上のポジションを解釈技術上成り立たせる論拠に基づき，そのポジションに関連する不服申立てや訴訟手続きの成果も勘案して，税務当局がそのポジションを認める可能性の方

---

18) 日本では，適格組織再編税制を利用して巨額の税負担を逃れたとして，包括的否認規定（法税 132 条の 2）が適用され，更正処分等されたヤフー事件（東京地判平成 26 年 3 月 18 日判時 2236 号 25 頁／納税者敗訴）がある。

19) 従来，法人所得税の不確実性は，Statement of Financial Accounting Standards (SAFS) 5「偶発債務の会計」でカバーされていた。すなわち，偶発損失については，発生可能性の蓋然性があり，かつ金額の合理的な見積が可能な場合に認識し，偶発利益については，認識しないというものであった。しかし，FIN48 適用後は，法人所得税に関する不確実性は，SFAS 5 の適用対象から外れた。

が否認するよりも高い（more-likely-than-not）か否かを決定する。
　税務上のポジションが，否認されない可能性の方が高いという，認識をするための最低限を満たしているかどうかを評価するに当たり，企業は，関連するすべての情報についての完全な知識を有する適切な税務当局がそのポジションを吟味するものと仮定しなければならない。
　第2段階は，測定である。すなわち，否認されない可能性の方が高いとする認識の最低限を満たした税務上のポジションは，財務諸表に計上すべき税務上の利益の金額を決めるために測定される。このような税務上のポジションは，最終的な解決時に50％超の可能性で実現すると見込まれる税務上の利益の金額のうちの最大の金額により測定される。」(FIN48, Summary P. 1)
　このような税務リスクの情報を開示する会計処理については，当初から，追徴リスクを高めるのではないかとの懸念された。FIN48の大意は，最終的に50％超の確率で認められると考えられない税務上の取扱いについては，否認されたものと仮定して引当を義務づけるものである。これに対して，米国の課税当局である内国歳入庁（Internal Revenue Service）は2010年2月26日に，新たなPOLICY OF RESTRAINT（Announcement 2010-9, 2010-7 I. R. B. 408）を公表した。これは，大規模な企業に対し，税務申告時に"不確定な税務ポジション（Uncertain tax positions）"に関する情報の提出を義務づけるという考え方を示したものである。FIN48の適用以降，内国歳入庁は，米国公開企業（1万4000社以上）のSEC報告書から，FIN48適用による各企業の不確定な税務ポジションを探索していたが，そのことに多大な時間を要したことから，この申告時提出義務化により，内国歳入庁はそれらの労力を大幅に減らすことを目指したのである。
　以上の経緯から，会計上求められた情報の開示（税務上のリスク）が，結局は，税務当局の課税の情報収集にリンクしたというところに注目すべきである。特に，租税回避については，法律の空白部分を利用したものであるから，当然，税務当局から否認される確率は高くなる。それ故に，FIN48では，開示することになる確率は高い。それを納税者自ら，情報として，開示するという会計処理を行うということは，暗黙のうちに，租税回避を行うということを困難に

7-4　公正処理基準に係る判例

7-4-1　船積日基準と船荷証券引渡基準／最判平成5年11月25日（民集47巻9号5278頁）

① 事案の概要

　船荷証券が発行されている商品の輸出取引による収益を取引銀行による荷為替手形の買取の時点で計上（船荷証券引渡基準）して所得金額を計算し，法人税の申告を行ったX会社が，船積日基準に従い被上告人税務署長のなした法人税更正処分等の取消しを求めた事案で，船積日基準によって輸出取引による収益を計上する会計処理は，公正妥当と認められる会計処理の基準に適合し，実務上も広く一般的に採用されていることからすれば，被上告人が船積日基準によって本件更正処分を行ったことは適法であるとして，上告を棄却した。この最高裁の判決については，5名の裁判官のうち2名が反対している。

② 会計処理／売主

```
①船積日基準
　イ　船積完了
　　　売掛金　***／売上　***　　←収益計上
　ロ　荷為替手形の振出
　　　受取手形　***／売掛金　***
　ハ　手形を銀行で割引
　　　当座預金　***／受取手形　***
　　　手形売却損　**
②船荷証券引渡基準
　イ　荷為替手形の振出
　　　受取手形　***／売上　***　　←収益計上
　ロ　手形を銀行で割引
　　　当座預金　***／受取手形　***
　　　手形売却損　**
```

　（注）買主は，荷為替手形を引き受け，貨物代表証券を受け取ったときに，「未着品***／支払手形***」の仕訳をし，荷物を引き取ったときに「仕入***／未着品***」の会計処理を行う。

③　検討

　ある収益をどの事業年度に計上すべきかは,「一般に公正妥当と認められる会計処理の基準」によるが,収益は,実現があったとき,すなわち,その収入すべき権利が確定したときの属する年度の益金に計上すべき（権利確定主義）である。これは,企業会計上の実現主義に相当する。

　最高裁は,次の理由を述べ,「船積日基準」を一般に公正妥当と認められる会計処理の基準としている。

　「今日の輸出取引においては,既に商品の船積時点で,売買契約に基づく売主の引渡義務の履行は,実質的に完了したものとみられるとともに,前記のとおり,売主は,商品の船積みを完了すれば,その時点以降はいつでも,取引銀行に為替手形を買い取ってもらうことにより,売買代金相当額の回収を図り得るという実情にあるから,右船積時点において,売買契約による代金請求権が確定したものとみることができる。したがって,このような輸出取引の経済的実態からすると,船荷証券が発行されている場合でも,商品の船積時点において,その取引によって収入すべき権利が既に確定したものとして,これを収益に計上するという会計処理も,合理的なものというべきであり,一般に公正妥当と認められる会計処理の基準に適合するものということができる」（5280頁）（下線筆者）[20]。

　そして,「船荷証券引渡基準」を一般に公正妥当と認められる会計処理の基準に該当しない理由として「収益の計上時期の恣意性」をあげている。すなわち,「その収益計上時期を人為的に操作する余地を生じさせる点において,一般に公正妥当と認められる会計処理の基準に適合するものとはいえないというべきである。このような処理による企業の利益計算は,法人税法の企図する公平な所得計算の要請という観点からも是認し難いものといわざるを得ない」（5281頁）と述べている。これは,純粋に会計学の観点から公正処理基準を判

---

[20]　中井稔「法人税法22条4項に関する一考察」税務事例38巻2号（2006年）1頁,2頁では,最高裁の判断に対して「解釈にも疑問があり,また輸出取引の経済的実態に沿うものではない」と批判している。

断しているのではなく，公正処理基準が税法の本来の目的に適うか否かによって，判断を行っているのである。これに対して，反対意見は，「船荷証券引渡基準」も公正処理基準であると，次のように述べている。

「すなわち，売主が取引銀行に荷為替手形を譲渡して船荷証券を交付した場合には，売主としては買主への商品の引渡しのために行うべきことは完了し，国際的銀行取引の現状からすれば，船荷証券が荷為替手形の支払等と引換えに買主に引き渡されることは確実とみられ，船荷証券の引渡費用を含め商品の引渡しに要する付随費用の額も確定しているとみられること，売主は船荷証券の所持を失い，運送中の商品の所有権を実質的に失うこと，船荷証券の買主への引渡しの時点を知るには時間と手数を要するが，取引銀行への交付の時点は容易に知ることができることなどを考慮すると，<u>船荷証券の取引銀行への交付の時に，代金債権が貸借対照表能力を取得し，商品が貸借対照表能力を失うとして，収益を計上する会計処理も，商法の前記規定に適合するというべきである</u>」(5285頁)(下線筆者)。

すなわち，売主が取引銀行に船荷証券を交付するのは，引渡義務の履行の一環と見るべきで，それ故に，「船荷証券引渡基準」は，公正処理基準になる。このように判決の多数意見は，船積みが完了した時点で<u>引渡義務が実質的に完了したもの</u>としているのに対して，少数意見は，<u>船荷証券の取引銀行への交付時に売主の引渡義務が完了している</u>と解している（下線筆者）。清永敬次名誉教授は，元来，商品の販売又は引渡しの時期に関してあらゆる場合について明確な基準が一般に用意されてきているわけではない，と述べている[21]。また，公正処理基準は，必ずしも複数の会計処理を認めないというものでもない。複数の会計処理がある場合，その中の1つを納税者が選択し，継続適用しているのであれば，ことさらその会計処理基準を否認することはないように思える。すなわち，「船積日基準」も「船荷証券引渡基準」も公正処理基準に該当するということである。恣意的な利益操作の可能性を許す余地のある会計処理基準を認めない，または租税回避を防止するという税法固有の考え方は，逆に，公正

---

21) 清永敬次「判批」民商法雑誌111巻1号145頁，156頁（1994年）。

処理基準そのものを歪めるおそれがある。

7-4-2　前期損益修正の会計処理／東京地判平成25年10月30日（判時2223号3頁）

① 事案の概要

本件更生会社は，本件各事業年度において，利息制限法１条に規定する利率を超える利息の定めを含む金銭消費貸借契約に基づき利息および遅延損害金の支払いを受け，これに係る収益の額を益金の額に算入して法人税の確定申告をしていたところ，本件更生会社についての更生手続において，総額約１兆3,800億円のいわゆる過払金返還請求権に係る債権が更生債権として確定したことから，本件更生会社の管財人である原告が，本件各事業年度において益金の額の算入された金額のうち当該更生債権に対応する利息制限法所定の制限を超える利息および遅延損害金に係る部分は過大であるとして，同部分を益金の額から差し引いて法人税の額を計算し，更正をすべき旨の請求をしたことに対し，処分行政庁は，更正をすべき理由がないとして各通知処分をしたので，原告が，被告（国）に対し，処分の取消しを求めた事案において，本件各更正の請求について更正をすべき理由がないとしてされた本件各通知処分は，いずれも適法なものというべきであるとして，原告の請求を棄却した。

② 会計処理

◎制限超過利息等の債務の弁済として私法上無効になったとき

　　過年度超過利息等損失　＊＊＊　／　未払金　＊＊＊
　　（特別損失）

③ 検討

本件の争点の一つである「前期損益修正の処理＝過去の利益計算に修正の必要性が生じても，過去の財務諸表を修正することなく，要修正額を前期損益修正として当期の特別損益項目に計上する方法」（企業会計原則第二・六・同注解12）が公正処理基準に該当するか否かであるが，原告である更生会社は，無効となった制限超過利息の収入について，過年度に遡って是正することを求めたのに対し，処分行政庁は，「当該無効となった制限超過利息の収入」＝「当該

損失」は，後発的事由が生じた事業年度の損金の額に算入すべきものであると主張する。すなわち，国税通則法23条2項1号の後発的更正の事由が生じたような場合において，所得の金額が遡って変動することになるかどうかについては，これを公正処理基準に従って判断することになる。

　上記の前期損益修正の処理は，過去において株主総会等で承認を受けた財務諸表，配当制限その他の規制や各種の契約条件の遵守の確認ならびに課税所得の計算にも利用されていることから，会計の目的でもある「利害調整機能」を維持するためにも，公正処理基準であると判例は判断している。また，前期損益修正の処理を便宜的に採用された方法であると主張する原告に対して，前期損益修正の処理は，法人税法22条4項に定める公正処理基準に該当すると判断している。さらに，企業会計基準第24号「会計上の変更及び誤謬の訂正に関する会計基準[22]」は，その適用年度（平成23年4月以降に開始する事業年度から適用／本件は平成22年11月1日開始事業年度）には該当せず，また，仮に該当したとしても，過年度の確定申告において，制限超過利息の収受が法的に無効であるか否かに関わらず現実に生じた経済的成果として申告するという正しい課税所得の計算を行っていたのであるから，誤った計算を行っていた場合に当たらず，過年度の法人税の課税所得の金額や税額に影響を与えることはないと述べている。企業会計基準第24号は，投資家等の利害関係者に対して，有用な情報を提供するといった会計上の「情報提供機能」といった側面を考慮したものである。したがって，課税所得等を計算する「利害調整機能」と異なった側面の規定故に，法人税法において，企業会計基準第24号は影響を受けないと考えるのが妥当である。また，国税庁の情報として公表された「法人が『会計上の変更及び誤謬の訂正に関する会計基準』を適用した場合の税務処理について」（2011〔平成23〕年10月20日）では，その「税務処理への主な影響」で「法人税の確定申告は『確定した決算』に基づき行うこととされていますが（法74①），過年度遡及会計基準に基づく遡及処理は過去に『確定した決算』

---

22) IFRSでは，2003年12月に改正されたIAS8：Accounting Policies, Changes in Accounting Estimates and Errors「会計方針，会計上の見積りの変更及び誤謬」がある。

を修正するものではありませんので，遡及処理が行われた場合でも，その過年度の確定申告において誤った課税所得の計算を行っていたのでなければ，過年度の法人税の課税所得の金額や税額に対して影響を及ぼすことはありません」と述べている。

したがって，法人税法22条4項の公正処理基準は，会計の持っている2つの機能のうち「情報提供機能」を除く「利害調整機能」に関する部分を前提としている。すなわち，公正処理基準は，課税所得に係る会計の部分に，その範囲が限定されることになる。

なお，「会計上の変更及び誤謬の訂正に関する会計基準」を適用して，遡及して修正した上場企業の決算書は，会計処理基準の変更のケースがほとんどである。

7-4-3　不動産流動化実務指針と過年度会計処理の変更

東京地判平成25年2月25日（訟月60巻5号1103頁）
東京高判平成25年7月19日（訟月60巻5号1089頁）

① 事案の概要

この事件は，家庭用電気製品の売買等を行う上場企業が資金調達の目的から，保有する土地等を信託財産とする信託契約を締結し，それに基づく受益権を総額290億円で譲渡する不動産の流動化を行ったことを受け，信託財産の譲渡とする会計処理（売却取引処理）の下に法人税の申告をしたところ，証券取引等監視委員会から信託財産の譲渡を金融取引として取り扱う会計処理（不動産流動化実務指針に基づく処理／金融取引）をすべきである旨指導され[23]，過年度の会

---

23) 不動産の流動化に係る会計処理（会計制度委員会報告第15号）：「不動産が特別目的会社に適正な価額で譲渡されており，かつ，当該不動産に係るリスクと経済価値のほとんどすべてが，譲受人である特別目的会社を通じて他の者に移転していると認められる場合には，譲渡人は不動産の譲渡取引を売却取引として会計処理する。不動産が，特別目的会社に適正な価額で譲渡されているが当該不動産に係るリスクと経済価値のほとんどすべてが，譲受人である特別目的会社を通じて他の者に移転していると認められない場合には，譲渡人は不動産の譲渡取引を金融取引として会計処理する」。

計処理を変更し，その結果，過年度の納付税額が過大になったことから，減額更正の請求をしたところ，その請求が斥けられたため，提訴となったのである。すなわち，過年度にされた信託受益権の譲渡に対して，確定申告後，不動産流動化実務指針（リスク・経済価値アプローチ）[24]に従って金融取引の処理に訂正した会計処理が，法人税法22条4項の「公正処理基準」に該当するか否かが争点になったものである。

② 会計処理
　(1)売却取引（課税庁）
　　　現金預金　＊＊＊　　　／　　　土地　＊＊＊
　　　　　　　　　　　　　　　　　土地売却益　＊＊
　(2)金融取引（納税者）
　　　現預金　＊＊＊　　　／　　　借入金　＊＊＊
　　　　　　　　　　　　　　（または預り金）

③ 検討

原告が資金調達等の目的で，その所有する土地および建物等を信託財産とする信託契約を締結した上で，それに基づく受益権を総額290億円で第三者に譲渡すること等を内容とするいわゆる不動産の流動化をし，これについて，上記(1)の会計処理をして，法人税の確定申告をしたが，その後，証券取引等監視委員会から，不動産流動化実務指針によれば，当該取引については，金融取引として，上記(2)の会計処理をすべきであると指導されたことにより，過年度の会計処理の訂正をした。さらに，証券監視委員会からは，本件の「売却取引処理」は，不適切で，有価証券報告書等に虚偽の記載があったとして，納付すべき課徴金の額，約2億5,000万円の納付命令の決定を受けた。本件の争点は，上記の状況下において，「売却取引処理」と「金融取引処理」のいずれが，法

---

[24] リスク・経済価値アプローチとは，不動産の売却の認識は，不動産が法的に譲渡されていることおよび資金が譲渡人に流入していることを前提に，譲渡不動産のリスクと経済価値のほとんど全てが他の者に移転した場合に当該譲渡不動産の消滅を認識する方法である（同指針3項）。

人税法22条4項の公正処理基準に該当するかである。なお，不動産流動化実務指針では，上記処理の区分として，「リスク・経済価値アプローチによって判断することが妥当である」（同指針Ⅰ3）と述べるように，リスク・経済価値アプローチを採用している。

　判決では，「同指針は，その対象を同指針にいう特別目的会社を活用した不動産の流動化がされた場合に限って，当該不動産又はその信託に係る受益権の譲渡人の会計処理についての取扱いを定めたものであり，当該不動産又はその信託に係る受益権の譲渡を当該不動産の売却として取り扱うべきか否かについて，当該不動産等が法的に譲渡され，かつ，その対価を譲渡人が収入しているときであっても，なお，子会社等を含む譲渡人に残された同指針のいう意味での不動産のリスクの程度を考慮して，これを金融取引として取り扱うことがあるとしたものである」（1134頁）とし，さらに「法人税法は，既に述べたとおり，適正な課税及び納税義務の履行を確保することを目的とし，資産又は事業から生ずる収益に係る法律関係を基礎に，それが実質的には他の法人等がその収益として享受するものであると認められる場合を除き，基本的に収入の原因となった法律関係に従って，各事業年度の収益として実現した金額を当該事業年度の益金の額に算入するなどし，当該事業年度の所得の金額を計算すべきものとしていると解されるところ，当該事業年度の収益等の額の計算に当たり，本件におけるように，信託に係る受益権が契約により法的に譲渡され，当該契約に定められた対価を現に収入した場合（この場合に同法上収益の実現があったと解すべきことは明らかである。）において，それが実質的には他の法人等がその収益として享受するものであると認められる場合ではなくても，また，同法において他の法人との関係を考慮することができると定められたときにも当たらないにもかかわらず，なお，他の法人との関係をも考慮し，<u>当該収入の原因となった法律関係を離れて，当該譲渡を有償による信託に係る受益権の譲渡とは認識せず，専ら譲渡人について，当該譲渡に係る収益の実現があったとしないものとする取扱いを定めた同指針については，既に述べたところを目的とする同法の公平な所得計算という要請とは別の観点に立って定められたものとして，税会計処理基準に該当するものとは解し難いといわざるを得ないものであ</u>

る」(1134頁)(下線筆者)と述べ，法人税法と金融商品取引法は，それぞれの法の目的が異なることから，「金融取引処理」を法人税法22条4項の「公正処理基準」と認めることはできないと判断している。以上のように，ほとんどの判例では，「公正処理基準」か否かの判断は，純粋な会計処理基準のみで判断するのではなく，法人税法の目的（課税の公平という要請）の下で判断されている。その意味では，公平な課税所得を計算するという目的にそぐわない会計処理は，たとえ，会計学上，妥当な会計処理であったとしても，法人税法22条4項の公平処理基準に該当しないことになる。このような判例の考え方を敷衍すると，租税回避を許容するような会計処理についても，公正処理基準から排除されることになる。

7-5　課税の公平と公正処理基準

　法人税法22条4項に定める公正処理基準については，それが創設されたときから，その内容について，前述した企業会計審議会等でいろいろと議論が行われてきた。もともと公正処理基準そのものが曖昧模糊としたもので，条文にそのようなものを置くこと自体，租税法律主義に反するのではないかとも考えられる。したがって，このような漠然とした性格を有している公正処理基準については，これまで，法律，政省令，通達そして判例などで，その具体的な内容を明らかにしようとしてきた。本稿では，その一部を検討してきたが，本来，会計に依拠することを目的として設けられた公正処理基準が，法律，政省令，通達で会計の枠を設定し，税法独自の解釈をその中に入れてきた。それは，ある意味では，納税者に対して自由な判断を介在させないために，設けられたのである。さらに，その中には，租税回避を予め防止することを目的として設けられるものもある。特に，通達は課税庁の解釈が示されるものであるが，その規定そのものの中に，課税庁の判断によって，租税回避を防止するような会計処理を示すことは可能である。また，多くの判例（裁判所）では，公正処理基準について，純粋に会計マターと考えるのではなく，税法の本来の趣旨・目的の中で公正処理基準を判断すべきであるとしている。もっとも，公正処理基準

そのものが漠然としたものであるが故に，裁判所も公正処理基準に対して何らかの判断基準を示すときに，純粋に会計理論を考えるのではなく，税法の趣旨等を念頭に置いて判断することになるのであろう。一般的に，裁判所が公正処理基準を論ずる際には，課税の公平を害さないという税法の考え方を前提として，それぞれの事件の結論を導いている。その意味では，税制の簡素化を目的として設けられた当初の公正処理基準の内容とは，異なるものになっているのである。そして，公正処理基準そのものの不明瞭さが，その解釈の幅を拡げ，実質的に租税回避の防止規定を設定することを可能にしている。

8

税理士と租税回避
——税理士法の視点から——

浪花健三

8-1　研究課題

　租税回避と税理士の責任に係る代表的な問題としては，当該税理士の債務不履行等を理由とする納税者からの損害賠償請求がある。いわゆる，税理士の民事責任を問う事件である。近年，当該事例は多発しており，税理士の民事責任のあり方については関心が高まっている[1]。しかし，本稿では当該接点から生じうるもう一つの問題に絞って検討を行う。税理士が関与した事案において，結果的に当該税理士が租税回避に関与したことになってしまった場合，当該税理士は税理士法上の責任を追及されるのか否かである。具体的には，税理士法に規定された税理士の義務等と租税回避の問題について検討するものである。

　租税回避は税理士法1条の「税理士の使命」に反するため，租税回避は形式上合法であっても税理士としては関与すべきでないとの考えが示されることがある。しかし，その考え方が具体的に意味するところは必ずしも明確ではない[2]。

　本稿では，まず，租税回避の概要を確認し，その後，職業専門家である税理士と租税回避の接点を考えてみたい。そして，税理士がこれらの接点に関わるとき，当該税理士に対して税理士法上の責任追及が行われるのか否かを，裁判

---

1)　新井隆一ほか「税理士の民事責任」日税研論集39号（1998年），南部孝男『ケース・スタディー税理士の損害賠償責任』（清文社，1999年），日本税理士会連合会監修・高野角司ほか『税理士損害賠償事故例と予防策』（税務研究会，2001年），鳥飼総合法律事務所編『判例解説税理士の損害賠償責任』（大蔵財務協会，2010年）他。
2)　田中治監修，近畿税理士会編『租税回避行為をめぐる事例研究』（清文社，1998年）34頁。

例をも踏まえて検討を行う。

なお，本稿で検討する税理士と租税回避の接点は，「税理士が関与する納税者の事案について，結果的に税務署長により租税回避と認定された場合」である。当該接点は，税理士が租税回避スキームのプロモーターとして活動する場合とは異なる。

8-2　租税回避の概要

節税・租税回避・脱税行為は，いずれも租税負担が軽減または排除されるという結果を伴う行為である。ただし，これらの行為は，一般に次のように区分されている。[3]

脱税は，課税要件の充足の事実を全部または一部秘匿する行為であり，その結果，納税義務の履行を妨げる。この点において脱税は，節税および租税回避と基本的に異なるものである。

節税とは，租税法規が予定しているところに従って税負担の減少を図る行為である。たとえば，納税者は，所有期間が5年を超えてから資産を譲渡することにより，長期譲渡所得の2分の1課税制度（所税22条2項2号）の適用を受けることができる。したがって，納税者は，この規定を利用するべく，自己の所有する資産の譲渡時期を決定した。その結果，納税者の租税負担が，上記規定を適用せずに当該資産を譲渡した場合に比べて軽減された場合などが考えられる。

それに対して，租税回避とは，税法上通常のものと考えられている法形式

---

[3] 清永敬次『税法〔新装版〕』（ミネルヴァ書房，2013年）42頁，金子宏『租税法〔19版〕』（弘文堂，2014年）121頁，武田昌輔「租税回避行為の意義と内容」日税研論集14号7頁（1990年）など。また，租税回避とは，「およそ経済上租税を回避軽減することの一切を意味する」とする広義の租税回避概念がある（北野弘久『税法学原論〔6版〕』〔青林書院，2007年〕183頁，清永敬次『租税回避の研究』〔ミネルヴァ書房，1995年〕108頁など）。これに対して，本稿で取り扱う租税回避は，狭義の租税回避概念といわれることがある（武田・前掲7頁など）。

（取引形式）を選択せず，それとは異なる法形式を選択することにより，通常の法形式を選択した場合と，基本的には同一またはほぼ同一の経済効果を達成しながら，通常の法形式に結びつけられている租税上の負担を軽減または排除することである。言い換えれば，租税回避とは，課税要件の充足を避けることにより，納税義務の成立を阻止し，税負担を軽減または排除することである。租税回避の場合は，立法者の意図あるいは税法の建前からして，本来課税要件に該当すべきものと考えられる一定の事実の発生が認められるにもかかわらず，そのような課税が実現されない結果となる。

ここで注意を要するのは，租税回避における異常な法形式，すなわち立法者が予定していない法形式であっても，当事者間の個別事情を考慮すると，合理的あるいは適正な事業目的を有する場合があるという点である[4]。したがって，一般的には異常な行為でもその行為が当該個人等にとっては合理的な行為である場合が存在する以上，その行為の結果による租税の軽減または排除は，当該個人等に対しては節税であるのか租税回避であるのかの限界が必ずしも明確でない場合がある[5]ということである。

思うに，この限界を決定させること，すなわち，各個人等についてのある行為を実体法上の規定解釈の範疇と考えるのか，あるいは，合理性を有しないいわゆる不当な行為と考えるのかは，職業専門家たる税理士の判断領域であり，特に職業専門家たる税理士の責任の一つであると言える。ただし，節税であるのか租税回避であるのかという区分と，それが税法上認められる行為であるのか認められない行為であるのかという区分とは，全く別の問題である。

上記のような通常考えられない法形式による行為があったことで，直ちに，課税庁側が，当該行為を租税回避として税法上否認し，本来通常と考えられる実情に即した法形式の行為に引き直し，その結果に基づいて課税しうるという

---

[4] 大津地判昭和47年12月13日判時695号54頁。宮村素之「判批」税務弘報22巻7号105頁（1974年），西山忠範「判批」ジュリ541号122頁（1973年），中川一郎「判批」シュト129号1頁（1972年）他。

[5] 金子宏教授は，「節税と租税回避の限界は，必ずしも明確でなく，結局は社会通念によってきめざるをえない」とされる（金子・前掲注3）23頁）。

ことではない。租税回避を否認することによりなされる課税は，実際に行われた法形式からはなれた仮定の法形式，すなわち想定された通常の法形式に基づく課税である。したがって，このような想定された取引に基づく課税は，租税法律主義の観点から当然にそのための法律上の根拠があってはじめてこれをなすことができると言わなければならない[6]。

裁判例は，「同族会社の行為計算の否認（法税 132 条，所税 157 条，相税 64 条）のほか一般的に租税回避を認める規定のない我が税法においては，租税法律主義の原則から右租税回避行為を否認して，通常の取引形式を選択し，これに課税することは許されない」(1201 頁) と判示している[7]。この判例に係る評釈で中川一郎教授は，「税法の精神」「税法の目的」「租税負担の公平」等の文言を盾に，税法に明文規定がないのにもかかわらず，租税回避の否認権が，税務署長に与えられていると解すれば，憲法 84 条および 30 条は形骸化し，予測可能性および安定性を欠くことができない法秩序は破壊されることになると指摘されている[8]。

すなわち，租税回避はややもすると許されない行為であると考えられがちであるが，これを禁止するための規定がない場合には，租税回避であるからといってこれが税法上否認されることはないのであるから，租税回避は，その限りで税法上承認されている行為にほかならないと考える[9]。

8-3　税理士制度

8-3-1　職業専門家

職業専門家の責任につき，その特色として，次のような点が指摘されている。医師，弁護士等に代表される多くの専門家は，職業専門家として，依頼者から

---

6) 清永・前掲注 3)『税法』43 頁。
7) 東京高判昭和 47 年 4 月 25 日民集 28 巻 6 号 1200 頁，中川一郎「判批」シュト 124 号 1 頁（1972 年），岡本弘嗣「判批」シュト 126 号 13 頁（1972 年）他。
8) 中川・前掲注 4) 5 頁。
9) 清永・前掲注 3)『税法』44 頁。

の全面的な信頼を受けてその業務を遂行する。その理由の一つは，職業専門家と一般依頼者との間には，その専門分野における圧倒的な知識や情報量の差が存在しているからである。その意味で，職業専門家が依頼者を裏切って行動した場合，その依頼者は，自己の立場を保全し，自らの権利を確保することが困難になる[10]。

したがって，職業専門家は，職業専門家であるが故に，依頼者から与えられた期待や信頼に応えるべく，通常人よりも高度な善管注意義務を負うべきことになる。

また，職業専門家は，その専門的知識と技能を存分に発揮することを期待されているのであるから，その職務執行に当たっては，自由な裁量権が確保されていなければならない。依頼者から信頼されて裁量権の行使を全面的に委ねられた職業専門家は，専ら依頼者の利益をはかるべきであり，第三者または自己の利益をはかってはならない[11]。

一方，依頼者のその専門分野に係る知識が不十分，または不適当であることから，職業専門家が依頼者の意向に忠実であることが，公益の利益や第三者の利益に反することになり，そのため最終的には依頼者にとって不利益な結果を生じせしめることがある。この場合には，職業専門家は，その専門的立場からの説明や助言を行って，依頼者の情報の不十分さを補い，場合によっては依頼者の判断を是正させる説明・助言義務をも負っていることになる[12]。

ここにいう職業専門家とは，Ⓐ業務に係る一般原理の確立，Ⓑ免許資格制度の確立，Ⓒ職能団体の結成と自律性の確保，Ⓓ公益性の存在，Ⓔ独立性の確立，の各要素を満たす職業群を指すものとする[13]。これら5つの要素を満たすと考え

---

[10] 山川一陽＝根田正樹編『専門家責任の理論と実際』（新日本法規，1993年）2頁。

[11] 「確定申告事務を受任した税理士が自己の利益を図るため独断で過少な申告を行った」というとんでもない事件が存在する（最判平成18年4月20日民集60巻4号1611頁。詳しくは，浪花健三「判批」民商135巻4-5号777頁〔2007年〕他）。

[12] 鎌田薫「わが国における専門家責任の実情」『専門家の民事責任』別冊NBL28号63頁（1994年）。

[13] 西島梅治「プロフェッショナル・ライアビリティ・インシュアランスの基本問題」有

られる職業としては、弁護士、医師、建築士、公認会計士、不動産鑑定士等のほか、税理士をあげることができる。次に、税理士の職業専門家性を確認してみたい。

8-3-2 税理士の職業専門家性

税理士の職業専門家性について、前節の5つの要件を当てはめ検討を行う[14]。

まず、業務に係る一般原理の確立であるが、十分なものとは言えないが税理士業務において存在している[15]。ある事案につき、納税者から依頼を受けた場合、本来、各税理士が行う業務内容の中心は、当該納税者にとって最も有利な結果となるべく税法の規定等を解釈し適用させていくことである。このような行為、すなわち、税理士の税法等に対する長年の研究の蓄積とその伝承が、税理士の税法等に対する取り組み方（税法の解釈他）についての原理を確立させていく[16]。その結果、税理士は、各自が対面する個別の事案に対し、その確立された原理を応用することにより依頼者である納税者の当該事案に対する最大の利益を確保し、依頼者の要求を充足せしめるのである。そして、この税理士が有する当該原理に対する応用機能が、職業専門家たる税理士に与えられた裁量権なので

　　泉享監『現代損害賠償法講座8 損害と保険』（日本評論社、1973年）141頁。川井健教授は、異なる表現にて専門家の特色を4つあげられる（川井健「問題の提起」『専門家の民事責任』別冊NBL28号1頁〔1972年〕）。筆者としては、①免許資格制度の確立、②職能団体の自律性確保、③業務に係る独立性、この三点が職業専門家の最低条件と考える。

　　しかし、一方においては「専門家」という言葉をどのように使うかは、議論の多いところでもある（座談会「『専門家の責任』法理の課題」法律時報67巻2号30頁〔1995年〕での潮見教授発言、他）。

14）税理士制度は、未だ発展途上の制度である。たとえば、1960年代の論考としては、中川一郎「税理士法改正問題の批判(1)、(2)」税法学156号1頁・157号18頁（1963年）、北野弘久「税理士法及び同法改正案について」税法学170号22頁（1965年）。2001年ごろの論考としては、三木義一「士業再編の一環としての税理士法改正」税経通信56巻13号197頁（2001年）、中里実「改正税理士法と現代における税理士の役割」税研17巻3号72頁（2001年）他。

15）税理士が、課税庁の税法に対する解釈の一例である通達を基礎として、またその通達

ある。[17]

　次に免許資格制度の確立であるが，税理士法上に当該規定は存在する。しかし，当該規定は種々の問題点を有している[18]。詳細については別稿に譲るが[19]，税理士の免許資格制度は，その資格を与えられる対象者が当該資格に係る専門的知識・技能を取得していることを国民に保証する制度でなければならない。その点において，税理士資格取得制度は多くの改善点を有している[20]。

　第三の職能団体の結成と自律性の確保については，各税理士会と日本税理士会連合会が存在している。職能団体の重要な役割としては，次の2つが考えられる。第一に，当該団体は，各会員に職業専門家としての社会的使命を自覚させ，その使命達成のための自己研鑽と倫理性の保持の必要性を説き，かつ各会員がそれを継続するように指導をしなければならない。第二に，当該団体は，当団体に属する職業専門家として適格な者に免許を与える権限を有すると同時に，ルール違反をした会員に対しては，強大な懲戒権限を有していなければならない。特に，職業専門家が権力従属体制から解放されるためには，当該職能団体が厳格な内部統制機能を有している必要がある[21]。その点において，各税理士会および日本税理士会連合会は，さらなる自律性の充実を図らなければなら

　を各事案に対し応用することにより，ときには，その通達を税額軽減のための盾として特殊な方法で利用することによりその業務を行っている場合が存在する（税理士の指導がどの程度であったか明確ではないが，通達を利用した申告が否認された事例の一つである東京地判平成7年7月20日行集46巻6-7号701頁，同控訴審東京高判平成7年12月13日行集46巻12号1143頁。水野忠恒「判批」租税法研究25号158頁〔1997年〕他）。

16)　近藤新太郎「改正税理士法の定着と税理士制度の今後」税理48巻4号167頁（2005年）。

17)　田中治教授は，「租税専門家の制度は，申告納税制度の申し子」と表現されている（田中治監修『諸外国の税理士制度』〔新日本法規，1994年〕14頁）。

18)　浪花健三「免許資格制度について」税理士界1030号「論壇」（1991年）にて，試験制度について若干の検討を加えている。また，「大学院修了による税理士試験の一部免除」について1998年10月に，首都圏，東海地方および近畿圏の経営，経済，法学の各研究科を有する大学に対して，郵送により15項目のアンケートを行った（浪花健三「修士号取得に係る試験免除（アンケート結果報告）」税理士界1134号「論壇」〔1999年〕）。

ない[22]。

　第四は公益性の存在（営利性の排除）である。税理士は，依頼者のため，自己の有する最大の知識と技能を傾注して，その業務を遂行しなければならない。すなわち，税理士は，職業専門家としてその業務を行うに当たり，自己の利益または第三者の利益を図ってはならないのである[23]。各税理士が当該理念を実行することにより，職業専門家およびその職能団体の有する固有の公益性が実現される。

　最後は，職業専門家の独立性の問題である。ここにいう独立性とは，職業専門家がある事案についてその専門領域における判断を下す場合，当該職業専門家は，上記第一の要件である原理とその応用により，当該判断を行うべきであるという概念である[24]。当然のことながら，当該原理とその応用につき，職業専門家は，当該事案について，依頼者の最大の利益を図ることをその行動の基礎に置いている[25]。税理士は，税理士法1条に「独立した公正な立場」という文言を有している。後節にて若干の検討を加えるが，ここにいう「独立した公正な立場」とは，上記職業専門家が一般的要件として有する独立性を，税理士法上明記したものである。したがって，税理士は，この第五の要件を法律上明確に

---

19) 浪花健三「税理士法の課題――『税理士法改正に関する意見（案）』を踏まえて」税法学566号295頁（2011年）において，税理士試験制度について若干の検討を行っている。
20) たとえば，資格取得制度研究会（金子宏他）「税理士の資格取得制度のあり方（意見書）――税理士法第3条第1項第3号及び第4号について」税理55巻15号191頁（2012年）。
21) たとえば，首藤重幸「税理士会の自主性の確立」税経通信52巻11号91頁（1997年）。
22) 浪花健三「税理士制度の問題点」大阪商業大学論集105号191頁（1996年），浪花健三「税理士法18条（登録）の意義――Aは何故税理士業務ができたのか」立命館法学350号1頁（2013年）で，当該自律性について若干の検討を行っている。
23) 税理士報酬に関する領収書には，収入印紙を貼る必要がない（印紙税法基本通達別表1第17号文書26）。
24) 北野・前掲注3)465頁，田中・前掲注17)11頁。
25) 詳しくは，浪花・前掲注22)177頁。

有していることになる。[26]

8-3-3 税理士と租税回避の接点

税理士とは税法および税務会計（税理士法1条においては「税務」と表現されている）に関する職業専門家である[27]。また，その資格業務（「税理士業務」）は税理士法に規定されている。

「税理士業務」とは，税理士法2条に規定する「税務代理」，「税務書類の作成」，「税務相談」に係る事務を他人の求めに応じ業として行うことである[28]。ここにいう「業とする」とは，その事務を反復継続して行い，または反復継続して行う意思をもって行うことをいい，必ずしも有償であることを要しない（税理士法基本通達2-1）。すなわち税理士業務は，有償無償を問わない税理士独占の業務であり，税理士でないものは，この法律に別段の定めがある場合を除くほか，税理士業務を行ってはならない（税理士52条）。判例も同様の見解を採っており，当該判例の原告が税務代理業を行ったかどうかの判定につき，「その行為に対し報酬又は利益を得る意思があること若しくは現にこれを得た事実の存在することを必要とするものではない」と判示している[29]。

この点につき，税理士法52条は，税理士業務を有償で行ってはならないも

---

26) ただし，現行税理士法においては，この独立性に係る他の諸規定の整備が不十分であるため，職業専門家としての当該固有の独立性が，十分実現されているとは言えない現況にある。詳しくは，浪花・前掲注22)186頁，浪花健三「職業専門家の責任」近畿税理士界295号「論壇」（1988年）他。

27) 詳しくは，浪花健三「『税務に関する専門家』に係る一考察」『行政と国民の権利　水野武夫先生古希記念論文集』（法律文化社，2011年）823頁。

28) 税理士の業務内容につき検討を加えたものとして，高野幸大「税理士業務とその法的性格」日税研論集24号19頁（1993年）。税理士法2条1項の「税理士業務」のほか，同条2項は税理士は，「税理士業務」に付随して会計業務を行うことができると規定している（当該条項について検討したものとして，占部裕典「税理士の民事責任――税理士法第2条第2項の専門家責任を中心にして」税法学544号15頁〔2000年〕がある）。また，同法2条の2は，税理士が補佐人となれることを規定している。

29) 最大判昭和24年7月22日刑集3巻8号1354頁，1356頁。ただし，この判例は，税務代理士法が存在したときのものである。

のか,それとも無償でも行ってはならないものかを限定していないが,業というものの性格から考えて,当然に,有償で行ってはならないと理解すべきとの提起もある[30]。実際,職業専門家たる税理士が,無償にてその業務を行うことは通常ありえない[31]。

このような状況下,納税者が確定申告等をする,税務に関する相談をする,税務に関する指導を受ける場合等には,当該納税者は税理士に依頼・相談等をすることになる。

そのとき税理士は,依頼者のため自己の有する最大の知識と技能を傾注して,その業務を遂行しなければならない。しかし,税理士が依頼者である納税者の税法上最大利益を確保するために税法等の判断を行う場合,通常の法形式の範囲内でその業務を行うべきか,違法でない限り納税者の要求(通常は税負担の軽減)に添うようにその業務を行うべきかが問題となる[32]。この問題点が,税理士と租税回避の接点である。これらの行為,すなわち,依頼を受けた当該納税者の税法上の利益を最大限にする行為は,税理士の職業専門家としての判断業務の範疇である。しかし,当該行為が租税回避であると認定するのは,あくまでも課税庁側であることに留意しなければならない。次節では,当該接点を「税理士の使命」(同法1条)の視点から検討する。

8-4 「税理士の使命」と租税回避

8-4-1 税理士の義務と懲戒

税理士には,税理士法上,主に次のような義務が課されている。

---

30) 新井隆一「税理士法第2条第1項第3号(税務相談)の意義」税研34/35号19頁(1991年)。
31) しかし,東京高判平成7年6月19日判時1540号48頁において,当該税理士は,無報酬で税理士業務を行っている。
32) 税理士が,通常の法形式の範囲内でその業務を行うべきか,違法でない限り納税者の要求に添うようにその業務を行うべきかについては意見の分かれるところである(田中・前掲注2)34頁)。

主な規定は，税理士の使命（税理士1条），登録（同法18条），税務代理権限の明示（同法30条），特別の委任を要する事項（不服申立ての取下げ，代理人の選任）（同法31条），税理士票の呈示（同法32条），署名押印の義務（同法33条），書面の添付（同法33条の2：ただし，税理士が書面の添付をした場合），脱税相談等の禁止（同法36条），信用失墜行為の禁止（同法37条），秘密を守る義務（同法38条），会則を守る義務（同法39条），帳簿作成（受件簿）の義務（同法41条），使用人に対する監督義務（同法41条の2，54），助言義務（同法41条の3），業務の停止（同法43条）等である[33]。また，税理士法は，税理士の懲戒について定めを置いている（同法44条，45条，46条，47条，47条の2，48）。

　この懲戒制度は，直接的には納税者の権利・利益の救済という観点から設けられたものではない。この懲戒制度は，納税義務の実現に税理士が関与する場合に，納税義務が租税法規に従って，税理士により適正に実現されることを担保すべく設けられたものである[34]。ただし，税理士法46条により，税理士の守秘義務違反（同法38条）が懲戒事由とされる場合には，当該懲戒制度が直接的に納税者の権利・利益を擁護する機能を有していると言える。また，懲戒制度が直接的に担保する「適正な納税義務の実現」は，租税法規に違反することにより生ずる納税者の様々な不利益の発生を防止することにより，間接的に納税者の権利・利益の擁護機能をも有していると言うことができる。ただし，懲戒請求権者を限定していない（同法47条③）ことで示されるように，税理士懲戒制度の第一次的機能は，一般的な「納税義務の適正な実現」にあると言える。

　このような税理士法上の義務と懲戒の関係において，税理士が，税法の立法趣旨に沿った税額の軽減等である節税行為を指導することに対して，当該税理士が税理士法上の責任を追及されることはない。では，税法の立法趣旨に沿わ

---

[33] 小林博志教授は，税理士の権利と義務を①業務開始前，②業務開始後，業務に関わるもの，③業務開始後，業務とは直接関わらないものに分けられている（小林博志「税理士の権利と義務」日税研論集24号61頁〔1993年〕）。

[34] 首藤重幸「税理士の責任」日税研論集24号137頁（1993年）。

ない可能性が存する税額軽減等に税理士が関与した場合，当該税理士は税理士法上の責任を追及されるのであろうか。この点に関しても，当該行為が租税回避と認定するのは課税庁側であり，租税回避が租税法規に違反する行為でない以上，税理士が当該行為に関与したことにより，税理士法上の責任を追及されることはない。なお，「同族会社の行為又は計算の否認」規定（法税 132 条，所税 157 条，相税 64 条）が存在する[35]。しかし，この条文を適用させるか否かは，条文の文言においても現実的にも税務署長の裁量となっている[36]。したがって，この条文の存在は，税理士が租税回避に関与しても税理士法違反にならないことに影響を及ぼさない[37]。

8-4-2 税理士の使命（税理士法 1 条の検討）

1980 年第 3 次税理士法改正で，税理士法 1 条「税理士の使命」（現行税理士法において同じ）が制定された。旧税理士法（1951 年施行）1 条においては，税理士の職責として「税理士は，中正な立場において，納税義務者の信頼にこたえ，租税に関する法令に規定された納税義務を適正に実現し，納税に関する道義を高めるように努力しなければならない」と定められていた[38]。しかし，この条文中の「中正な立場」という文言については論議の多いところであった[39]。

---

35) この規定は限定的に使用されるべきとの見解が多い（たとえば，清永・前掲注 3)『租税回避の研究』389 頁）。

36) しかし，「租税法の世界では，租税法律主義の下，課税要件の判断において税務署長の裁量権は基本的にはない」と考えられるため，「裁判所が『不当』か否かを，税務署長に代わって判断する」ことになる（明石英司，岡村忠生，渡邊直人ほか「東京地裁平成 26 年 3 月 18 日判決の検討」税務弘報 62 巻 7 号 23 頁，18 頁，23 頁〔岡村発言部分〕〔2014 年〕）。

37) 北野弘久『税理士制度の研究』（税務経理協会，1995 年）91 頁。

38) 旧税理士法第 1 条について言及した判例として，東京地判昭和 54 年 9 月 19 日判タ 414 号 113 頁など。

39) 「昭和 39 年税理士法改正案」に対する国会答弁の中において，「中正な立場」について泉政府委員は，税理士の公的な使命に重点を置き，税理士が納税者および税務官公署に対して中間的立場に位置するものであるという答弁を行っている（1964 年 5 月 27 日衆議院大蔵委員会〔税理士法改正委員会〕『第 46 回国会 税理士法関係国会議事録集』

税理士法1条の中核をなすものに「納税義務の適正な実現」と税理士の「独立した公正な立場」という文言が存在する。

「納税義務の適正な実現」とは，租税実体法に定められている納税義務成立要件を充足してすでに成立している納税義務を，租税実体法に定められている納税義務確定要件を満足する行為によって確定せしめることをいうと解される[40]。同条制定当時の国会で福田幸弘政府委員は，「適正というのは，過大に課税してはいけない，過少に課税してはいけないということを意味しますので，その過程において納税者の立場が擁護されるということが適正な納税義務の実現ということ」であると発言している[41]。

したがって，各税理士は，各納税義務者が適法に負うべき納税義務を，当該納税義務者にとって最も有利な結果として実現されるように行為する責任を負っていると言える。ここにいう税理士の行為の中心は，職業専門家として税理士が行う判断業務である[42]。この判断業務は，税理士の「独立した公正な立場」においてなされなければならない。すなわち，「税理士の使命」にかかる税理士の責任を考える場合，税理士がいかなる立場で，その業務を行わなければならないかが重要な問題となる。

多くの学説は，税理士法上の「独立した公正な立場」という文言の解釈は，

〔日本税理士会連合会，1964年〕38頁)。この中立的立場に対して，税理士は，依頼人の代理人ないし代行人であるからして，依頼人である納税者の立場にたって，依頼人の納税者義務に関する問題を処理すべきものであることはいうまでもないという見解（新井隆一『納税の立場 課税の立場』〔成分堂，1980年〕59頁)，「中正な立場」という文言が，税理士の公共的立場を明らかにするためのものであり，意義深いものであるなどとは，絶対に考えることはできず，無意味であるという見解（中川一郎「税理士法 改正問題の批判(1)」税法学156号2頁〔1963年〕）などが存在した。

40) 新井隆一「税理士制度の基本理念」日税研論集24号7頁（1993年)。
41) 福田幸弘政府委員発言「第90回国会衆議院大蔵委員会議録第2号」3頁（1979年12月7日)。
42) 新井隆一教授は，「税理士は，租税に関する『法律解釈』，『事実の認定』，『法律の適用』という三要素について，専門的知識と能力ないし技術を有する者」とされる（新井・前掲注40)10頁)。

税理士が全てのものから独立した立場において，税法等につき公正な判断を行うことであると述べている[43]。しかし，税理士の公正さと一体をなす税理士の独立した立場とは，税理士が納税者と分離された立場で存在するという概念ではない。この独立した立場とは，税理士はあくまでも納税者の立場に立つが，税法の判断等については，各税理士の専門的知識・技能等により行われなければならない，という職業専門家固有の概念である[44]。この公正さや独立した立場とは，税理士の立場を第三者的，中立的な立場とするものではなく，まして政府の補助的機関として活用するための公正さや独立性を意味するものでもない[45]。税理士法1条は，あくまでも職業専門家である税理士が職業専門家として有する一般的特性を明記した確認規定である。

税理士法1条に言及した裁判例としては，最判平成7年4月28日「重加算税賦課決定処分取消請求上告事件」（いわゆる「つまみ申告」）がある[46]。その事実の概要および判示は，次のとおりである。

納税者（X）が，所得税の過少申告をして税務署長（Y）から重加算税の賦課決定を受け，その取消しを求めて本訴を提起したものである。Xは，当該年度において本来申告すべき株式譲渡に係る雑所得があった[47]。Xがこれらの株式

---

43) 新井・前掲注40)11頁，村井正他8名出席「設立二十周年記念座談会」『近畿税理士会史第2号』（近畿税理士会，1985年）188頁，松沢智『税理士の職務と責任〔3版〕』（中央経済社，1995年）57頁など。

44) ただし，職業専門家固有の「独立した立場」が確立されるためには，税理士が，当該業務遂行（納税義務の確定につき依頼者の有する第一次的判断権を税務代理として行使する際等）につき，納税義務の有権的確定権を有する税務官公署からの完全な独立を有していることが条件となる（芝池義一「税法と行政」芝池義一ほか編『租税行政と権利保護』〔ミネルヴァ書房，1995年〕11頁）。なぜならば，この条件が成立することにより，税理士の税法等に係る判断が，税務官公署の当該判断と対等の立場において存在しうることになるからである。

45) 福田幸弘政府委員は「税理士は，納税者の適正な納税義務の実現を図る上で，税務の専門家として特定の者に偏しない独自の公正な判断に基づき活動すべきであるというその積極的な立場が明確でないので，今回の改正はその点を明らかにしたものであります。」と述べている（「第91回国会参議院大蔵委員会会議録第8号」10頁〔1980年3月27日〕）。

の取引について，架空名義を使用したり，その資金の出納のために隠れた預金口座を設けたりした事実はなかった。しかし，当該年分の確定申告書の作成を顧問税理士に依頼した際，その都度，同税理士からこれらの雑所得の有無について質問を受け，資料の提示を求められたにもかかわらず，同税理士に対して自己の意思に基づき，課税要件を満たすこれらの雑所得はない旨を答え，株式等の取引に関する資料を全く提示しなかった。当該裁判は，このXの行為が重加算税の賦課要件（税通 68 条 1 項）を満たすか否かが争点とされたものである。

最高裁は，重加算税の課税要件を満たす場合を「架空名義の利用や資料の隠匿等の積極的な行為が存在したことまで必要であると解するのは相当でなく，納税者が，当初から所得を過少に申告することを意図し，その意図を外部からもうかがい得る特段の行動をした上，その意図に基づく過少申告をしたような場合」（1197 頁）であるとし，Xが顧問税理士に確定的な脱税の意思に基づき，何らの資料も提供することなく，同税理士に過少な申告をさせ，これをYに提出したことは，税理士の使命等に照らし「その意図を外部からもうかがい得る特段の行動」に当たるとして，国税通則法 68 条 1 項所定の重加算税の賦課要

　　政府見解等と考え方を異にする学説として，この税理士の立場について，納税者が税理士を必要とする特別な状況においては，税理士の公正な立場は存在しえないとする見解も存在する。この見解は，中正な立場も公正な立場も法的意味においては同じものであるとし，通常税理士が必要とされるのは，税法の解釈や租税要件事実の認定問題等が自明ではなく，評価が分かれる等の問題を有する場合であって，このような「限界状況」においては，税理士の公正な立場というものは論理的に存在しえないとするものである（北野弘久「税理士の使命」税理 23 巻 8 号 102 頁〔1980 年〕）。
46）　民集 49 巻 4 号 1193 頁。当該裁判は，上告人が所得税の確定申告に際して申告しなかった株式等の取引による所得について，被上告人税務署長が上告人に対して重加算税の賦課決定処分をしたところ，上告人が，税額等の基礎になる事実を秘匿・仮装する行為をしていないから重課税の課税要件を欠くと主張して，同処分のうち過少申告加算税の額を超える部分の取消しを求めた事案である。この判決の批評として，岡村忠生「判批」税法学 534 号 110 頁（1995 年），三木義一「判批」「判例評論 443 号」判時 1546 号 173 頁（1996 年），松沢智「判批」税法学 534 号 134 頁（1995 年），佐藤孝一「判批」税経通信 50 巻 11 号 215 頁（1995 年），近藤崇晴「判批」ジュリ 1078 号 313 頁（1995 年），小

件を満たすものであると判決した[48]。

　判決は，税理士の使命等につき，「税理士は，納税者の求めに応じて税務代理，税務書類の作成等の事務を行うことを業とするものであるから（税理士2条），税理士に対する所得の秘匿等の行為を税務官公署に対するそれと同視することはできないが，他面，税理士は，税務に関する専門家として，独立した公正な立場において納税義務の適正な実現を図ることを使命とするものであり（税理士1条），納税者が課税標準等の計算の基礎となるべき事実を隠ぺいし，又は仮装していることを知ったときは，その是正をするよう助言する義務を負うものであって（税理士41の3条），これらの事務を行うについて納税者の家庭や使用人のようにその単なる履行補助者の立場にとどまるものではない」（1197頁）と述べている[49]。

　前述のごとく，納税者との関係において税理士は，職業専門家として自己の判断において税法等の解釈・適用を行うものであり，このことが，税理士法1条に規定された税理士の納税者に対する独立した公正な立場の意義である。

　このように，「税理士の使命」の中心は，各税理士が上記独立した公正な立場で，納税義務の適正な実現を図ることである。この納税義務の適正な実現に

　　　貫芳信・税理38巻14号198頁（1995年），住田裕子・旬刊商事法務1419号2頁，1420号9頁（1996年）など。
47)　所得税法9条1項11号イ（昭和63年法律109号による改正前のもの），同施行令26条1，2項（昭和63年政令362号による改正前のもの）においては，個人が譲渡する株式の譲渡益は原則非課税とされていたが，株式の取引が営利を目的とする継続的行為と認められる場合と年間売買回数50回以上かつ年間販売株数等の合計が20万以上の場合には，その譲渡益を課税の対象としていた。
48)　浪花・前掲注22)大阪商業大学論集105号182頁。
49)　この判示の中で，Xがその顧問税理士にした行為が，「その意図を外部からもうかがい得る特段の行動」に当たると判示している。しかし，税理士の立場を納税者の「外部」とする見解には疑問がある。税理士に対する所得の秘匿等は，税務官公署に対してそれをなしたものと同視できないことは明らかである。税理士は，税務官公署の補助的機関ではなく，職業専門家として固有の立場を有するからである。ただし，当該「外部」とは，納税者から見た外部・内部ではなく，納税者の行為等を客観的に把握できるという概念であるとする説がある（住田・前掲注46)13頁）。

対する各税理士の責任は，各納税義務者が租税実体法上負うべき納税義務を，当該納税義務者にとって最も有利な結果として実現されるように行為することである。したがって，職業専門家たる税理士が職業専門家固有の特性を基にその業務を履行し，その結果，当該税理士が納税者の租税回避に関与することになった場合においては，租税回避が租税法規に違反する行為でない以上，直ちに，当該税理士が各納税義務者の租税実体法上負うべき納税義務の実現を妨げたとは言えない。すなわち，税理士は当該租税回避に関与したことのみにおいて，税理士法における責任を追及されることはない。

また，税理士が租税回避を指導・助言しなかったことにより，同法における責任を追及されることは通常ないと考える。ただし，ある租税回避が社会一般に周知されたものであり，かつ，職業専門家の立場から当該税理士が，その行為を当該納税者に対して実行することを検討すべきであった場合が考えられる。この場合，当該租税回避は，時の経過により「節税」の範疇に限りなく近づいている状況と言える。その限りにおいて，当該税理士がその行為を指導・助言しなかったことは，最終的な納税者の利益という観点から，上記「税理士の使命」を完全に履行したとは言えない結果になりうる場合が考えられる[50]。しかし，この場合においても当該税理士が税理士法における責任を追及されることはない。

次に，租税回避に関連して税理士の行動に影響を与える個別規定（税理士33条の2，37条，41条の3）について，その内容の確認・検討を行う。

---

50) 当判決の良否は別として，東京地判平成7年11月27日判時1575号71頁は，「被告（税理士）は，原告（納税者）らにとってできる限り節税となるように，配偶者に対する相続税額の軽減措置を考慮して（中略）すべきである」（78頁）と判示している。なお，税理士と節税の問題を検討したものとして，酒井克彦「税理士の節税措置義務」税務弘報53巻4号65頁（2006年）などがある。

8-5　個別規定と租税回避

8-5-1　書面の添付（税理士法 33 条の 2 の検討）

　この書面添付制度は，1956（昭和 31）年の税理士法改正において，日本税理士会連合会の要請により創設された。[51] この制度は，税理士が税理士業務を行うに当たり，自ら作成した帳簿書類の基礎となった物件，提示を受けた帳簿書類，計算し，または整理した事項，税法解釈適用上の重要事項を明らかにすることにより，当該税理士に更正時の意見陳述の機会を与えるという制度である。当該制度は，税務に関する職業専門家たる税理士の社会的評価とその地位の向上に寄与するものとされてきた。[52]

　その後，1980（昭和 55）年の税理士法改正で，税理士業務の対象となる税目が原則として拡大されたことに関連して，書面添付できる税目の拡大と，新たに他人が作成した申告書の審査に関する書面の添付ができるようになった。[53] さらに，2001（平成 13）年の税理士法改正を受け，財務省令で定める書面の様式が改正された。[54] また，当該条項は，税理士法 35 条 1 項（意見の聴取）の改正と

---

[51]　この条文の提案理由について，山手政府委員は「（前略）税理士が関与した事項の範囲を明確にしてその責任を明らかにするため，税理士が所得税，法人税等の申告書を作成した場合には，申告書作成に関して計算し，整理し，または相談に応じた事項を記載した書面を申告書に添附することができることとするとともに，その申告書について更正または決定をする場合において，その更正または決定の基因となる事実がその添付書面により税理士が計算し，整理し，または相談に応じたものとされている意見であるときは，税理士に対して意見を述べる機会を与えることとし，これにより税務行政の円滑化に資するとともに，税理士業務の向上をはかることといたしているのであります」と発言している（「第 24 回国会衆議院大蔵委員会議録第 22 号」2 頁（1956 年 3 月 23 日））。

[52]　日本税理士会連合会編（坂田純一著）『実践税理士法』（中央経済社，2002 年）159 頁。

[53]　福田政府委員は「税理士さんが自分でつくった申告書でなくて，（中略）税理士さんのところで一回租税の法令に基づいておるかどうかをチェックしてもらう。（中略）そこで第一条の税務専門家という立場でその申告書が租税法令に基づいておるかということを，そのこと自体を審査されるという業務は，専門家の立場を非常に尊重し，地位が向上していく，（中略），その申告書を自分がつくらなくても，人がつくった申告書であっ

連動してより重要な意味を持つ規定となった[55]。

　当該制度（税理士33条の2第1項）は，納税義務者の委嘱を受けた税理士が，租税債務を確定させるという極めて重要な効果を持つ申告納税方式等に係る課税標準等を記載した申告書を作成したときは，その申告書の作成に関してどの程度の内容まで関与し，その申告書を税務に関する専門家の立場から，どのように調製したものであるかを明らかにすることにより，租税に関する法令に定める納税義務の適正な実現に資するとともに，税務行政の円滑化に資する趣旨から，当該税理士は所定の書面を当該申告書に添付することができる規定である。

　また，他人が作成した申告書について，あらかじめ税理士が税務に関する専門家の立場から，どのように調製したものであるかを審査し，納税義務者が正しい申告を行うことを援助することは，納税義務の適正な実現という税理士制度の本旨に合致するものであり，税務官公署がこれを尊重することにより円滑な税務行政の運営を図るとともに，このことを通じ税理士の地位向上にも資することを期待して，当該税理士についても所定の書面を当該申告書に添付することができると規定された（同法33条の2第2項）[56]。

　　ても，専門家として目を通す，それをまた税務官署はそれなりに尊重するというのが，地位向上また納税者に対する援助の一つの進歩のあらわれであると思います」と発言している（衆議院大蔵委員会・前掲注41）6頁）。

[54]　尾原政府参考人は「今回，計算事項等を記載した書面を添付した場合の税理士の意見聴取制度を拡充してございます。その趣旨でございますが，税務の専門家である税理士の立場をより尊重する，ひいては税務執行の一層の円滑化，簡素化にも資することになるという観点から，現行制度を拡充するものでございます」と発言している（「第151回国会衆議院財務金融委員会議録第11号」12頁（2001年5月23日））。

[55]　当該書面が申告書に添付されている場合，税務官公署の当該職員は，当該申告書に係る租税に関しあらかじめその者に日時場所を通知してその帳簿書類を調査する場合において，当該租税に関し税理士法30条（税務代理権限証明書）の規定による書面を提出している税理士があるときは，当該通知をする前に，当該税理士に対し，当該添付書面に記載された事項に関し意見を述べる機会を与えなければならない（税理士35条1項）。

[56]　日本税理士会連合会編『新税理士法〔3訂版〕』（税務経理協会，2008年）132頁。なお，書面添付制度に対する問題点を指摘するものとして，三木義一「改正税理士法の要

すなわち，当該条文に基づく添付は，税理士法1条の税理士の使命を補完する書面に過ぎない。したがって，税理士法1条で検討したように，税理士が租税回避に関与したか否かについて，当該条項により責任を追及されることはない。

　ただし，税理士が当該書面に虚偽の記載をした場合は，税理士法46条（一般の懲戒）に該当する[57]。

　税理士法33条の2に係る判断を示している裁判例としては，「損害賠償請求控訴事件」（仙台高裁昭和63年2月26日）がある[58]。

　この裁判は，税理士の作成した内容虚偽の確定申告書の記載を真実と信じて保証・担保の提供をした者が，当該税理士に対して損害賠償を求めた事案である。

　判決は「被控訴人が税理士であり，控訴人による前記保証，担保提供以前からS社の顧問税理士としてS社の決算書類の作成，税務申告，会計帳簿の記載の指導等の業務を処理していたものである（中略）。S社が税務署に提出していた確定申告書とその附属書類は全部被控訴人が作成していた」（88頁）と述べ，「被控訴人はOがこれを利用して融資先を欺いてS社の金融を得ることを知りながら，S社の実情を粉飾し，このような虚偽の内容を記載した書類を作成したものである（中略）。以上によれば，被控訴人は，その作成した書類の記載を信用して融資をし，損害を受けたものに対しては，その損害を賠償する義務があるものといわなければならない」[59]（89頁）と判示した。

　この判決は，税理士が作成する書類の重要性を示すものである。税理士が作成する申告書等は，税理士の職業専門性から重要視されるのは当然である。こ

　　点と論点（書面添付制度と課税手続）」税経通信57巻3号218頁（2002年），三木義一・宮口定雄対談「改正税理士法の要点」税研16巻6号8頁（2001年）他。

57）「税理士・税理士法人に対する懲戒処分等の考え方」財務省告示第104号（2008年3月31日）http://www.nta.go.jp/sonota/zeirishi/zeirishiseido/shobun/index.htm（2014年5月20日閲覧）。

58）仙台高判昭和63年2月26日判時1269号86頁。

59）判決文の内容は，個人名等一部を変更している。

の事案では，当該税理士が虚偽の記載をした申告書等を作成しているので，その行為は税理士法46条（一般の懲戒）に該当すると考えられる。しかし，税理士が納税者の租税回避に係る申告書等を作成し税務署に提出したとしても，前期税理士法1条における分析同様，当該税理士が税理士法上の責任を追及されることはない。

8-5-2　信用失墜行為の禁止（税理士法37条の検討）

　税理士は税理士法1条に規定された「使命」を有している。したがって，税理士は，職業上はもとより，職業活動以外においても，常に税理士としての信用保持と品位の向上を図るよう努めなければならない（税理士37条）。当該条文における「税理士の信用又は品位」とは，個々の税理士をいうのではなく，いわゆる税理士一般の信用と品位を意味する。[60]

　税理士が所定の信用失墜行為をした場合，当該税理士に税理士法46条（一般の懲戒）が適用される。当該所定の行為とは，自己脱税，多額かつ反職業倫理的な自己申告漏れ，調査妨害（税務代理をする場合において，税務職員の検査を妨げる行為等をしたとき），名義貸し（同法52条または53条の規定に違反する者に自己の名義を使用させたとき），業務け怠（委嘱された税理士業務について正当な理由がなく怠ったとき），その他反職業倫理的行為（上記以外の行為で，税理士としての職業倫理に反するようなことをしたとき）である（財務省告示第104号）。[61]

　問題は，税理士が納税者の租税回避に関与した場合が，上記「その他反職業倫理的行為」に該当するか否かである。

　2014年3月に国税庁が「税理士の懲戒処分に係る非違事例」を公表している。[62] その中で「その他反職業倫理的行為」としてあげられている事例は，「不正還付」，「補助税理士への名義貸し行為の指示」，「ニセ税理士の助長行為」，「懲戒処分を受け税理士業務停止中である者への名義貸し」，「業務上の横領」

60）　日税連編・前掲注56）143頁。
61）　前掲注57）財務省告示第104号。
62）　日本税理士会連合会HP：http://www.nichizeiren.or.jp/（2014年5月20日閲覧）。

である[63]。したがって，税理士が納税者の租税回避に関わることより，税理士法37条に係る「その他反職業倫理的行為」に該当し，当該税理士が税理士法上の責任を追及されることはないと考える[64]。

税理士法37条について言及している裁判例を確認する。

東京地判昭和42年2月28日「税理士業務停止裁決取消請求事件」[65]は，税理士が，滞納者Pの代表者から金員を預かり，電話加入権の差押えが解除されるよう税務署長と折衝したが，その結果をPの代表者に報告せず，漫然右金員を自己の手許に保管し，Pの代表者の返還請求にも容易に応じなかったという事案である。この裁判において裁判官は，「納税義務者の信頼にこたえ，租税に関する法令に規定された納税義務を適正に実現し，納税に関する道義を高めるよう努力すべき税理士の職責（税理士1条参照）[66]にかんがみると，税理士としての信用ないしは品位を害するものであり，税理士法37条（信用失墜行為の禁止）の規定に違反する行為であるといわなければならない」（330頁）と判示している。また，同裁判において「税理士が滞納会社Pから同会社の滞納法人税額をもみ消すために金銭の交付を受けたこと及び同会社をして右滞納法人税に基づく滞納処分から免れしめるため，Pの代表者に同会社を解散し新たな法人を設立させるとともに，Pの代表者名義となっていたPの簿外資産と同人の親族の所有名義とした上，これと右新設法人との間に仮装の賃貸借契約書を作成させたことはいずれも税理士としての信用を著しく失墜しその品位を害する行為であり，税理士法37条（信用失墜行為の禁止）の規定に違反する行為であ

---

63) 名古屋税理士会熱田支部HP：http://www.atuta-zei.com/pdf/1405chokai.pdf（2014年5月20日閲覧）等。

64) 「否認されたタックスシェルターへの関与については信用失墜行為（税理士37条）に該当するとの判断を示し，それに対する処分を検討することが必要」との見解が存在する（中村弘「租税負担の不当な回避行為に対抗するサンクション体系」税大論叢56号，2007年，285頁）。ただし，当該租税回避関与は，税理士がタックス・シェルターのプロモーターとして関与した場合を想定しており，本稿で検討している「税理士と租税回避」の関係とは異なる。

65) 訟月13巻3号328頁。

66) 当時の税理士法1条（旧法）は，「税理士の職責」を規定していた。

る」(331頁)と，税理士法37条の適用事例についての判断を示している。

また，同裁判で税理士法37条の適用がない事例として，「埼玉県その他の場所に事実上の本店をもつ訴外法人等約60社の法人が納税申告の便宜等のため税理士の「勤め」に従いその本店を右税理士の事務所に置く形式にしていたことが認められ，大蔵大臣は，税理士の右のような行為は税務官庁の管轄が本店の所在地によって定まることとの関係上種々調査の障害になると主張するが，しかしながら，税理士が右のように訴外法人等約60社の法人の本店を税理士の事務所に設置させていたことは，決して好ましいことではないが，実際上の本店の所在地と異なる税理士の事務所に本店を設置させたとしても，それが円滑な税務行政の運営を阻害する目的でなされたような場合は格別，そうでない場合には，これをもって直ちに懲戒処分の対象としなければならないほど税理士としての信用又は品位を害する行為であるとは解せられない」[67]（331頁）と判示している。

東京地判昭和51年5月20日「税理士業務停止処分取消請求事件」[68]で「税理士法37条（信用失墜行為の禁止）によって禁止される『税理士の信用又は品位を害するような行為』とは，単に反倫理的な行為というのではなく，税理士の職責に反し，あるいは右職責の遂行に著しく悪影響を及ぼすような行為のうち，反倫理的な行為，言い換えれば税理士としての職業倫理に反するような行為を意味するものと解するのが相当である」(1611頁)と判示している。

東京高判昭和53年9月5日「税理士懲戒処分取消請求控訴事件」[69]で税理士法37条について裁判官は，「源泉所得税納付の受託が税理士法2条（税理士の業務）1号所定の税務代理に該当するかどうかを論究するまでもなく，少なくともそれが税理士業務に密接する行為であることは明らかであるから，税理士又はその補助者が関与先から源泉所得税の納付方を委託された金銭を納付し

---

67) 傍点は筆者挿入。内容を一部省略。
68) 訟月22巻6号1608頁。当該判決は，最判昭和50年6月27日民集29巻6号867頁の差戻後第1審。
69) 判時913号82頁。

ないということは、同法37条（信用失墜行為の禁止）所定の税理士の信用又は品位を害するような行為に該当すること疑いを容れないところ」（83頁）であると判示している。

　上記裁判例を見ると、税理士が税理士法37条により税理士法上の責任を追及される場合とは、税理士本人（使用者を含む）がいわゆる違法な行為をした事件である。したがって、税理士が納税者の租税回避に関わったことにより、当該税理士が税理士法37条によって税理士法上の責任を追及されることはない。

8-5-3　助言義務（税理士法41条の3の検討）

　税理士法41条の3は、1980（昭和55年）年の法改正により創設された。この規定は、税理士法36条（脱税相談等の禁止）、同37条（信用失墜行為の禁止）、同法45条（脱税相談等をした場合の懲戒）との関係で、税理士業界で賛否両論があり、注目された改正項目であった。[70]

　当該条文の内容は、税理士が税理士業務を行うに当たって、委嘱者が①不正に国税若しくは地方税の賦課若しくは徴収を免れていること②不正に国税若しくは地方税の還付を受けていること③国税若しくは地方税の課税標準等の計算の基礎となるべき事実の全部若しくは一部を隠ぺいし、若しくは仮装していることのいずれかを行っている事実を知ったときは、直ちに、その是正をするように助言しなければならないと解されている。[71]

　ここで確認が必要な文言は「不正に」が意味する内容である。この「不正」という概念は、行為者（委嘱者）の意思の要素と法不適合性の要素が含まれている。「不正」の法不適合性の要素とは、一般には「違法」と「不当」ということになる。[72] しかし、租税法律関係は、法に厳格に覊束されていることがそ

---

70)　日税連編・前掲注52)193頁。
71)　日税連編・前掲注56)148頁。
72)　ここにいう「不当」という税法的評価は、「通常の」法形式の選択と「異常な」法形式の選択との間で結果的に生じる租税負担の不公平を前提とするものである（谷口勢津夫『租税回避論』（清文社、2014年）281頁）。この「租税負担の不公平」を判断するの

の特質であることから，ここでいう「不正」には「不当」という要素が含まれておらず，ここの「不正」とは，この法不適合性の要素についてだけ見れば，「違法」を意味していることになる[73]。また，この「不正に」とは，除斥期間が7年とされる場合（国税通則法70条5項），あるいは脱税犯の構成要件（所税238条1項他）の用例と同様，故意があるときと解するのが妥当と思われる[74]。

この条文について，改正当時の大蔵委員会で高橋（元）政府委員は「御提案申し上げておる43条の3の条文からも明らかでございますが，委嘱者が不正に賦課，徴収を免れている事実，不正に還付を受けている事実，または『課税標準等の計算の基礎となるべき事実の全部若しくは一部を隠ぺいし，若しくは仮装している事実があることを知ったとき』に助言をしていただくということをお願いいたしておるわけでございまして，ただいまお示しのように，そういう事実があることが信頼関係にあります納税義務者と税理士との間で残念ながら明らかにされていない場合に，そこにまで調査をして助言をするということを求めているわけではないわけでございます」と発言している[75]。

また，同委員会で福田政府委員は「（前略）ここで書いてございますのは，『事実の全部若しくは一部を隠ぺいし，若しくは仮装している事実があることを知ったとき』と，こうなっています。したがいまして，免れようとしていたというようなことを客観的な構成要件としてここではっきり書いてあるというわけでありまして，（中略）事実関係から構成要件として明確にして，そこが不正であるということがだれが見ても考えられるものに限定しておる。それを積極的に探すことは必要ございませんで，それを知ったときでありまして，知ったときに注意をしていただけばいいということであります。したがって，その知ったときに注意をされれば直されるのがあたりまえだと思います。（中略）懲戒のためにこの規定が入ったのではございませんで，懲戒にかかるケースは

　　は課税庁側であり，税理士が委嘱を受けた納税者に対して考慮すべき判断材料ではない。
73)　新井隆一『税理士業務と責任』（ぎょうせい，1997年）144頁。
74)　日税連編・前掲注56)149頁。
75)　「第87回国会衆議院大蔵委員会議録第27号」5頁（1979年6月6日）。

いまのように非常にレアであります。知らなければ問題になりません。また，知って注意して直せば問題はない。また，知って続ければ別な懲戒の問題になっていくということでありまして，懲戒自体を目的にしておりません」と述べている[76]。

したがって，当該条文により税理士が税理士法上の責任を追及される場合は，かなり限定されている。税理士が，納税者の租税回避に関与したことのみで，当該税理士が税理士法上の責任を追及されることはないと考える。

税理士法41条の3に言及した裁判例としては，最判平成7年4月28日「所得税の重加算税財源決定処分取消請求事件」[77]がある。この判決で裁判官は，「（前略）税理士は，税務に関する専門家として，独立した公正な立場において納税義務の適正な実現を図ることを使命とするものであり（税理士1条），納税者が課税標準等の計算の基礎となるべき事実を隠ぺいし，又は仮装していることを知ったときは，その是正をするよう助言する義務を負うものであって（同法41条の3）」（1197頁）と判示している。

東京高判平成14年1月23日「過少申告加算税賦課処分取消等請求控訴事件」[78]においても裁判官は，「（前略）このような公共的な使命を担う税理士は，（中略）委任者が不正に国税を免れている事実等を知ったときは，その是正をするよう助言する義務を負い（同法41条の3），故意又は過失によって真正の事実に反して税務書類の作成をしたときは業務停止等の懲戒を受ける（同法45条）」（3007頁）と判示している。

前橋地判平成14年12月6日「損害賠償事件」[79]では，「税理士は，（中略）税理士業務を行うに当たって，委嘱者が税の課税標準等の計算の基礎となるべき事実を隠ぺい，仮装している事実があることを知ったときなどは，直ちに，そ

---

76) 衆議院大蔵委員会・前掲注75) 5頁。
77) 民集49巻4号1193頁。
78) 訟月49巻10号2992頁。この事案は，税理士が税務署員と共謀して控訴人の課税資料を廃棄させ，控訴人の平成2年分所得税中，土地についての譲渡所得税を申告も，納税もせず，納税のために預かった1800万円を領得した事件である。
79) 裁判所ウェブサイト。

の是正をするよう助言しなければならない公法上の義務を負っている（同法41条の3）」と判示されている。

東京地判平成21年10月26日「損害賠償事件」[80]では、「被告は、税理士として、（中略）税理士業務を行うに当たっては、依頼者が、課税標準等の計算の基礎となるべき事実の全部又は一部を隠ぺいし、若しくは仮装している事実等があることを知ったときには、直ちにその是正をするよう助言する（同法41条の3）などの義務を負う」（203頁）と判示されている。いずれの判決においても、同条における「不正に」の意味は、前節で検討したとおり、この法不適合性の要素についてだけみれば、「違法」を意味していると解されている。

したがって、税理士が、納税者の租税回避に関与したことのみで、当該税理士が税理士法上の責任を追及されることはないと言える。

8-6　今後の課題

税理士が、委嘱者（納税者）との関係（個別対応的関係）で租税回避に関与した場合、当該税理士は税理士法上、いかなる責任を追及されうるかについて検討してきた。

まず、租税回避は行為はややもすると許されない行為であると考えられがちであるが、これを禁止するための規定がない場合には、租税回避であるからといってこれが税法上否認されることはないのであるから、租税回避は、その限りで税法上承認されている行為にほかならないことを確認した。

次に税理士の職業専門家性について検討を行った。Ⓐ税理士には、業務に係る一般原理が存在する。当該原理とは、納税者から依頼を受けた場合、当該納税者にとって最も有利な結果となるべく税法の規定等を解釈し適用させていくことである。Ⓑ税理士には免許資格制度が税理士法上に規定されている。Ⓒ税理士には職能団体の結成、すなわち各税理士会と日本税理士会連合会が存在している。Ⓓ税理士の業務には公益性が存在する。税理士は、職業専門家として

---

80) 判夕1340号199頁。

その業務を行うに当たり，自己の利益又は第三者の利益を図ってはならない。
Ⓔ税理士は，税理士法1条に「独立した公正な立場」という文言を有している。この「独立した公正な立場」とは，職業専門家が一般的要件として有する独立性を，税理士法上明記したものである。したがって，税理士は上記5つの要件を充足し職業専門家であることを確認した。

　このような状況下，納税者が確定申告等をする，税務に関する相談をする，税務に関する指導を受ける場合等には，当該納税者は税理士に依頼することになる。そのとき税理士は，職業専門家としてその業務を行うに当たり，依頼者のため自己の有する最大の知識と技能を傾注して，その業務を遂行しなければならない。すなわち，税理士が納税者のために，税法上における納税者の最大利益と権利を擁護しなければならない。そこで問題となるのが，税理士が依頼者である納税者の税法上最大利益を確保するために税法等の判断を行う場合，通常の法形式の範囲内でその業務を行うべきか，違法でない限り納税者の要求（通常は税負担の軽減）に沿うようにその業務を行うべきかである。この問題点が，税理士と租税回避の接点である。本稿では当該接点から生じうる当該税理士に係る税理士法上の責任問題に論点を絞り検討を加えてきた。具体的には，税理士法に規定された税理士の義務等と税理士が租税回避に関与したことの問題を検討してきた。

　税理士法には懲戒規定が存在する（税理士44条，45条，46条，47条，47条の2，48条）。この懲戒制度は，納税義務の実現に税理士が関与する場合に，納税義務が租税法規に従って，税理士により適正に実現されることを担保すべく設けられたものである。また，懲戒制度が直接的に担保する「適正な納税義務の実現」は，租税法規に違反することにより生ずる納税者の様々な不利益の発生を防止することにより，間接的に納税者の権利・利益を擁護するものである。したがって，税理士法上の義務と懲戒の関係において，税理士が税法の立法趣旨に沿った税額の軽減等である節税行為を指導することにつき，税理士法上の責任を追及されることはない。そして，税法の立法趣旨に沿わない税額軽減等である租税回避に税理士が関与した場合も，租税回避が租税法規に違反する行為でない以上，当該税理士が当該行為に関与したことにより，税理士法上の責

任を追及されることはないことを確認した。

　しかし，このことが，税理士はすすんで「租税回避スキームのプロモーター」として活動すべきことを意味するものではない。本稿では，各税理士が関与する納税者と個別対応し，職業専門家としての責務を果たした後，結果として，当該税理士が租税回避に関与することになった場合を検討してきた。税理士が租税回避を「商品として販売」することについては，もはや職業専門家としての業務の域を超えている。この領域については，立法論を含め別途検討する必要がある[81]。

　現行法においても，税理士は所属税理士会を通じて，より理想とされる租税実体法が形成されるように建議する責任を負っている（税理士49条の11）[82]。

　また，日税連は，「税理士会会員の業務の広告に関する運用指針」を作成し，同会誌「税理士界[83]」で税理士会会員への周知を行っている。その内容は，「（前略）時代の変遷を経て税理士の業務の態様も大きく変わってきていることもあり，また，政府の規制改革推進政策の趣旨を斟酌し，税理士法第1条『税理士の使命』の理念を尊重したところで，この際，『○○税理士会綱紀規則（準則）』（以下，『綱紀規則』という）の一部を改正し，税理士会会員の業務の広告は原則自由であることを明らかにするとともに，『○○税理士会会員の業務の広告に関する細則（準則）』（以下，「細則」という）を制定」したものである。その中で，禁止される広告について（「細則」3条）「(6)税理士の品位又は信用を損なうおそれのある広告」の例示として，「①違法・脱法行為をほのめかす表現。②税の抜け道，抜け穴教えます。③究極の節税テクニック等，税理士又は税理士法人の信用又は品位を損なうおそれのある広告は禁止される」との見解が示されており注目しなければならない。

---

81) 米国の租税専門家に対する規制として，本庄資「善良な租税専門家・租税実務家と健全な税務行政を守るために必要なタックス・プロモーターの摘発」税経通信61巻14号17頁（2006年）。

82) たとえば，日本税理士会連合会「平成26年度・税制改正に関する建議書」（平成25年6月26日）。

83) 税理士界1176号9頁（2002年9月15日）。

9

租税回避行為と包括的租税回避否認規定
――ニュージーランド版GAARを参考に――

酒井貴子

9-1 租税回避行為への対処策の潮流とGAAR

9-1-1 概　要

　租税回避行為が適法だからといって，もちろん放置されるべきではなく，それが立法の不備に起因し，失われた税負担が，引いては他の納税者や国民が負うところとなるのであれば，何ら対処しないとなると，国や税務行政への信頼が損なわれるであろう[1]。問題はどのような対処を行うかである。近年では，2010年に米国で[2]，2013年に英国で，包括的租税回避否認規定（General Anti-Avoidance Rule, GAAR）や包括的租税濫用防止規定（General Anti-Abuse Rule, GAAR）[3]が相次いで制定された[4]。わが国のほかに，GAARを有しないOECD加盟国は，メキシコなど少数派である。今後は，BEPS行動計画（Action Plan on Base Erosion and Profit Shifting）の実施の中で，GAARの導入が勧告される[5]可能性もあることが指摘され[6]，わが国においても，GAARの導入について本

---

1) 岡村忠生「租税回避行為の規制について」税法学553号185頁，185-192頁（2005年）参照。
2) See Internal Revenue Code (I. R. C.) §7701(o)(1).
3) 本稿においては，特に区別することなくGAARと呼ぶことにする。なお，ニュージーランドのGAARは，前者の略である。
4) See §206-215 of Finance Act 2013.
5) OECD, Action Plan on Base Erosion and Profit Shifting, available at http://www.oecd.org/ctp/BEPSActionPlan.pdf (last visited Oct. 11, 2014).
6) 矢内一好「一般否認規定の各国比較と日本への導入」租税研究779号281頁，283頁（2014年）。

格的に検討されるべき時期に入っているのかもしれない[7]。

また，GAAR がわが国で立法されようとされまいと，グローバルな社会において，諸外国の租税回避行為に対抗する制度や動向を見ておくことは参考になるだろう。ただ，今あげた英米のみならず諸外国の GAAR については，優れた研究がすでに行われているため[8]，ここでは，GAAR の租税回避対処策としての位置づけなどを簡単に確認した上で，おそらくこれを最も古くから制定しているニュージーランドの例を紹介し[9]，どのような論点が問題とされているかを考察する。その考察に当たり，同国における比較的最近の裁判例から現行 GAAR に関連する問題を中心に取り上げ，昨今の GAAR を巡る議論への補強としたい。

9-1-2　租税回避行為と GAAR
① 租税回避行為への対処策

租税回避行為は，税法上定義はなく，論者によって様々だが，端的には，課税要件の充足を避けることによる不当な税負担の軽減または排除であると言えよう[10]。租税回避行為への対処策としては，大まかに分けて，個別否認規定，および，GAAR によるものがあると考えられる[11]。

個別否認規定で対処する場合では，問題となる税負担の軽減または排除をもたらすものについて事前に個別の課税要件を設けておくことになる。それに対

---

7) GAAR 導入の本格的議論として，居波邦康「タックスシェルターに対する税務行政の在り方——日本版 LLP への対応を考慮に入れて」税大論叢 52 巻 424 頁，566 頁（2006年）。同時に参照，谷口勢津夫『租税回避論』（清文社，2014 年）241-242 頁。藤谷武史「租税法における「不確実性」と「法の支配」の制度的意味」論究ジュリスト 10 号 74 頁，75 頁（2014 年）。

8) 清永敬次『租税回避の研究』（ミネルヴァ書房，1995 年）。岡村忠生「米国の新しい包括的濫用防止規定について」日本租税研究協会『税制改革の課題と国際課税の潮流』138 頁（2010 年）。今村隆「英国における General Anti-Abuse Rule 立法の背景と意義」税大ジャーナル 22 号 89 頁（2013 年），松田直樹『租税回避行為の解明』（ぎょうせい，2009 年）等。

9) 本稿 9-2-1 参照。

して，GAARで対処する場合には，一般には，対象や領域を特定せずに，租税回避行為とされるものについて否認する権限を課税庁（だけ）に認めるものであり[12]，租税回避行為と認定される行為については，課税要件を充足したものと擬制して課税されることになる。前者による場合では，納税者はいかなる場合に課税されるかが明確であるが，後者による場合では，納税者はいつ租税回避行為と課税庁から認定され課税されるかわからないという不明確さが残る。申告納税制度のもとでは納税者の予測可能性が重視されるべきであり，租税回避行為への対処としては個別否認規定が理想だろう。わが国においても，租税法律主義にもなじむとして，個別否認規定による対処が主流である[13]。GAARとは異なり，範囲が特定された形で，不確定概念を用いる同族会社行為計算否認規定など租税回避に対処する規定もまた設けられている。しかし，多くの国では，範囲を特定しない対処規定たるGAARが設けられている。

② 様々なGAAR

GAARの定め方は国によって多様であるが，ここで，何らかの要素によって諸国のGAARをカテゴライズするのではなく[14]，少なくとも，本稿で考察の主な対象とするニュージーランドのGAARがどう位置づけられるかという点を明らかにするため，諸外国のGAARのいくつかを簡単に言及しておきたい。

諸国のGAARを概観すると，適用対象となる租税回避行為を明らかにする程度や適用を免れる場合の規定の有無に違いがあると思われる。たとえば，近

---

10) 清永敬次『税法〔新装版〕』（ミネルヴァ書房，2013年）42頁。むろん，たとえば，ニュージーランドのGAARの対象となるものは，「不当性」を要せず，この定義が必ずしも万能という訳ではなかろう。9-2-2参照。

11) もちろん，実質主義など司法が確立した判例法理が，ここでのGAARに代替する場合もあるだろう。また，手続き的対処としては，情報申告の利用や罰則強化などもあるが，これについては，紙幅の都合上，本稿では触れない。なお，岡村・前掲注1) 192-204頁も参照。

12) わが国における，同族会社の行為計算否認規定等は，対象が特定されていることから，GAARと同列には扱わないが，不確定概念を含みGAARにかなり近いと考える。

13) 谷口勢津夫『税法基本講義〔第4版〕』（弘文堂，2014年）67頁。

14) GAARの4分類への試みとして，Tambet Grauberg, Anti-Tax-Avoidance Measures

年英国で創設された GAAR では,濫用的租税取決め (abusive tax arrangement) から得られる租税上の利益を否認するに当たり,たとえば,「濫用」と判断される要素として,適用規定の政策目的と合致するか,1つ以上の仕組まれたまたは通常と異なるステップを踏んでいないか,および,規定の不備を利用していないかといった項目をあげ,これら全ての状況を考慮したとき合理的な一連の行為として合理的に考えることができない場合に「濫用」があると定められ,GAAR の適用があるとされる。他に,ドイツの租税通則法 42 条(1)は,法の形式可能性の濫用による租税回避行為を認めず,その取引の経済的事象に相応する法的形成をした場合に発生するのと同様の租税債務発生をもとめるが,(2)「不相当な法的形成が選択され,相当な形式と比較して,納税義務者または第三者に法律上想定されていない租税利益がもたらされる場合に,濫用が存在する。納税義務者がその選択した当該法的形成について状況の全体像から見て租税外の相当な理由があることを証明した場合には,濫用は存在しないものとする」と定められ,濫用の明確化がなされている。他には,たとえば,米国では,判例法理として発展してきたもの,特に,事業目的原理 (business purpose test),段階取引 (step transaction),見せかけ取引 (sham transaction),および,実質主義 (substance over form) といった原則が租税回避を否認する根拠として発展しており,かつ,これら判例法理の発展に基づき,また,判例法理の統一的適用を目指して,GAAR が創設されており,実際に改正前後でそれら法

---

and Their Compliance with Commonly Law, Judicia International XVI/2009 141 (2014) を参照。これを紹介した文献として参照,矢内・前掲注6)。なお,この4分類については,欧米の GAAR に偏りアジアやアフリカ諸国の GAAR についての検討が含まれていないことや,アメリカおよび英国 GAAR 立法以前の文献のため,アップツーデート等が必要である。

15) *See* ss. 207(2)(a)-(c), *see also* ss. 207(4)(a)-(c) of the Finance Act 2013. 参照,今村・前掲注8)92-93 頁。

16) *See* Abgabenordnung §42. 参照,谷口・前掲注7)272-273 頁。他には,ベルギー所得税法 344 条によると,納税者がその取決めの合法的な必要性を証明できない限り,課税庁は,法律上の根拠に拘束されることなく租税回避を目的とした行為と考えられるものの法的性格を再構成できるとされている。*See* The Bergian Income Tax Code Article 344(1).

理の適用のされ方に変化はないと解されている[18]。これらのように，GAARの適用対象となるものの定義とその明確さに差があると考えられるが，適用されるケースの明確化のため何らかの手がかりがあることがわかる[19]。

9-2にて概観するように，ニュージーランドにおけるGAARは適用範囲がより広く，上記のうち，適用対象の判断基準として租税回避の目的に言及するものに，若干類似するかもしれないが，文字通りに解釈されれば基本的に全ての経済的行為がGAARの適用対象となると考えられ，適用対象を最も簡素で曖昧にしていると評価しうる[20]。GAARの有効性はその対象の曖昧さにあるはずだが，実際，同GAARによって，租税回避行為として否認されるべき行為とは何か明らかにされるべく裁判所は努力し，明確化に向けた改正の必要性が主張されてきている。以下，GAARの有効性と課題を確認した上で，次節以降，同制度の概要から裁判例まで考察する。

③ GAARの有効性と課題

立法技術的に，租税回避行為全てを予測し課税対象としておくことは不可能である。特に問題とされる租税回避行為は納税者が通常の経済活動上は使われないような迂回的な取引であることが多く，新たに個別否認規定が設けられ課税要件が明らかになると，さらにそれを迂回する取引が案出されるものである。個別否認規定は租税回避行為を誘発すると言え，それに対処していくと，結果的に規定が増えて絡み合い，税法そのものが漸次的に（ときに過度に）複雑化

---

17) *See generally*, Boris Bittker & Lawrence Lokken, Federal Taxation of Income, Estates and Gifts, ¶4.3 (2014).

18) 詳しくは，岡村・前掲注8)144-146頁。なお，段階取引の法理を，I.R.C. §7701(o)にどう取り入れるべきかを検討したものとしては，Philip Sancilio, Clarifying (Or Is It Codifying?) The "Notably Abstruse": Step Transactions, Economic Substance, and the Tax Code, 1113 Colum. L. Rev. 138 (2013)を参照。

19) ただ，各国でのGAARの実効性や有効性は，まちまちである。*See generally* Chris Evans, Containing Tax Avoidance : Anti-Avoidance Strategies, Tax Reform in the 21st Century, 529, 547-549 (Kluwer, 2009).

20) オーストラリアと南アフリカのGAARとで比較したものとして，Julie Cassidy, "Badges of Tax Avoidance": Reform Options for the New Zealand GAAR, 17 NZBLQ 467

する[21]。むろん,税法のある程度の複雑化自体は問題とされるべきではない。個別否認規定やその他課税要件規定が簡素すぎる場合,より正確な経済実態への課税が難しく,課税漏れや超過課税といった弊害が起こると考えられ,ある程度複雑な税法の方が公平な課税を実現しうると思料するからである[22]。問題なのは,そうしたものを超えて,税法が過度に複雑化する場合で,その場合には,政府と納税者の両方で執行コストおよび法遵守コストがかさむなど現実的な負担を無視しえない。また,租税回避行為が課税庁によって発見され問題視されたときにはすでに多くの税収が失われた後であり[23],経済発展のペースが速いことから,後に否認規定がコストをかけ立法されたとしても,そのときには別の新たな租税回避が繁茂しているという問題もある[24]。

　そこで,個別否認規定だけでなくGAARも同時に設けておくことができれば,租税回避行為への事後的な対処が可能になり,法的な内容は個別否認規定を適用した結果と同じになりうる。しかし,GAARは,実際に行われた取引を,課税庁が租税回避行為に当たるとして,通常あるべき取引に擬制して一方的に課税する手段であることから,予測可能性と法的安定性を損ない,ひいては,司法による遡及的立法を許すことにつながる場合も考えられる[25]。

　上記諸点を手がかりに,GAARの有効性を考えてみたい。税法の複雑化という点では,GAARが導入されたからといって実定法が簡素化するわけではなく,むしろ,GAARの適用を受けた行為がさらなる個別否認規定の創設に

(2011)を参照。なお,それ故に,ニュージーランドのGAARが世界一と説く論者もいる。*See* Michael Littlewood, The Possibility of Amending New Zealand's General Anti-Avoidance Rule, 25 NZULR 522, 558 (2013).

21) たしかに,個別否認規定に大きく依存する税制では,その複雑さが問題とされ,GAARはそれを防ぐと考えられてきた。*See generally* Stanley Surrey, Complexity and the Internal Revenue Code: the Problem of the Management of Tax Detail, 34 L & Contemp. Probs. 673, 707 n 31 (1969).

22) *See* David A. Weisbach, Formalism in the Tax Law, 66 U. Chi. L. Rev. 860, 868 (1999).

23) *See* Frank V. Battle, The Appropriateness of Anti-Abuse Rules in the U. S. Income Tax Systems, 48 Tax Law. 801 (1995).

24) たとえば,アメリカにおいては,租税回避行為への迅速な対処として,GAARが財

つながれば，結果は同じだろう。しかしながら，GAARそのものが強力な抑止力となって，GAAR導入後には，租税回避行為そのものが減るかもしれず，ひいては過度な複雑化の抑止につながりうることは考えられる。そうすると問題は，GAARの抑止力を維持しつつ，その不明確さを許容可能な範囲まで解消できるかを考えることにあるのかもしれない。[26]

9-2　ニュージーランドにおけるGAARの概要

9-2-1　基本的ルールの沿革的背景

ニュージーランドにおいては，近年税務訴訟事例全体の20～30％がGAARの適用を争う事例であり，税務紛争の源となっている。[27]同国でこのように紛争をもたらすGAARの原型が初めて導入されたのは1878年土地税制であり[28]，その後，1891年土地および所得税法40条において同規定が引き継がれ[29]，数次の税制改正を経て，1974年税制改正にてほぼ現行通りとなった。また，1960年代から課税庁によるGAARの適用に関する紛争が徐々に生じてきたとされる[30]。

沿革的に総じてニュージーランド版GAARの特徴は，適用対象となる範囲の広いことであり，これについては，いわば，裁判所による判断の余地の大きさから，司法による法創造の可能性への懸念や，対象を狭めるためのさらなる立法的改善策などが出されたが，いくつかの大きな税制改正にもかかわらず，

務省規則のレベルでも設けられている。See e. g. Treas. Reg. §1. 701-2. Sheldon Banoff, The Use and Misuse of Anti-Abuse Rules, 48 Tax Law. 827 (1995). なお，米国内国歳入法典7701条(o)(10)との比較検討をしたものとして，Linda Jellum, Codifying and "Miscodifying" Judicial Anti-Abuse Tax Doctrines, 33 Va. Tax Rev. 579 (2014).

25) *See generally* Eugen Trombas, The Conceptual Approach to Tax Avoidance in the 21st Century : When the Statute Gives but the GAAR Can Take Away, 15 NZJTLP 352, 354 (2009).

26) *See* Rebecc Prebble *et. al.*, Does the Use of General Anti-Avoidance Rules to Combat Tax Avoidance Breach Principles of the Rule of Law ? A Comparative Study, 55 St. Louis U. L. J 21, 41 (2010).

27) *See* Mark Keating *et al.*, Tax Avoidance in New Zealand : The Camel's Back That

GAARだけはほとんど変更なく存続し[31]，現行法たる2007年所得税法（the Income Tax Act 2007）に至っている[32]。

9-2-2 現行GAARの内容およびその解釈

① 現行GAARの基本的内容

現行法上のGAARは，2007年所得税法のBG1条（基本的適用内容），GA1条（歳入庁長官による再構成），および，YA1条（定義規定）の3つの主な規定に定められている。以下，順に見る。

BG1条(1)において，まず，租税回避の取決め（tax avoidance arrangement）は，所得課税上，歳入庁長官（the Commissioner）に反するとして無効とされると規定され，歳入庁長官は，租税回避への強い権限があることがわかる。

GA1条(2)においては，歳入庁長官が，BA1条(2)に基づき無効とした租税回避の取決めを，再構成する権限についての定めが置かれている[33]。すなわち，歳入庁長官は，租税回避の取決めによりある者が得る租税利益（tax advantage）を無効にするために，歳入庁長官が適切（appropriate）であると考えるやり方で，その取決めにより影響されるその者の課税所得を調整することができると定められている。

GA1条(4)においては，歳入庁長官が，納税者の行った取決めに対して，仮定の程度に基づき次の3種類の再構成を行うことを認められる。すなわち，そ

Refuses to Break !, 17 NZJTLP 115, 138 (2011).

28) See s. 62 of the Land Tax Act 1878. 正確には，土地に係る税を，その土地の所有者が土地の借地人に負担させることで，回避することを防止するための包括的否認規定であって，純粋に租税回避を阻止することで歳入確保を目的とするものではなかった。See also Michael Littlewood, the Privy Council and the Australasian Anti-Avoidance Rules, B. T. R. 2007, 2, 175, n. 13 (2007).

29) See s. 40 of the Land and Income Assessment Act 1891.

30) S. 108 of the Land and Income Tax Act 1954. See e.g., Ben Nevis Forestry Ventures Ltd. v. CIR, [2008] 2 NZSC 115, [2009] 2 NZLR 289, [11].

31) See s. 9 of the Land and Income Tax Amendment Act (No 2) 1974. S. 99 of the Income Tax Act 1976. And also ss BB 9 (1997 year), BG 1 (1998 year) and GB 1 of the Income Tax

の租税回避の取決めがなかったなら，(a)あったであろうもの，(b)起こる可能性があったであろうもの，(c)起こったかもしれないと予想されうるもの，の3種類である。

主にBG1条(1)における各用語「租税回避の取決め」，「租税回避」，および，「取決め」については，定義規定たるYA1条において定められている。

まず，「取決め」とは，履行強制可能か不可能かを問わず（whether enforceable or unenforceable），全ての段階および取引を含む，合意（agreement），契約（contract），計画（plan），または，理解（understanding）である。

次に，「租税回避」は，(a)所得税の発生を直接または間接に変更すること（altering），(b)所得税債務または潜在的並びに予測的な将来の所得税債務（a potential or prospective liability to future income tax）を直接または間接に取り除くこと（relieving），(c)いかなる所得税債務またはいかなる潜在的並びに予測的な将来の所得税債務を，直接または間接に回避（avoiding），延期（postponing），または，減額すること（reducing）を含むとされている。

さらに，「租税回避の取決め」とは，当事者，当該取決め，または，別の者によって行われようと，直接または間接に，(a)その目的ないし効果において租税回避を有し，または，(b)その租税回避目的または効果が単なる偶発的なもの（merely incidental）でない場合で，その他のいかなる目的や効果が通常の事業（ordinary business）や家族の諸取引（family dealings）との関連にかかわらず，その目的や効果の一つとして租税回避がある取決めを意味する。

② 現行GAARの広範な適用対象

上記定義規定から，租税回避の取決めに該当するものは，非常に広範囲であ

Act 1994.

32) *See generally*, Cassidy, *supra* note 20, at 468. なお，このGAARは所得課税の領域にのみ適用可能であり，ほかでは，付加価値税（いわゆるGST）法にGAARの定めがある。*See* s. 76 of Goods and Service Tax Act 1985. GSTの租税回避事例として，Glenharrow Holdings Ltd. v. CIR, [2008] NZSC 116, [2009] 2 NZLR 359を参照。

33) *See* s. GA1(1) of the Income Tax Law 2007. なお，本条では所得税額ではなく課税所得に対する調整に限られており，税額控除への調整は，GA1条(3)に定めがある。

ることがわかる。まず，YA1条の「取決め」の定義では，それが履行強制可能であることが要求されておらず，また，「全ての段階および取引を含む」ということから，取引の一つの段階もまた租税回避の取決めに該当する場合があると考えられる[34]。

次に，「租税回避」の定義には，所得税の発生を「（前略）変更する」という言葉が含まれ，変更という言葉の本来の意味からすると，ここでは，所得税の発生を減額する場合だけでなく，増額する場合までも含まれうる。ただし，後者の場合，実際にはGA1条(1)の適用を受けるとは考えられない。また，そこでの所得税の発生が，潜在的なものであるべきか，すでに確定したものでなければならないかも明らかでなく，後者はありえないとして，前者であるとすると，ほぼ全ての経済的取引が対象となりうるだろう[35]。

さらに，「租税回避の取決め」の定義では，その取決めの目的が，他の事業関連目的を有していたとしても，租税回避の目的があるならば，租税回避の取決めに該当しうるのである。また，「租税回避の取決め」の定義において，租税負担回避の結果や効果が「単なる偶発的な」ものである場合が除かれるが，それはどういう場合か，偶然か否かの判断に当たっては相当な混乱をもたらしかねない。

上記定義に基づきGAARにより無効とされる「租税回避の取決め」に当たりうる例をあげれば，賃貸マンションの売却により賃料の支払い受けなくなったことですら，結局はその所得に係る税金の発生を変更したという結果となり，単なる保有資産売却が租税回避の取決めに該当しうる[36]。他には，単に辞職や海外移住という行為すら，租税回避の取決めに該当しかねない。

GA1条の歳入庁長官による取決めの再構成に当たっては，歳入庁長官の裁量が問題となる。再構成に当たっては仮定の程度により3種類があげられてい

---

34) 実際，歳入庁長官が「ある一つの複合的スキームの取引の全部または一部を特定して」GA1条(1)の対象となる取決めと扱いうると判断されている。Peterson v. CIR, [2005] UKPC5, (2005) 22 NZTC 19,098, [33].
35) *See* Littlewood, *supra* note 20, at 556.
36) Id.

たが，特に優先順位もなく，税負担が最も重くなるように再構成される場合が懸念される。

以上のように，GAARの適用対象の範囲の確定および適用に当たっては，すでに相当の紛争要因がある[37]。他にGAARに関する法令がないため，裁判所にその役割が委ねられ，実際，数多くの裁判が提起されてきたところであり，以下重要なものを中心に考察する。

9-3 ニュージーランドにおけるGAAR関連の裁判例

9-3-1 「租税回避の取決め」として否認されるか否かの判断

GAARの文言が概括的すぎることから，GAARの適用対象の範囲を限界づけようとする判決が数多く出されてきた[38]。すなわち，裁判所は，歳入庁によるGAARの適用を判断する際，納税者の行った行為について「租税回避の取決め」への該当可能性を判断することは最初からせず，租税回避の取決めとしてGAARの対象となるものと，そうでないものとの区別に注目していたということである[39]。以下，リーディングケースとなっている裁判例を中心に考察を進める[40]。

① 「選択の法理」と境界決定

最初に確認したい法理は，「選択の法理（the choice principle）」である[41]。同法

---

37) James Ruddell, Statutory Interpretation, Parliamentary Intention and the General Anti-Avoidance Rule, 25 NZULR 497 (2013).
38) Id., at 499. この点に関して，ある裁判官によるコメントとして，次のようなものがある。「108条（BG1条旧規定）を厳格に文理解釈することによる不合理さの結果，裁判官は，条文を運用可能でかつ適正なものにする解釈を探すよう強いられてきた」（カッコ内は筆者）。See Mangin v. CIR [1971] AC 739 at 749 PC.
39) 問題とされた納税者の租税負担軽減行為が，許容されるタックスプランニングの範疇にあると判断されれば，租税回避の取決めの定義に合致したとしても，無効とされることはなかった。See Craig Elliffe, Policy Forum : New Zealand's General Anti-Avoidance- A Triumph of Flexibility over Certainty, 62 Canadian Tax Journal 147, 154 (2014).
40) なお，英国の判例法理（Westminster原則やRamsey原則）は，GAARを定めるニ

251

理の考え方は，納税者は物事をどうアレンジするか決定でき，その選択によって異なる租税上の結果を導きうるというものであり，税額の高い選択肢を選ぶ必要はないということである。[42]したがって，裁判所によるGAARの解釈として，議会が納税者に与えることを意図した諸選択（たとえば，政策的な租税優遇の利用）を奪ってしまうことがあればそれは不合理であると考えられ，広範な租税回避の定義を持つGAARの限界づけの第一歩として，同法理をとりあげうる。[43]

次に，GAARの対象となる租税回避行為とそうでない行為の境界決定については，CIR v. Challenge Co. Ltd. 事件が重要であり，[44]そこでは損失売買取引へのGAARの適用が争われた。本件において，Challenge社（C）は，580万ドルの繰越欠損金を抱えた赤字会社Tの株式全てを購入し，Tの損失をCグループ内メンバーに移転し控除した。当時，法人グループ内で移転控除できる場合の株式所有条件規定のうちに個別否認規定（1976年所得税法191条(1)(c)(i)）があったが，本件では同規定によっては控除を否認できなかったことから，歳入庁長官は，GAAR（同年同法99条）を適用し，損失の控除を無効とした。

控訴院では，個別否認規定とGAARの関係が分析され，リチャードソン卿は，納税者の取引が単に税法上認められた選択によると解した際，[45]次のように理由づけている。すなわち，

「それぞれ事例において，99条適用のための余地が同法制度の中にあるかが

ュージーランドでは裁判所によって特に参照されなかったと結論されている（ただ見たところ言及はされている）。See Michael Littlewood, Tax Avoidance, the Rule of Law and the New Zealand Supreme Court 10-11 (Dec. 15, 2010), available at SSRN : http://papers.ssrn.com/sol3/papers.cfm?abstract_id = 1726165, (last visited Oct. 8, 2014).

41) Id.
42) もとはオーストラリアの裁判例（DFC of T v. Purcell [1921] 29 CLR 464）に遡る。ニュージーランドで採用された例として，Europa Oil Ltd. v. CIR [1976] 1 NZLR 546.
43) Littlewood, *supra* note 40, at 11 を参照。
44) [1986] 2 NZLR 513（P. C.）(report includes decisions of High Court at 516, Court of Appeal at 530 and Privy Council at 556).
45) Id., at 529.

問われるべきである。もしその余地が認められないのであれば，その理由は，納税者が依拠した特定の条項を遵守して達成した諸取引の状態は，制定法上の意味において租税回避ではないからである。この方法で99条を解釈することは，法制度における99条の本当の目的と効果（its true purpose and effect in the statutory scheme）を99条に与えることであり，結果として，所得税法そのものの目的に資することを可能とする。」[46]

この考え方は，制定法の中の特定の条項に準拠する行為に対してはGAARを適用できないと解するものであり，「制度と目的アプローチ（the scheme and purpose approach）」と呼ばれた。[47]

課税庁側は上訴し，当時ニュージーランドの最高裁の役割を果たしていた英国の枢密院（the Privy Council）に移送された。[48] 枢密院では，まず，191条(1)(c)(i)によって否認できない場合に99条によって否認できるかに関しては，両条文の趣旨から矛盾しないと解された。[49] 次に，結論に至る検討において，「納税者は租税債務を縮小する自由がある」とし選択の法理に触れ，次のように述べた。すなわち，「所得税は，所得を減額または支出を発生させる納税者によって，節約されうる。99条は，節税（mitigation）には適用されない（後略）」。[50] しかしながら，結局，裁判所は，経済的実質を考慮し，Xが実際には被っていない損失を所得から控除することはできないとして，Xの行為全体を租税回避の取決めとしてGAARの適用を受けるものとし，控除が無効であるとした課

---

46) Id., at 545.
47) See e. g., Elliffe, supra note 39, at 150. GAARと特定条項に関するこのアプローチは，ニュージーランド国内で多くの裁判例を引き起こした。Id., at 151.
48) なお，ニュージーランドは，2004年自国の最高裁判所を設立し（以前，旧宗主国イギリスの枢密院へ移送されていた），GAAR関連判決の動向が注目されていたところ，後述の通り，最高裁判決が数件出された。このような管轄機関の変更が，法解釈の傾向をどのように変えたかという論点も興味深いが，ここでは，おそらく影響を受ける法解釈が本国独自のものに絞られる傾向があるという指摘にとどめ，この点を踏まえての検討は，本稿では省略する。なお，荻野太司「ニュージーランドの司法改革に関する序論的考察（一）」広島法学30巻4号230頁（2007年）参照。
49) ［1986］2 NZLR 513 (P. C.) at 561.

税庁の判断を支持した。

② 「議会の意図」の外にある取決めとその中にある取決めとの区別

Ben Nevis Forestry Ventures Ltd v. CIR 事件は[51]，森林ベンチャーに関連した租税回避で，Trinity scheme と呼ばれる有名かつ重要な事案である[52]。本件において，1997 年，Trinity 社（T）が，南島における一区画の土地を購入した。T は，50 年間にわたり納税者ら 9 人（X）が森林管理会社に委託して行う樅木植林のため占有するのを認めるライセンスを許諾し，それに対して，X はその間毎年 24,000 ドルのライセンス料と，木が生育し伐採可能となる 2048 年に 992,000,000 ドルのプレミアムの 2 種類の対価を支払う契約が行われた。後者は，将来の木材販売額があてられる。

そこで，X は，1997 年に，2048 年に償還する約束手形を T に発行することで，プレミアムの返済を行った。したがって，X は，①毎年 24,000 ドルのライセンス料の控除，および，②プレミアムの 50 年間にわたる償却として毎年 19,844,000 ドルの償却費計上を税務申告書上求めた。これらが認められると，X は，毎年 24,000 ドルの支出で，19,868,000 ドルの控除を得ることが可能となり，その控除は他の所得と相殺されることになる。換言すると，X は，50 年間毎年約 20,000,000 ドルの非課税枠を得たことになる。

さらに，T と X は，2048 年における木材販売額が予定額を下回る等リスクについて補償を理由とした保険契約を，軽課税国に設立された会社 CIS と結んだ[53]。それによると，CIS が X に保険を提供する代わりに，X がプレミアムを 16,000,000 ドル支払うことになるが，これについても手形を発行し，2047 年に償還予定とする一方で，同金額を保険料として即時償却を求めた[54]。

---

50) Id. See e. g., Peterson v. CIR, [2005] UKPC 5, [2006] 3 NZLR 433.
51) [2008] 2 NZSC 115, [2009] 2 NZLR 289.
52) 評釈として，Michael Littlewood, Ben Nevis Forestry Ventures : Glenshaw Ltd v CIR : New Zealand's New Supreme Court and Tax Avoidance, B. T. R. 2009, 2, 169-180 (2009).
53) CIS は，X の顧問弁護士によって設立され，保険を賄う財産も再保険を行う資力もない，いわゆるペーパーカンパニーであった。[2008] 2 NZSC 115, [2009] 2 NZLR 289, at [131-148].

課税庁は，本件納税者の行為を租税回避の取決めとしてGAARを適用し，上記控除を認めなかった。下級審のみならず，最高裁もまた，これを租税回避の取決めと判断し，歳入庁を支持した。その際，多数意見は，まず，納税者の請求した控除が，その控除を認める根拠条文の適用を受けるかを判断した。個別規定によって控除が認められなければ，GAARの適用可能性を探る必要がないからである。その上で，納税者の行為が許容されるタックスプランニングではなく，租税回避の取決めとしてGAARにより否認される際の区別がどのように行われるべきかについて，最高裁は，次のように説明した[55]。すなわち，

「究極的な問いは，問題とされた取決めが，商業的および経済的実体から見て，議会の目的（Parliament's purpose）に一致するやり方で，特定の条項を適用しているかである。そのように適用されているなら，当該取決めは，その適用を理由として，租税回避の取決めとはならない。特定条項の適用が議会の意図を超えている（beyond parliamentary contemplation）場合には，そのような条項の利用は，租税回避の取決めとなると扱われることになろう。」

さらに，多数意見は，議会の意図を超えるかの判断に関し，立法時の趣旨に一致している条文の使用の「古典的な物差し（classic indicator）」として，「人為的または仕掛けられたやり方で（in an artificial or contrived way）」その条文の利益を納税者が得ようとしているかを見なければならないと説明した[56]。

以上のようにGAAR適用に当たっての判断要素と考えられるものを述べた上で，多数意見は，GAARがなければ，納税者は本件で問題となった諸費用を控除できたであろうと認めたが，その控除を認める条項が，立法時の議会の目的に一致しない人為的なやり方で利用されたとして，納税者の行為を，租税回避の取決めと判断した。人為的なやり方かどうかの判断としては，具体的には，支払自体は控除条項に合致するが，債務が返済されない限り，プレミアム

---

54) Id., at [56]. *See also* DL1(3) of the Income Tax Act 1994.
55) Id., at [108-109]. ただし，保険料については，控除可能かどうか当時の所得税法上の判断を避け，租税回避の事実から深入りされなかった。Id., at [68].
56) Id. 課税庁によるBen Nevis事件後のガイダンスとして，Internal Revenue Department, Interpretation Statement, 13 Jun. 2013.

も保険料も経済的負担を伴わない支払いにすぎないと述べられ，経済的実質が考慮に入れられた。[57]

まとめると，Ben Nevis 事件判決は，GAAR の適用範囲に入るか否かについて，主に次の二段階テスト，すなわち，第一のテストとして，個別条項の適用があるかのテスト，第二のテストとして，議会の意図に合致するかのテストを導き出したと言える。[58] また，この判断の背景にある考え方として，最高裁は，次のように述べた。すなわち，

「議会は，包括的租税回避否認規定をわざと曖昧な（general）ままにしてきた。（中略）裁判所は，議会が定めた以上の明確さを作り出そうとするべきではない」[59]。

このテスト採用の背景は，司法が議会の意図を離れ新たな基準を確立するのを回避することにあったと言える。なお，Ben Nevis 事件判決後は，基本的に，この二段階テストが採用されている。[60]

③ 「議会の意図を超える」場合における租税回避行為

Penny and Hooper v. CIR 事件[61]は，納税者が役務提供の帰属を法人に移すことにより個人の高い税率を免れた事案である。すなわち，ある外科医 X が自らの医療サービス業務をその関連する信託（X とその家族が受益者）によって所有された法人に対して移転し，また，患者は納税者ではなくその法人に支払いをなした。X は，法人から給与の支払いとして，提供した医療サービス全体の利益のうち約 20％が支払われ，その分に個人所得税の最高税率 39％で課税を

---

57) Id., at [147-148].
58) See e. g., Harry Ebersohn, Tax Avoidance and the Rule of Law, 2012(2) NZLR 243, 265.
59) Ben Nevis, *supra* note 55, at [112].
60) なお，付け足して述べられた「単に偶発的なもの」であるかのテストも加え，三段階テストと呼ぶ論者もある。だが 2 つのテストを充足すれば，「偶発的」である可能性は低いため，取り上げる必要性は薄いと考える。See Justice Susan Glazebrook, Statutory Interpretation, Tax Avoidance and the Supreme Court : Reconciling the Specific and the General, 20 NZJTLP 9, 26 (2014).
61) [2011] NZSC 95, [2012] 1 NZLR 433.

受け，残り80％は法人利益として33％の法人税の比例税率で課税されていた。その結果，本件の取引全体においては，約6％の税金の節約が可能となった。そこで，課税庁は，GAARを適用し，Xの給与の額を「商業上現実的な給与 (commercially realistic salary)」に置きかえて再構成を行った。[62]

最高裁は，まず，この取決めが，納税者が依拠した条文を立法した時の議会の意図の範囲内にあるかどうかを判断した際，「納税者はなしうることが認められている選択を行った」として，また，選択の法理からもこれを租税回避行為とはしえないとしたにもかかわらず，通常受け取るより少ない給与の支払いをした点についての「人為性」について触れ，「議会の意図を超えて」いると述べ，納税者により採用された取決めは，GAAR適用の結果，無効とされるとした。[63] すなわち，Ben Nevis事件判決の一段階目のテストはクリアするが，第二のテストをクリアしえないと解された。

本件判決は，二段階テストによってGAARの適用範囲を画し，上記のBen Nevis事件判決を踏襲しており，第二のテストで，議会の意図から外れる要素として人為性という点を強調した点が特徴となっている。たしかに，給与の額を操作した点に人為性があるし，また，それを「単に偶発的なもの」ということはできないであろう。

本件判決は，Ben Nevis事件判決を踏襲したという点だけでなく，GAARによって否認される租税回避行為と許容されるタックスプランニングとの間の境界線により近いものと位置づけられることから，重要な事件であると評価される。[64] ただ，本件判決に対しては，人的役務提供会社を用いた税負担軽減が既知のループホールとして認識されており，また，GAARの適用による否認ではなく，法改正によってふさいでおくべきだったとの批判がなされ，GAAR改正へ向けた議論を活発化させた。[65]

---

62) Id., at [5]. なお，ニュージーランドでは，インピューテーション方式がとられている。下級審の評釈として，参照，Adrian Sawyer, Surgeons' Practices and Tax Avoidance : A Mutually Exclusive Relationship, 15 NZJTLP 97 (2009).

63) Id., at [33], [54].

64) Littlewood, *supra* note 20, at 534.

④　租税回避行為と節税の境界線への接近

White v. CIR 事件は、上記 Penny 事件と似通っていて法人成りが問題となった事案であったが、課税庁の側が敗訴している。どのような事実が勝敗を分けたのか、そして、租税回避行為として否認されるものと、許容されるタックスプランニングとの境界決定に当たり、本件が後者の側に置かれた理由はどこにあったのかを確認する。

本件において、麻酔科医である納税者Ⅹは、病院勤務と同時に、歯科医に麻酔医としての医療サービスを提供する個人事業も展開もしていたが、後者の個人事業の方を、信託に保有された法人Wに移転した。当該信託は、Ⅹとその配偶者によって支配されていた。しかし、Wは、何年間もⅩに給与をほとんど支払っていないという状態が続いており、それというのも、Wは同時に、当該信託に保有されたアボガド農園を営んでおり、当該農園賃料の支払が、主な原因で損失が出ていたことが原因とされた一方で、他方、当該信託の方は、賃料収入から利益が出ていたのである。

これら取決めにより可能となったのは、結局、納税者の役務提供のサービス収入を、信託の所得に変換することで、個人所得にかかる税率39％から、信託所得にかかる税率33％に軽減しえたことである。こうした税負担軽減につながる納税者の計画全体について、課税庁は、租税回避の取決めとして GAAR を適用した。これに対し、Ⅹは、Wに給与を支払いうる資力がない点について、農園事業が悪天候や国内外の市場の状況、および、為替変動により損失が生じていたのであって、予測不可能であったと主張した。[67]

裁判所は、ある会社の内部にある事業からの損失と他の事業からの所得を相殺することが認められているという点を確認し、その上で、上記主張から納税

---

65) 本件判決後、税務専門家団体によって GAAR 改正の勧告を行う報告書が提出された。 *See* Report : Improving the Operation of New Zealand's Tax Avoidance Laws, *reprinted on* 17 NZJTLP 351 (2011). 同報告書は、課税庁からの GAAR の解釈基準のないことが納税者をリスクにさらしたと批判した。*See* id., 371.

66) [2010] 24 NZTC 24, 600 (HC).

67) Id.

者の計画全体に人為性がないとして、Penny 事件と区別される点をあげ、租税回避の取決めでないとし、本件においては GAAR 適用を違法とした。おそらく選択の法理を適用したケースということになるが、裁判所の考え方によると、租税回避の取決めになるかの判定で、二段階テストを重視するあまり納税者の租税回避の意図の有無等について十分な検証がなされなかったのではないかと推測されている[69]。

9-3-2 再構成に関する事例

最近の事件としては、Alesco New Zealand Ltd. v. CIR 事件判決[70]があげられる。本件では、いわゆるクロスボーダー・ハイブリッド金融商品が使われており、国際課税の問題などを含めいくつかの争点が含まれているが、ここでは、最も注目された点である租税行政庁の再構成に係る裁量についての争点に絞って検討する[71]。

本件においては、オーストラリアの親会社 P が、ハイブリッド・オプショナル転換手形（Optional Convertible Note, OCN）を使って、ニュージーランドの完全子会社 S に資金提供（7,800 万ドル）を行った。これによると、S は、P に利子を実際に支払うことなく、支払ったとみなされた利息の額だけ控除できる。これは、典型的な国際的租税裁定取引であり[72]、P が所得を認識することなく、S に費用控除だけが発生することになる。

からくりはこうである。S は、P に対し、無利息かつ無担保の劣後的手形たる OCN を発行し、他社買収のための資金を調達した。契約上発行日から 10

---

68) Id., at [69].
69) See Littlewood, *supra* note 20, at 535.
70) [2013] NZCA 40 (CA (NZ)).
71) なお、本件についての評釈として、Craig Elliffe *et al.*, Alesco New Zealand Limited v. CIR : Concerns over the Broad Discretion in the Application of the New Zealand GAAR, B. T. R. 2013, 3, 275 (2013).
72) 国際的租税裁定取引については、増井良啓「国際的租税裁定に関する研究ノート」『国際商取引に伴う法的諸問題 (11)』（トラスト 60、2005 年）51 頁を参照。

年で満期で，満期時保有者は株式に転換か償還かの選択が可能である。この10年満期 OCN は，オーストラリアではPの側で株式と扱われ，ニュージーランドでは，皮肉にも租税回避防止規定 G22 条により，額面と現在価値の差額が借入期間に渡り「発生費用」として，S側で利息として控除されたのである。

歳入庁長官は，OCN を用いたこのようなグループ内の取決めを，租税回避の取決めと見て，GAAR の適用により無効とした。裁判所は，この取決めを「人為的な仕掛け」であるとともに，経済的商業的に合理的な基礎の欠如があるとし，それゆえに，裁判所は，議会の意図に反しており，GAAR の適用により歳入庁によって否認されると判断した。[73]

歳入庁長官は，再構成に当たっては，ニュージーランドで当該利息についての源泉徴収税を課さないということを確保するように，当該取決めが無利息貸付であったとする再構成を行った。これに対して，納税者は，OCN がグループ内部金融形態として無効とされるのなら，GA1 条(4)のもとで，最も可能性の高い代替的取引は，市場利息率での借入であると主張した。というのも，納税者の主張による再構成によると，ニュージーランドで源泉利息課税があり，また，オーストラリアでPのその利息分について課税所得が発生するにもかかわらず，実際の取引でSが支払ったとされるよりも多額の利息の控除が発生するからである。

裁判所は，租税回避として無効とされた取決めによる場合よりも課税上の利益を与えるような再構成をなすことは認められないとして，納税者の主張を拒絶した。結果，歳入庁長官が主張した無利息の貸付として再構成がなされた。こうした結果については，次の二点が指摘されている。すなわち，第一に，再構成でなされたとされた取引は，現実に当事者がなしたであろう取引になるという証拠は全くないこと，第二に，海外関連者との無利息の貸付の場合には，移転価格の問題が生じるが，それらについてどう考えるかの議論はなされなかった。[74][75] 再構成に関するさらなる研究が求められている。[76]

---

73) [2013] NZCA at [114]-[117].
74) *See* ss. GC 6-GC14 of Income Tax Act 2007.

9-3-3 裁判例の検討および GAAR の問題点

　ニュージーランドの GAAR はその原型の創設から考えると 140 年近くの歴史があるが，その利用は，1960 年代頃にはじまるとされ，50 年程度の間の裁判例や資料等を紐解いたが，結局大きな展開を見せたのは，最近の Ben Nevis 最高裁判例であった。前節では，GAAR を巡る裁判例として重要なものを考察したが，ここでは，それら考察を踏まえ，以下，GAAR の問題点等の整理を試みる。

　第一に，GAAR の適用対象となる範囲の解釈の問題である。ニュージーランドの概括的かつ包括的な GAAR の定義規定から，多くの行為が GAAR の対象となりうるという弊害が指摘されえた。しかし，裁判所は，GAAR の文言通りの適用を排除し，GAAR によって否認される場合の適用基準なるものを独自に発展させてきた。[77] そこでの中心的課題は，租税回避行為として否認される行為とそうでない行為，すなわち，許容されない租税回避行為と，許容される租税回避行為（タックスプランニング）との間での境界決定にあった。そこでは裁判所が自由にその境界決定を行ってきたわけではなく，Ben Nevis 最高裁判決では，二段階テストが採用された際，裁判所の判断が議会の意図を超えないよう抑制的な判断を求められた。その後の Penny 事件判決と White 事件判決での納税者の明暗を分けたのは，特に，第二のテスト判定における人為性であった。[78] そこでは比較的軽微な人為性も対象となると言え，境界ギリギリの判断があったのではないかと考えられる。[79] また，同テストの判断では，租税回避行為が行われた際に利用された条文そのものの趣旨等の判断というより，その条文に従い租税上の利益を得るように，仕掛け的または人為的な行為を行っ

---

75) Mark Keating, Reconstruction of Tax Avoidance Arrangements : How Best to Rewrite History ?, 17 NZJTLP 480, 502 (2011).
76) Id., at 504. また，出資と見ることも可能であったと思われる。
77) Ben Nevis 最高裁判決自体 60 ページにも及ぶ大部だが，「租税回避の取決め」の定義に関する分析はほとんど行われていない。
78) *See* Littlewood, *supra* note 20, at 558.
79) Ebersohn, *supra* note 58, at 244, n 4 & 269.

たかが注目され，利用された条文の趣旨等よりも事実関係（特に経済的実体）が精査される結果となった[80]。そういった流れからは，結局は，租税回避行為の定義や条文の趣旨というよりも，具体的に何に課税するか，すなわち，課税対象の範囲が個別に問題とされたと考えられる[81]。ただそこでは，法の欠缺を司法が事後的に修正したと考えられ，遡及立法を認めたことに変わりないという批判が投げかけられた[82]。また，納税者のみならず，課税庁や裁判所の負担も指摘されている[83]。

　第二に，GAARで租税回避の取決めを否認した後，どのような再構成が行われるべきかという点である。この点について確認すべきは，GAARの発動は，歳入庁長官によるその一方的な適用であり，恣意的な適用がまず懸念されるが，ニュージーランドでは再構成の際の課税庁側の恣意的な判断が特に問題視されていた点が特徴と言える。9-3-2で見たAlesco事件のように，歳入庁長官による再構成の結果において，通常なされるべき課税が行われない結果を招くようなことや，租税回避行為を認めた場合よりも軽い税負担となるような場合も考えられる一方，他方では，税負担を最も重く再構成されることも考えられることから，課税庁による恣意的な課税がここで行われる可能性がある。再構成の基準がどうあるべきか，その再構成を行った理由づけ，さらには，再構成の結果に伴うさらなる調整の必要性など，今後，重要な論点となりうる。

　最後に，ニュージーランドにおけるGAARの有効性に関連して述べておきたい。同国のGAARには上記問題はあるものの，では，一般にGAARに期待

---

80) Ellife, *supra* note 39, at 158.
81) *See* Littlewood, *supra* note 20, at 543.
82) *See* Report, *supra* note 65, at 3.
83) Cassidy, *supra* note 20, at 469. 一定の租税回避行為の否認による増差税額には，100％の過少申告加算税（shortfall penalty）が課される。これは，BG条により無効とされた全ての租税回避取決めに適用されるわけではなく予測が難しい。*See* s. 141D of Tax Administrative Act 1994. *See also* Shelly Griffiths, The 'Abusive Tax Provision' in the Tax Administration Act 1994: An Unstable Standard for a 'Penal' Provision, 15 NZJTLP 159 (2009). *See also* Elliffe and Keating, *supra* note 71, at 283-284.

される抑止力を発揮しえたのかである。もっともGAARの存在によって納税者がどのような行動に出るかは予測不可能だが，もしGAARを持つことでそういった租税回避行為を委縮させることができるならば，それは租税回避への対処を行うべきとの判断を行った本来の考え方からはむしろ奨励すべきことであると考えられるし，9-1-3において触れたように，GAARの有効性として積極的に評価すべきものと考えられている[84]。しかし，上記GAARの適用事例には，大胆な租税回避と言うべきものが含まれ，たとえば，上述のChallenge事件やBen Nevis事件では，経済的な実体のある損失や支出がないのにもかかわらず多額の控除を求めるものであると言える[85]。GAARの抑止力という効果を期待しつつ，その適用対象範囲の予測可能性を高めるという課題がニュージーランド税制に課されている。

以上，本稿においては，租税回避対処策としてのGAARを概観した上で，ニュージーランドのGAARとその適用事例を参考に，同国のGAARの問題点と有効性をまとめた。ただし，わが国における租税回避行為の対処策や他国のGAARの内容等の考察にはほとんど触れることができず，比較法的な検討が十分でなかった。今後の課題としたい。

---

84) *See* Littlewood, *supra* note 20, at 543. *But see* Report *supra* note 65, at 16-17.
85) 他には，ニュージーランドのGDPの2％に相当する金額について，外資系金融機関の租税回避行為により税収が失われた事件があったが，GAARの適用により否認された。*See* Westpac Banking Corporation v. CIR, [2009] 24 NZTC (HC).

10
「租税回避」防止立法としての法人税法 23 条 3 項

小塚真啓

近年導入された所得税・法人税の措置の中には,「租税回避を防止するため」と説明されるものが数多い。最新の例は,「同族会社の行為計算否認規定に類似した租税回避防止規定」と（立案担当者によって）説明されている法人税法（平成 26 年法律第 10 号による改正後のもの）147 条の 2（恒久的施設帰属所得に係る行為計算否認規定）であり,これは「法人税の負担を不当に減少させる結果となると認められる」場合に所轄税務署長による「否認」を認める,要件・効果に不明確さが残る規定であるが,多くは,租税特別措置法 66 条の 5 の 2（過大支払利子税制）や,法税 23 条 3 項・23 条の 2 第 2 項（益金不算入となる受取配当の範囲制限）,法税 2 条 29 号の 2（法人課税信託）,租特 41 条の 4 の 2（特定組合員等の不動産所得に係る損益通算等の制限）のように,（程度の差はあれども）具体的な内容を持つ。だが,そうした規定によって防止されるという「租税回避」の内容は,必ずしも明らかではない。

---

1) 「平成 26 年度 税制改正の解説」(2014 年) 750 頁。なお,法税 132 条などの行為計算否認規定を租税回避に関する否認規定とする理解は,学説上も広く受け入れられている。たとえば,清永敬次「同族会社の行為計算の否認と裁判例」同『租税回避の研究』（ミネルヴァ書房, 1995 年) 378 頁, 385 頁（初出 1982 年), 金子宏「租税法と私法——借用概念及び租税回避について」同『租税法理論の形成と解明（上）』（有斐閣, 2010 年) 385 頁, 410 頁（初出 1978 年）。
2) 本文中にあげたもの以外にも,立案担当者は,法税令 119 条の 3 第 6 項（寄附修正),租特 66 条の 9 の 6（コーポレート・インバージョン対策合算税制),法税 57 条の 2（特定株主等による支配を受けた欠損等法人に係る欠損金の制限),法税 61 条の 11（連結納税の開始に伴う時価評価課税),法税 57 条 3 項（適格合併による欠損金の引継ぎの制限),法税 61 条の 5（デリバティブ取引に係る時価課税制度）などについて,「租税回避」の防止を目的に導入されたと説明する。

265

たとえば，過大支払利子税制については，「過大な支払利子を損金に計上することで，税負担を圧縮する租税回避」を防止するものであり，それは租特66条の5（過少資本税制）による防止の対象でもある，との説明があるにすぎず[3]，支払利子の過大性がどのような見地から問題とされているのか——費用としての性格が認められる程度を超えている点を問題としているのか，損金不算入の支払配当との対比で過大である点を問題としているのか——がはっきりしない[4]。もちろん，要件・効果が法令中で明確に定められている課税要件規定であるから，こうした立法の趣旨・目的の不明確さが執行面などで直ちに問題となるとは考え難い[5]。

　しかし，「租税回避」を問題とするのは，それが課税の公平などの税制の内在的価値にとって脅威であるためと考えられ，そうである以上，問題の課税要件規定による内在的価値の確保の成否を解明し，また，その前提として，当該「租税回避」の内容の明確化を試みることは，税法学上の課題と言うことができよう[6]。そこで，本稿では，そのささやかな試みとして，法税23条3項・23

---

3) 「平成24年度 税制改正の解説」(2012年) 558-559頁。
4) 岡村忠生ほか「2011年度および2012年度の税制改正の概要（ベーシック税法〔第6版〕補遺）」(http://www.yuhikaku.co.jp/static_files/HOI_12442_20120530.pdf 2014年9月22日閲覧) 11-12頁。
5) 清永敬次教授は，法税34条などを「課税要件規定」として参照するが（たとえば，清永敬次「同族会社の課税問題」同『租税回避の研究』〔ミネルヴァ書房，1995年〕408頁，417-419頁〔初出・1985年〕参照），金子宏教授は，そうした規定を「個別的否認規定」であると指摘する。金子宏『租税法〔第19版〕』（弘文堂，2014年）124頁参照。租税回避を個別に否認，すなわち，ある一定に限定された租税回避を否認する規定であると認識することにより，執行上もターゲットの租税回避を特定する必要が生じる可能性（たとえば，租税回避の意図がない場合に適用対象外になると考える場合など。その可能性を示唆するものとして，金子・前掲注1)411頁参照）は否定できないが，本稿ではこの問題を扱わない。
6) 過大支払利子税制について，「資金需要がないにも拘わらず税負担回避のみを目的とする借入れを防止するため，一定の基準より多い利子の部分について，借入れの目的を問わず損金への算入を制限するものですので，合理的な資金需要がある場合について形式基準だけで損金算入を否定することのないよう，適用除外の範囲を見直す必要がある」

条の2第2項について検討を行うこととしたい。

10-1　自己株式の取得とみなし配当

10-1-1　課税の原則

　法税23条3項・23条の2第2項は，内国法人が自己株式の取得に係るみなし配当を得た場合についての規定である。まず，自己株式の取得があった場合の課税の原則を確認しよう。

　法人が自己株式の取得（金融商品取引所が開設する市場における購入などを除く。以下同じ）を行う場合，その株主は，当該法人から交付を受けた金銭その他の資産の価額の合計額が，当該法人の資本金等の額のうち当該交付の基因となった株式に対応する部分の金額を超過する額について，法税23条の配当等の額を受けたものとみなされる（法税24条1項）。この配当等の額（みなし配当の額）も，通常の配当——日本の株式会社であれば，資本剰余金の減少がなく，分割型分割によるものでもない剰余金の配当がこれに当たる（法税23条1項1号）——の額と同様に，受取配当益金不算入（法税23条1項）または外国子会社配当益金不算入（法税23条の2第1項）の対象となる。

　また，当該株主は，交付価額からみなし配当の額を控除した額を譲渡収入とし，取得された株式の取得価額を譲渡原価として譲渡損益を計算し，その額を益金または損金に算入する（法税61条の2第1項）。

　注目すべきは，みなし配当の額の算定に当たり，交付の基因となった株式の取得価額が登場しない点である。さらに，みなし配当の額は，株式譲渡収入を減少させるだけで，株式譲渡原価を減少させることはない。その結果，当該株式に含み損益（増加益）がなく，[7] 自己株式の取得が正常な対価で行われる場合[8]

という実務家の指摘があるが（加藤俊行＝近藤淳「平成24年度税制改正により導入された過大支払利子税制についての解説」（http://www.jurists.co.jp/ja/topics/docs/newsletter_201205_btl.pdf　2014年9月22日閲覧）があるが，こうした指摘の妥当性を決する上でも，「租税回避」の内容を明らかにする必要がある。

7）　含み益（プラスの増加益）が存在する場合でも，みなし配当の額がその額を超過する

であっても，みなし配当の額と同額の株式譲渡損が計上され，損金に算入される。この損失の額は経済的には存在しないものであるが，みなし配当の額に益金不算入の適用があるとすると，結局，その範囲で課税所得が減少することになる。

上記のような，法人株主が自己株式の取得を受ける場合において，当該法人株主が経済的には存在しない損失について控除を認められ，課税所得が圧縮されたと考えられる事例としては，株式会社東京放送（以下，TBSという）による，楽天株式会社（以下，楽天という）の所有するTBS株式の取得がある。この取得の事例は，TBSを吸収分割会社，その完全子会社（株式会社TBSテレビ）を吸収分割承継会社とする吸収分割に際し，楽天が反対株主の株式買取請求を行ったものである[9]。

この事例において，楽天は，連結財務諸表上，買取請求を行使した時点（行使前の2008年の事業年度に係る有価証券報告書）において51,519,000,000円で計上されていたTBS株式（37,770,700株）を，合計約48,875,000,000円（1

限りで株式譲渡損の額が生じる。含み損（マイナスの増加益）が存在する場合には，株式譲渡損の額が（経済的な損失の額を超えて）拡大することになる。
8) 交付額が交付の基因となった株式の時価より低い場合には，その限りで寄附金の額が生じるものと考えられる。渡辺徹也「自己株式に関する課税問題――最近の事例を中心に」金子宏ほか編『租税法と市場』（有斐閣，2014年）392頁，393-398頁参照。
9) 吸収分割の効力発生日から30日以内に株式の価格の決定について協議が整わなかったため，TBSは東京地方裁判所に価格の決定の申立てを行った。その申立てに関する決定（東京地決平成22年3月5日民集65巻3号1346頁）には，この自己株式の取得に至る経緯の記述があり，概略を示せば次のようになる。(1)楽天は，TBSとの業務提携等を目指し，その子会社を通じてTBS株式を19.08％取得した。(2)楽天とTBSとは業務提携等の協議を行ったが，協議は整わず，終了した。(3)楽天は，その子会社を通じてTBS株式を19.86％まで買い増した後，子会社保有のTBS株式の全て（37,770,700株）を取得した。(4)TBSは，その取締役会において，認定放送持株会社への移行，およびテレビジョン免許とその放送事業をTBSテレビに承継させる吸収分割を取締役会で決議した。(5)TBSは，臨時株主総会を開催し，上記吸収分割の契約を承認する旨の決議を行ったが，その際，楽天は当該決議に反対した。(6)楽天は，上記吸収分割の効力発生日の前日に反対株主の株式買取請求権を行使する旨をTBSに通知した。

株あたり1,294円）で売却することとなり，弁護士費用，受取利息を勘案した上で，最終的に1,866,000,000円の投資有価証券損失を計上した。この事実は[10]，楽天によるTBSへの投資が（利益を上げるどころか，投下資本の回収すらできなかったという意味で）失敗に終わったことを示唆する。

だが，楽天はTBS株式を市場などで売却せず，反対株主の株式買取請求を経たことにより，経済的にはマイナスであったTBS株式への投資から，課税後利益を得る結果となった可能性が高い。反対株主の株式買取請求による株式の売却も，自己株式の取得に当たり，みなし配当事由からの除外条件（法税令23条3項）にも該当しないから，楽天は，売却代金の約48,875,000,000円のうち，基因となったTBS株式に対応するTBSの資本金等の額を超過する部分をみなし配当として取り扱ったはずである。さらに，楽天は，法税23条1項の適用によって50％益金不算入を主張したはずであるから，その結果，みなし配当の半額だけ課税所得を圧縮させることができたと考えられるのである[11]。

10-1-2　法人税法23条3項・23条の2第2項による規制

2010（平成22）年の税制改正で導入された法税23条3項・23条の2第2項は，先に見た，経済的には存在しない損失の控除による課税所得の圧縮を問題視した故のものと言われる。これらの規定によっても，自己株式の取得があった場合におけるみなし配当と株式譲渡損との創出が妨げられることはない。だが，みなし配当が，自己株式の取得に由来するものであり，かつ，その基因となった株式を取得した時点で自己株式の取得が「予定されてい〔た〕」場合には，法税23条1項・23条の2第1項の適用が排除され，当該みなし配当の額はその全額が益金に算入される（法税23条3項・23条の2第2項）。この場合，

---

10)　株式会社楽天「有価証券報告書〔第14期〕」(2011年) 102頁。
11)　前記東京地決平成22年3月5日によると，TBSは楽天が200億円以上の節税効果を得るはずであり，その点を勘案して価格が決定されるべきであると主張した（同決定はこれを否定）。もっとも，その算定根拠は決定文で示されていない。また，当時の報道には節税額を数十億円程度とするものがある。「楽天，経常益最高に　ネット通販伸びる」『日本経済新聞』(2011年5月13日朝刊)。

創出された株式譲渡損は，対応するみなし配当の額が益金に算入されることにより，課税所得を圧縮しないことになるのである。

法税23条3項・23条の2第2項の具体的な適用範囲は政令に委ねられており，その委任を受けた法税令20条の2・22条の4第3項は，その要件を，基因となった株式を株主たる法人が取得した事由に応じて次の2つに分けている。その第一は，適格合併，適格分割，適格現物出資によって取得した株式である場合において，その取得の時点だけでなく，被合併法人，分割法人，現物出資法人が取得した時点においても，自己株式の取得が「予定されてい〔た〕」こと（法税令20条の2第1号・22条の4第3項1号），第二は，上記以外の取得の場合において，その取得の時点で自己株式の取得が「予定されてい〔た〕」こと（法税令20条の2第2号・22条の4第3項2号）である。

上記の区分で興味深いのは，1号の取得事由から，適格組織再編成の一つである適格現物分配（法税2条12号の15）[12]が除外されている点である。適格現物分配の場合でも，適格合併，適格分割，適格現物出資の場合と同様に，現物分配法人は資産譲渡を帳簿価額で行ったとされ（法税62条の5第3項），被現物分配法人は当該帳簿価額を受領した資産の取得価額とする（法税令123条の6第1項）。

それにもかかわらず，適格現物分配が他の適格組織再編成と区別されるのは，適格現物分配が他にない特徴を備えるものであるためであろう。そのような差異が，法令あるいは立法資料の上で明示されているわけではないが，適格現物[13]

---

12) たとえば，法税32条4項は，「適格合併，適格分割，適格現物出資又は適格現物分配」を「適格組織再編成」と定義する。
13) 「平成22年度税制改正大綱」(2009年12月)には，「100％グループ内の内国法人間の現物配当（みなし配当を含みます。）について，組織再編税制の一環として位置づけ，譲渡損益の計上を繰り延べる等の措置を講じます」(43頁)という，改正内容の記載があるに過ぎない。同改正は経済産業省が主体の改正要望に基づくものであり，その基礎となったと目される報告書として「資本に関係する取引等に係る税制についての論点」(2009年7月)があるが，同報告書でも「グループ法人間の現物配当についても，譲渡損益の計上を繰り延べることが考えられる」が「現物配当は，通常の譲渡取引ではないので，（資産の譲渡取引）とは異なり，組織再編成における取扱いと同様の取扱いとする

分配や他の適格組織再編成の規定振りを仔細に眺めると，他の適格組織再編成では（資産と負債とが一体となった）事業単位の移転を中心に適格要件が構築されているのに対し[14]，適格現物分配では，その前提となる現物分配という固有概念が資産のみを移転させるものと規定されるばかりでなく[15]，事業単位の移転を前提とした適格要件——支配関係しかない場合の企業グループ内再編，および共同事業を営むための再編についての適格要件——が設けられていない点が目につく。こうした点からは，自己株式の取得が「予定されてい〔た〕」状況下で株式の新規取得が生じたように見えるものの，その実質は，当該株式が帰属する事業の移転に伴って生じた形式的な所有の移転に過ぎず，真の新規取

方向で検討するのが適当と考えられる」（5頁）との記述があるに過ぎない。

14) 適格現物分配以外の組織再編成では，100％株式保有の関係（完全支配関係）がある場合と，100％未満50％超の株式保有の関係（支配関係）がある場合との共通の適格要件として，適格対価のみの交付やそうした関係の継続を要求しつつ——ただし，直接完全支配関係がある法人間での合併では不要（法税令4条の3第2項1号）とされている——，完全支配関係がある場合の適格要件としては，支配関係しかない場合には充足が求められる適格要件——事業を構成する資産・負債のまとまった移転や事業の継続——を要求しないという規定振り（たとえば，法税令4条の3第2項・第3項）となっている。この規定振りは，完全支配関係の場合に支配関係のみの場合と比べて適格要件を緩和している——本来必要であるはずの事業単位での移転や移転した事業の継続を要求しないようにしている——とも，支配関係のみの場合に完全支配関係の場合と比べて適格要件を加重している——事業単位での移転や移転した事業の継続を新たに要求している——とも理解できるように思われるが，「会社分割・合併等の企業組織再編成に係る税制の基本的考え方」（2000年10月）には「組織再編成による資産の移転を個別の資産の売買取引と区別する観点から，資産の移転が独立した事業単位で行われること，組織再編成後も移転した事業が継続することを要件とすることが必要である。ただし，完全に一体と考えられる持分割合の極めて高い法人間で行う組織再編成については，これらの要件を緩和することも考えられる」という，前者の理解に沿った記述がある。

15) 「現物分配」は「金銭以外の資産の交付」を中核に定義され，「現物分配法人」は（現物分配により）「資産の移転を行った法人」と，「被現物分配法人」は（現物分配により）「資産の移転を受けた法人」とされる（法税2条12号の6・6の2）。これに対し，たとえば現物出資では，現物出資法人が，（現物出資により）「資産の移転」または「（資産）と併せて（中略）負債の移転」を行った法人とされている（法税2条12号の4）。

得は事業の移転元ですでに生じていたとして，被合併法人，分割法人，現物出資法人による取得が「予定されてい〔た〕」状況下で行われたか否かをも問題にしようとするのが1号の規定であると理解できるように思われる[16]。また，その前提として，受取配当益金不算入の主体は，基因となった株式を保有する法人それ自体，あるいは，当該法人が属する法人グループではなく，当該法人に所在する事業であるとの理解が存在するものと考えられる。

なお，自己株式の取得が「予定されてい〔た〕」ことの意義につき，法令には具体的な定義が存在しないが，立案担当者の解説には「自己株式の取得が具体的に予定されていることを必要とし，例えば公開買付けに関する公告がされている場合や組織再編成（すなわち反対株主の買取請求）が公表されている場合には予定されていることに該当しますが，単に取得条項や取得請求権が付されていることのみをもっては予定されていることには該当しないと考えられ〔る〕」との記述がある[17]。こうした「予定」という文言の理解については，その文言が常に「具体的に予定」と言い換えられるものであるのか疑問であるほか[18]，公開買付けや組織再編成といった，みなし配当事由（自己株式の取得）を生じさせうる事象の実施が公に示されている状況下での（基因となる株式の）取得のみが「予定されてい〔た〕」取得に当たるというのは狭すぎるように思われるが[19]，取得条項や取得請求権の存在のみを理由に該当することはないとする点

---

16) 「平成22年度 税制改正の解説」339頁には，「適格現物分配の場合には，事業の移転を前提とされていないことから，被現物分配法人の取得の時点で自己株式としての取得が予定されている場合に益金不算入制度が適用されないこととされています」との解説がある。また，同211頁には，適格現物分配が専ら資産の移転として把握されたことを理由に，適格組織再編成に係る取扱いのうち「事業の移転が前提とされているものについては措置され〔なかった〕」と説明する箇所がある。

17) 「平成22年度 税制改正の解説」338頁。また，同内容の通達が発遣されている。法基通3-1-8参照。

18) ただし，「継続することが見込まれている」という類似の文言について，東京地判平成26年3月18日判時2236号47頁（IDCF事件）は特段の論証なく，「継続することが具体的に予定されている」と解釈すべきと判示する。

19) たとえば，株主の意思表示のみで自己株式の取得が行われるような性質の「取得請求

は，(株式取得後の)将来の事情によって実施が左右される自己株式の取得を，常に「予定されてい〔た〕」と理解するのは困難であろうから，基本的には正当なものと言えよう。したがって，法税23条3項・23条の2第2項の下で益金不算入の適用を受けられなくなる場合とは，みなし配当の取扱いを得ることが重要な動機となっていたと言いうるような，相当に限定された場合だけであるということになろう。

10-2 「租税回避」防止規定としての法人税法23条3項・23条の2第2項

10-2-1 「租税回避」防止規定の意義

　法税23条3項・23条の2第2項は，みなし配当の取扱いを得る動機で株式を取得したと言えるような，ごく限定された場合にのみ受取配当の益金算入を要求する。こうした規定振りと，その立法趣旨が「租税回避」を防止するための措置と説明されること[21]との間には，どのような関係があるのか。ここで言う「租税回避」とは何を意味するのか。

　立案担当者の解説によると，法税23条3項がターゲットとする「租税回避」行為とは，「自己株式として取得されることが予定されている株式について，

　権」が付された株式の取得は，(反対株主の株式買取請求権が生じる)組織再編成の実施が公表されている状況下での株式の取得と区別できないように思われる。

20) 類似の「継続することが見込まれている」についてではあるが，岡村忠生『法人税法講義〔第3版〕』(成文堂，2007年)345頁は，「事前に株式譲渡の予約等がある場合は適格性が認められないが，再編後に明らかになった事情に基づく合理的な株式譲渡は，適格性を失わせないと解される」とする。もっとも，「たとえば納税者が最初から一定以上の価格になれば譲渡することとしていたといった場合がどうなるかは，明らかではない」との問題提起が後ろに続いていることに注意。

21) 「平成22年度 税制改正の解説」338頁では，「みなし配当と譲渡損益の構造を租税回避的に利用した行為を防止するための措置」と説明され，「的」という語が付加されている。しかし，100％グループ内での自己株式の取得を適用除外とする理由が「租税回避のおそれがないため」と説明されているから(同339頁)，「的」の付加に特段の意味はないと考えられる。

通常の投資利益を目的とせずに，税務上の譲渡損失の計上を行うことを目的として取得し，これが予定どおり取得されることによりその目的を達成するといったことを典型とする，みなし配当と譲渡損益の構造を租税回避的に利用した行為」（下線筆者）[22]であるという。

「租税回避」は，学説上，「課税要件の充足を避けることによる租税負担の不当な軽減又は排除」[23]であるとか，「私法上の選択可能性を利用し，私的経済取引プロパーの見地からは合理的理由がないのに，通常用いられない法形式を選択することによって，結果的に意図した経済的目的ないし経済的効果を実現しながら，通常用いられる法形式に対応する課税要件の充足を免れ，もって税負担を減少させあるいは排除すること」[24]であると定義される。こうした学説上の「租税回避」の概念からすると，上記解説は，端的に第三者に譲渡することなく，みなし配当事由である自己株式の取得を選択することが正常であるか，それとも異常であるか[25]，といった評価を試みることなく，重要でないとされてき

---

22) 「平成22年度 税制改正の解説」338頁。
23) 清永敬次『税法〔新装版〕』（ミネルヴァ書房，2013年）42頁。この清永教授の定義は，「課税要件の充足を避ける」手段が限定されていない点で，すぐ後の金子教授の定義とは異なる。もっとも，清永教授も「租税負担の不当な軽減又は排除」となる多くの場合は「税法上通常のものと考えられている法形式（取引形式）を納税者が選択せず，これとは異なる法形式を選択することによって通常の法形式を選択した場合と基本的には同一の経済的効果ないし法的効果（中略）を達成しながら，通常の法形式に結び付けられている租税上の負担を軽減又は排除するという形をとる」と続けるから，両者の間に大きな違いはないと考えられる。
24) 金子・前掲注5)121-122頁。
25) なお，2014（平成26）年の会社法改正（平成26年法律第90号によるもの）前では，簡易・略式組織再編等の場合でも反対株主の株式買取請求権が認められていたが，同改正により廃止された。改正の理由として，岡本智英子ほか「会社法制の見直しに関する要綱の概略——要綱に至るまでの議論の概略とともに」ビジネス＆アカウンティングレビュー11号101頁，111-112頁（2013年）では，そうした組織再編等が「会社の基礎の本質的変更とはいえない」ことが指摘されているが，江頭憲治郎『株式会社法〔第5版〕』（有斐閣，2014年）875-876頁では，「簡易合併を機に機関投資家等から大量の株式の買取請求が行われる等，濫用の弊害も目立つ」ことが理由であったとされる。

た取引の「目的」を専ら問題としている点において，違和感があると言える。

　しかし，上で引用した学説上の「租税回避」の定義は，主として，課税要件が実際には充足されていないが，充足があったものとして課税を行う「租税回避の否認」を論じる関係で示されてきたものであり，「租税回避」を巡る学説上の議論の全てがこの定義に立脚して行われてきたわけではない。そのような「租税回避の否認」に限定されない議論のうち，本稿の目的で注目されるのは，納税者が「自己の意思決定を租税制度にアジャストさせ，その税負担が最も少なくなるような法形式ないし取引形式を選択する」という，より広い意味の「租税回避」の概念を前提に，「租税回避の否認」以外の，税負担の公平を達成するための手段のあり方を扱った金子教授の議論である。

　この議論においても，金子教授は「租税回避の否認」の意義・限定を扱っており，法的安定性，予測可能性を害するとして，明示の否認規定なく解釈を通じて「租税回避の否認」を認めるべきではないし，明示の否認規定についても一般的なそれは好ましくないと結論づける。しかし，金子教授は，明示の立法を必ずしも伴わない解釈上の対処をおよそ不適切とはせず，「法規の趣旨・目的に即した解釈，すなわち目的論的解釈の結果として，否認を認めたのと全く同じことになる場合」を積極的に評価する。

26）　清永・前掲注23)44頁は「租税回避の概念要素として租税回避の意図を含めるかどうかについては，結果として生ずる租税負担の軽減ないし排除が負担公平の見地から問題となるのであって，回避意図があるかどうかは重要ではない」と指摘する。ただし，たとえば，谷口勢津夫「ヤフー事件東京地裁判決と税法の解釈適用方法論」税研30巻3号20頁，28頁（2014年）では，法税132条などの包括的否認規定の「法人税の負担を不当に減少させる」という適用要件に係る主要事実の存在を推認する間接事実の一例として，「租税回避（課税減免要件の充足による場合を含む）の意図」が指摘されている。

27）　清永・前掲注23)42-44頁，金子・前掲注5)121-125頁。また，こうした「租税回避」の定義は，一般的租税回避否認規定の制定を勧告した「国税通則法の制定に関する答申（税制調査会第二次答申）」（1961年7月）において，否認規定の対象にすべきと勧告された「私法上許された形式を濫用することにより租税負担を不当に回避し又は軽減すること」（4頁）と同一と見てよいように思われる。

28）　金子・前掲注1)401-412頁。

これは，アメリカ法の *Gregory* 判決（巡回区控訴裁判所，連邦最高裁判所）[29]において見出される「事業目的の原理」，あるいは，より一般化した法理を日本の課税要件規定の解釈一般に導入する可能性を示したものである。金子教授は，同判決を「組織変更規定の趣旨・目的（立法意図）から事業目的の基準を導き出し，（中略）事業目的をもっていないことを理由に，それは立法者の予定している組織変更には当らず，したがって非課税規定の適用を受けえない，と解〔したもの〕」と理解しつつ，さらに，同判決（の解釈態度）は，「非課税規定の立法目的にてらして，その適用範囲を限定的にあるいは厳格に解釈し，その立法目的と無縁な租税回避のみを目的とする行為をその適用範囲から除外するという解釈技術を用いた例」というように一般化が可能であるとする。[30]

　先に見た立案担当者の解説は，課税要件規定の解釈ではなく，税法改正の趣旨についてのものである。だが，これを金子教授が示した目的論的解釈の手法の（立法という局面での）応用と位置づけることは可能だろう。すなわち，「通常の投資利益を目的とせずに，税務上の譲渡損失の計上を行うことを目的として取得」し，実際に後者の目的を達することが「租税回避」である，という理解の背後に，「みなし配当と譲渡損益の構造」の立法趣旨とは「通常の投資利益を目的」とする場合に限り「税務上の譲渡損失の計上を行う」ことを認めることである，との理解が存在すると考えるのである。このような理解は，「みなし配当と譲渡損益の構造」について，立案担当者の解説が「法人の設立から清算までを通じて考えると理論として整合的ではあるものの，特定の場面においては（中略）必ずしも適切でない」[31]とし，趣旨に沿うもの，沿わないものとの区別の存在を強く示唆する点とも整合するように思われる。

---

29) Helvering v. Gregory, 293 U. S. 465 (1935), *aff'g* 69 F. 2d 809 (2d Cir. 1934), *rev'g* Evelyn F. Gregory, 27 B. T. A. 223 (1932). 本稿では *Gregory* 判決それ自体についての考察は行わない。その先行業績としては，たとえば，岡村忠生「グレゴリー判決再考」『税務大学校論叢40周年記念論文集』（税務大学校，2008年）83頁を参照。

30) 金子・前掲注5)126-127頁では，「プロパー・ビジネス・パーパスの法理」や「限定解釈の法理」といった表現が用いられている。

31) 「平成22年度 税制改正の解説」338頁。

もっとも，金子教授が示した目的論的解釈の手法との類似性のみから，同解説の議論が説得性をもつものと結論づけることはできない。金子教授の目的論的解釈の手法には，同教授が自身の目的論的解釈の適用例と位置づける，いわゆる外税控除否認事件——外国税額控除の余裕枠利用取引の結果として，日本の内国法人が負担した外国法人税につき外国税額控除が認められるべきか否かが争われた事案[32]——に関連して，規定の趣旨・目的の確定が困難という難点が指摘されているからである。

　たとえば，岡村忠生教授は，同事件の最初の最高裁判決である最判平成17年12月19日について，同判決の「実質的根拠である『本来の趣旨目的』とは何か，文言から離れた解釈を支える説得力があるか，実証されているのか」が問題であるとし，同判決が「立法資料等を参照せずに法の趣旨目的を語っ〔た〕」点に疑問を呈する[33]。

　また，谷口勢津夫教授は，「文理解釈によってその意味内容を一義的に明らかにできるような規定」であるにもかかわらず，その目的論的解釈を通じて法令外の適用除外規定を形成することについて，その可能性を一般論としては認めるものの，租税法律主義を理由に「文言による表現に匹敵するほどの明確性をもって一般に認識可能なものである場合に限って，許容される」に過ぎない

---

32) 最高裁判決として，最判平成17年12月19日民集59巻10号2964頁（りそな銀行〔旧大和銀行〕の事案）および最判平成18年2月23日判時1926号57頁（三菱東京UFJ銀行〔旧三和銀行〕の事案）があり，これらについて，金子教授は「外国税額控除制度の趣旨・目的にてらして規定の限定解釈を行った例であると理解しておきたい」との評価を与える。金子・前掲注5)126-127頁参照。また，上告不受理により確定した高裁判決として，大阪高判平成14年6月14日判時1816号30頁（三井住友銀行〔旧住友銀行〕の事案）がある。問題となった取引については，今村隆「外国税額控除制度の濫用——日米の判例を比較して」駿河台法学20巻1号25頁，27-30頁（2006年）に詳細な説明（旧大和銀行が行った取引についてのもの）がある。

33) 岡村忠生「租税回避行為の否認——りそな外税控除否認事件」水野忠恒ほか編『租税判例百選〔第5版〕』（有斐閣，2009年）40，41頁。また，岡村教授は直近の論稿においても，立法資料がほとんど存在しない状況を鑑みれば，文言解釈が可能であるなら趣旨・目的に基づく解釈を極力避けるべきであると明言している。岡村忠生「組織再編成と行為計算否認(1)」税研30巻3号73頁，79頁（2014年）。

と明言し，相当に抑制的でなければならないとする[34]。谷口教授によると，外国税額控除の趣旨・目的から導きうる，同制度の法令外の適用除外要件とは「国際的二重課税の発生（換言すれば外国法人税の納付）のみを目的とする（取引に基因する）外国法人税の納付」を除外するものだけである。

こうした批判の背景にあるのは，外国法人税の納付に係る原因行為について，法令上の制限が課されず，しかも，余裕枠の彼我流用を問題と認識しつつ，管理の簡便さという一括限度額のメリットを考慮した上での立法上の割り切りを行った結果として生じたものだった[35]にもかかわらず，そのような立法上の判断を捨象して，「制度本来の趣旨を超えた控除が行われること」や，企業の「余裕枠の創出を目的とした投資行動」は好ましくないという，税制改正の当初の問題意識が全面に出てこざるをえないことへの警戒であろう。一括限度額方式（昭和37年改正で導入[36]）を初めて修正した昭和63年12月改正に係る税制調査会の答申には，「二重課税の排除という制度の趣旨からは，個々の国外所得ごとに，自国で課される税額を限度として外国税額を控除すれば足りる」という

---

[34] 谷口勢津夫「司法過程における租税回避否認の判断構造」同『租税回避論——税法の解釈適用と租税回避の試み』（清文社，2014年）24頁，25-32頁。谷口教授は，こうした目的論的解釈による適用除外要件の形成を「課税減免規定の限定解釈」と呼び，他方，最判平成17年12月19日のアプローチは「直接的に〔課税減免規定の〕趣旨・目的そのものを要件ないし基準にして，その趣旨・目的違反の行為を当該課税減免制度の濫用とし，これをもって端的に当該課税減免制度の適用を否認する」という「課税減免制度濫用の法理」であったとして，両者を区別した上で，後者を「不文の濫用禁止規定が税法に内在すると考えることは，租税法律主義の自己否定である」との理由から，許容されないとも指摘する。谷口勢津夫『税務基本講義〔第4版〕』（弘文堂，2014年）41-42頁。

[35] 税制調査会「税制の抜本的見直しについての答申」（1986年10月）68-69頁，同「税制改革についての中間答申」（1989年4月）59-60頁。

[36] 国別限度額方式に代えて導入されたものであり，当時の税制調査会は，同改正の方向性を示すに当たって「納税者の外国源泉の所得全体につき計算した限度額（一括限度額）の範囲内であれば，いずれの外国の税の控除を認めても，その控除によりわが国の課税権につき不当な制約を受けたことにならないと考えられ〔る〕」ことを指摘している。税制調査会「答申の審議の内容及び経過の説明（別冊答申）」（1961年12月）541-542頁。

記述があり，この記述からすると，法令上の制限をクリアした場合の控除余裕枠の利用の容認は，管理の簡便さにも配慮したことによる反射的なものに過ぎない，と評価できるようにも見える。しかし，税制調査会は，同改正について，その方向性を示す役割を担っただけで，改正のための条文を起案・審議し，法律として成立させたわけではない。法令の文理の背後にある趣旨・目的を，法令それ自体に拠ることなく確定しうるのは，立法府自身が改正の見解を示す場合に限られるのではなかろうか。[38]

　翻って，法税23条3項・23条の2第2項の立案担当者の解説に再び目を向けると，「通常の投資利益を目的」としない場合には「税務上の譲渡損失の計上」を認めないことを，「みなし配当と譲渡損益の構造」あるいは法税23条1項・23条の2第1項の趣旨・目的の一内容として，立法資料等を参照しないばかりでなく，およそ論証なしに，掲げたところに問題があることが見えてくる。

　もちろん，法税23条3項・23条の2第2項の主たる対象であると思われる公開買付けや，（反対株主の株式買取請求が行使可能な）組織再編成の実施が見込まれている中で株式を取得し，その直後に，自己株式の取得を通じて譲渡するという一連の取引が，租税裁定（tax arbitrage）取引——課税上の差異を利

---

37) 「税制改革についての中間答申」税制調査会・前掲注35)59頁。
38) 外国税額控除規定の趣旨・目的による限定解釈に賛意を示す今村隆教授は，同制度が「立法政策上必然の制度ではなく，立法政策により採用された課税減免規定である」ことを理由に，「立法趣旨による限定解釈の余地」があると述べる（今村・前掲注32)57-58頁）。しかし，谷口教授は，裁判所が同制度を「『同一の所得に対する国際的二重課税を排除し，かつ，資本輸出の中立性を担保しようとする極めて合理的な政策目的に基づくもの』と解し〔た〕」ことに「異論はなく，しかも一般に認識可能であるといえ〔る〕」と明言する（谷口・前掲注34)「司法過程における租税回避否認の判断構造」27-28頁）ものの，そのような趣旨・目的の理解から可能であるのはせいぜい「外国税額控除制度について目的外利用を認識すること」だけであり，論理的に別問題である「目的外利用を許容しないものとする価値判断を認識すること」はできないと喝破する。谷口勢津夫「課税要件規定に関する目的論的制限及び制度濫用の法理による否認」同『租税回避論——税法の解釈適用と租税回避の試み』（清文社，2014年）46頁，54頁。

用して租税負担の減少を図ろうとする納税者の経済的行動[39]——としての性格を強く帯びるものであることは間違いなく，株式の値下がりリスクにほとんど晒されない点に着目すれば[40]，タックス・シェルター（tax shelter）取引である[41]，との評価すらありえよう[42]。また，租税裁定取引やタックス・シェルター取引については，アメリカ法において，虚偽取引（Sham Transaction）の法理と呼ばれ[43]，近年，立法府が経済的実質主義（Economic Substance Doctrine）として内国歳入法典の定義規定にその存在を明記するに至った判例法の下で厳しい規制[44]が行われていることは，よく知られている。

しかしながら，日本法の課税要件規定が主として，私法上の法律関係に即して構築されたものである以上[45]，租税裁定取引やタックス・シェルター取引につ

---

39) 中里実『タックスシェルター』（有斐閣，2002年）11頁。また，tax arbitrage の概念を最初に示したと思われる C. Eugene Steuerle 博士の著書には「様々な資産（あるいは負債）の収益（あるいは支払率）の取扱いが課税上異なることに起因する裁定行動（arbitrage activity）」という定義が登場する。*See* TAXES, LOANS, INFLATION : HOW THE NATION'S WEALTH BECOMES MISALLOCATED, 57 (Brookings Institution Press, 1985). なお，同書によると，tax arbitrage という用語を考案したのは，David F. Bradford 教授であるという。*See Id.* at 59 n. 4.

40) タックス・シェルター取引における経済的ポジションの無変化の重要性については，たとえば，岡村忠生「米国の新しい包括的濫用防止規定について」日本租税研究協会『税制改革の課題と国際課税の潮流』138頁，145頁（2010年）や，中里・前掲注39）16-18頁を参照。

41) もっとも，「タックス・シェルター」の概念それ自体には，岡村教授による「損失控除など課税上の利益を目的とする投資であって，その利益が，投資利益（もしあれば）に対する課税のみならず，他の源泉からの所得，特に事業や専門職から得られた所得を打ち消す（shelter）もの」との定義（岡村忠生「タックス・シェルターの構造とその規制」法学論叢136巻4・5・6号269頁，271頁〔1995年〕）から明らかなように，経済的ポジションが変化するものも含まれることに注意。

42) 実際，谷口教授は「一種のタックス・シェルター」との表現を用いる。谷口勢津夫『税務基本講義〔第4版〕』（弘文堂，2014年）396-392頁。

43) 岡村忠生「税負担回避の意図と二分肢テスト」税法学543号3頁，13-30頁（2000年）。

44) I. R. C. §7701(o). 岡村・前掲注40）143-150頁。

280

き，およそ仮装行為に当たるとして，常に意図された課税利益を否定することが不可能であることは論を俟たないし，そうした取引を一般に課税要件規定の趣旨・目的に反すると理解することすら，クロス取引による損失の実現が，法令上，未だに容認されていることを踏まえると[47]，同様に困難と考えられる[48]。

そもそも，アメリカ法の文脈においてさえ，租税裁定取引に一定の有益性を認める見解も存在するのであり[49]，タックス・シェルター取引規制を強く擁護する Daniel N. Shaviro 教授[50]でさえ，租税裁定取引が社会厚生を改善する可能性は皆無であると主張するわけではないのである[51]。租税裁定取引やタックス・シェルター取引の悪性が価値判断を伴うものである以上[52]，明確なタックス・シェ

---

45) たとえば，谷口教授は，谷口勢津夫「所得の帰属」金子宏編『租税法の基本問題』（有斐閣，2007年）179頁，183頁において，「租税といういわば『建物』を税法が規律する場合には，その基礎にある『経済生活の諸現象』とは異質な，私法上の概念や法律構成が『建材』（課税要件要素…すなわち課税要件を組成する法律事実）として使用されることが多い」と指摘する。

46) タックス・シェルター取引を通じた租税利益の享受を，仮装行為に当たるとして拒絶する可能性を限定的に肯定する見解として，たとえば，中里実「租税法における事実認定と租税回避否認」金子宏編・前掲注45)121頁，130-132頁。批判として，岡村・前掲注43) 3-9頁。

47) 株式のクロス取引による損失の実現が認められた個人所得税の事案として，裁決平成2年4月19日裁決事例集39巻106頁がある。なお，法人税に関しては，クロス取引が行われたとしても，株式譲渡がなかったものと扱う通達が存在しているが（法基通2-1-23の4)，租税法律主義に違反するとの批判がある。岡村・前掲注20)235-236頁参照。

48) 金子教授は「租税裁定行為（tax arbitrage）は，状況次第で節税にあたる場合と租税回避にあたる場合とがありうる」と指摘する。金子・前掲注5)122-123頁。

49) たとえば，Alvin C. Warren 教授は「連邦議会がインセンティブとして熟考の上制定した優遇（preferences）と，うっかりミス（inadvertent）であるように思われる優遇との区別が有益であって，〔二分肢テストにおける〕課税前利益の要件は，意図しない納税者の利得の機会を制限するが故に，二番目のカテゴリの場合について有益な役割を果たすのである」と述べる。See Alvin C. Warren, The Requirement of Economic Profit In Tax Motivated Transactions, 59 Taxes 985, 989-990 (1985).

50) Shaviro 教授は「仮に，法人タックス・シェルター取引が禁止する法規（rule）——その存在の有無こそ，これから議論しようとしているものであるのだが——が存在しないために紛れもなく"濫用的（abusive）"とはいえないのだとしても，私は，この論文

ルター規制の立法がない日本法[53]において、それらが害悪であるとの評価を、課税要件規定の趣旨・目的とすることは極めて困難であると言えよう。

10-2-2 合理的な租税裁定の可能性

先の議論では、法税23条3項・23条の2第2項の立案担当者の解説の問題点として、「税務上の譲渡損失の計上」のみを目的とする行為を、特段の論証なく「租税回避」として否定的に評価する点を指摘した。この瑕疵は、租税裁定取引やタックス・シェルター取引の悪性を所与とすること、すなわち、一般論として「税務上の譲渡損失の計上」が好ましくないという仮定を措くことにより、治癒されるのだろうか。

結論を先に述べれば、そのような仮定を措いたとしても、なお問題が残るように思われる。その理由は、「みなし配当と譲渡損益の構造」と負債利子控除

において、そうした取引が実際に租税制度に深刻な問題を生じさせるものであり、政府のしっかりした対応を要求するものであると主張する。法人タックス・シェルター取引は、直接には、付随するプランニングコストや取引コストを通じて、間接には、欠陥のある租税制度をさらに非中立的にすることによって、資源を浪費するのである」と明言する。See Daniel N. Shaviro, Are Corporate Tax Shelters an "Abuse" that Should Be Stopped ?, in CORPORATE TAX SHELTER IN A GLOBAL ECONOMY 1, 2 (The AEI Press, 2004).

51) Shaviro, *supra* note 50 at 20-21. また、Shaviro教授は、租税優遇（preferences）が不公正、非効率的で有害である（undesirable）と想定しない限り、タックス・シェルター規制の正当化はできないと指摘している。See Daniel N. Shaviro, Selective Limitations on Tax Benefits, 56 U. Chi. L. Rev. 1189, 1245-1247 (1989).

52) 岡村教授は「シェルター規制のためには、より強固な規範論、たとえば、シェルターは、損失を目的とする投資から負の課税による利益を引き出し、また、全ての課税所得を非課税所得に転換しうるから、所得課税自体を掘り崩すものであり、一切認めるべきではないといった立場を取る必要があるといえる」と指摘する。岡村・前掲注41)318頁。

53) 20年近く前に岡村教授は、「譲渡損失や不動産所得に係る損失が、無制限に他の種類所得を相殺できること、特別償却に対する取り戻し（recapture）の規定が用意されていないなど、危険とも思える寛容さを、日本の所得課税は持っている」と述べ、タックス・シェルター取引への脆弱性を鋭く指摘したが（岡村・前掲注41)272頁）、現在でも、こうした「寛容さ」は基本的に維持されている。

（法税23条4項）および費用額の控除（法税23条の2第1項）との奇妙な共存にある。

負債利子控除は，完全支配関係のある内国法人からの受取配当の場合を除き，益金不算入となる受取配当の額から，基因となった株式に係るとされる支払利子の額——この額は，帳簿価額を基礎として，連結法人以外に支払った利子総額を基因となる株式に按分して計算される（法税令22条）——の控除を要求するものであり，その結果，当該支払利子の額だけ益金の額が増加する。費用額の控除も，政令により，控除額が受取配当の額の5％に固定されているが（法税令22条の4第2項），処理自体は負債利子控除と共通である。[54]

負債利子控除や費用額の控除は，1項がそのまま適用される場合と比べて利子や費用の額だけ益金額が増加するという結果のみを取り出して観察する限り，受取配当について，完全子法人株式等，関係法人株式等のいずれにも該当しない株式に係る50％益金算入の規定と同様に，法人税の課税を（軽減税率で）実施する趣旨の規定にも見える。[55] だが，益金不算入の額を確定するに当たり，受取配当の額から，その基因となった株式に係る支払利子ないし費用の額を控除

---

54) なお，近年のBEPS（Base Erosion Profit Shifting）を巡る議論の結果，現実の支払利子額などに着目した規制でないことが問題になりうることを指摘するものとして，増井良啓「多国籍企業の利子費用控除に関する最近の議論」日本租税研究協会『消費税と国際課税の大きな潮流』4頁，9-11頁（2013年）参照。

55) 関係法人株式等にも該当しない株式に基因する受取配当の益金不算入率は，昭和63年12月改正により80％，平成14年改正により50％と引き下げられてきたが，いずれの引下げも課税ベースの拡大・適正化の題目の下に実施された。税制調査会・前掲注35）「税制改革についての中間答申」53-60頁，同「平成14年度の税制改正に関する答申」（2001年12月）6頁。アメリカ法でも，日本法の受取配当益金不算入と類似した受取配当控除（Dividend-Received Deduction）の控除率は，原則70％であるが（I.R.C.§243(a)），Douglas A. Kahn教授らによるアメリカ法人税制の著名なテキストは，その結果について，「70％受取配当控除の対象となる配当を法人株主が受け取る場合に適用されうる最高表面税率（maximum marginal nominal rate）は，10.5％（すなわち，受取配当の30％に対する35％の課税）である」と説明する。See Douglas A. Kahn & Jeffrey H. Kahn & Terrence C. Perris & Jeffrey S. Lehman, CORPORATE INCOME TAXATION 16-17 (6th Ed. Thomson Reuters, 2009).

するという，費用収益対応の発想に基づく規定振りが採用されていること，さらに，そうした支払利子や費用の額が法人税法 22 条 3 項の下で損金に算入されるはずであることを踏まえれば，非課税の収益を獲得するために負担した費用について控除を認めない趣旨の規定であるとの理解が自然だろう。こうした理解は，税制調査会などにより，公に示されてきたものでもある[56]。[57]

収益が非課税である一方，当該収益を得るための費用について控除が認められることは，最も基本的な租税裁定の構造であり[58]，負債利子控除や費用の額の控除がその対処と見られることは，法人税法 23 条 3 項・23 条の 2 第 2 項の導入や，それらに係る立案担当者の立法趣旨の説明が，改正前の受取配当益金不算入の構造と一定の整合性を有するものであったことを意味する。しかし，この点から，前述の瑕疵が治癒できたと結論づけるのは早計と言わざるをえない。なぜなら，負債利子控除について受取配当益金不算入の導入当時まで遡って考察を進めると，それがたしかに非課税の収益に係る費用の控除を拒絶する意図で導入されたことが判明する一方，「みなし配当と譲渡損益の構造」の拒絶と一体的に導入されたという経緯も浮かび上がってくるからである。

---

56) 岡村・前掲注 20)77 頁，金子・前掲注 5)322 頁，谷口・前掲注 34)『税務基本講義』397 頁，増井良啓＝宮崎裕子『国際租税法〔第 2 版〕』(東京大学出版会, 2011 年) 157-158 頁など。

57) 「法人課税小委員会報告」(1998 年 11 月) 60 頁は「株式を保有するために生じた負債の利子がある場合には，その利子は配当が負担すべき経費であるとの考え方から，その利子相当額を控除した後の金額が益金不算入の対象とされている」と説明する。また，外国子会社からの受取配当について法税 23 条の 2 の適用がある場合には，当該受取配当に係る外国法人税（源泉税）が，外国税額控除の対象外であるにもかかわらず，損金不算入となるが（法税 39 条の 2），その趣旨につき，同条の制定を提言した経済産業省の報告書は「配当を益金不算入とすることから，配当に係る費用は課税標準に影響を及ぼさないため，配当に係る源泉税は損金算入されない」と説明する。国際租税小委員会「我が国企業の海外利益の資金還流について——海外子会社からの配当についての益金不算入制度の導入に向けて」(2008 年 8 月) 4 頁。

58) 岡村・前掲注 20)77 頁，岡村・前掲注 41)288-291 頁。*See also* Daniel N. Shaviro & David A. Weisbach, The Fifth Circuit Gets It Wrong in COMPAQ v. COMMISSIONER, 94 Tax Notes 511, 512 (2002).

詳細は別稿で詳しく論じたところなので，以下ではその要点を3つにまとめる。第一点は，シャウプ使節団が1949年に行った勧告（以下，シャウプ勧告という）では，二重課税の排除を徹底する趣旨から，あらゆる受取配当の額を益金不算入の対象とすべきとされ，しかも，清算分配のうち法人利益に対応する部分について，株式譲渡損を創出することになってしまうとしても，これを配当と扱うべきとされていたこと[60]。第二点は，実際の昭和25年改正では，シャウプ勧告の内容と相違することを自覚した上で，基因となった株式を取得するための負債に係る支払利子の額が益金不算入の対象外とされるとともに，清算分配などについて，法人利益（「法人の積立金額」）に対応する額であっても，基因となった株式の帳簿価額（「株式（中略）を取得するために要した金額」）を下回る部分については配当とみなさないものとされ，みなし配当に起因する株式譲渡損失の創出が起こりえないようにされたこと[61]。第三点は，そうした勧告内容の修正が，二重課税の排除の貫徹よりも，株主自身，あるいは，基因となる株式それ自体についての適正な課税所得計算を重視した結果のものだったこと[62]，である。

これらの点のうち，昭和25年改正の下でのみなし配当の算定方法が，株主自身の所得計算のあり方として適正であるということについては，あまり問題

---

59) 小塚真啓「税法上の配当概念の意義と課題」（京都大学学位記番号：法博第166号，2014年（http://hdl.handle.net/2433/188440））。
60) Shoup Mission, REPORT ON JAPANESE TAXATION 112, 122 (1949).
61) 法税（昭和25年法律第72号による改正後）9条の6第1項，第2項。原純夫「新法人税の性格」『新税詳解』（大蔵財務協会，1950年）36頁，37-38頁。
62) 原・前掲注61)38頁は，修正前では「法人は借入金によって株式を取得し，借入金利子は損金に建てる一方配当は益金に算入されないことによって，合法的に通常の所得に対する法人税を免れることができる」点，および，「清算直前又は清算中の法人の株式を取得し，これに対する清算分配金が取得価格に等しい場合には，損益なしとするのが妥当であるに拘らず，清算分配金中配当とみなされる部分の金額については損失がたつことになる」点で問題があったとし，その根拠として「株式が一個の価値物件として独立の資産たり得ること」をあげる。また，平田敬一郎ほか編『昭和税制の回顧と展望（下）』（大蔵財務協会，1979年）246-247頁（塩崎潤発言）も参照。

がないように思われる。これに対し，シャウプ勧告の算定方法が二重課税の排除の徹底という観点から導かれるという点については，基因となった株式の増加益と無関係に，しかも，株式譲渡損失を創出してまで，配当益金不算入（あるいは，配当税額控除）を適用するのは，その利益を得る当該株式の分配時点の株主に着目する限り，二重課税が生じているとは言えないのだから，不合理であるとの反論が考えられる。しかし，法人利益への「二重課税」が株式譲渡利益への課税を通じても生じることを認識し，さらに，その解消も目指すべきとする場合には，シャウプ勧告が提唱した通りに専ら法人利益にのみ着目することが，二重課税排除の貫徹の手段として正当化されるのである。

このことは，より精緻な二重課税排除措置（カーター方式[63]）を提唱した「カーター報告書」において，詳細かつ簡潔に説明されているので[64]，以下に引用する。

　　ある個人が株式1株を1,000ドルで購入し，1年間保有したところ，その間に発生したものの留保された課税前の法人所得に係る当該個人の取り分（share）が100ドルという金額であった場合を考える。仮に，当該個人が株式を売却しようとするなら，分配が実施されたと仮定した場合の課税後の額と等しくなるように，売却代価を得ようとするはずである。分配に際し，当該個人は100ドルから自身の個人所得税を減じた額を回収するから，当該個人は元々投資した1,000ドルに課税前の法人所得を加算した額と等しい，1,100ドルの価格で株式を売ろうとするはずである。

　　当該個人の申し出に対し，その潜在的買主は実施が近い分配の際には，税を支

---

63) カーター方式の特徴をまとめると，①個人所得税の最高税率と一致させた比例税率による法人税の賦課，②株主の所得に法人税額を含める（グロス・アップ），③株主に法人税額満額の税額控除を還付付きで認める，④（累進税率で実施される）個人所得税の課税ベースに株式譲渡損益を完全に含める（株式譲渡損益の完全課税），⑤現実の分配なしに課税後法人利益を株主に配賦（allocate）し，株式取得価額（cost basis of shares）を増額する手続きの創設，となる。See REPORT OF THE ROYAL COMMISSION ON TAXATION Vol. 47 (Ottawa: Queen's Printer, 1966) (*hereinafter* Carter Report).

64) Carter Report, *supra* note 63 at 669-670.

表10-1　買主の課税結果

	買主の限界税率		
	10%	30%	50%
配当収入（グロス・アップ後）	100ドル	100ドル	100ドル
株式譲渡損	100ドル	100ドル	100ドル
課税所得金額	0ドル	0ドル	0ドル
法人税額控除	50ドル	50ドル	50ドル
現金配当	50ドル	50ドル	50ドル
収入合計	100ドル	100ドル	100ドル

払うことはなく，ひょっとすると，税の還付も受けられるかもしれないと考える［当該買主の限界税率が50％未満の場合：筆者注］。

しかしながら，分配の結果として，当該買主の株式の価値が100ドルだけ減少し，さらに，当該買主が株式を1,000ドルで直ちに売却する場合には，100ドルの損失が控除され，配当所得を「洗い落とす（wash out）」ことになる。その結果，当該買主は購入価格から発生した所得に対する法人税額の全額を取り戻すことになる［当該買主の課税所得がゼロになるため：著者注］。

当該買主の課税結果の全体は，次［**表10-1**：筆者注］のように示すこともできる。

こうした条件の下でなら，当該買主は課税前の法人所得を含んだ価格を支払うことができ，売却価格に反映された法人所得は，その所得が生じた期間に株式を所有していた個人の税率で課税されることになるのである。

表10-1の「課税所得金額」の行が0ドルとなるのは，カーター方式が，シャウプ勧告と同様に[65]，株式譲渡損益を他の所得と同様に取り扱うこと（株式譲渡損益の完全課税）を前提とするものだからであり，配当収入が株式譲渡損失の控除によって「洗い落とされる」ことにより，買主は，経済的には存在しない所得への課税を免れる。この「洗落し」は，税額控除という優遇を伴う配当収入が計上される一方，完全に控除される株式譲渡損が同額だけ計上される

---

65) Shoup Mission, *supra* note 60 at 113.

——その結果,買主は経済的には損益ゼロであるにもかかわらず,50ドルの還付を受ける——[66]点において,租税裁定の性格を持つのであるが,上記説明は,租税裁定による課税利益が得られるからこそ,買主が,対応する法人資産の額1,050ドルの株式1株に対して,1,100ドルを支払っている点[67],および,元々の株主の課税後所得が二重課税排除後の値になる点を明らかにしている。この文脈においては,租税裁定が認められるが故に,株式譲渡益課税を通じた法人利益の二重課税が解消されるのであり,もし,租税裁定であるとして買主の課税利益を否定してしまうと,法人利益の二重課税が残存する結果となろう。カーター報告書は,少なくともこの局面において,租税裁定を有益なものと見ているわけである。

　もちろん,このタイプの租税裁定が二重課税排除の観点から常に正当化されるわけではなく,その正当性の程度は株式譲渡益への完全課税の実施状況に依存する。このことは,そうした租税裁定を,株式譲渡益課税を通じた法人利益

---

66) シャウプ勧告では,法人間配当がグロス・アップを伴う税額控除の対象とされず,受取配当の全額が益金に算入しないものとされたが——これに対し,カーター方式では法人間配当も内国法人が受け取る限り,個人所得税の場合と同様に,グロス・アップを行った上で完全に課税された上で税額控除が認められる。See Carter Report, *supra* note 63 at 60.——,配当を支払う法人と配当を受領する法人との間で法人実効税率に差がなく,他に十分な課税所得が存在する——あるいは,欠損金額について還付を認める——のなら,同じ結果となる。すなわち,いずれも50％とすると,買主たる法人株主は50ドルの配当収入の全額を益金に算入しない一方,100ドルの株式譲渡損を計上する結果,他の課税所得について支払うべきであった税額が50ドル減少し,合計して100ドルが手元に残ることとなる。

67) もう一つの注目すべき点は,買主が租税裁定の結果得られた50ドルを保持できていないことであり,受取利子が非課税となる債券や即時償却が認められる資産の(課税前)利回りがちょうど税率分だけ低下する,いわゆる「黙示の税(implicit tax)」現象と類似の状況にあることを意味する。黙示の税については,岡村・前掲注41) 291-294頁。もっとも,直ちに株式譲渡損を計上する見込みがない,(問題の株式を発行した)法人の将来の収益性の見解に相違があるといった理由で,買主が1,100ドルを下回る金額しか払おうとしない場合も考えられ,そのような場合には,売主から買主に法人利益の取り分が移転する。しかし,買主が裁定取引の課税利益を享受するわけではない。See Carter Report, *supra* note 63 at 669-670.

の二重課税を解消する手段と見るが故の当然の帰結であるが，株式譲渡益への完全課税は，キャピタル・ゲイン軽課や公益法人などへの人的非課税の付与といった国内法制上の制約だけでなく，国外株主への株式譲渡益課税が十分に行われるとは期待できない，といった外在的な制約にも服することに注意を要しよう。

以上のような受取配当益金不算入の導入当時の背景を踏まえると，「みなし配当と譲渡損益の構造」と負債利子控除とを兼ね備えた現在の姿については，木に竹を接いだようなものである，との印象がぬぐえない。前者は，シャウプ勧告から50年以上の年月を経た，平成13年改正において導入されたものであるが，その趣旨を明確に述べた立法資料は見当たらない。また，立案担当者の解説も「法人がその活動により稼得した利益を還元したと考えられる部分の金額の有無や多寡は，本来，株主等の株式の帳簿価額とは関係がない」と述べるだけであり，法人がその利益を交付したという事実を，株主にとっては原資の回収を受けたに過ぎないという事実に優先させるのは何故か，租税裁定の構造を導入した趣旨は何か，という，より根源的な問いに全く答えていないのである。

10-2-3 残された課題

本稿では，法税23条3項・23条の2第2項について，それらは「租税回

---

68) たとえば，カーター報告書は「非居住者がその株式を居住者に売却したことによって実現した増加益について居住地国で課税されると仮定しても，〔居住者に株式譲渡損を計上させ，法人税額の還付を受けさせる〕取引を価値あるものとするほど，十分な税負担軽減がありうる」と指摘する。See Carter Report, *supra* note 63 at 72-73.

69) 『改正税法のすべて（平成13年度版）』（大蔵財務協会，2001年）162頁。なお，平成13年改正の立案担当者（の一人）である朝長英樹税理士は，最近のインタビューにおいて「24条1項の帳簿価額基準に関しては，そもそも利益の還元は株主における株式の帳簿価額とは関係がないこと，そして，組織再編税制を理論的に正しい制度として創り上げるためにはみなし配当の規定を理論的に正しい仕組みとする必要があることから，廃止したものです」と述べている（「検証・IBM裁判〔第4回（最終回）〕」週刊T＆Amaster 559号17頁，19頁〔2014年〕〔朝長英樹発言〕）。

避」の防止措置である，という立案担当者の解説を手掛かりに考察を進めてきた。これらの条項の意義や位置づけを明確化するには至らなかったが，そのための道筋は，おぼろげにではあるものの，見えてきたように思われる。本稿を終える前に，残された課題として，次の三点をあげておくこととしたい。

第一は，法税23条3項・23条の2第2項の範囲の問題であり，これには，「予定」という概念をどのように解釈するべきか，という点だけでなく，その規律範囲が適正であるか否か，という点も含まれる。こうした問題に取り組むためには，これらの条項が防止しようとする「租税回避」の内実を明らかにする必要があるところ，その有力な候補として，租税裁定取引，ひいては，タックス・シェルター取引が見出されたが，立案担当者による説明の不明確さ，および，現行の受取配当の益金不算入制度（法税23条・23条の2）が抱える，ちぐはぐさ故に[70]，結論づけるには至らなかった。

しかし，その手がかりが，法令上皆無というわけではない。特に注目されるのは，基因となる株式が適格組織再編成を通じて法人間で移転した場合における，適格現物分配とそれ以外の再編成との間での「予定」した取得に当たるか否かの判断方法の違いである[71]。

---

[70] 朝長税理士は，先のインタビューにおいて，元々の株主の下で株式譲渡益が発生し，通常であれば課税されるはず，との前提で株式譲渡損益の計上を認める平成13年改正の企画立案を行ったことを明らかにした上で，（その前提の正当化の根拠として）「所得」があれば当然それに課税を行わなければならないと述べる。朝長・前掲注69)19-20頁。しかし，上記発言から「みなし配当と譲渡損益の構造」の立法趣旨を引き出すことには無理があると言わざるをえないだろう。一連の発言は，改正から10年以上経た後のものであるし，現実の分配を伴わない旧2項みなし配当が廃止されたことから「所得」として課税が伴わない株式譲渡損の計上（厳密には，その起因となる株式帳簿価額の増加）を容認しない趣旨を平成13年改正について読み取ることができるという，奇妙かつ説得的とは言い難い主張（同18-19頁）――なぜなら，基因となった株式の増加益に対応した旧2項みなし配当が受取配当益金不算入の適用を受けて非課税となることは，基本的に所得課税の論理として正当なものと言えるはずであるし，現実の分配を伴う配当を行った後にそれを直ちに出資することによる株式帳簿価額の増額が禁止されていないからである――をその直前に行っているからである。

[71] 本稿10-1-2を参照。

この違いは，その内容，および，適格現物分配の性格から，受取配当益金不算入を主張する主体が，基因となる株式を所有する法人ではなく，当該株式が帰属する事業であることを強く示唆するものと考えられるが，もし，そのように結論づけられるなら，「租税回避」の内実についても，租税裁定取引であると結論づけることが許されよう。「みなし配当と譲渡損益の構造」の意図的な利用一般について否定的な評価を下せないとすれば，その構造を全体としての法人利益の二重課税，特に，利益が留保される間に株式を譲渡した株主への「二重課税」を排除する趣旨のものとして正当化する余地があるからであり，受取配当益金不算入が基因となる株式が帰属する事業のためのものであるとすれば，否定的評価の障害は霧消する。

以上の仮説を検証するためにも，適格現物分配やその他の適格組織再編成の性格の検討を，組織再編成に関する一連の改正を踏まえた上で行う必要があるだろう。

第二は，受取配当の益金不算入が基因となる株式が帰属する事業に対する措置であるとした場合に，「みなし配当と譲渡損益の構造」をどのような趣旨のものと位置づけるのか，という問題である。全体としての法人利益の二重課税の排除というシャウプ勧告の意図した趣旨のものでないとすれば[72]，如何なる理

---

[72] 現行法上の「みなし配当と譲渡損益の構造」が全体としての法人利益の「二重課税」の排除を意図した措置であると正当化することは，株式譲渡益への課税の有無に着目した制限が，法令上特に設けられていない以上，説得的でないとも考えられる。株式譲渡益への課税が行われていないにもかかわらず，株式譲渡損を創出し，しかも，受取配当益金不算入などの利益を与えるという租税裁定は，少なくとも二重課税排除の観点からは正当化できないものだからである。しかし，制限の欠如は，そうした租税裁定の悪性が過小評価された結果のものかもしれず——実際，シャウプ勧告では特に制限が勧告されなかった——，二重課税排除のためという正当化を完全に棄却するには至らないと言うべきであろう。なお，たとえば，カーター報告書では，非居住者への株式譲渡益課税が欠けるとの理由により，非居住者が保有していた株式に帰属する法人税額を税額控除の対象外とすべきことが勧告された。See Carter Report, *supra* note 64 at 73. 他のインテグレーション提案における制限については，小塚・前掲注59)〈Ⅲ-3 (3). 個人所得課税中心主義の問題点〉を参照されたい。

由によって，法人がその利益を交付したという事実を，株主にとって原資の回収に過ぎないという事実に優先させ，租税裁定の構造を作り出している（した）のかが問われることになる。

この点について，二重課税排除措置の貫徹という根拠に依らない限り「みなし配当と譲渡損益の構造」の正当化は困難ではないか，と別稿で述べたことがあるが[73]，現在では，全く別の途もあると考えている。具体的には，シャウプ勧告やカーター報告書とは正反対に，二重課税，すなわち，配当への課税を強化，徹底する手段として位置づける方向であり，アメリカ法では，1980年代から1990年代初頭にかけて，そのような提案が複数登場した[74]。「みなし配当と譲渡損益の構造」を廃止するのか，「みなし配当と譲渡損益の構造」を維持した上で二重課税を強化するのか，あるいはさらに別の途もあるのか。個人所得税と法人税との関係についての考察も交えつつ，さらなる検討を行う必要があろう。

第三は，法税23条3項・23条の2第2項の制定の意義を，そもそも受取配当の益金不算入はどのようなものであるべきかとの観点から明らかにする，という課題である。

法税23条3項・23条の2第2項の制定が，受取配当と株式譲渡損との取扱いの違いに着目した租税裁定取引の否定的評価を明確化したものと理解できるなら——もちろん，本稿で示してきたように，この理解の当否は必ずしも明らかではない。それ自体がさらなる検討を行うべき対象であることは，すでに（第一の問題として）指摘したところである——，「みなし配当と譲渡損益の構

---

[73] 小塚・前掲注59)〈まとめと展望〉。
[74] William D. Andrews, Reporter's Proposal R2-Nondividend Distributions, *in* The American Law Institute, FEDERAL INCOME TAX PROJECT SUBCHAPTER C, PROPOSALS ON CORPORATE ACQUISITIONS AND DISPOSITIONS AND REPORTER'S STUDY ON CORPORATE DISTRIBUTIONS 402 (1982); William D. Andrews, Proposal 1-A Minimum Tax on Distributions *in* The American Law Institute, FEDERAL INCOME TAX PROJECT, REPORTER'S STUDY DRAFT 54 (1989); George K. Yin, A Different Approach to the Taxation of Corporate Distributions: Theory and Implementation of a Uniform Corporate-Level Distributions Tax, 78 Geo. L. J. 1837 (1990).

造」を用いない租税裁定，すなわち，受取配当と株式譲渡損とが別々の取引を通じて計上されるタイプの租税裁定も，同様に対処されるべきことになるだろう。そのタイプの典型は，配当の実施が見込まれる株式を当該配当の価値が含まれる価格で購入し，配当を受領した直後に，その分だけ下落した価格で株式を売却する，というものであり，そのような典型的な租税裁定を規制するために[75]，法税23条については，配当基準日の前後のごく短期間だけ株式を所有する場合には適用がないものとされている（法税23条2項）。[76]

だが，法税23条3項・23条の2第2項のターゲットとされた取引が，基因となった株式の価格変動リスクをほとんど負担しないにもかかわらず，株式譲渡損の創出による税負担軽減の利益を享受する点で問題とされたこと，すなわち，タックス・シェルター取引の性格を強く有する点が問題視されたことを踏まえれば，法税23条2項は，配当基準日から2カ月以内の株式譲渡をその適用のために要求する点において，不十分な制限であると言うべきかもしれない。なぜなら，保有株式の価格変動のリスクからの解放には，保有株式それ自体を

---

75) この取引は，配当を通じて株式の価値がはぎ取られる（strip）ことに着目して，英語圏では "dividend-stripping" と呼ばれる。*See e. g.*, Peter Harris, CORPORATE TAX LAW 583-584 (Cambridge University Press, 2013). もっとも，この用語は主に（金額や時期の面で）非正常（extraordinary）な配当を用いる取引を指して使われるようであり（この点は，先のPeter Harris教授の著書でも指摘されている），正常な配当による場合も含める用語としては "milking"（搾り出し）の方が好ましいという指摘もある。*See* George Mundstock, Taxation of Interoperate Dividends Under an Unintegrated Regime, 44 Tax L. Rev. 1, 66 n. 66 (1989).

76) 法税23条2項の前身は昭和28年改正（1953年）で導入されたが，同時代に諸外国でも防止措置が講じられている。アメリカ法では，dividend-strippingによって，受取配当が（受取配当控除が適用されて）7.8%でしか課税されない一方，株式譲渡損が完全に控除されうる（特に，ディーラーの場合には最大で52%に達する）問題に対処するためとして，1958年の改正により，受取配当控除を得るために少なくとも16日（または91日）の株式保有が要求されるようになった。*See* Technical Amendments Act of 1958, 72 Stat. 1606, 1614-1615 ; S. Rep. No. 1983, 85th Cong., 2d Sess. 28-29 (1958). イギリス法でもdividend-strippingに対処する立法が1955年から開始されたという。*See* D. C. Potter, A Counterblast To Tax-Free Profits, 1958 British Tax Review 248, 258-259 (1958).

譲渡したり,あるいは,同一銘柄の株式を空売り (short sale) したりすること[77]は必ずしも必要ではなく,たとえば,同一銘柄の株式に係るプットオプションを買い建てれば,保有株式の値下がりのリスク (downside risk) を(オプション料〔premium〕を負担することにはなるが)解消できる[78]からである。

アメリカ法は,法税23条2項と類似の制限を課すに当たり[79],損失リスクの減少 (risk of loss diminished) があった期間を保有期間にカウントしないものとしており (I.R.C. §246(c)(4)[80]),同一銘柄の株式に係るプットオプションの買建ては,その対象として典型的なものである[81]。しかし,アメリカ法に倣って,譲渡があった場合とその経済的効果が類似するとして,現実の株式の譲渡が欠ける取引にまで制限の範囲を拡大し始めると,線をどこで引くべきかが重大な問題として浮上する。

---

77) 同一銘柄の株式の空売りが「当該株式等と銘柄を同じくする株式等を(中略)譲渡した」(法税23条2項)に該当するか否かも問題となりうるように思われるが,ここでは問題となる可能性を指摘するにとどめる。

78) 岡村・前掲注20)262-263頁。なお,保有株式の値上がりの可能性 (upside potential) のみを「売却」することは,コールオプションを売り建てることで実現でき,そのようなオプションは covered call と呼ばれる。

79) 1997年の改正前では,原則16日 (1984年の改正で46日に延長) の最低保有期間を配当落ち (ex-dividend) 日から遠く離れて満たしても良いものとされていた。現在では,1997年の改正により,配当落ち日の46日前からの91日間に原則46日の株式保有が要求されるようになっている。See Deficit Reduction Act of 1984, 98 Stat. 494, 567; Taxpayer Relief Act of 1997, 111 Stat. 788, 921-922.

80) このルールは1958年の改正当時から存在しているが,保有期間から減算すべきとされたのは,プットオプションを有する期間,売却が契約上義務づけられている期間,および(未決済の)空売りポジションを有する期間だけであった。これに対し,1984年の改正後では,上記期間に加え,コールオプションを売り建てている期間,そして,「本質的に類似または関連する財産に係る1以上のポジションを保有することにより,損失のリスクを減少させている期間」(この期間の意義は財務省規則により明らかにされる)についても,保有期間から除外されるようになっている。

81) I.R.C. §246(c)(4)(A). プットオプションの買建てを理由に受取配当控除を拒絶した具体的な事案としては,see e.g. Progressive Corp. & Subsidiaries v. United States, 970 F. 2d 188 (6th Cir. 1992).

アメリカ法は，値上がりの可能性が「売却」されたか否かを無視し，また，値下がりのリスクが完全には解消されていない場合でも保有期間に当たらないとするが，これは正しいだろうか。仮に，譲渡が値上がりの可能性と値下がりのリスクとの両方を解消する点に着目して，その両方を扱う取引でなければならないとした場合，値上がりの可能性や値下がりのリスクを一定の幅で残す取引はどのように扱われるべきか。問題の株式それ自体を対象としない取引，すなわち，価格変動のパターンが問題の株式と類似する別の証券類を原資産とするデリバティブが用いられる場合にも対処すべきか，すべきでないのか。

　こうした問題は，おそらく，際限なく私たちの眼前に現れ，私たちを深く悩ませる。なぜなら，配当基準日以後2カ月間の株式保有という出発点と，配当（の権利）を時価取得したにもかかわらず，その受領が原資の回収と扱われないという租税裁定取引の要素との間に，論理的な関係がそもそも存在しないからである。一定期間の株式保有の要求に意味があるとすれば，それは，一定の価格変動リスクの負担が要求され，租税裁定取引以外の通常の経済的取引の要素が含まれる結果，要求がない場合と比較してその取引量が減少するだろうという，極めて便宜的，直観的なものに過ぎない。配当基準日以後2カ月間の株式保有を要求することにした理由として，当時の立案担当者は，その要求が充足される限り「一応かかる不純な動機に基づき取得されたものでないと推定される」ことをあげたが，現在でもこの推定はある程度正しく，アメリカ法に倣

---

82)　実現概念に関するものではあるが，see David A. Weisbach, Should a Short Sale Against the Box Be a Realization Event, 50 National Tax Journal 495, 504 (1997).

83)　岡村教授はタックス・シェルター取引（商品としてのタックス・シェルター）の本質として「汎用性，つまり，何も変わらない（税負担のみ減少する）ことが，いろいろな人や企業に買ってもらうためには大切にな〔る〕」点を指摘する。岡村・前掲注40)145頁。最低保有期間の制限は，その間の価格変動リスクにさらされることが嫌われる結果，取引を行う者の数が減ることを期待した規制なのである。See Shaviro, supra note 50 at 8-9.

84)　佐藤七郎「改正法人税法の解説」税経通信8巻9号臨時増刊47頁，48-49頁（1953年）。なお，もう一つの理由として申告事務負担が加重になることへの配慮もあげられている。

ったより詳細な制限の導入は，無駄なコストを経済社会に生じさせるだけかもしれないのである。

しかしながら，法税23条3項・23条の2第2項から出発する議論が，およそ以上のような経過を辿るものであると結論づけてしまうのは早計であろう。以上の議論は，法税23条3項・23条の2第2項が立法者による新たな線引きであるとの認識，別の言い方をすれば，その立法により，許容される租税裁定取引と禁止される租税裁定取引との間の境界線が移動させられたとの認識を前提とする限り，おそらく不可避である[85]。だが，法税23条3項・23条の2第2項の規律のあり方が，受取配当の益金不算入の意義について一定の示唆を与える点に着目すると，別の議論の可能性が生じる。すなわち，受取配当の益金不算入は，基因となった株式が帰属する事業に与えるものであるから，当該事業から見て原資の回収に過ぎないものを受取配当と扱い，益金不算入の対象としてしまうことは問題であり，その範囲を縮小するために導入されたのが法税23条3項・23条の2第2項である，と認識した上で，さらなる適正化のためにどのようなやり方が適切であるのかを論じる，という方向性である。

こうした議論のやり方には，法税23条3項・23条の2第2項によっても，原資の回収に当たる部分を受取配当に引き直す処理に変わりはない点をどのように説明するのか，といった問題が指摘できようが，日本法においても，連結納税の文脈に限られてはいるものの，受取配当を理由に株式帳簿価額を減額する処理（投資簿価修正）が存在する[86]。連結申告の文脈外でも，非正常配当（ex-

---

[85] 念のため付言すると，本文の記述は，租税裁定の構造を所与として，どこで許容と禁止とを区別すべきかを論じることが無意味だと主張するものでは決してない。そのような線引き問題の解決一般については，see David A. Weisbach, Line Drawing, Doctrine, and Efficiency in the Tax Law, 84 Cornell L. Rev. 1627 (1999).ここで言いたいのは，線引き問題としての解決に取り組む前に，そのような問題設定が必然であるかを問うべきということに過ぎない。また，David A. Weisbach 教授も同論文において「私は，より包括的で，より合理的な課税ベースという目標についても，その目標を追求する研究についても全く賛成である」と述べている。

[86] 法税令9条3項，119条の2第5項。法税令9条3項1号イは，調整すべきマイナスの額として，連結子法人が実施した配当（みなし配当を含む）の額を掲げる。

traordinary dividend) について，その基因となった株式の基準価格を要求する処理 (I.R.C. §1059) を持つアメリカ法の議論なども参照しつつ，経済的には原資の回収であるものを，課税の取扱いにおいても原資の回収として扱う可能性，および，その適用範囲について，研究をさらに進める必要があろう。

---

87) 非正常配当に当たるか否かは，基本的には，基因となった株式の基準価格と比べて過大な金額であるかどうか（優先配当は5％以上，その他の配当は10％以上）で判定され，当該株式の保有期間が2年以下の場合には，非課税となった限りにおいて当該株式の基準価格が減額される (I.R.C. §1059(a), (c)(1))。ただし，分配とされる株式償還などは，無条件で非正常配当に当たるとされ，かつ，保有期間にかかわらず，非課税部分について基準価格の減額が要求される (I.R.C. §1059(e)(1))。なお，こうした非正常配当の取扱いの趣旨について，1984年の改正の立法資料には「非正常な配当が株式について支払われる時，その株式の取得を，当該株式に対して行われる分配の権利とその基因となった株式そのものという2つの資産の取得と見ることが出来る場合がある。株式の取得が2つの資産の取得である場合には，受領者たる法人の下で課税されない分配の価値を反映した株式基準価格を減額させることが適切であると，上院財政委員会は結論する。委員会は，短期の株式保有期間の時の非正常配当の場合に現行法が2つの資産分析を行わない結果，これまで述べてきたタイプの租税裁定の機会が生じていると考える」と指摘するものがある。See S. Prt. No. 169 Vol. 1, 98th Cong., 2d Sess. 172 (1984).

88) 本稿脱稿後に，小塚真啓「非正常配当の否認可能性についての一考察」岡山大學法學會雜誌64巻3・4号566頁 (2015年) を公表した。

11

租税回避研究の意義と発展

岡村忠生

11-1 租税回避という研究対象領域

11-1-1 租税回避は,なぜ研究されるのか

 あることがらが研究対象とされ,その成果がもたらされるということは,その意味内容や作用が解き明かされ,人々がそれを自らの意思で制御し,社会生活の中で有効に利用できるようになることである。このことは,自然科学や社会科学だけでなく,法律学でも通用すべきである。本稿では,租税回避を対象とする学術研究を行うことの意味を考察し,今後の研究のあり方を検討する。

 日本の実定法には,租税回避という文言は存在しない。租税回避という語は,立法論においても解釈論においても様々な場面で用いられてきたが,必ずしも一致した意味が与えられているわけではない[1]。学術研究においても,多くの研究者が租税回避を表題に掲げた研究成果を公表してきたが,研究対象としての租税回避に共通認識があったのか否かは明らかではない。

 しかし,研究成果が獲得されるためには,研究対象が客観的に同定され,複数の研究者が研究に取り組めること,相当数の研究者が研究対象についての共通認識を持つことが必要である。研究対象としての租税回避という事象は,実

---

[1] たとえば,清永敬次『税法〔新装版〕』(ミネルヴァ書房,2013年)44頁は,「租税回避行為はその限りで(禁止する規定がない限りで:筆者注)税法上承認された行為にほかならない」と述べる。これに対して,増井良啓『租税法入門』(有斐閣,2014年)316頁は,「租税回避は,合法か違法かがあいまいな灰色領域を指す概念である。」と述べる。ここにある違いは,「租税回避」という共通認識の存在する領域に対する評価ではなく,「租税回避」という領域がどのように設定されているかにある。

在するのだろうか。学術上の概念として，成立しうるだろうか。

　日本で租税回避という事象が認識され始めたのは，大正12年所得税法（大正12年法律8号）73条の3として創設された同族会社の行為計算否認規定とその後継規定に関する理解においてであったとされる[2]。そこでは，この規定を，課税要件の実現を回避することによる税負担の軽減または排除（以下排除を含めて軽減という）を防止する規定とする理解が示されていた。この理解は，今日の同族会社の行為計算否認規定についても基本的には変わっていないと思われる。それでは，大正12年所得税法から約90年を経た今日，租税回避に関する研究は，租税回避という事象をどこまで解明し，適切な対応のあり方を示したのだろうか。

11-1-2　ドイツにおける2つの研究対象領域

　まず，1995年に公刊された清永敬次『租税回避の研究』[3]（以下『研究』という。）を取り上げる。『研究』は，1962年から89年までに発表された研究論文に加筆等を行って編まれたものであり，「第一編　ドイツの租税回避否認規定を巡る諸問題」，「第二編　租税回避否認規定に関するBFH等の判例」，「第三編　わが国の同族会社の行為計算の否認規定と租税回避」から構成されている。第一編と第二編は，いずれもドイツの問題を扱う。最初に，ドイツにおける租税回避否認規定の成立過程を論じる「ドイツ租税基本法五条の成立」が置かれ，「要件事実の認定規定と租税回避規定」，「経済的観察法」がこれに続く（この順序は，オリジナルの論文の公表順序とは異なる。）。このことから，ドイツの実

---

2)　これらの規定の本格的な研究である清永敬次『租税回避の研究』（ミネルヴァ書房，1995年）307頁，325頁（初出1962年）において，片岡政一「租税回避と其の否認権」税11巻8-10号84頁（1933年）の記述が引用されている。なお，そこでは租税回避の行為者に対する威嚇や批難，制裁といった表現が見られるが，これらは，今日の租税回避に対する理解とは異なるであろう。なお，租税回避という概念自体が紹介されたのは，杉村章三郎訳『獨逸租税法論』（有斐閣，1931年）155頁以下によるとされている。清永敬次「西ドイツにおける租税回避行為」日税研論集14号153頁（1990年）。

3)　清永・前掲注2)。

定法としての否認規定（廃止されたものを含む。）に基づく理論的検討が基調となり，ドイツの実定法に関する裁判例の検討が展開されていることが理解できる。ドイツの議論の基礎とされている規定は，2つ（数え方によっては3つ）ある。一つは，1977年租税基本法42条とその前身となる規定（旧租税調整法6条，旧ライヒ租税基本法5条）である。租税回避否認規定と呼ばれている。もう一つは，1977年租税基本法には引き継がれなかった要件事実認定に関する規定である旧租税調整法1条3項である。また，法解釈に関する規定である同条2項（旧ライヒ租税基本法4条）への言及もある。これら2つの規定（旧租税調整法1条2項と3項）は，合わせて経済的観察法の規定とされている。このように見ると，ドイツについては，実定法が存在する（または，存在した）2つの領域，すなわち，①租税回避の領域と，②要件事実の認定および法解釈のあり方（経済的観察法）の領域が研究対象領域であったことになる。これら2つは，ドイツにおける実質主義の考え方を構成するものである。

　第三編は，日本の実定法である同族会社の行為計算否認規定（法人税法132条，所得税法157条，相続税法64条，および，これらの前身となる規定）に関する立法史と裁判例の研究がほとんどの部分を占めている。実定法を基礎とする研究であることは，第一，二編と共通する。注目されるのは，行為計算否認規定が租税回避の否認規定とされていることである[4]。したがって，日本の行為計算否認規定の研究は，ドイツの研究領域①に対応するものと位置づけられていることになる。①と②の関係をどのように考えるかは，第一編第二章「要件事実の認定規定と租税回避規定」で行われた議論を始め，書物を通じて意識されている問題であるが，行為計算否認規定を租税回避の否認規定とする評価は，大

---

4) 『研究』412頁。このため，日本の行為計算否認規定の持つドイツの規定にはない性質，すなわち，現行法では「税務署長は，（中略）税務署長の認めるところにより，（中略）計算することができる。」という文言が示すこの規定の作用（税務署長への裁量付与）をどう考えるかという問題が顔を覗かせることになる（『研究』346頁）。本稿の観点からは，行為計算否認とは，ドイツで考えられている租税回避の否認，すなわち立法者が通常のものと想定した行為を擬制して行う課税であるのか，それに止まるものなのかという問題になる。

きな意味を持つ判断であると考えられる。しかし他方で、当然のことながら、ドイツの経済的観察法のような事象が、日本では存在するのかどうか、存在するとすれば、どのように根拠付けられ、位置づけられているのかに、関心が向くことになる。第三編第二章「実質主義と租税回避」が、このことを論じている。

興味深いのは、日本に存在するのは租税回避の否認規定とされた行為計算否認規定だけであるのに、なぜドイツの経済的観察法の規定が研究対象とされたのか、さらに、1977 年にはこの規定が廃止されたにもかかわらず、『研究』の一部として、その研究成果が公表されたのはなぜかということである。この点で指摘しなければならないのは、『研究』が、経済的観察法や実質主義（租税回避に関する部分を除く。）の独自の意義や作用を、明確に否定していることである。『研究』は、(a)「実質主義は、多くの場合課税（中略）を根拠づけるために用いられてきているのであり、その中に多くのものが無原則に盛り込まれうる可能性を持っている以上、その適用については実はとくに慎重でなければならないであろう。」と述べる。ここでの実質主義とは、初出論文執筆当時には存在したドイツの経済的観察法の規定やエンノ・ベッカーの言説に基づいて理解されたものである。しかし、『研究』は、たとえば行為や事実の名称、表現形式がその行為や事実の真の性質と食い違う場合について、(b)「私法上の法律行為の性質を決定するのに当事者の用いた契約上の文言などは必ずしも決め手にならないという類のことであって、税法の上で、とくに実質主義であるとかなんとかいまさらのようにいうまでもないことであろう。」とする。そして、(c)「実質主義はまさに原則として法的実質によって課税関係を考える原則にほかならない」と結論づける。いうまでもなく、(c)の「実質主義」は、(a)とは異なるものであり、「多くのものが無原則に盛り込まれうる可能性」を除去したもの、いわば骨抜きにされた(a)の実質主義である。ただし、(b)については、法

---

5) 『研究』364 頁。
6) 『研究』366 頁。
7) 『研究』371 頁。

律関係の表現形式を，たとえ決め手にならないとしても，どの程度考慮するのか，民事法において判断の余地が存在すると思われる。また，(b)における「私法上の法律行為の性質」(すなわち(c)にいう「法的実質」)の決定において，租税法固有の観点(たとえば，税負担の公平や課税関係の権力性)がどのように反映されるかにも，議論の余地があると思われる。

いずれにしても，『研究』は，このような法的実質主義を前提として，租税回避について，「租税回避(ドイツ法上の概念：筆者注)の場合にも真の法律関係が，すなわち当事者の選択した法形式が課税の基礎とされなければならないのであって，租税回避を否認しうるというためにはそのための特別の規定がなければならないというべきであろう。[8]」と述べる。つまり，実質主義の作用を，真実の法律関係という限界によって封じ込めた上で，租税回避の否認は，この限界を越えたところにある課税，当事者の選択した法形式に基づかない課税であるとし，そのことを理由に，否認のためには法律上の根拠が必要であると論じたのである。この成果は，租税回避の否認のあり方に関するものと言えよう。

『研究』は，ドイツの実定法に法的根拠のある租税回避の否認と経済的観察法という2つの領域について，学説と否認(課税処分)が認められた裁判例の検討を通じて，それがどのような法現象であるかを解明しようとしたものである。日本についての研究も，租税回避の否認について，同様の研究が行われている。したがって，『研究』は，主に否認のあり方，さらに言えば，課税要件を充足していない行為に対する課税の可能性を研究した成果と考えることができる。この研究方法と研究成果は，20世紀における租税回避研究の到達点である。

11-1-3　英国における実質主義

清永は，「税法における実質主義について——英国判例の場合[9]」を，ドイツ

---

8) 『研究』371頁。
9) 清永敬次「税法における実質主義について——英国判例の場合」法学論叢78巻3・4号81頁(1961年)(以下「英国実質主義」という。)。

法の研究領域②を構成する初出論文が公表される直前の1966年1月に公表している。英国には，租税調整法の経済的観察法に相当する制定法が存在せず，裁判例が研究の対象とされている。このような研究では，裁判例をどのように選択するか，つまり，何が実質主義に関する裁判例であるかを決めることが，結論を導く鍵になると考えられるが，この論文は，代表的な体系書で引用され[10]，「事物の実質（substance of the matter）を考慮することができるという理論」や「取引の実質」，さらに，租税の「回避（avoidance）」について検討された裁判例を，研究対象としている。

論文は，実質主義を「形式よりも実質をみることによって租税の真の負担能力に合致する課税が実現されるのであって，課税関係は真の負担能力を正しく反映するように形成されなければならない，という税法に関する基本的な原則[11]」としている。実質主義がなぜ租税回避に関係するのかについては，「実質主義の原則は，租税回避に関しては，たとえば，同一のもしくはほぼ同一の経済的成果を達成するという点ではいずれの法的手段も変わりはなく，その実質においてはいずれの法的手段を選択したかによって違いはでてこない，従っていずれの法的手段を選択したかによって課税関係に差違を生ずるのは適当でなく，同一に取扱うべきであると論ずることよって，租税回避の否認権を根拠づけるために用いられうるのである。[12]」と説明されている。この記述は，租税回避の研究が，研究領域①（ドイツで租税回避とされた領域）の外部においても必要となることを示している。この論文での租税回避の意味は，ドイツの制定法に基づくものに近いと考えられる。

論文は，「裁判所は租税回避に対処するための実質主義を結局採用しなかった[13]」という結論を下している。裁判所は，「当事者の形成した法律関係とは別個の『実質』によって[14]」租税回避を否認することはなく，「当事者が形成した

---

10) 「英国実質主義」84頁注12)にあげられたSimon's Income Tax (Butterworth, 2d ed. 1952) などである。
11) 「英国実質主義」81頁。
12) 「英国実質主義」82頁。
13) 「英国実質主義」115頁。

法律関係こそが取引の真の「実質」をなすものである[15]」と考えたのである。当事者の形成した法律関係を「その名称（nomenclature）を無視して[16]」確認することは，「実は形式主義にほかならない[17]」のであり，「極く当り前のこと[18]」とされ，この意味で，「英国判例の原則は，（中略）税法上の他の法領域と異なった原則を採るものではない[19]」とも論じられている。

しかし，そのような名称を無視した法律関係の確認がいったいどのようなものなのかには，関心が持たれる。それが民事法や契約を解釈することであるとすると，各国の民事法制の違いによって，解釈方法は異なるであろう[20]。名称を無視した法律関係の確認と租税回避の否認とが異なるのは，結局のところ，あるはずの事実を見出そうとするのか，それとも擬制するのか，という点だけかもしれない。

論文は，「「実質（substance）」とは何か。誰もこれを明らかにすることができないであろう。ここに実質主義の致命的な欠陥が存する。[21]」と述べている。ここには，研究面においても，実質主義が捉え所なく拡散していることが窺われる。実質主義の研究とは，いったい何を対象とした研究であるのか，「税法

---

14) 「英国実質主義」90頁。
15) 「英国実質主義」90頁。
16) 「英国実質主義」90頁。
17) 「英国実質主義」90頁。
18) 「英国実質主義」91頁。
19) 「英国実質主義」116頁。
20) 『研究』も，前述のように，「私法上の法律行為の性質を決定するのに当事者の用いた契約上の文言などは必ずしも決め手にならない」（366頁）と述べている（ドイツにおける賃貸借契約と売買契約について 30-31頁）。しかし，仮に日本法についてはそう言えるにしても，英米法（コモンロー）では，Parol Evidence Rule（口頭証拠排除原則。日本の処分証書の法理に近い。）により，よほどのことがない限り，契約上の文言に反する解釈は認められない。See Marvin A. Chirelstein, Concepts and Case Analysis in the Law of Contracts (Foundation Press, 4th ed. 2001) 88-96. このことは，外国法を準拠法とする契約に対して「事実認定・私法上の法律構成による否認」を用いる場合には，考慮すべきであると思われる。準拠法の問題について，弘中聡浩「我が国の租税法規の国際取引への適用に関する一試論」西村あさひ法律事務所・西村高等法務研究所編著『西村利郎先

上の他の法領域」とどのように区別されるのかは，明確にできないのであろう。しかし，租税回避については，どうであろうか。もし租税回避という研究対象領域が存在するのであれば，「『租税回避』とは何か。誰もこれを明らかにすることができないであろう。」と言うことはできないはずである。

論文は，英国税法においては目的解釈（目的的解釈と同じ意味と思われる。）をすべきでないとされていることを紹介し[22]，これは「わが国の支配的な見解と異なった解釈原理[23]」であると述べている。次に，そのような見解と思われるものを取り上げる。

11-1-4 米国法の研究

租税法学発展の初期における租税回避や実質主義（substance over form）の研究として，須貝脩一[24]と金子宏[25]による米国のグレゴリー判決[26]の検討は重要である。

須貝は，この判決を米国の組織再編規定の適用範囲を明らかにしたものであり，基本的には，法解釈の問題と整理したと見られる。須貝の考え方は，端的

　生追悼論文集——グローバリゼーションの中の日本法』（商事法務，2008年）363頁参照。
21)　「英国実質主義」89頁。
22)　「英国実質主義」83頁。
23)　「英国実質主義」84頁。
24)　須貝脩一「米国判例にあらわれた実質主義(3)・(4)」税法学177号1頁，178号1頁（1965年）。
25)　金子宏「租税法と私法——借用概念及び租税回避について」『租税法理論の形成と解明（下）』（有斐閣，2010年）385頁（初出1977年）（以下「租税法と私法」という。）。
26)　Helvering v. Gregory, 293 U.S. 465 (1935). なお，国税通則法に一般的否認規定の導入を勧告した税制調査会「国税通則法の制定に関する答申（税制調査会第二次答申）」（1961年7月）に付随する「国税通則法の制定に関する答申の説明」14頁22行の「判例法」は，主にグレゴリー判決であると考えられる。したがって，遅くとも1961年には，グレゴリー判決や米国の実質主義が，日本でも研究されていたことがわかる。グレゴリー判決については，前述のもののほか，渡辺徹也『企業取引と租税回避』（中央経済社，2002年）136頁，岡村忠生「グレゴリー判決再考」税務大学校論叢40周年記念論文集

に言えば，この判決には租税回避の否認（擬制に基づく課税）のような特別な作用は認められず，単に組織再編既定の解釈に基づく結論が下されているに過ぎないということになろう。これは，『研究』がドイツと日本の実質主義について行った分析と類似している。ただし，須貝は，経済的観察法の理解において観察の対象と観察の方法が混同され，グレゴリー判決が「はげしい不一致と混乱の対象となったこと[27]」を指摘しており，これは，英国の実質主義が「非常にはっきりした一貫した傾向をそこに見出すことができ，複雑ではなくむしろ簡単明瞭である[28]」とされているのとは対照的である。

このような見方に対して，金子は，広い意味での租税回避として「自己の意思決定を租税制度にアジャストさせ，その税負担が最も少なくなるような取引形式ないし法形式を選択する[29]」こと（以下「租税回避②」という。）を観念し，その中に「厳密に定義[30]」された租税回避（以下「租税回避①」という。）が包含されるという構成を取る。租税回避②は，とりわけ今日においては，極めて広いものとなるかもしれない。ほとんどの事業取引では租税制度を考慮し，税負担の最小化を行っているからである。このような租税回避②について，その否認のための規定がない場合にも，法規の目的論的解釈を用いて，「否認を認めたのと全く同じことになる場合がありうる[31]。」とされたことは，注目すべきである。租税回避②における否認の意味は，租税回避①についての否認，すなわち，真の法律関係を基礎としない課税という意味とは異なる。否認とは，少なくともグレゴリー判決の場合には，「非課税既定の立法目的にてらして，その適用範囲を限定的にあるいは厳格に解釈し，その立法目的と無縁な租税回避のみを目的とする行為をその適用範囲から除外するという解釈技術[32]」とされてい

83頁（2008年）を参照。
27)　須貝・前掲注24)税法学178号1頁。
28)　「英国実質主義」115頁。
29)　「租税法と私法」401頁。
30)　前掲箇所。
31)　「租税法と私法」404頁。
32)　「租税法と私法」409頁。

る。この認識は，否認のための制定法を設けずに租税回避（租税回避②）に対処をしてきた米国の研究から得られた具体的成果であると考えられる。もう一つの米国法研究の成果は，租税回避の場面に応じた個別立法による対処のあり方を明らかにし，個別否認規定の包括的否認規定に対する優位性を主張したことである。[33]

　以上で見た米国法の研究はいずれも，否認事例，つまり，課税が認められた事例（グレゴリー判決）を主な研究対象とし，直接の法的根拠や論理をどのように考えるか，そこで行われていることは，何か特別なことなのか否かという点を，検討対象として重要視したと考えられる。これは，『研究』の問題意識と共通するものである。しかし，英国実質主義の研究にも共通するが，何が実質主義による否認事例であるのかについては，明示的な議論は行われていない。グレゴリー事件が果たして課税要件を充足していたのか否かは，「解釈技術」によって左右される相対的なものに過ぎず，研究の対象とすべきことはそのような解釈技術にあると，金子の研究は述べているように感じられる。[34]

---

33)　「租税法と私法」412頁。なお，個別的否認規定（洗替売買による損失計上の否認規定）に該当する場合であっても，「グレゴリー判決とは丁度逆に，否認規定が対象としているのは，租税回避行為であって，正当な理由による行為はその適用範囲の外にある，という解釈理論を形成することによって納税者を救済することが可能となる（その場合の正当事由の存することの立証責任は納税者の側にあると解される）。」（27頁）と述べられている点は，興味深い。この記述は，個別的否認規定を，このような適用除外が認められない（と思われる）課税要件規定から，区別しているように思われる。また，ここでの「租税回避行為」には，「正当な理由による行為」を含まれないことになるが，これは，租税回避には租税回避の意図を要さないとする見解（清永・前掲注1）44頁）とは異なるように思われる。ただし，ここでの「租税回避行為」には，租税回避②が含まれているのかもしれない。

34)　なお，「租税法と私法」の立場とは異なると思われるが，「解釈技術」の中に類推解釈が含まれるとすると，租税回避①の否認を，事実の擬制を用いずに，類推解釈によって行うことができると思われる。『研究』112頁，114頁。Klaus Tipke & Joachim Lang, Steuerrecht, (21., völlig überarbeitete Auflage 2013) 40.

11-2 課税要件と租税回避

11-2-1 否認された租税回避

　これまで見た租税回避の研究では，租税回避そのものより，租税回避の否認（否認された事例や否認のあり方，法律上の根拠の要否）が研究対象とされてきた。『研究』が対象としたほとんどの裁判例もグレゴリー判決も，否認が認められた事例であった。納税者の行為や計算（以下「行為」という。）が租税回避とされるためには，租税回避の意義をどのように考えるとしても，租税が回避されること，つまり，税負担の減少（課税時期の繰延べや損失の増加を含む。）は必要な要素である。租税回避の否認とは，一定の税負担の軽減が存在することを確認し[35]，これを取り除く行為である。問題となる行為が否認されると，課税を受けて税負担の軽減という要素を欠くことになり，結果として租税回避は存在しない，租税回避は成立しなかったことになる[36]。したがって，否認された事例を租税回避の事例として扱うことは，厳密には誤りである。

　もちろん，研究のあり方としては，否認事例は研究対象から除外し，税負担が軽減された事例，つまり租税回避として成立したもの（意図されたものであ

---

35) ここでは，税負担の軽減が存在することを租税回避に必要な要素としているが，後述するように，この考え方には，何を基準に軽減を測定するのかが不明であるという欠陥がある。

36) なお，租税回避の否認規定によって税負担を課されることとなった行為計算を，課税要件との関係でどのように考えるかについては，議論の余地がある。そのように否認された行為計算は，①依然として課税要件を充足することはなく，その点では租税回避としての性質を失わないが，否認規定の効果により税を課されているだけである，という考え方と，②否認された行為計算は租税法上その存在自体を失い，これを置き換える擬制された行為計算が課税要件を充足する，という考え方がありえる。どちらの考え方をとるかは，否認の作用をどのように考えるか，たとえば，否認による課税に裁量を認めるか（法税132条1項「税務署長の認めるところにより」の解釈），それとも，立法者が通常のものと考える擬制された行為計算を，適正に課税要件に当てはめなければならないかと考えるか，また，関連する他の税目に否認の効果を及ぼすか（同条3項の解釈），といった点に関係すると思われる。

れば成功したもの)だけを研究することも考えられる。しかし,プロモーター(税負担軽減だけができるような商品を開発し,販売する事業者)ではなく,研究者がそのような研究を行う例は,公表された研究成果から見る限り,ほとんどない。[37] その理由はおそらく,成立した租税回避の存在,つまり,税負担軽減のある行為の存在は,客観的に明らかにし難い(租税回避の否認処分を受けて裁判所がそれを取り消した事例と,仮想的な事例を用いるしかない)からであろう。また,租税回避が成立する(否認されない)条件などを究明するための研究対象として,否認事案にも意味があると考えられる。

否認事例の研究がなお租税回避の研究であるというためには,租税回避の研究対象領域を,否認事例に拡張しなければならない。そのためには,租税回避の否認ではない否認を区別し,取り除く必要がある。[38] もし,この区別ができないのであれば,これまでの研究成果の中に含まれる成立した租税回避の事例がごくわずかであることから見て,[39] 租税回避という研究対象領域は実質的な存在を失うと思われる。その区別は,どのようにすればよいのだろうか。租税回避の研究対象となる否認事例を決めるには,以下の方法が考えられる。

11-2-2 否認の法的根拠

まず,否認の法的根拠を,租税回避の否認に限定することにより,否認事例の研究対象を画する方法が考えられる。たとえば,『研究』は,前述のように,実定法上の規定であるドイツの租税回避否認規定の規定と日本の行為計算否認規定が適用された事例を対象としている。それ以外の実定法の規定の研究にも,

---

[37] なお,中里実『タックスシェルター』(有斐閣,2002年)3頁には,興味深い記述がある。また,岡村忠生『法人税法講義〔第3版〕』(成文堂,2007年)の設問の大半は,日本ではまだ否認されていない税負担軽減策を示し,検討させる内容になっている。

[38] ただし,後述するように,租税特別措置などよる税負担軽減(従来,節税と言われてきた税負担軽減)を租税回避として研究対象とすることは考えられる。

[39] たとえば,田中治監修・近畿税理士会編『税理士と実務家のための租税回避行為をめぐる事例研究』(清文社,1998年)や八ツ尾順一『租税回避の事例研究——具体的事例から否認の限界を考える〔5訂版〕』(清文社,2011年)を参照。

租税回避の研究とされてきたものがある。『研究』は，ドイツの経済的観察法の規定，隠れた利益処分の規定，および，基地会社の規定（タックス・ヘイブン対策税制）を対象としている。また，かつては同族会社の行為計算否認規定の主な適用領域であった役員給与や無償取引についても，現在は法人税法 34 条，22 条 2 項，37 条が適用されるので，これらの適用事例の研究も租税回避の研究と言えるかもしれない。所得の帰属に関する所得税法 12 条や法人税法 11 条も同様であろう。租税回避の個別的防止規定または個別的否認規定と言われることのある規定の研究は，租税回避の研究と言えよう。

しかし，実定法のどの規定が租税回避の防止規定であり，どの規定がそうでないのかは，明らかではない。また，租税回避の研究か否かは，研究の目的によっても異なる。たとえば，米国の内国歳入法典 482 条（移転価格税制）には租税回避（tax avoidance）の防止という文言があるので，この規定が適用される場合も租税回避と言えるかもしれない。しかし，移転価格税制の研究の相当の部分を占めてきたのは，国際的な税源分配の考え方（独立企業間価格による配分の妥当性）と方法（独立企業間価格算定の具体的方法）であり，課税要件充足の回避という見方ではない。また，役員報酬や寄附金に関する研究も，今日では，租税回避の研究というより，損金としての性質，損金の範囲の問題をこれらの規定に基づいて検討するものであることが多いと思われる。[40]

租税回避の否認規定とは何かという問いには，さらに，課税要件規定との関係での検討が必要である。たとえば，過大役員給与を損金不算入とする規定（法税 34 条 2 項）は，課税要件規定であるから，これらの規定の研究は，課税要件の研究であって租税回避の研究ではない，という見方がありえる。これに対して，この規定は租税回避の個別的否認規定であるから，その適用による否認事例の研究は，なお租税回避の研究である，つまり，租税回避という事象の解明に寄与する研究であるという反論は可能であろう。

しかし，そもそも，個別的否認規定と課税要件規定との間に，何か違いがあ

---

40) たとえば，日本税法学会「第 101 大会シンポジウム――役員給与の課税をめぐる法的諸問題（討論）」税法学 567 号 297 頁，313-315 頁。

るのだろうか。この疑問はそれ自体として，租税回避の領域に属するひとつの研究課題である。もし個別的否認規定というものを観念するのであれば，そのような規定と一般的否認規定との優劣が問題となりえる。過大役員給与の規定によっては否認されないような金額の役員給与であれば，特別法・一般法の関係によって，もはや行為計算否認規定による否認もできないと考える余地はあるかもしれない。これに対して，過大役員給与の規定が課税要件規定の一つに過ぎないのであれば，過大役員給与の規定によっては否認できない金額も，行為計算否認規定により否認できることになる。

逆に，もし個別的否認規定と課税要件規定との間に違いはない，または，客観的な（誰が行っても同じ結果になるような）区別はできないと考えるのであれば，この研究方法では，研究対象とする否認事例を，一般的否認規定によるものに限ることになろう。そうでなければ，課税要件規定に該当することを理由に否認されたおよそ全ての事例が，租税回避の研究対象に紛れ込む可能性が出てくるからである。

しかし，このように限定しても，問題は残る。それは，何が一般的否認規定なのかが，自明ではないことである。たしかに，ドイツについては，租税基本法42条が租税回避の否認規定であることが明らかである。しかし，日本についてはどうだろうか。「不当に減少させる結果」（以下「不当性」という。）という行為計算否認規定の適用要件は，課税要件充足の有無に触れていないから，課税要件が充足されていることを明らかにできる場合であっても，行為計算否認規定により処理された事例が存在する[41]。また，租税基本法42条にある法の形成可能性の濫用といった要件は存在しない。実際，組織再編成に係る行為計算否認規定（法税132条の2）による否認事例で，裁判所は「同条の適用対象を，通常用いられない異常な法形式を選択した租税回避行為のみに限定することは当を得ないというべきである。」と述べた[42]。さらに，「税務署長の認めると

---

41) 『研究』382-384頁参照。
42) 東京地判平成26年3月18日判時2236号25頁（ヤフー事件）（控訴審東京高判平成26年11月5日（平26（行コ）第157号）訟月60巻9号1967頁），および，東京地判平

ころにより，（中略）計算することができる。」という否認の効果も，租税基本法42条の「経済的諸事情に相応する法形成が行われた場合と同じように，租税を徴収する。」とは異なる。

このように見ると，行為計算否認規定を，ドイツ法的な意味での租税回避の否認規定とすることはできない。したがって，行為計算否認規定による否認事例を研究対象とするときには，租税回避の否認事例だけでなく，課税要件を充足していると認定される事例，つまり，ドイツの経済的観察法のような事実認定や法律解釈による否認が含まれている可能性を考えておく必要があることになる。しかし，その区別は可能だろうか。たとえば，前述の組織再編成に係る行為計算否認事件は，租税回避の否認事例なのだろうか。そうではなく，（租税回避を除く）実質主義または経済的観察法による否認事例なのではないのだろうか。

もし，この区別ができない，または，区別に意義や実益を認めないとすると，租税回避の否認という概念を，日本法については，ドイツ法とは別のものにしてしまうことも考えられる。すなわち，租税回避の否認とは，課税要件の充足の有無とは無関係に，不当な税負担の軽減の防止をいうとするのである。これは，行為計算否認規定の文言に沿った理解である。[43]

成26年3月18日判時2236号47頁（IDFC事件）（控訴審東京高判平成27年1月15日判例集未登載）の判決文第3「当裁判所の判断」2(3)イ。

43) ただし，そのときにも，軽減を認識する基準は，明らかにされねばならない。このことについては，後の11-3で別の角度から議論するが，その基準は，課税要件規定に従って算出された税負担ではありえないから，何らかの理念や原理原則によって導かれた「あるべき税負担」となるはずである。そして，そのような理念や原理原則の研究は，租税実体法個別領域の研究となる。たとえば，グレゴリー判決の研究は，（D型）組織再編成の領域で，その領域にある文献資料を用いて行われており，その成果，たとえば積極的事業要件（spin-off後に積極的事業が営まれること）やdevice要件（法人の利益を引き出す手段として用いられないこと）（これらについては，See S. Rep. No. 781, 82d Cong., 1st Sess., reprinted in 1951-2 CB 458, 499参照）を他の領域，たとえばタックス・シェルターの研究領域に用いるには，当然，その領域での検討が改めて必要になる。このような研究は，租税法総論として抽象化されて行われてきた日本の租税回避の研究とは，異なるものである。グレゴリー判決から導出された事業目的の法理を他の領域に応用する

いずれにしても，租税回避の否認の研究が実定法規定の研究として成立するためには，その規定の適用だけが租税回避の否認であると言わねばならないが，日本では，租税回避の定義を変えてしまわない限り，それは言えないと考えられる。

11-2-3　否認の論理

実定法の根拠なしに行われる租税回避の否認という事象が認識されうるという前提に立ち，租税回避の否認のためには実定法の根拠が必要である（または不要である），という主張をするのであれば，租税回避の否認とそれ以外の否認とを，実定法を用いない何らかの方法で区別しなければならない。その区別では，租税回避を否認するための何らかの特別な論理が存在し，租税回避はその特別な論理によってしか否認することができない（実定法規定の通常の適用では否認できない）と言わねばならないはずである。では，たとえば外国税額控除事件[44]は，租税回避の否認事例であろうか。映画リース事件最高裁判決[45]は，根拠規定なしに行われた租税回避の否認を最高裁が認めたものである，という立論は可能であろうか[46]。

租税回避の否認とは，納税者の選択した法形式を，立法者が課税要件を定めるに当たっての想定した法形式に引き直して（擬制して）課税をすることであると言われることが多い[47]。この考え方に立つと，擬制に基づく課税か否かにより，租税回避の否認事例を区別することができることになる。

しかし，多くの場合，同じ結果となる課税（否認）に対して，擬制による説明も擬制によらない説明も可能である。たとえば，資産の低額譲渡を考えよう。

　アプローチを取るものとして，Joseph Bankman, The Economic Substance Doctrine, 74 S. Cal. L. Rev. 5 (2000) などがある。
44)　最2小判平成17年12月19日民集59巻10号2964頁，および，最1小判平成18年2月23日集民219号491頁。
45)　最判平成18年1月24日民集60巻1号252頁。
46)　岡村忠生「判批」税研148号34頁（2009年）参照。
47)　たとえば，清永・前掲注1)43頁。

有償取引同視説（2段階説）は，時価を対価とする取引と時価と実際の取引価格の贈与という2段階の取引を擬制する考え方である。したがって，この説では，低額譲渡に対する課税は擬制に基づく課税であるから，租税回避の否認になる。これに対して，実体的利益存在説は，現実に生じている資産の増加益という経済的な利益を対象に課税をするという考え方である[48]。ここには，擬制という考え方はない。譲渡をした納税者は，それまで資産を法的に所有していたのだから，その増加益についても確定した権利を得ていたと言える。したがって，実体的利益存在説は，法的権利に関しても，擬制を行うものではない。このように見ると，擬制による課税と実体に対する課税とは，同じ結果を導くものであることがわかる。そして，これら2つの説明の仕方は，非正常取引全般について可能であると思われる[49]。擬制による課税と実体に基づく課税とは，説明としては互換性がある。

　研究上の問題は，この先にある。では，もし課税庁や裁判所が，非正常取引について実体的利益存在説に基づく処分や判決を下せば，それは租税回避の否認事例ではなくなるのだろうか。映画リース事件最高裁判決にも外国税額控除事件最高裁判決にも，擬制による課税という論理はない。ならば，租税回避の研究対象ではないとすべきだろうか。それとも，これらの判決は，擬制による課税と同じ税負担を課すものであるから，租税回避の否認事例なのだろうか。ほんとうは擬制による課税によって処理すべきであったのに，その根拠規定が存在しないので，私法上の法律構成による否認（事実認定による否認，契約解釈による否認とも言われる。）や租税利益規定の限定解釈による否認といった無理のある方法がとられたに過ぎず，なお租税回避の否認の研究対象としての性質を失わないとすべきだろうか。

　もっとも，以上の議論は，擬制に基づく課税という方法だけが，租税回避の

---

48) 清永敬次「無償取引と寄付金の認定」税経通信33巻13号2頁（1978年）。
49) 無償による役務提供についても，提供される役務の現在価値は資産または負債と認識される（擬制するのではない）から，その価値変化を実体的利益として把握することが可能であろう。ただし，この議論に対しては，「擬制」とは何か，それは「実体」の認識とどう違うのかが問われることになろう。

否認であることを前提としていた。しかし，私法上の法律構成による否認や限定解釈による否認も，あるいは，経済的観察法や実質主義も，租税回避だけを否認するための特別な方法であると考えることができるかもしれない。もしそうなら，前述のような議論をすることなく，これらによる否認事例も，租税回避の研究対象に含まれることになる。ただし，そのためには，これらによる否認が，課税要件規定の通常の解釈適用による課税とは異なるものであることが必要となり，研究者の間で意見が分かれるであろう。そうすると，擬制による課税のような否認の論理によっては，租税回避という研究対象領域についての共通認識は得られないことになる。

11-2-4 行為の性質と意図

ここまでに検討した否認の法的根拠や論理は，否認という課税権者の行為の属性であった。これに対して，納税者の行為の性質や意図に着目して，否認された租税回避に関する研究対象領域を画することはできるだろうか。つまり，何らかの性質を持つ納税者の行為は，それが否認されて租税回避ではなくなっても，租税回避の研究対象に含めるという研究方法である。

このような研究対象は，失敗した「租税回避の試み」と言えるかもしれない[50]。「租税回避の試み」という語は，実定法や判例等に存在するものではなく，学術研究において，ある範囲の事象を指すために用いられている。この範囲確定においても，失敗した「租税回避の試み」を，否認の根拠を租税回避の否認規定など租税回避を否認するための法的根拠に基づくものに限定すれば，または，租税回避に特有な否認方法が存在すると考えてその適用を受けたものに限定すれば，これまでに述べたことが当てはまる。納税者はある行為を行い，その行為が課税要件規定を充足せず，租税回避の否認規定の適用要件に該当すると評価されてその適用を受けた，または特別な否認方法の適用を受けたというだけのことである。

しかし，「租税回避の試み」の例としては，売買と交換に関する裁判例と映[51]

---

50) 清永・前掲注1)47頁注11)，谷口勢津夫『租税回避論』（清文社，2014年）2頁。

画リース事件の裁判例[52]，外国税額控除の裁判例[53]があげられ，私法上の法律構成による否認や限定解釈による否認，タックス・シェルターに関する論文があげられている[54]。このような裁判例や論文から考えると，そこでいう「租税回避」の意味は，ドイツの租税回避否認規定の対象（法の形成の濫用）はもちろんのこと，日本の行為計算否認規定の対象（不当な税負担の減少）をも越えて，広く税負担の軽減（節税）を含むはずである[55]。なぜなら，あげられている否認事例における「租税回避の試み」（納税者が意図し，実行した行為）は，課税要件規定を充足したと判断されているので，租税回避を課税要件とは充足しない行為であると考えると，その行為は客観的には最初から租税回避ではないからである。租税回避を課税要件を充足しない行為と考えると，納税者が行おうとした行為（による税負担軽減）は，もともと租税回避（による税負担軽減）ではないものであったと言わざるをえない[56]。

あるいは，「試み」というのは，このような結果からの見方をしているのではなく，納税者は，その行為が租税回避であると評価されることを試みた，ということであろうか。しかし，「試み」を行為の法的評価への期待と考えるのであれば，その期待は，課税を受けない結果にあるはずであり，そのためには，その行為が課税要件を充足しないだけでなく，租税回避の否認規定による課税

---

51) 東京高判平成11年6月21日訟月47巻1号184頁。
52) 前掲注45)。
53) 前掲注44)。
54) なお，清永・前掲注1)47頁注11)には，「本文でいう租税回避ではなく」との記述もある。谷口・前掲注50)も，これらの判決を扱っている。
55) なお，「租税回避」の意味にタックス・シェルター全般が含まれるとすれば，「租税回避の試み」には，脱税（課税要件を充足しながら，納税義務を履行しない行為）の試みも含まれることになろう。
56) この考え方は，租税回避の否認規定によって税負担の軽減がなくなった行為をどのように見るかという前掲注36)で述べた2つの考え方のうち，②に基づくものである。もし，①をとるのであれば，別の考え方になるかもしれない。また，租税回避の包括的否認規定を持つドイツと，それを持たない日本とでは，「失敗した租税回避」の位置づけが異なることになるのかもしれない。

を受けないこと，否認の対象となる租税回避ではないと評価されることが必要となる。そうすると，納税者が行おうとした行為には，租税回避に該当しない行為（節税）が含まれることになる。実際，これらの裁判例などに関する研究が主に議論しているのは，問題となった行為が課税要件を充足するか否かであって，その先にある本来の租税回避の否認の議論（課税要件を充足しない行為への課税）にはないと思われる[57]。

このように考えると，「租税回避の試み」における「租税回避」とは，広く税負担軽減であり，そこには租税回避（課税要件を充足しないことによる税負担軽減）として意味はあまりないことになる。それでも，「租税回避の試み」を研究対象領域として画するのであれば，あげられた事例から見て，むしろ「試み」という行為に，特別な意味が込められていると考えるべきであろう[58]。それは，税負担軽減行為のアグレッシブさ，税負担軽減への意欲の強さである。国庫の観点からは，課税上著しい弊害のある行為やその目的と言うこともできる。そして，論者によっては，「租税回避」という語に，反税的態度に対する倫理的批難や，厚生損失をもたらす行為としての負の評価を含めていると思われる[59]。

「試み」に対するこのような批難や評価については，租税回避の意図という側面から論じることができる。日本での租税回避の概念は，公平負担の見地に基づくものであることから，租税回避の意図は含まれないとされてきた[60]。ここでの公平とは，経済的な成果に応じた課税が等しく行われることであるから，同じ経済的成果が生じているのであれば，同じように課税をするのが公平であり，そこに納税者の主観的意図を含める必要はないし，含めるべきではないと考えられてきたのである。さらに言えば，税負担軽減の意図は，国家から自由

---

[57] 清永・前掲注1)47頁注11)があげる文献など。
[58] 谷口・前掲注50)16頁注37)は，「租税回避の試み」を行為概念であると述べている。
[59] マーク・ラムザイヤー「タックス・シェルターと効率性」税経通信62巻2号98頁（2014年）は，「租税回避の試み」という語は用いていないが，効率法と経済から見た租税回避の評価をわかりやすく説明している。ただし，Mark P. Gergen, The Logic of Deterrence: Corporate Tax Shelters, 55 Tax L. Rev. 255, 275 n. 69 (2002).
[60] 清永・前掲注1)44頁。

な領域にある納税者の内心の問題であって,国家は,結果として公平な税負担が実現できれば,それ以上のことに構うべきではないという考え方,いわば国家からの自由の理念が[61],その背後にあると思われる[62]。

しかし,「租税回避の試み」に対する主要な否認方法である私法上の法律構成による否認は,典型的には,税負担軽減を欲する意思があるために,納税者の主張する法律行為を達成しようとする本来の効果意思が認められなくなり,その法律行為は不存在となるという論理を用いる[63]。したがって,税負担軽減の意思がなければ,つまり,税負担の軽減とは別の目的に基づくものであれば,この論理は成り立たず,否認はできないことになる。そのような別の目的とは,ほとんどの場合,事業上の目的(事業目的,営利目的)となるから[64],事業上の目的の有無が否認の可否を決めることになる。納税者の行為から生じる経済的効果が同じであっても,その意図や目的によって税負担を変化させることは[65],公平負担原則を犠牲にしているように思われる。私法上の法律構成による否認が達成しようとするのは,公平負担よりも,税負担軽減を目的とする行為の防止にあると思われる。この点で,私法上の法律構成による否認は,租税という

---

61) 谷口・前掲注 50) 9 頁,205 頁,285 頁が述べる「リベラルな租税回避観」も,国家に対する個人の自由の理念に関係するものと思われる。

62) 「租税回避行為は(中略)税法上承認された行為にほかならない」(清永・前掲注 1)44 頁)という見解も,このような考え方が背後にあるのかもしれない。谷口・前掲注 50) は,10 頁注 20) など,数か所でこの見解を引用している。

63) 末崎衞「「租税回避目的」と契約解釈——「私法上の法律構成による否認」論の批判的検討」税法学 560 号 89 頁(2008 年)。また,谷口・前掲注 50),32-43 頁,206-219 頁,292 頁,今村隆「租税回避行為の否認と契約解釈」税理 42 巻 14 号 206 頁,15 号 262 頁,43 巻 1 号 242 頁,3 号 205 頁(1999-2000 年),占部裕典「最近の裁判例にみる「租税回避行為の否認」の課題——実体法的・証拠法的視点から」税法学 553 号 275 頁(2005 年)。

64) ただし,営利ではなく表現を目的とすることも考えられる。映画リース事件(前掲注 45))では,ベトナム戦争の残虐行為に関する映画がリース資産の一つであった。岡村・前掲注 46) 参照。

65) 私法上の法律構成による否認は,税負担を軽減しようとする納税者の意図を重要な間接事実として課税要件事実の認定に持ち込むものである。谷口・前掲注 50) 21 頁。岸秀

国家と私人との関わりにおける国家からの自由の問題と,向き合わざるをえないのである。このことは,限定解釈による否認についても同じように問題となる余地がある。たとえば,外国税額控除事件最高裁第2小法廷判決は,納税者の税負担軽減の目的によって取引を一括し,全体的な観察を行っている[66][67]。

　税負担軽減を目的とする行為の防止という考え方は,米国のタックス・シェルター規制と共通する。タックス・シェルターは,一般には何らかの投資を行う商品の形をとるので,そのような商品の流通を規制すること,具体的には,販売者や購入者にその報告をさせること,問題となる商品や取引とその否認の可能性を広報することといった対応が行われてきた[68]。その背後には,税制全般に対する人々の信頼と公平感を確保すること[69],反税的・嫌税的な意識や表現,取引を抑止することがある。ただし,否認に当たっては,納税者の主観だけによるのではなく,課税前利益と課税後利益の比較といった客観的な方法が併用されていることには,注意すべきであろう[70]。

　このように見ると,行為の性質や意図によって対象領域を画する研究方法では,課税要件の不充足という伝統的な要素は,もはや維持できないことがわか

光「租税回避事件の動向」訟月55巻1号別冊133頁,147頁,中尾巧『税務訴訟入門〔第5版〕』(商事法務,2011年)401頁。なお,金丸和弘「フィルムリース事件と「事実認定による否認」」中里実・神田秀樹編著『ビジネス・タックス』(有斐閣,2005年)420頁。

66) 最2小判平成17年12月19日民集59巻10号2964頁。なお,民集に登載されなかった第1小法廷判決(最1小判平成18年2月23日集民219号491頁)も,税負担軽減の意図を強調している。

67) この点は,グレゴリー事件や米国での段階取引の法理と比較すべきであろう。岡村忠生「グレゴリー判決再考——事業目的と段階取引」税務大学校論叢40周年記念論文集83頁(2008年)を参照。

68) 岡村忠生「租税回避行為の規制について」税法学553号185頁(2005年)。

69) 米国で,"perception management"と呼ばれるものである。岡村忠生「タックス・シェルターの構造とその規制」法学論叢136巻4-6号269頁,340頁(1995年)参照。

70) 岡村忠生「税負担回避の意図と二分肢テスト」税法学543号3頁(2000年),岡村忠生「米国の新しい包括的濫用防止規定について」日本租税研究協会『税制改革の課題と国際課税の潮流』138頁,144頁(2010年),一高龍司「タックス・シェルターへの米国

る。その（これをなお租税回避というのであれば、租税回避の）領域は、税負担軽減に向けられた納税者の意図や行為のアグレッシブさの程度、税制全般に対する脅威の度合いなどによって画されるであろう。また、研究内容も、否認の可否や論理、課税要件規定や否認規定の解釈論や立法論だけでなく、租税をめぐる国家への自由、市場取引の規制[71]、税制や租税秩序の維持、富の再分配など[72]の社会政策を含むものとなろう。

11-3 租税利益と租税回避

11-3-1 租税回避は、実在するか

　租税回避という事象は、現実に存在するのだろうか。存在するかどうかを学術的に検証する方法は、あるのだろうか。これまで本稿は、税負担の軽減を租税回避に必要な要素としてきた。しかし、ここには、明らかにすべき問題がある。それは、軽減の有無、軽減されない状態を、何に基づいて判断するかである。その状態は、租税回避を課税要件の充足がない行為とするのであれば、課税要件規定に従って算定された税負担ではありえない。課税要件以外の何かに基づく「あるべき税負担」が必要になる。たとえば、課税要件がある経済的成果を得るために通常のものと考えられる法の形成（私法上の法律関係）に結びつけられていると考えるのであれば、「あるべき税負担」は、通常の法の形成を擬制したときの税負担になる。

　しかし、所得課税では、収入金額や収益、原価や費用、損失など、基本的な課税要件規定の概念は、法の形成ではなく、経済的な成果に結びつけられている。そのことは、たとえば、所得税法36条1項が「経済的な利益」を収入金

　　の規制と我か国への応用可能性」フィナンシャル・レビュー84号63頁（2006年）、松田直樹「実質主義と法の濫用の法理——租税回避行為の否認手段としての潜在的有用性と限界」税務大学校論叢55号1頁、51-59頁（2007年）。

71) 租税法に関連するものとして、中里実『金融取引と課税』（有斐閣、1998年）がある。
72) この観点を取り入れた研究として、高橋祐介「相続税・贈与税の租税回避と立法的対処の限界」本書**6**をあげることができよう。

額に含めていることからも明らかである。また，金融取引などで立法時には想定されていない取引や商品が登場したときは，何が通常の取引かを実証的に決めることはできないし[73]，外国法を準拠法とする法律関係の扱い方も問題となる[74]。さらに，国際的租税回避に関するOECD等の検討でも，通常の法の形成という考え方や基準は用いられていない[75]。

したがって，租税回避が存在するというためには，通常の法律関係に基づく方法とは異なる方法によって「あるべき税負担」が明らかにされねばならない（場合が存在する）。なお，通常の法の形成に結びつける形では設けられていない課税要件については，最初から租税回避は問題にならないという立場も考えられるが，「法の形成」以外の事象についても，租税回避の否認は問題とされてきた[76]。

そこで，以下では，通常の法の形成という考え方を使わずに，租税回避研究を行う可能性，その前提となる「あるべき税負担」が算出できる可能性について考察をする。そのため，ほとんどの課税要件が私法上の法律関係には依拠せずに設けられている米国法を参照する[77]。租税回避という研究領域が成立するために，「あるべき税負担」は，研究者による共通認識が得られるものでなければならない。

---

73) 金融商品多様化への対応のため，スパニング法（Spanning Method）の利用可能性を探ったものとして，岡村忠生「金融証券課税における取引の分割と統合」法学論叢172巻4‐6号220頁（2013年）。

74) 弘中・前掲注20)参照。

75) OECD (2014), Explanatory Statement, OECD/G20 Base Erosion and Profit Shifting Project, OECD.

76) たとえば，タックス・ヘイブン対策税制に関して外国所得税の意義が問題となった最判平成21年12月3日民集63巻10号2283頁や，贈与税に関して住所の意義が問題となった最判23年2月18日集民236号71頁は，法の形成（法形式の選択）ではなく，事実の問題であると考えられる。

77) 米国での租税回避の議論には，2つの特徴がある。第一に，米国は，国家制定法（連邦法）としての民法や会社法などの民事法を有していない。また，大半がコモンローの

11-3-2　税負担の軽減

そのような共通認識が得られる可能性のある「あるべき税負担」の有力なものとして，包括的所得概念（ただし，実現主義や帰属所得非課税を含むもの）に基づく所得，「経済的所得（economic income）」が考えられる。実定法の構造的部分（structural part）に基づく所得計算は，この意味での包括的所得を算出する（「構造的部分」とは何かという議論はある。）[78]。租税回避は，課税要件を充足しない税負担の軽減であるから，実定法が認める税負担の軽減でなければならない。租税特別措置などの租税優遇（構造的部分以外の規定）による税負担の減少がその候補となり，これを何らかの条件で絞り込んだものが租税回避となる。

この考え方が現れた制度として，米国の代替ミニマム・タックス（Alternative Minimum Tax）がある。この租税は，1986 年の税制改革で導入されたもので，各種の租税優遇措置を認めずに計算された法人所得（Alternative Minimum Tax Income, AMTI）に通常税率より低い税率を適用した税額と，通常税の税額とを比較して，どちらか高い方を納税義務の金額とする[79]。計算方法から理解されるように，優遇措置を認めずに計算された法人所得を基準（「あるべき税負

法域であるため，州においても，原則として制定法としての民法は存在しない。このため，仮に米国租税法にも「課税要件」という概念（そのような用語は，米国の講学上，存在しないと思われるが）を持ち込むとしても，民事法上の法形成を基礎として課税要件が設けられていると考えることはできない。もちろん，民事法上の概念が用いられる規定はあるが，その場合には，連邦所得税の観点からの吟味が行われるように思われる。たとえば，州法上の合併を，組織再編成とするかどうかについては，投資の継続性など観点からの吟味が行われる（渡辺徹也『企業組織再編成と課税』〔弘文堂，2006 年〕55-81 頁）。

第二に，所得計算の出発点となる内国歳入法典 61 条は，総所得を「すべての源泉からの一切の所得」と規定しており，所得概念が包括的に構成されている。少なくともこの規定については，納税者の行為や生活事実の中から定型的なものが選択され，課税要件にまで高められる，という発想は存在しない。これらのことから，米国での租税回避は，民事法上の形成可能性の濫用ではなく，租税法上のルールの濫用と見るべきことになる。たとえば，借入れと減価償却を利用したタックス・シェルター（映画リースや航空機リースなど）がその典型である。ここでは，借入金が総所得に算入されないのに，資産の取得価額を構成し，償却費として控除されてしまうという所得課税の制度的な脆弱性が

担」の基礎）とし，優遇措置による税負担の減少（「税負担の軽減」）が一定の限度（通常法人税率とミニマム・タックス税率の差によって規定）を超える場合には，ミニマム・タックスを課すという考え方である。ミニマム・タックスの限度を超えた租税優遇の利用は，優遇の濫用であり，租税回避とされる[80]。ミニマム・タックスの課税は，租税回避の否認であり，その性質は，租税優遇（税負担軽減）の総量規制である。

　ミニマム・タックスの考え方を拡張し，現在の所得課税において，損失に対する還付が一般には認められていないことを，税率ゼロのミニマム・タックスが課されていると言われることもある[81]。還付をしないことが，一種の「課税」であり，租税回避の否認となる。この考え方では，NOL（Net Operating Loss、日本の繰越欠損金額に近い。）の控除は，この「課税」を左右する要素となる。この意味でのミニマム・タックスは，日本をはじめとする国々に存在しており，その限りで，租税回避は否認されていることになろう[82]。

　ミニマム・タックスは，制定法に基づく課税であり，何が優遇措置であるか，したがって，何が租税回避となる税負担の軽減であるかは，法定されている。ミニマム・タックスの規定は，ミニマム・タックスの課税要件を定めたものである。租税回避の否認とは，課税要件に基づかない課税（課税要件充足しない

濫用されているのであり，これを民事法の形成可能性の濫用として説明し，対応しようとすることは，本質を外していると思われる。タックス・シェルターは，包括的所得概念のもとでは生じるはずのない損失を生み出す取引であり，租税法上の利益（借入金の非課税，取得価額，減価償却）が組み合わされ，濫用されているのである。

78)　Stanley S. Surrey, Pathways to Tax Reform（Harvard Uni. Press, 1973）6.
79)　渡辺徹也「租税優遇の規制と法人ミニマム・タックス」税法学 538 号 71 頁（1997 年）参照。
80)　渡辺・前掲注 79) 80 頁。
81)　岡村・前掲注 69) 349 頁。
82)　ただし，付加価値税（消費税）では，還付が認められているため，この考え方は成り立たない。付加価値税について，租税回避（不正還付）を防止するために，仕入税額控除の還付は行わず，たとえば繰り越させる制度が検討されている。Alan Schenk & Oliver Oldman, Value Added Tax（Cambridge, 2007）167-171.

行為に対する課税）であるとすると，ミニマム・タックスは，通常税の課税要件に基づかない課税であるから，通常税に関する租税回避の否認である。ただし，その課税は，ミニマム・タックスの課税要件に基づく。

　ミニマム・タックスの研究は，税負担軽減の金額が AMTI により客観的に明らかな点で，従来の租税回避の否認の研究とは大きく異なるように見える。しかし，そのような見方は，当たっているだろうか。行為計算否認規定の適用事例に関する研究も，また，それ以外の租税回避の否認（と称される課税）事例の研究も，所得課税に関する限り，そのほとんどは，税負担を軽減する規定の適用の可否にあったのではないだろうか。つまり，そのような規定の適用がない場合（適用要件を満たさない行為）が，通常のものと考えられていたのではないだろうか。たとえば，役員給与や非正常取引（寄附金）の事案は，損金に関する規定の適用が否認されているのであり，法人の留保利益を配当されたものとみなす課税も，法人利益に対する株主段階課税を配当時まで行わない実現主義（権利確定基準）の適用が（包括的所得概念からは）税負担を軽減するものとして否認されると考えることはできる[83]。研究の着眼点は，税負担を軽減する規定の適用のあり方，その規定の濫用の有無にあると思われる[84]。

　ミニマム・タックスは，濫用となる基準が一義的に規定されているが，その否認の構造は，以上のように見た租税回避の否認と変わるものではない。むしろ，ミニマム・タックスは，否認のあり方が客観的で一義的である点で，研究にとっては優れたプロトタイプであろう。もちろん，このような客観性と明確性のある領域を離れると，税負担の軽減の有無や，その測定基準は，自明ではなくなる。しかし，租税負担軽減があることが，濫用の検討以前に必要な前提であることは，変わらない。

　このことは，日本の行為計算否認規定についても当てはまる。「不当に」の

---

[83] 『研究』327-340頁，376-381頁，405-407頁。また，前掲注39)の書物があげる例も，税負担を軽減する規定の適用の否認として説明できると思われる。

[84] たとえば，外国税額控除事件（前掲注44)）はもちろんであるが，映画リース事件（前掲注45)）も，最高裁は，減価償却規定の適用問題として処理している。

判断の前に，そもそも税負担の「減少」があったか否かが問題とされるべきである。何を基準として減少の有無を判断するのかは，法の文言からは明らかではないが，「減少」は，多くの場合，税負担軽減規定の適用によると考えられる。

11-3-3 租税利益のコントロール

このように考えると，租税回避の否認の研究を，租税優遇の濫用，より広くは，租税利益の利用の制限の角度から行うことが考えられる。この角度からの研究は，従来の租税回避の研究の多くの部分を包摂しつつ，今後の研究者の共通認識を得てゆくことができるように思われる。米国では，租税利益の制限として，一方では，ミニマム・タックスのように実定法に根拠を持つ包括的で客観的なものが存在するが，他方では，グレゴリー判決や事業目的基準のように，法律上の直接の根拠のない不明確なものも存在している。[85]

そこで，かつて個別的否認規定として取り上げられた洗替売買（wash sale）の規定（内国歳入法典1091条(a)）を，もう一度見よう。[86]この規定は，有価証券の売却の前後30日以内に，実質的に同一の有価証券を取得しているときは，売却した有価証券に係る譲渡損失の控除を認めない（繰り延べる）ことを定めている。なお，洗替売買で利益が生じたときは，この規定は働かず，そのまま課税が行われる。損失を計上する洗替売買が租税回避とされるのは，値下がりした有価証券を売却しながら，同時期に実質的に同一の有価証券を取得することによって経済的ポジションを変化させずに，損失控除という租税上の利益を得ているからであるとされる。[87]譲渡損失の控除が租税利益であり，1091条(a)

---

[85] なお，内国歳入法典7701条(o)は，これまでの否認法理を制定法化しているが，裁判所による否認法理の適用を修正するものではないとも規定されている。岡村・前掲注70)「米国の新しい包括的濫用防止規定について」参照。

[86] 「租税法と私法」25頁，27頁。

[87] Michael Fuerch, The Wash Sale Rule: Deserving of a Second Look, 125 Tax Notes 1191, 1191-92 (2009); Garrett M Fischer, Note, New Twists on an Old Plot: Investors Look to Avoid the Wash Sale Rule by Harvesting Tax Losses With Exchange-Traded Funds, 88

はその制限規定と考えられているのである。これは，米国法での典型的な租税利益の制限であり，租税回避の否認という言葉を使うとすれば，典型的な租税回避の否認のあり方である。

しかし，納税者の純資産は値下がり損失によって減少しているから，純資産から測定される経済的ポジションは，変化していることになる。したがって，包括的所得概念を基準とすると，この規定は，所得計算を歪曲するものであり，しかも，国庫に有利な方向だけ歪曲するものと言えそうである。値下がり損失を控除することは，値上がり益に課税することと同様，包括的所得概念からは当然の要請であり，租税利益と言えるかもしれないが，決して租税優遇ではない。

ところが，実現主義の下で，この見方は再考を迫られる。譲渡があるまでは課税が行われないので，納税者は，いつ譲渡するかにより，利益への課税の時期と損失の控除の時期とを決めることができるからである。納税者は，損失の生じた有価証券だけを譲渡することにより，税負担を軽減するかもしれない。1091条(a)は，これを損失控除の濫用と見ているのである。

より深い問題は，実現主義の意味である。保有する有価証券を売却しながら，同時期に実質的に同一の有価証券を取得することは，譲渡や実現と言えるだろうか。課税時期として適切だろうか。先に見た経済的ポジションが変化していないという説明は，実現主義から見たものであり，同じ資産が保有され続けていると評価されることを述べているのである。そうすると，損失は実現されていないのであるから，濫用の有無とは無関係に，損失控除は認めるべきではないことになる。もっとも，この説明は，洗替売買により利益が出たときに課税があることを説明できない難点を持つ。

このような議論は，租税利益の制限（租税回避の否認規定）に関する議論の

Wash. U. L. Rev. 229, 235 (2010). 立法資料として，H. R. Rep. No. 67-350, at 11 を参照。また，S. Rep. No. 67-275, at 12 は，対象となる洗替売買を"fictitious exchange"と呼んでいる。なお，この規定の前身が制定されたのは，1921年のRevenue Act of 1921, P. L. 67-98, section 214(a)(5), 42 Stat. 227 によってである。

ほんの一角である。このような租税回避の研究では，原則となる基準をどこに置くかが重要であり，所得課税の基本原則を追究することこそが，研究の大部分を占めることになる。打ち立てられた原則を問い直し，突破してゆくことが，租税回避研究の発展である。

11-4　研究対象としての租税回避

　本稿は，学術研究の対象としての租税回避を，税負担の軽減という租税回避の要素に着目して取り上げた。これまで，租税回避の研究の素材とされてきた事例は，ほとんどが税負担の軽減が得られなかったもの，否認された事例である。つまり，租税回避の研究とは，租税回避の否認の研究であり，さらに，近年の研究の多くは，伝統的な意味での租税回避ではないもの，すなわち，課税要件の不充足という要素を欠くことになった事例を対象とするものとなっている。租税回避という研究対象領域は，拡散している。

　本稿は，租税回避という現象が実在するのかどうかを問題とした。租税回避は，課税要件を充足せずに税負担を＜軽減する＞ことであるとされるが，そのようなことが果たしてありえるのか，税負担は，＜軽減された＞のではなく，単に最初からその金額だっただけではないのか，と問われたとき，答えはないと思われる。現実に存在するといえるのは，租税回避と称される現象の否認，つまり，課税要件規定に基づかない課税だけである。租税回避とは，課税要件に基づかない課税，法に規定のない課税を正当化するために持ち出された巧妙なレトリックに過ぎないかもしれない。

　さらに問われるのは，いったい何のために租税回避を研究するのか，その理由と学問的実益である。租税回避の研究のためには，まず租税回避が現実に存在することを示さねばならないはずである。しかし，それは，たとえばUFO（空飛ぶ円盤）の存在証明と，何が異なるのだろうか。課税要件の観点を重視するのであれば，研究のあり方は，課税要件規定に基づかない課税（その存在は否認事例として明らかである。）がどのような場合に行われるか，その理由はなぜか，その内容はどのようなものか，になるのではないだろうか。あるいは，

税負担軽減の意図とその意図に基づく行為が，課税上の弊害となるか，税制や国家にとって脅威となるか，もし脅威となるのであれば，その防止をどうすべきか，ではないだろうか。

　本稿は，租税利益の制限の観点を提示した。これは，米国でのタックス・シェルターなどの研究に見られる。いかなる租税利益の制限を取り上げるかは，所得課税の原則をどのように考えるかによって変化する。しかし，費用控除や損失控除，資産取得価額，課税繰延べの制限が，制定法に基づき，または，制定法の根拠なしに行われてきたことは，事実である。その事実を認識することは，おそらく全ての研究者にとって可能である。したがって，租税利益の制限を対象とする研究を，研究者の共通認識のもとに進めることはできるであろう。

あとがき

　「出て行って，お前の方がメッシよりうまいことを見せてやれ。」そう言って，ドイツ代表監督ヨアヒム・レーヴは，20歳のストライカー，マリオ・ゲッツェをピッチに送り出した。2014年ブラジル・ワールドカップ決勝の開始後88分である。試合は，スコアレスのまま延長に突入し，後半8分，彼はゴールを決めた。狂喜するメルケル首相，ブランデンブルク門の群衆，飛び交うツイッター。24年ぶり，統一後初のドイツ優勝である。勝利の要因はさまざまに語られたが，チームへの献身と肉体の頑健さばかりを重視してきたドイツ・サッカーが，ゲッツェのような小さく華麗な「個」を評価し始めたことが大きい。

　本書を執筆した11人も，租税回避とは何かを問うことから苦闘を開始した。11人は，清永先生の教えを直接，間接に受けた者たちである。出版のために，3回の研究会を開催し，『租税回避の研究』を座右にして意見交換を行った。しかし，租税回避とは何か，といった原理的な問題は，各執筆者に完全に委ねられており，論文のテーマについても，打合せや調整などは一切行われていない。本書は，租税回避であるとそれぞれが考えるところについて，それぞれのやり方で執筆された独立した論文の集まりである。

　しかし，にもかかわらず，というより，そうであるからこそ，本書の底流をなす租税回避への向き合い方は，清永先生の学問的姿勢の普遍性をはっきりと示すものとなった。11人は，「個」の力を発揮しようと苦闘し，先生の教えは，「チーム」のまとまりを与えた。そして，このような本書の成り立ちも，個性と自由を尊重された清永先生のご指導を反映したものである。

　世界は，柔らかに伸びた左足から放たれたゲッツェのシュートに，固唾をのんだ。11人は，そのような論文を書くことができただろうか。否，最前線にいるのは，今なお清永先生であるかもしれない。先生は，毎年度，教科書『税

法』を改訂し続けておられ、租税回避についても最新の成果が取り込まれている。先生が、いつまでもお元気で活躍されることを、心からお祈りしたい。

 2015年3月

岡村忠生

事項索引

AJCA　165
BEPS　150, 241
FASB 解釈指針　198
FITA　159
GAAR　147, 241

HEART Act　167
HIPAA　163
M&A　122
Ramsay 原則　148

あ 行

洗替売買　326
一般原理の確立　216
一般的否認規定　71, 130, 312
移転価格税制　311
インバージョン　151
受取配当益金不算入　267
永久拘束禁止原則　103
永住権放棄　178
永住権放棄者　163

か 行

カーター報告書　286
会計基準のコンバージェンス　189
隠れた欠陥　20
過形成　11
課税減免制度濫用の法理　18
課税減免要件　14
課税減免要件の充足による租税回避　14
課税根拠要件　14
　　──の充足回避による租税回避　14
課税の延期　112
課税の公平論　49
課税要件　124, 309
課税要件規定　128
課税要件事実の目的論的認定　10
課税要件事実の目的論的認定の「過形成」　12

課税要件法の目的論的解釈　10
課税要件法の目的論的解釈の「過形成」　12
課税要件明確主義　27, 131
仮装行為　281
過大役員給与　311
合併　123
合併対価　145
仮定の取引　54, 57
株式移転　123
株式交換　123
帰属利子　113
狭義の租税回避　307
狭義の法解釈　20
共同事業要件　138
居住外国人　155
居住地基準課税　170
居住無制限納税義務者　173
空洞化　151
クロス取引　192
経済合理性　55, 65
経済的移転　112
経済的移転創出否認基準　111
経済的観察法　5, 302
経済的効果　58, 69
経済的合理性基準　25
経済的実質主義　13, 280
経済的所得　323
契約解釈による否認　315

333

経路依存性　120
欠損金　142
　　——の引継ぎ　136
原価差額の調整　191
建議　239
原資の回収　296
限定解釈による否認　315
現物出資　123
現物分配　123
行為計算の否認規定の発動　60
行為計算の不当性　57
公益性の存在　218
広義の租税回避　307
公正処理基準　187
口頭証拠排除原則　305
合法的永住者　163
子供税　100
個別的課税要件規定　129
個別的否認規定　71, 127, 311
個別否認規定　75, 242

さ　行

再構成　248
最終仕入原価法　190
逆さ合併　43
産出所得の世帯間滞留基準　100
事業譲渡等　122
事業目的　65, 319
自己株式の取得　267
事実認定による否認　315
事実判断に関する経済的観察法　7
事前照会制度　150
実質課税の原則　3
実質主義　3, 301
　　——の「過形成」　12
実体的利益存在説　315
支配の継続　141
私法上の選択可能性　124
　　——の濫用　2

私法上の法律構成による否認　315
市民権　154
市民権基準課税　170
市民権離脱　154
シャウプ勧告　285
趣旨・目的　136, 141
出国税　168
純資産所得　106
消極的課税要件　14
情報提供機能　205
職業専門家　213
助言義務　234
所得源泉木の法理　100
所得制御権の帰属者認定基準　109
所得の真の稼得者基準の法理　100, 116
所得の振替　99, 107
書面の添付　228
信用失墜行為の禁止　231
制限納税義務者　175
制度（権利）濫用アプローチ　15
制度の濫用論　49
税負担の不当な減少　96
税法解釈に関する経済的観察法　7
「税法秩序の自力防衛」原則　34
税務署長の「認めるところ」　58
税理士業務　219
税理士の職責　222
税理士法52条　219
積極的課税要件　14
前期損益修正の会計処理　204
選択の法理　251
租税回避アプローチ　14
租税回避スキーム　239
租税回避の試み　2, 316
租税回避の試みの否認　27
租税回避の否認　275
租税裁定　279
租税裁定行為　92
租税負担軽減行為　41

租税法規の趣旨・目的の措定論　29
租税法規の趣旨・目的の法規範化論　13
租税法律主義　127, 277
租税法律の経済的解釈　6
租税立法者の説明責任　33

　　　　　　た　行

第3次税理士法改正　222
体系的・目的論的解釈　34
対象市民権離脱者等　166
代替ミニマム・タックス　323
タックス・シェルター　320
タックス・シェルター取引　280
タックス・プランニング　149
脱税協力金　197
棚卸資産の評価方法　189
懲戒制度　221
超富裕層の市民権等離脱　172
通常でない（異常な）法形式　126
通常の取引形式　124
通常の取引への置換え　61
適格　122
適格組織再編成　270
適正な納税義務の実現　221
同等の経済的効果　61
特定役員引継要件　67, 138
独立した公正な立場　223
独立性の問題　218

　　　　　　な　行

二重課税排除　286
二段階テスト　256
日本税理士会連合会　217
納税義務の適正な実現　223

　　　　　　は　行

引き直し　126
非居住外国人　155
非居住無制限納税義務者　175

非正常取引　315
非正常配当　296
非適格組織再編成　120
秘匿　146
費用収益対応　284
負債利子控除　282
復帰権的権利　102, 103
不動産流動化実務指針　206
船積日基準　201
船荷証券引渡基準　201
不文の濫用規制要件　17
プロモーター　310
分割　123
法学方法論　7
包括的否認規定　71, 73
法人税法22条4項　187
法創造　11
法的三段論法　9
法の実質主義　11
法の継続形成　11

　　　　　　ま　行

みなし共同事業要件　68, 138
みなし配当　267
無利息貸付け　59
免許資格制度　217
目的論的解釈　6, 135, 275
　──の「過形成」　19
目的論的事実認定　8
目的論的事実判断　8
目的論的制限　21

　　　　や・ら・わ　行

有償取引同視説（2段階説）　315
「要件作り」や「要件外し」　68
予測可能性　137
濫用禁止原則　48
濫用論　46
利害調整機能　205

リスク・経済価値アプローチ　207
離脱者　154

連邦市民　155

判例索引

最判昭 24・7・22 刑集 3 巻 8 号 1354 頁, 1356 頁 ·· 219
最判昭 37・6・29 裁判集刑 143 号 247 頁 ·· 3
最判昭 39・9・17 裁判集刑 152 号 837 頁 ·· 3
大阪高判昭 39・9・24 行集 15 巻 9 号 1716 頁 ··· 13
東京地判昭 42・2・28 判タ 207 号 134 頁 ·· 232
最判昭 43・5・2 民集 22 巻 5 号 1067 頁(行田電線株式会社事件)························ 144
東京地判昭 46・3・30 行集 23 巻 3 号 399 頁 ·· 13
神戸地判昭 45・7・7 訟月 16 巻 12 号 1513 頁 ·· 13
東京高判昭 47・4・25 行集 27 巻 4 号 238 頁 ··· 214
大津地裁昭 47・12・13 判時 695 号 54 頁(清水惣事件)····································· 213
最判昭 50・6・27 民集 29 巻 6 号 867 頁 ·· 233
東京地判昭 51・5・20 訟月 22 巻 6 号 1608 頁 ··· 233
東京高判昭 53・9・5 判時 913 号 82 頁 ··· 233
東京地判昭 54・9・19 判タ 414 号 113 頁 ·· 222
浦和地判昭 56・2・25 行集 32 巻 2 号 280 頁 ·· 56
最判昭 60・3・27 民集 39 巻 2 号 247 頁(大嶋訴訟)··· 5
仙台高判昭 63・2・26 判時 1269 号 86 頁 ··· 230
広島地判平 2・1・25 行集 41 巻 1 号 42 頁(逆さ合併事件)······························ 43, 57
福岡地判平 4・2・20 行集 43 巻 2 号 157 頁 ·· 57
最判平 5・11・25 民集 47 巻 9 号 5278 頁(大竹貿易事件)······························ 195, 201
最判平 6・6・21 訟月 41 巻 6 号 1539 頁 ··· 81
最判平 6・9・16 刑集 48 巻 6 号 357 頁(エス・ブイ・シー事件)······················· 197
最判平 7・4・28 民集 49 巻 4 号 1193 頁 ··· 224, 236
東京高判平 7・6・19 判時 1540 号 48 頁 ··· 220
東京地判平 7・7・20 行集 46 巻 6-7 号 701 頁 ·· 217
東京地判平 7・11・27 判時 1575 号 71 頁 ··· 227
東京高判平 7・12・13 行集 46 巻 12 号 1143 頁 ·· 217
東京地判平 9・4・25 判時 1625 号 23 頁(平和事件)······································ 59, 87
東京高判平 11・5・31 税資 243 号 127 頁(平和事件)··· 58
東京高判平 11・6・21 判時 1685 号 33 頁(岩瀬事件)·· 317
大阪地判平 12・5・12 訟月 47 巻 10 号 3106 頁 ·· 56
広島地判平 13・10・11 税資 251 号順号 9000 頁 ·· 53
東京高判平 14・1・23 訟月 49 巻 10 号 2992 頁 ·· 236
大阪高判平 14・6・14 判時 1816 号 30 頁(三井住友銀行事件)······················· 19, 277

前橋地判平 14・12・6 裁判所ウェブサイト………………………………………………236
大阪地判平 15・7・30 税資 253 号順号 9402 頁……………………………………………56
広島高判平 16・1・22 税資 254 号順号 9625 頁……………………………………………54
最判平 16・7・20 判時 1873 号 123 頁（平和事件）………………………………………58
大阪高判平 16・7・28 税資 254 号順号 9708 頁……………………………………………56
最判平 16・11・26 税資 254 号順号 9836 頁…………………………………………………54
最判平 17・12・19 民集 59 巻 10 号 2964 頁（りそな銀行事件）……………15, 46, 136, 277, 314, 320
最判平 18・1・24 民集 60 巻 1 号 252 頁（映画リース事件）…………………………314
最判平 18・2・23 判時 1926 号 57 頁（三菱東京 UFJ 銀行事件）………………15, 46, 277, 314, 320
最判平 18・4・20 民集 60 巻 4 号 1611 頁……………………………………………………215
東京地判平 18・9・5 民集 63 巻 10 号 2364 頁（ガーンジー島事件）…………………48
東京地判平 19・5・23 訟月 55 巻 2 号 267 頁（武富士事件）……………………………50
東京高判平 19・10・25 民集 63 巻 10 号 2426 頁（ガーンジー島事件）………………48
東京高判平 20・1・23 訟月 55 巻 2 号 244 頁（武富士事件）……………………………50
東京地判平 21・10・26 判タ 1340 号 199 頁…………………………………………………237
最判平 21・12・3 民集 63 巻 10 号 2283 頁（ガーンジー島事件）………………………49, 322
東京地決平 22・3・5 民集 65 巻 3 号 1346 頁………………………………………………268
最判平 22・7・6 民集 64 巻 5 号 1277 頁（生命保険年金二重課税事件）………………36
最判平 23・2・18 判時 2111 号 3 頁（武富士事件）…………………………………50, 176, 322
名古屋地判平 23・3・24 訟月 60 巻 3 号 655 頁……………………………………………30
不服審判所平 23・7・8 裁決事例集 84 巻 118 頁……………………………………………52
東京地判平 25・2・25 訟月 60 巻 5 号 1103 頁……………………………………………206
東京高判平 25・7・19 訟月 60 巻 5 号 1089 頁……………………………………………206
最判平 25・3・21 民集 67 巻 3 号 455 頁（神奈川県臨時特例企業税事件）……………143
名古屋高判平 25・4・3 訟月 60 巻 3 号 618 頁…………………………………………29, 178
東京地判平 25・10・30 判時 2223 号 3 頁……………………………………………………204
東京地判平 26・3・18 判時 2236 号 47 頁（IDCF 事件）……………………………272, 313
東京地判平 26・3・18 判時 2236 号 25 頁（ヤフー事件）……………………22, 62, 133, 222, 312
東京高判平 26・11・5 訟月 60 巻 9 号 1967 頁（ヤフー事件）………………………62, 152, 312
東京高判平 27・1・15 未登載（IDCF 事件）………………………………………………313

判例補遺

以下に，本文で扱われなかった判例で，租税回避に言及され，または，関係すると考えられるものを掲載する。平成6年以降のものである。（編者）

裁判所	判決年月日	出典	概要（事件名）審級	裁判結果・上訴等	納税者勝訴（一部勝訴を含む）
東京高裁	平成27・3・25	LEX/DB25506159	IBM事件　高判	棄却・上告	○
東京地裁	平成26・5・9	LEX/DB25503893	IBM事件　地判	認容・控訴	○
東京高裁	平成27・5・13	未登載	ホンダ移転価格税制事件　高判	棄却	○
東京地裁	平成26・8・28	裁判所ウェブサイト	ホンダ移転価格税制事件　地判	一部認容・控訴	○
東京高裁	平成26・10・29	LEX/DB25505528	租税回避行為と条約の適用（予備的主張）　高判	棄却	○
東京地裁	平成26・8・28	LEX/DB25515941	租税回避行為と条約の適用（予備的主張）　地判	認容・控訴	○
東京高裁	平成26・2・5	判時2235号4頁	英国バミューダ領LPSの法人該当性　高判	棄却・確定	○
東京地裁	平成23・8・30	金判1405号30頁	英国バミューダ領LPSの法人該当性　地判	一部認容・控訴	○
東京高裁	平成25・5・29	裁判所ウェブサイト	タックスヘイブン税制における「適用除外基準」の範囲　高判	棄却	○
東京地裁	平成24・10・11	税資262号順号12062	タックスヘイブン税制における「適用除外基準」の範囲　地判	認容・控訴	○
大阪高裁	平成25・4・25	裁判所ウェブサイト	米国デラウェア州法LPSの法人該当性　高判	棄却・確定	
大阪地裁	平成22・12・17	判時2126号28頁	米国デラウェア州法LPSの法人該当性　地判	棄却・控訴	
名古屋高裁	平成25・4・3	訟月60巻3号618頁	米国州法を準拠法とする信託の受益者に対する贈与税　高判	取消・上告	
名古屋地裁	平成23・3・24	訟月60巻3号655頁	米国州法を準拠法とする信託の受益者に対する贈与税　地判	認容・控訴	○
東京高裁	平成25・3・14	訟月59巻12号3217頁	事前確定届出給与（減少）　高判	棄却・確定	
東京地裁	平成24・10・9	訟月59巻12号3182頁	事前確定届出給与（減少）　地判	棄却・控訴	
東京高裁	平成25・3・13	訟月60巻1号165頁	米国デラウェア州法LPSの法人該当性　高判	取消，棄却・確定	
東京地裁	平成23・7・19	判タ1400号180頁	米国デラウェア州法LPSの法人該当性　地判	一部認容・控訴	○

裁判所	判決年月日	出典	概要（事件名）審級	裁判結果・上訴等	納税者勝訴（一部勝訴を含む）
東京高裁	平成25・2・28	裁判所ウェブサイト	相続税　株式保有特定会社の判定基準　高判	棄却	○
東京地裁	平成24・3・2	判時2180号18頁	相続税　株式保有特定会社の判定基準　地判	認容・控訴	○
最高裁	平成27・7・17	裁判所ウェブサイト	米国デラウェア州法LPSの法人該当性　最判	一部破棄、一部差戻し	
名古屋高裁	平成25・1・24	裁判所ウェブサイト	米国デラウェア州法LPSの法人該当性　高判	棄却・上告	○
名古屋地裁	平成23・12・14	税資261号順号11833	米国デラウェア州法LPSの法人該当性　地判	一部認容・控訴	○
大阪高裁	平成24・7・20	税資262号順号12006	中国来料加工をめぐるタックスヘイブン対策税制　高判	棄却・上告	
大阪地裁	平成23・6・24	訟月59巻1号1頁	中国来料加工をめぐるタックスヘイブン対策税制　地判	棄却・控訴	
東京地裁	平成24・7・20	訟月59巻9号2536頁	香港タックスヘイブン対策税制所在地基準該当性	棄却・確定	
東京高裁	平成25・3・28	裁判所ウェブサイト	移転価格税制における寄与度利益分割法の適用　高判	棄却	
東京地裁	平成24・4・27	訟月59巻6号1937頁	移転価格税制における寄与度利益分割法の適用　地判	棄却・控訴	
大阪地裁	平成24・2・28	訟月58巻11号3913頁	債務免除益の特例に関する所得税基本通達36-17が適用された事例	認容・確定	○
東京高裁	平成23・8・30	訟月59巻1号1頁	来料加工取引をめぐるタックスヘイブン対策税制　高判	棄却・上告	
東京地裁	平成21・5・28	訟月59巻1号30頁	来料加工取引をめぐるタックスヘイブン対策税制　地判	棄却・控訴	
東京高裁	平成22・11・17	税資260号順号11557	最初連結事業年度開始日に行う適格合併に係る欠損金引継ぎの可否　高判	棄却・確定	
東京地裁	平成21・11・27	税資259号順号11337	最初連結事業年度開始日に行う適格合併に係る欠損金引継ぎの可否　地判	棄却・控訴	
東京高裁	平成22・5・27	判時2115号35頁	海外でのファイナイト再保険取引　租税回避の否認　高判	棄却・確定	○
東京地裁	平成20・11・27	判時2037号22頁	海外でのファイナイト再保険取引　租税回避の否認　地判	一部認容・控訴	○
最高裁	平成21・12・10	民集63巻10号2516頁	遺産分割協議と無償譲受人等の第二次納税義務　最判	棄却	
東京高裁	平成20・2・27	民集63巻10号2560頁	遺産分割協議と無償譲受人等の第二次納税義務　高判	棄却・上告	

判例補遺

裁判所	判決年月日	出典	概要（事件名）審級	裁判結果・上訴等	納税者勝訴（一部勝訴を含む）
東京地裁	平成19・10・19	民集63巻10号2531頁	遺産分割協議と無償譲受人等の第二次納税義務　地判	棄却・控訴	
最高裁	平成21・12・4	判時2068号34頁	シンガポール　タックスヘイブン対策税制　最判	棄却	
東京高裁	平成21・2・26	税資259号順号11149	シンガポール　タックスヘイブン対策税制　高判	棄却・上告	
東京地裁	平成20・8・28	判時2023号13頁	シンガポール　タックスヘイブン対策税制　地判	棄却・控訴	
東京地裁	平成21・9・17	税資259号順号11273	売買実例のない非上場株式の低額譲渡と寄附金課税	棄却, 却下・確定	
最高裁	平成23・3・29	税資261号順号11656	DESによる債務消滅益　最決	棄却, 不受理	
東京高裁	平成22・9・15	税資260号順号11511	DESによる債務消滅益　高判	棄却・上告	
東京地裁	平成21・4・28	訟月56巻6号1848頁	DESによる債務消滅益　地判	棄却・控訴	
最高裁	平成21・10・29	民集63巻8号1881頁	租税特別措置法66条の6と日星租税条約との関係　最判	棄却	
東京高裁	平成19・11・1	民集63巻8号1979頁	租税特別措置法66条の6と日星租税条約との関係　高判	棄却・上告	
東京地裁	平成19・3・29	民集63巻8号1954頁	租税特別措置法66条の6と日星租税条約との関係　地判	棄却・控訴	
大阪地裁	平成20・7・11	判タ1289号155頁	移転価格税制における独立企業間価格の算定	一部棄却, 一部却下・控訴	
東京高裁	平成20・1・23	裁判所ウェブサイト	宗教法人の動物供養施設と固定資産税　高判	取消・上告	○
東京地裁	平成18・3・24	裁判所ウェブサイト	宗教法人の動物供養施設と固定資産税　地判	棄却・控訴	
最高裁	平成20・10・10	税資258号順号11048	給与所得と事業所得の区分　外注費の課税仕入れ　最決	棄却, 不受理	
東京高裁	平成20・4・23	税資258号順号10947	給与所得と事業所得の区分　外注費の課税仕入れ　高判	棄却・上告	
東京地裁	平成19・11・16	税資257号順号10825	給与所得と事業所得の区分　外注費の課税仕入れ　地判	棄却・控訴	
大阪地裁	平成19・12・13	判タ1269号169頁	国税徴収法39条の適用要件	棄却・控訴	
東京高裁	平成20・2・28	判タ1278号163頁	株式譲渡時の国内に住所を有しているかの判断　高判	棄却・確定	○
東京地裁	平成19・9・14	判タ1277号173頁	株式譲渡時の国内に住所を有しているかの判断　地判	認容・控訴	○

裁判所	判決年月日	出典	概要（事件名）審級	裁判結果・上訴等	納税者勝訴（一部勝訴を含む）
東京高裁	平成19・10・10	訟月54巻10号2516頁	NY州LLCの法人該当性 高判	棄却・確定	
さいたま地裁	平成19・5・16	訟月54巻10号2537頁	NY州LLCの法人該当性 地判	棄却・控訴	
最高裁	平成19・9・28	民集61巻6号2486頁	特定外国子会社の欠損を内国法人の損金に算入することの可否 最判	棄却	
高松高裁	平成16・12・7	民集61巻6号2531頁	特定外国子会社の欠損を内国法人の損金に算入することの可否 高判	取消・上告	
松山地裁	平成16・2・10	民集61巻6号2515頁	特定外国子会社の欠損を内国法人の損金に算入することの可否 地判	認容・控訴	○
最高裁	平成20・5・27	税資258号順号10961	贈与税につき贈与者の連帯納付義務の合憲性 最決	棄却, 不受理	
東京高裁	平成19・6・28	判タ1265号183頁	贈与税につき贈与者の連帯納付義務の合憲性 高判	取消・上告	
東京地裁	平成18・11・8	税資256号順号10567	贈与税につき贈与者の連帯納付義務の合憲性 地判	認容・控訴	○
最高裁	平成20・6・5	税資258号順号10965	「匿名組合分配金」への課税（日本ガイダント事件）最決	不受理	○
東京高裁	平成19・6・28	判時1985号23頁	「匿名組合分配金」への課税（日本ガイダント事件）高判	棄却・上告	○
東京地裁	平成17・9・30	判時1985号40頁	「匿名組合分配金」への課税（日本ガイダント事件）地判	認容・控訴	○
最高裁	平成20・3・27	税資258号順号10933	船舶リース事件 最決	不受理	○
名古屋高裁	平成19・3・8	税資257号順号10647	船舶リース事件 高判	棄却・上告	○
名古屋地裁	平成17・12・21	判タ1270号248頁	船舶リース事件 地判	認容・控訴	○
東京地裁	平成19・1・31	税資257号順号10622	財産評価基本通達の評価方法によらない評価（DHC事件）	棄却・確定	
最高裁	平成19・4・10	税資257号順号10683	船舶建造請負契約と移転価格税制 最決	棄却, 不受理	
高松高裁	平成18・10・13	税資256号順号10528	船舶建造請負契約と移転価格税制 高判	棄却・上告	
松山地裁	平成16・4・14	訟月51巻9号2395頁	船舶建造請負契約と移転価格税制 地判	棄却・控訴	
東京高裁	平成19・1・30	訟月53巻10号2966頁	外国関連会社への有利発行（オウブンシャホールディング事件）差戻審判	変更・確定	○

判例補遺

裁判所	判決年月日	出典	概要（事件名）審級	裁判結果・上訴等	納税者勝訴（一部勝訴を含む）
最高裁	平成18・1・24	判時1923号20頁	外国関連会社への有利発行（オウブンシャホールディング事件）最判	破棄差戻し	○
東京高裁	平成16・1・28	判時1913号51頁	外国関連会社への有利発行（オウブンシャホールディング事件）高判	取消，上告	
東京地裁	平成13・11・9	判時1784号45頁	外国関連会社への有利発行（オウブンシャホールディング事件）地判	認容・控訴	○
名古屋高裁	平成17・10・27	税資255号順号10180	航空機リース事件　高判	棄却	○
名古屋地裁	平成16・10・28	判タ1204号224頁	航空機リース事件　地判	一部認容・控訴	○
名古屋高裁	平成18・2・23	税資256号順号10329	ノウハウ等の譲渡と無償による資産の譲受け　高判	棄却	○
名古屋地裁	平成17・9・29	判タ1256号81頁	ノウハウ等の譲渡と無償による資産の譲受け　地判	認容・控訴	○
さいたま地裁	平成17・1・12	税資255号順号9885	相続税法上の低額譲渡	一部認容	○
最高裁	平成17・7・5	税資255号順号10070	所得税法56，57条の適用（弁護士税理士事件）最判	棄却	
東京高裁	平成16・6・9	判時1891号18頁	所得税法56，57条の適用（弁護士税理士事件）高判	一部取消，一部棄却・上告	
東京地裁	平成15・7・16	税資253号順号9393	所得税法56，57条の適用（弁護士税理士事件）地判	一部認容・控訴	○
最高裁	平成16・11・2	判時1883号43頁	所得税法56条の適用（弁護士夫婦事件）最判	棄却	
東京高裁	平成15・10・15	税資253号順号9455	所得税法56条の適用（弁護士夫婦事件）高判	棄却・上告	
東京地裁	平成15・6・27	税資253号順号9382	所得税法56条の適用（弁護士夫婦事件）地判	棄却・控訴	
最高裁	平成15・12・19	民集57巻11号2292頁	徴収法24条5項を回避する条項（一括支払システムの代物弁済条項）の効力　最判	棄却	
東京高裁	平成10・2・19	民集57巻11号2328頁	徴収法24条5項を回避する条項（一括支払システムの代物弁済条項）の効力　高判	棄却・上告	
東京地裁	平成9・3・12	民集57巻11号2316頁	徴収法24条5項を回避する条項（一括支払システムの代物弁済条項）の効力　地判	棄却・控訴	

裁判所	判決年月日	出典	概要（事件名）審級	裁判結果・上訴等	納税者勝訴（一部勝訴を含む）
最高裁	平成15・4・8	税資 253 号順号 9317	相続税と同族会社の行為計算の否認 最判	棄却, 不受理	
大阪高裁	平成14・6・13	税資 252 号順号 9132	相続税と同族会社の行為計算の否認 高判	棄却・上告	
大阪地裁	平成12・5・12	訟月 47 巻 10 号 3106 頁	相続税と同族会社の行為計算の否認 地判	棄却・控訴	
東京高裁	平成15・1・29	税資 253 号順号 9271	売買取引の成立（アルゼ事件）高判	棄却・確定	○
東京地裁	平成14・4・24	税資 252 号順号 9115	売買取引の成立（アルゼ事件）地判	認容・控訴	○
最高裁	平成17・11・21	税資 255 号順号 10203	同時期になされた不動産及び株式の売買契約に関する更正処分の違法性 最判	棄却, 不受理	
大阪高裁	平成14・10・10	判タ 1120 号 134 頁	同時期になされた不動産及び株式の売買契約に関する更正処分の違法性 高判	取消・上告	
神戸地裁	平成12・2・8	判タ 1089 号 152 頁	同時期になされた不動産及び株式の売買契約に関する更正処分の違法性 地判	一部認容・控訴	○
大阪高裁	平成15・6・27	判タ 1155 号 202 頁	譲渡目的の交換と所得税法58条の「同一の用途に供した」の要件 高判	棄却・確定	○
大阪地裁	平成14・10・10	判タ 1155 号 205 頁	譲渡目的の交換と所得税法58条の「同一の用途に供した」の要件 地判	一部認容・控訴	○
最高裁	平成14・10・15	税資 252 号順号 9213	増資払込みと寄附金（相互タクシー事件） 最決	棄却, 不受理	
名古屋高裁金沢支	平成14・5・15	税資 252 号順号 9121	増資払込みと寄附金（相互タクシー事件） 高判	棄却・上告	
福井地裁	平成13・1・17	訟月 48 巻 6 号 1560 頁	増資払込みと寄附金（相互タクシー事件） 地判	棄却・控訴	
最高裁	平成15・2・27	税資 253 号順号 9296	海外送金における財産の所在地 最決	不受理	
東京高裁	平成14・9・18	判時 1811 号 58 頁	海外送金における財産の所在地 高判	取消・上告	
東京地裁	平成14・4・18	税資 252 号順号 9110	海外送金における財産の所在地 地判	認容・控訴	○
最高裁	平成14・6・28	税資 252 号順号 9150	有限会社に対する出資の時価の評価 最決	棄却	
東京高裁	平成13・3・15	判時 1752 号 19 頁	有限会社に対する出資の時価の評価 高判	棄却・上告	

判例補遺

裁判所	判決年月日	出典	概要（事件名）審級	裁判結果・上訴等	納税者勝訴（一部勝訴を含む）
東京地裁	平成12・5・30	税資247号966頁	有限会社に対する出資の時価の評価　地判	棄却・控訴	
大阪高裁	平成14・3・29	判タ1115号174頁	合併法人の欠損金を被合併法人の所得に繰り戻すことの可否　高判	棄却・確定	
大阪地裁	平成13・10・4	判タ1115号176頁	合併法人の欠損金を被合併法人の所得に繰り戻すことの可否　地判	棄却・控訴	
大阪高裁	平成13・11・1	判時1794号39頁	相続税の軽減規定である租特70条の趣旨　高判	取消・確定	
京都地裁	平成12・11・17	判タ1098号158頁	相続税の軽減規定である租特70条の趣旨　地判	認容・控訴	○
東京高裁	平成13・7・5	税資251号順号8942	増資新株式を額面に比して高額で引き受けた事例への法法132条の適用　高判	棄却・確定	
東京地裁	平成12・11・30	訟月48巻11号2785頁	増資新株式を額面に比して高額で引き受けた事例への法法132条の適用　地判	棄却・控訴	
東京高裁	平成12・9・28	税資248号1003頁	相続税における取引相場のない株式の評価　高判	棄却・確定	
東京地裁	平成11・3・25	訟月47巻5号1163頁	相続税における取引相場のない株式の評価　地判	棄却・控訴	
熊本地裁	平成12・7・27	訟月47巻11号3431頁	タックス・ヘイブン対策税制　管理支配基準	棄却・確定	
東京地裁	平成12・2・3	税資246号393頁	経営指導料の寄附金性（フィリップスグループ事件）	一部認容・確定	○
最高裁	平成11・6・11	税資243号270頁	相続により取得した財産的価値以上の相続税を納付する結果をもたらす規定の適用の可否　最決	棄却	
大阪高裁	平成10・4・14	判時1674号40頁	相続により取得した財産的価値以上の相続税を納付する結果をもたらす規定の適用の可否　高判	取消自判・上告	
大阪地裁	平成7・10・17	判時1569号39頁	相続により取得した財産的価値以上の相続税を納付する結果をもたらす規定の適用の可否　地判	一部認容・控訴	○
最高裁	平成11・6・24	税資243号734頁	相続財産取得の時期　税負担軽減のための公正証書遺言　最判	棄却	
名古屋高裁	平成10・12・25	訟月46巻6号3041頁	相続財産取得の時期　税負担軽減のための公正証書遺言　高判	棄却・上告	

345

裁判所	判決年月日	出典	概要（事件名）審級	裁判結果・上訴等	納税者勝訴（一部勝訴を含む）
名古屋地裁	平成10・9・11	訟月46巻6号3047頁	相続財産取得の時期　税負担軽減のための公正証書遺言　地判	棄却・控訴	
最高裁	平成10・1・27	税資230号152頁	税負担が生じないと誤認して行った現物出資の錯誤無効　最判	棄却	
大阪高裁	平成8・7・25	訟月44巻12号2201頁	税負担が生じないと誤認して行った現物出資の錯誤無効　高判	棄却・上告	
神戸地裁	平成7・4・24	訟月44巻12号2211頁	税負担が生じないと誤認して行った現物出資の錯誤無効　地判	棄却・控訴	
最高裁	平成9・3・25	税資222号1226頁	過大な役員報酬の損金不算入　最判	棄却	
名古屋高裁	平成7・3・30	税資208号1081頁	過大な役員報酬の損金不算入　高判	棄却・上告	
名古屋地裁	平成6・6・15	訟月41巻9号2460頁	過大な役員報酬の損金不算入　地判	棄却・控訴	

執筆者紹介（所属，執筆分担，執筆順，＊は編者）

＊岡村 忠生（京都大学法学部教授，はしがき，11，あとがき）
谷口 勢津夫（大阪大学大学院高等司法研究科教授，1）
田中 治（同志社大学法学部教授，2）
浦東 久男（関西大学法学部教授，3）
小川 正雄（愛知学院大学法学部教授，4）
渡辺 徹也（早稲田大学法学部教授，5）
髙橋 祐介（名古屋大学大学院法学研究科教授，6）
八ツ尾 順一（大阪学院大学法学部教授，7）
浪花 健三（椙山女学園大学現代マネジメント学部教授，8）
酒井 貴子（大阪府立大学大学院経済学研究科准教授，9）
小塚 真啓（岡山大学法学部准教授，10）

〈編著者紹介〉

岡村忠生（おかむら・ただお）

1957年　生まれ
　　　　京都大学大学院法学研究科博士後期課程単位修得退学
現　在　京都大学大学院法学研究科教授（修士　法学）
主　著　『法人税法講義（第3版）』成文堂，2007年
　　　　『新しい法人税法』有斐閣，2007年
　　　　『アルマ　ベーシック税法（第7版）』有斐閣，2013年

租税回避研究の展開と課題

2015年9月1日　初版第1刷発行　　　　〈検印省略〉
2017年7月1日　初版第2刷発行
　　　　　　　　　　　　　　　　　定価はカバーに
　　　　　　　　　　　　　　　　　表示しています

編著者　　岡　村　忠　生
発行者　　杉　田　啓　三
印刷者　　大　道　成　則

発行所　株式会社　ミネルヴァ書房
607-8494　京都市山科区日ノ岡堤谷町1
電話代表　(075)581-5191
振替口座　01020-0-8076

Ⓒ　岡村忠生ほか，2015　　　　　　太洋社・新生製本

ISBN978-4-623-07326-9
Printed in Japan

租税回避の研究 （ミネルヴァ・アーカイブズ）

──────清永敬次 著　Ａ５判　448頁　本体10000円

租税回避を生涯の研究テーマとした租税回避研究の第一人者，清永敬次京都大学名誉教授の著書（京都大学学位請求論文・第4回租税資料館賞受賞）待望の復刊。本書が明らかにしたわが国の同族会社の行為計算否認規定の歴史と裁判例，ドイツの経済的観察法や包括的否認規定の理論と適用事例，イギリスの実質主義の内実などは，近年の企業による過度のタックス・プランニングや国際的税源浸食の問題を考え，広く租税回避を論じるために，必ず参照されるべき学術成果。本書に収められた珠玉の論文は，そのひとつひとつが，租税回避の解明と基礎理論の構築を目指した著者の思いを伝える。租税回避の根本を理解するための必読の書。

税　法　新装版

──────清永敬次 著　Ａ５判　384頁　本体3200円

1973年の初版発行以来，初学者から研究者，実務家まで幅広い評価を得て，第7版6刷を数えた定番テキストを装いを新たに刊行。わかりやすく簡潔な記述で要点を丁寧に注釈で解説。基礎理論から税法の体系的理解を可能にする充実した初学者必携の教科書。

── ミネルヴァ書房 ──
http://www.minervashobo.co.jp/